■ 精品课程配套教材
■ 21 世纪应用型人才培养规划教材
■ "双创"型人才培养优秀教材

仓储与配送管理
（下·配送管理部分）

主　编　李江珉

副主编　陈莞坚　吴文娟　王志强

　　　　吕东博　伊　伟

湖南师范大学出版社　国家一级出版社
全国百佳图书出版单位

·长　沙·

图书在版编目（CIP）数据

仓储与配送管理（下. 配送管理部分）/李江珉主编 . —长沙：湖南师范大学出版社，2012. 1（2020. 6 重印）

ISBN 978-7-5648-0658-3

Ⅰ. ①仓… Ⅱ. ①李… Ⅲ. ①仓库管理-高等学校-高等教育-②物流配送中心-企业管理-高等学校-教材 Ⅳ. ①F253

中国版本图书馆 CIP 数据核字（2012）第 006072 号

仓储与配送管理（下. 配送管理部分）

CANGCHU YU PEISONG GUANLI

李江珉　主编

◇全程策划：刘　伟
◇组稿编辑：杨美荣
◇责任编辑：蒋旭东　郭海波
◇责任校对：黄　晴
◇出版发行：湖南师范大学出版社
　　　　　　地址/长沙市岳麓山　邮编/410081
　　　　　　电话/0731-88872751　传真/0731-88872636
　　　　　　网址/http：//press. hunnu. edu. cn
◇经　　销：全国新华书店
◇印　　刷：北京俊林印刷有限公司

◇开　　本：787mm×1092mm　1/16
◇印　　张：21. 75
◇字　　数：588 千字
◇印　　次：2020 年 6 月第 2 次印刷
◇书　　号：ISBN 978-7-5648-0658-3
◇定　　价：48. 00 元

前　言

　　以邓小平理论和"三个代表"重要思想为指导，深入贯彻落实科学发展观，全面贯彻党的教育方针，全面贯彻落实国家中长期教育改革和发展规划纲要精神，主动适应我国加快经济发展方式转变和产业优化升级的要求，坚持以服务为宗旨、以就业为导向、走产学研相结合的发展道路，围绕我国经济社会发展和产业优化升级对高端技能型专门人才的需要，遴选了一批教材。配送中心管理实务是物流管理类、工商管理类专业的核心课程之一，该课程的教学目的旨在让学生通过对配送中心管理的基本理论、管理技巧和前沿发展的探讨，能够学以致用，更好地服务于市场经济环境下大流通的实践。

　　本教材能紧紧抓住当前高等院校教学改革的方向，能够基于"工作过程"进行课程开发，有利于突出课程"职业性、实践性、开放性"，有利于强化"校企合作、工学结合"的教学方式，有利于将课堂教学搬进配送中心作业现场。

　　本教材既考虑了为适应教育模式改革而必须对原有学科体系进行解构与重构的问题，又照顾到改革的循序渐进性，系统地介绍了配送中心管理的基本原理、方法和技巧，并及时引进了配送管理的最新成果。本书的结构除正文部分外，还设置了"学习目标"、"课程单元设计"、"阅读资料"、"实训案例"、"习题与训练"等栏目，特别对"学习目标"进一步区分为"素质目标"、"知识目标"、"技能目标"和"能力目标"4个层次，加上"实训单元"的能力导向，这有利于学生"职业能力"的提升。

　　本书在介绍一般基础理论的基础上，增加了配送管理实务的案例和操作内容，使学生掌握配送企业的基本知识与工作技能，提高其分析问题和解决问题的能力。本书既可作为高等院校物流专业课教材，也可作为企业物流管理工作人员的参考。

　　本书的编写和出版得到了湖南师范大学出版社、中国市场学会市场营销教育中心、校企合作单位——苏州恒润进出口有限公司、南京创一佳集团苏明灯饰连锁的大力协助，在编写过程中还借鉴和吸收了国内外专家和学者的大量研究成果，在此一并表示感谢。

编者

目　录

理论部分

实训部分

第一章 配送概述

学习目标

素质目标： 了解配送与运输的关系；熟悉配送在物流中的地位 及配送合理化的标志

知识目标： 掌握配送的概念、特点、功能

技能目标： 掌握配送的分类、配送合理化的具体措施

能力目标： 理解自营配送运作模式、共同配送运作模式及互用 配送运作模式

学习情境

中储打造精品配送

中国物资储运总公司（以下简称"中储"）立足发挥储运的硬件优势和网络优势，积极拓展配送业务，以现有分布于全国各大中城市的仓库为据点，形成地域物流配送中心，并逐步建立中储全系统的物流配送网络和完整的配送业务流程以及服务规范，向现代物流产业进军。

到目前为止，已有所属60多个仓储介入配送业务，许多传统仓库成了能提供分销、库存、加工等多项服务的配送中心。

配送的形式多种多样，服务的深度和广度不断延伸。为了让客户放心、满意地使用中储的配送服务，中储向客户提出了"配送及时，交接准确，反馈迅速，搬运安全，信誉可靠，网络服务"的承诺。"配送及时"，即接到配送单后，保证市内当天送达，200千米以内24小时内送达，600千米以内36小时内送达；"交接准确"，即由专业人员负责交接工作，保证货物和各种票据交接手续简单、准确；"反馈迅速"，即货物经分拣送达后，保证用最快的通信方式通知顾客确认；"搬运安全"，即实行绿色服务，不污染、不破坏货物包装，保证外包装破损率在1%。以下；"信誉可靠"，即由中储原因发生的货损货差责任事故，中储将按市价全额赔偿，同时客户还可选择是否由中储给货物代上保险；"网络服务"，即中储在沈阳、大连、天津、石家庄、郑州、西安、咸阳、成都、重庆、武汉、衡阳、南京、连云港、上海实现联网改造，以降低空车率。中储不仅在服务中认真履行承诺，而且还针对不同的客户提供具体的个性化服务。

例如，中储股份南一分公司在为海尔服务的过程中，库房温度和湿度保持在规定的范围之内，做到库房内地面和货物上无尘土，同时保管员"日事日毕"，配送业务原则上当天任务当天完成，每天、每周、每月进行动态盘点并按时报告。中储孤家子一库为香港德讯海空运有限公司的西门子产品、基士得耶办公设备（中国）有限公司辽宁分公司的高档办公设备，中储石家庄东三教仓库为海尔电冰箱销售有限公司的电冰箱，中储股份上海沪南公司为正大集团易初莲花连锁超市的货物进行配送服务等，都切实履行了配送服务承诺，并且根据不同客户的要求提供个性化服务，做到一切为客户着想，一切为客户服务。在配送业务领域迅速发展的同时，中国物资储运总公司正在积极筹划将全系统分散的60多个仓库业务联成网络，加强信息化建设，以期实现物流配送网络和电子商务网的对接。同时中储系统正以中储股份（证券代码：600787）为依托，积极整合、重组、优化现有存量资产，使传统的仓储型仓库向区域性现代物流中心转型，向网络化、信息化、规模化的一流物流企业积极迈进。

分析提示

1. 中储配送有哪些特色？
2. 为提高企业竞争力，中储作了哪些努力？

配送作为物流的一项重要功能，对优化物流作业、提高物流效益，起着重要作用。掌握配送的相关知识，对于深化物流认识有重要作用。本子模块主要阐述配送的概念、分类和运作模式等知识

第一节　配送概述

一、配送的概念

配送的概念

配送是集"配"与"送"为一体的，对货物进行集中、分拣和组配，并以各种不同的方式将货物送达指定地点或用户手中的一种特殊而综合的物流活动，是资源配置的重要手段，也是商流与物流结合的产物。

配送几乎包括了所有的物流功能要素，是物流活动的一个缩影和在某小范围内物流全部活动的体现。在当今"买方市场"竞争激烈的情况下，改善配送效率，对于改善和提高物流服务，完善物流系统，提高物流效益，从而增强竞争力有重要的作用。

中国国家标准《物流术语》将配送定义为"在经济合理区域范围内，根据用户的要求，对物品进行拣选、加工、包装、分割、组配等作业，并按时送达指定地点的物流活动"。

二、配送的特点

1. 配送是在经济合理范围区域内以用户需求为出发点的特殊送货。

《物流术语》中"根据客户的要求"明确了客户的主导地位。配送企业首先必须

树立"客户第一""信誉第一""质量至上"的观念，从客户的利益出发，按照客户的要求，在充分满足客户利益的基础上，谋求自身利益，从而达到"双赢"。由于配送企业所服务的客户数量众多，而不同客户的送达时间、地点、批次批量、包装等要求往往有很大差别，不同客户的产品性质也不同，这就给配送企业带来较大的困难；加之配送企业自身的能力有限，因此，在强调客户利益的同时，也必须充分考虑本身的局限，同时也可以考虑业务转包的形式，但前提是要充分考虑自身的盈利状况，这就要求配送企业在经济合理范围区域内进行作业。

从配送的功能上看，配送不是为生产企业推销产品而进行的直接送货，而是从物流据点至用户的一种特殊送货形式。在整个输送过程中是处于二次输送、支线输送、终端输送的位置，配送是"中转"型送货，其起止点是物流据点至用户。通常是短距离、少量货物的移动。在实践中，人们通常把面向城市内和区域范围内需求者的运输称为"配送"。因此，配送是一种特殊送货形式，但实质上还是送货。

2. 配送是多种活动的有机结合体。

在实践中，配送企业除了"配送"外，还有拣选、分货、包装、分割、组配以及配货等工作，这些工作难度很大。这些活动之间由于"效益背反"现象的存在，前一道工序完成的好坏对下一道工序产生重大影响。因此，在配送过程中，必须结合客户的要求，将这些业务活动作为有机整体，加强工序之间的协调工作，才能取得良好的经济效益。

3. 配送必须有现代化技术和设备的支撑。

由于配送是多种活动的有机结合体，各项活动的协调工作难度较大，加之各客户的要求和产品性质往往大相径庭，这就要求采用现代化的技术和装备。现代化技术和装备的使用也是区别"配送"与传统送货的重要特征。

在实践中，配送企业大都在自身能力范围内，尽量采用现代化的技术和装备，如电子配送平台、传输设备及条码、拣选、包装以及加工等设备，从而提高配送的规模、水平、效率、速度及质量，从而增强服务能力，提高竞争力。

4. 配送是一项有计划且积极的发货活动。

配送是一项有详细计划的活动。"根据客户要求"，在实践中，客户预先将所需服务的项目、要求等告知配送企业，配送企业再根据客户的要求，结合自身的能力，决定是否接单，若接单，则要结合自身的情况制订详细的计划，以达到"双赢"的目标。因此，配送也是一项积极的发货活动，配送企业将"配"与"送"有效地结合起来，按照客户要求的数量、种类、时间等进行分拣、配货、配装等工作。

第二节　配送的功能和分类

一、配送的功能

1. 配送与运输的关系

（1）配送与运输的联系。

由于功能的不同，配送与运输相辅相成，互相补充，而不是互相代替。物流系统要求企业将物品送达客户手中。从运输与配送的各自特点可以看出，仅有运输或仅有配送都无法满足客户的需要。配送具有小批量、多批次的特点，容易实现门到门的服务，但只适合短距离运送；而运输则刚好相反，因此两者相互配合、相互补充，才能实现物流效益的最大化。

（2）配送与运输的区别。

（a）从运输性质方面讲，配送是支线运输、二次运输、区域内运输、末端运输，而运输则属于干线运输。

（b）从货物性质方面讲，配送所送的是多品种、少批量的货物，而运输则以少品种、大批量为主。

（c）从运输工具方面讲，配送所使用的是小型货车，而运输使用的是大型货车或铁路运输、水路运输等重吨位运输工具。

（d）从管理方面讲，配送始终以服务优先，相对而言，运输更注重效率。

（e）从其附加功能方面讲，配送所附属的功能较多，主要包括装卸、保管、包装、分拣、流通加工、订单处理等。

2. 配送在物流中的地位

配送是物流系统中重要的功能要素之一，发展配送，对于物流系统的完善、流通企业和生产企业的发展以及整个经济社会效益的提高具有重要作用。

（1）配送有利于促进物流的社会化、合理化

开展配送，为众多用户的商品进行配送，有利于改变以往"大而全""小而全"的局面，打破行业、地区的条块分割现象。配送活动把众多分散的商品进行集中，有利于实现规模效益。实行社会集中库存、集中配送，可以从根本上打破条块分割的分散流通体制，实现流通社会化、物流产业化。因此，配送可以成为物流社会化、专业化的战略选择。

（2）配送有利于促进物流设施和装备的技术进步

配送活动的开展，在提高经济效益的同时，也对相关的技术提出了相应的要求。因此，配送有利于促进物流设施和设备技术的进步。主要体现在 3 个方面：一是与装卸搬运、包装、分拣等活动相对应的物流设备；二是与分拣、包装、物流信息平台等相关的物流信息技术；三是与路线规划、配送中心选址以及规划相关的物流规划技术。

（3）配送有利于提高物流的经济效益

对于生产企业来说，开展配送，消除迂回运输、重复运输、交叉运输、空载运输等不合理运输；通过使用大型用车提高规模效应，从而降低运费；有利于库存水平的控制；减少不必要的中转环节，缩短物流周转时间，减少商品的损耗。对于配送组织来说，通过配送，有利于稳定客户关系，实现集中货物资源所带来的经济效益，便于先进技术的利用。因此，配送能提高物流的经济效益。

3. 配送的基本功能

总体上来说，配送的基本功能由备货、理货、送货 3 个方面实现。具体配送过程

中，还包括其他业务环节。

（1）备货

备货是指准备货物的系列活动，是配送的准备工作和基础环节。备货工作包括组织资源、订货、进货、验货、入库以及相关的质量检验、结算等一系列作业活动。备货是决定配送效率高低的关键环节，对整个配送活动有深远的影响。

（2）储存

储存是进货的延续，配送中的储存对整个配送有一定的影响。储存主要包括储备和暂存两种形态。

（a）暂存形态的储存是指执行配送时，按照分拣、配货工序的要求，在理货场地所做的少量货物储存。这种储存形式是随着"日配""即时配送"的需求而发展起来的；其数量的多少，只会影响到下一步工序的方便与否，不会影响总体效益；并且其储存效益取决于储存总量，因此，在数量上并没有严格控制。

（b）储备形态的储存是按一定时期的配送经营要求和货源到货情况而设置的，它是配送持续运作的资源保证。这种形态的储备数量大，结构较为完善。可根据货源和到货情况，有计划地确定周转储备及保险储备的结构与数量

（3）理货

理货是配送活动中的一项重要环节，并且对整个配送效率有着重要的作用。科学合理的理货，有助于提高整个配送的效率，从而提高配送的经济效益。理货活动包括分拣、拣选加工、包装、配货、出库等多项作业。在实践上，理货主要包括分拣和配货两项活动。分拣是按品名、规格、出入库顺序等分门别类进行作业的过程。分拣活动是一项支撑性的活动，是随着送货活动的不断发展而不断完善的，同时也极大地提高了服务水平。配货是指使用各种拣选设备和传输装置，将存放的物品按客户的要求拣选出来，配备齐全并进行必要的组合和集合，送达指定区域的活动。配货过程是分拣的延续，与分拣活动不可分割。理货活动的好坏直接影响配送水平。同时，由于效益背反现象的存在，为提高经济效益，配送组织大都在理货上做了大量工作。

（4）配装

配送活动中，经常出现单个用户的配送量达不到运载工具的有效荷载的情况，此时运输车辆未能有效应用，配送效率低，配送成本高。为提高车辆的有效荷载率，配送组织必须做好配装工作。配装是送货的前奏，也是配送系统中的一个重要环节。配货活动不仅仅是"装货"的过程，还包括与此相关的粘贴或附加关于货物标识，并登记、填写送货单，装载、覆盖、捆扎固定等多项作业。合理的配装能有效提高送货水平，降低配送成本。同时，由于能减少运次，也能适当缓解交通压力。

（5）送货

送货是配送的最终环节，也是配送活动的核心。送货的最终要求是做到确保在恰当的时间，将恰当的货物、恰当的数量，以恰当的成本送达恰当的用户。送货一般包括运送路线、方式、工具的选择，卸货地点及方式的确定，交付、签收和结算等活动，主要包括配送运输和送达服务两个方面。

（a）配送运输属于运输中的末端运输、支线运输，与一般运输有较大区别，表现

在：配送运输是短距离、规模小、批次多的运输形式。与干线运输的区别在于，配送运输由于用户多，而城市交通道路复杂，必须做好配装和路线规划工作。因此，配送运输难度比较大，对整个配送效率的影响大。

（b）将配货的货物运输到客户手中时，配送工作并没有结束，因为送达货物和用户接货往往会出现不协调的情况。为专业、有效地办理相关手续并做好结算，配送组织往往还必须做好配送服务工作。

由于配送中心的送货需面对众多用户，大多数的运送也许是多方向的。因而，在送达过程中，必须对运输方式、运输路线和运输工具做出规划和选择。选择时要贯彻"经济合理、力求最优"的原则。在全面计划的基础上，制订科学的、运距较短的货运路线，选择经济、迅速、安全的运输方式，采用适宜的运输工具。一般而言，城市或区域内的送货，由于距离较短，规模较小，频率较高，往往采用汽车、专用车等小型车辆为交通工具。

二、配送的分类

（一）按配送主体不同分类

1. 配送中心配送。

配送的主体是专门从事配送业务的配送中心。这类配送的优点：与客户有较稳定的配送关系，一般实行计划配送，很少超越自己的经营范围，配送变动成本小；根据配送需要专门设计配送设施，配送能力强，配送品种多，配送数量大，可以承担企业主要物质的配送及实行补充性配送；规模大，覆盖面宽。这类配送的缺点：配送中心必须有配套的、实施大规模配送的设施，如配送中心建筑、车辆和线路等，一旦建成就很难改变，灵活机动性较差，投资性较高。

2. 生产企业配送。

这类配送的主体是生产企业，特别是多品种产品的生产企业。这些企业可以直接从本企业开始进行配送，而不需要将产品发运到配送中心进行配送。这样就避免了一次物流中转，对于降低物流费用，具有一定优势。但这种配送大都适用于大批量、单品种或品种、规格和质量等要求相对稳定的条件，不适用于多品种产品的配送，难以满足客户多样化的要求。另外，某些不适应中转的产品，也常常采用这种方式。

3. 商店配送。

配送的主体是商业或物质的门市网点。这些商店主要承担零售业务，经营品种比较齐全，但规模一般不大。除日常经营的零售业务外，还可以根据客户的要求，或代客户外订、外购部分商店平时不经营的商品，与商店经营的品种一起配送给客户。由于商业零售网点的数量较多，配送距离较短，所以比较机动灵活，可承担生产企业非主要生产物质的配送以及对客户个人的配送。但这种配送主体实力有限，往往只是零星商品的小量配送，所配送的商品种类繁多，但是用户需用量不大，甚至有些商品只是偶尔需要，很难与大配送中心建立计划配送关系。

4. 仓库配送。

这类配送的主体是仓库，是以仓库为结点进行的配送。这种配送，可以直接利用原有设备，但原有设备设施无法满足时，可进行技术和设备的改造，也可增加部分配送职能。由于不是专门进行设计的，专业化程度较低，规模较小。这种配送由于能充分利用原有设施和设备，不需进行大量投资。

（二）按服务方式不同分类

1. 定时配送。

这种配送方式按规定的实际间隔进行配送。间隔的时间可以是数小时，也可以是数天等。每次配送的品种及数量可事先确定，实行计划配送，也可在配送之前用已经商定的联络方式（如电话、传真、网络等）进行通知。

对于组织者而言，由于这种配送方式时间固定，便于安排工作计划和计划使用设备；而对客户而言，易于安排接运人员和接运作业。因此，在一定程度上受到组织者和客户的欢迎。但是，在实践中，品种、数量的变化往往较大，若允许客户临时调整配送的品种及数量，就会带来较大的困难。

2. 即时配送。

即时配送是完全根据客户提出的时间要求和供货数量、品种即时地进行配送的形式，是一种灵活性很高的应急配送方式。这种配送可以实现"零库存"管理，可以用即时配送代替保险储备。但在实践中，往往还有额外成本问题。由于这种配送方式对配送组织的要求比较高，通常只有配送系统完善、具有较高的组织能力和应变能力的专业化的配送中心才能开展这一业务。

3. 定量配送。

这种配送方式是按规定的批量实施的配送。这种配送方式计划性强，每次配送的品种及数量固定，因此备货工作简单，可以按托盘、集装箱及车辆的装载能力规定配送的数量，配送效率较高，成本较低。由于时间限定不严格，可以将不同客户所需商品凑足整车后配送，提高车辆利用率，运力较好。对客户来讲，每次接货都处理同等数量的货物，有利于人力、物力的准备。但这种方式下，有时会增大客户的库存。

4. 定时定量配送。

这种配送方式按规定的配送时间和配送数量进行配送。这种方式兼有定时、定量两种方式的特点，但特殊性强、计划难度大，对配送组织的要求比较严格，要求配送组织有较强的计划性和准确性。所以适合采用的对象不多，相对来说，这种配送方式在生产和销售稳定、产品批量较大的生产制造型企业和大型连锁商场的部分商品的配送以及配送中心比较适用。另外，企业实行即时配送物流系统的时候，定时定量配送成为必备条件之一。

5. 定时定路线配送。

这种配送方式是指通过对客户的分布状况进行分析，设计出合理的运输线路，再根据运输线路安排到达站的时刻表，按照时刻表沿着规定的运输路线进行配送。用户可以按规定的路线及时间接货或提出配送要求。这种方式有利于车辆及驾驶人员的安排。在客户较多的地区，可以免去过分负责的配送要求所导致的配送组织工作和车辆安排的困难。这种配送方式适应于配送组织计划、安排运力，适应在配送客户较多的地区，但难以实现门到门的服务。

（三）按配送商品的种类和数量不同分类

1. 单品种、大批量配送。

对于客户需要量较大的商品，单独一个品种或几个品种就可以达到较大数量时，可以实行整车运输。往往不再需要与其他区商品搭配，可由专业性很强的配送组织进行大批量配送。这样的配送活动即为单（少）品种、大批量配送。由于配送量大，可以使车辆满载，并使用大吨位车辆。这种情况下，配送中心的的内部设置、组织、计划等工作较简单，因此，可降低成本。

2. 多品种、小批量配送。

目前，市场的个性化消费需求突出，不同的消费者的需求状况往往差别很大。为迎合消费者的需求，生产厂家往往生产少数几种具有一定代表性，符合大部分客户需求的商品，其余则生产个性化相对较强，但有良好市场的次要商品。这种情况下，品种数量多，但单品种需求量不大，多采用多品种、小批量配送。类似的，零售店补充一般生活消费品时，也要求多品种、少批量的配送。配送的特殊作用主要发源于多品种、小批量的配送，因此，这种配送方式在所有配送方式中是一种高水平、高技术的方式。

3. 成套配套配送。

这种配送方式是指按照企业的生产需要，尤其是装配性企业的生产需要，将各种零部件配齐，根据市场节奏定时送达生产企业，生产企业随即可将这些成套的零部件送入生产线以装配出产品。在这种配送方式中，配送组织承担了生产企业大部分的生产供应工作，使生产企业专注于生产，与多品种、小批量配送效果类似。

第三节　配送的合理化及运作模式

一、配送的合理化

（一）配送不合理的表现

配送不合理表现的客观性。

社会经济的迅速发展和社会分工的专业化对配送提出了更高的要求。这使得配送组织制订相应的标准来满足不同客户的需求，但由于不同客户的需求差异大，这给配送组织制订科学的标准带来极大的困难。加之物流"效益背反"的出现，配送组织相对有限的配送能力和人为观念的主导，社会上不合理的配送现象大量存在。

配送不合理的具体表现。

1. 库存决策不合理

配送组织通过集中库存的形式，改变分散库存的形式，从而降低实际平均库存分摊成本，节约社会财富。与此同时，也对仓库存储提出了严格的要求，既要保证适当的储存量，防止库存不足而导致的"缺货成本"，又要防止库存过高而导致的高成本。

这就要求配送组织严格按照客户的需求作出科学的决策，需要大量使用先进的存储控制技术和先进的理念来协助库存决策的开展，而目前来看，库存控制技术和管理理念都无法满足科学决策的要求，导致库存决策不合理现象大量存在。

2. 配送与直达的决策不合理性

直达配送，可以减少中间环节，从而减少相应的装卸搬运成本、时间成本和物料损耗，从而提高物流效益和客户的满意度。但配送组织的客户是众多的，各自货物的性质和要求也不一样，大部分货物经过中转环节，会增加中间成本，不利于运费的节约和商品的保护。

3. 运输线路和运输方式的不合理

由于用户的需求具有多样性，而且大多呈现大批量、小批次特点，加之用户的地理位置相对分散，这就要求决策者对运输线路做出科学、合理的规划，完善车辆装载和配载技术，提高车辆的满载率，同时尽量减少迂回运输、逆向运输和空驶。如果运输线路规划不科学，装载和配载不合理，都会大大提高运输成本。

4. 经营观念的不合理

开展配送活动的难度较高，这要求有较先进的经营观念。但是由于目前大部分配送组织是由传统的运输组织转变而来，许多配送组织成员，特别是决策层领导并没有意识到科学观念的重要性。因此，在经营过程中，他们不愿意甚至排斥先进的管理理念和先进的技术和设备。同时，配送组织利用配送手段向用户转嫁资金、库存困难；在资金紧张时，长期占用用户资金；在资源紧张时，将用户委托资源挪做他用而获利等。这些不合理的经营观念不利于配送组织的良性循环发展

（二）配送合理化的标志

1. 库存标志。

库存是判断配送合理与否的重要标志。具体指标有以下两方面：

（1）库存总量

在一个配送系统中，库存是从分散于各个用户转移给配送中心施行一定程度的集中管理。在实行配送后，配送中心库存数量加上各用户在实行配送后库存数量之和应低于实行配送前各用户库存量之和。

（2）库存周转

由于配送企业的调剂作用，以低库存保持高的供应能力，库存周转一般快于原来各企业库存周转。此外，从各个用户角度进行判断，各用户在实行配送前后的库存周转比较，也是判断合理与否的标志。

2. 资金标志。

总的来讲，实行配送应有利于降低资金占用率及资金运用的科学化。具体判断标志如下：

（1）资金总量

用于资源筹措所占用的流动资金总量，随储备总量的下降及供应方式的改变必然有一个较大的降低。

（2）资金周转

从资金运用来讲，由于整个节奏加快、资金充分发挥作用，同样数量资金，过去需要较长时期才能满足一定供应要求，配送之后，在较短时期内就能达此目的。所以资金周转是否加快，是衡量配送合理与否的标志。

（3）资金投向的改变

资金分散投入还是集中投入，是资金调控能力的重要反映。实行配送后，资金必然应当从分散投入改为集中投入，以能增加调控作用。

3. 成本和效益标志。

总效益、宏观效益、微观效益、资源筹措成本等都是判断配送合理化的重要标志。对于不同的配送方式，可以有不同的判断侧重点。例如，配送企业、用户都是各自独立的以利润为中心的企业，则不但要看配送的总效益，而且还要看对社会的宏观效益及两个企业的微观效益，不顾及任何一方，都必然出现不合理。又例如，如果配送是由用户集团自己组织的，配送主要强调保证能力和服务性，那么，效益主要从总效益、宏观效益和用户集团企业的微观效益来判断，不必过多顾及配送企业的微观效益。

由于总效益及宏观效益难以计量，在实际判断时，常以按国家政策进行经营，完成国家税收及配送企业及用户的微观效益来判断。

对于配送企业而言（在满足用户要求，即投入确定了的情况下），则企业利润反映配送合理化程度；对于用户企业而言，在保证供应水平或提高供应水平（产出一定）前提下，供应成本的降低，反映了配送的合理化程度。

4. 供应保证标志。

实行配送，各用户最大的担心是害怕供应保证程度降低，这并不仅仅是个心态问题，更是可能要承担风险的实际问题。配送的重要一点是必须提高而不是降低对用户的供应保证能力，才算实现了合理。供应保证能力可以从以下几个方面判断：

（1）缺货次数

缺货次数代表了服务水平的高点，缺货次数高，会导致用户的利益受损，不利于稳定客户关系。实行配送后，缺货次数必须下降才算合理。

（2）配送企业集中库存量

对每一个用户来讲，其数量所形成的保证供应能力高于配送前单个企业保证程度。

（3）即时配送的能力及速度

即时配送的能力及速度是用户出现特殊情况的特殊供应保障方式，这一能力必须高于未实行配送前用户紧急进货能力及速度才算合理。特别需要强调一点，配送企业的供应保障能力，是一个科学的合理的概念，而不是无限的概念。具体来讲，如果供应保障能力过高，超过了实际的需要，属于不合理。所以追求供应保障能力的合理化也是有限度的。

5. 社会运力节约标志。

末端运输是目前运能、运力使用不合理，浪费较大的领域，因而人们寄希望于配送来解决这个问题，这也成了配送合理化的重要标志。运力使用的合理化是依靠送货运力的规划和整个配送系统的合理流程及与社会运输系统合理衔接实现的。送货运力的规划是任何配送中心都需要花力气解决的问题，可以简化判断：社会车辆总数减少，而承运量增加；社会车辆空驶减少；一家一户自营运输减少，社会化运输增加。

6. 用户企业仓库、供应、进货的人力、物力节约标志

配送的重要作用是以配送代劳用户。因此，实行配送后，各用户库存量、仓库面积、仓库管理人员减少为合理；用于订货、接货、供应的人减少才为合理。真正解除了用户的后顾之忧，配送的合理化程度则可以说是一个高水平了。

（三）配送合理化的具体措施

1. 实行专业化配送。

专业化配送是根据产品的性质将其分类，利用专门的配送设备、设施及操作程序，对其进行配送，这有利于充分发挥各专业组织的优势，根据自身的能力来进行选择。同时，专业化配送，有利于降低配送的复杂程度和难度，从而实现配送合理化。

2. 推行协同配送。

协同配送是指配送组织之间充分利用各自的优势，联合起来对某一地区客户的商品进行配送。协同配送一般是在核心组织的统一计划额调度下进行的。因此，配送组织往往可以选择最近的路程、合理的配载方式和运输方式完成配送，实现配送合理化。

3. 实行加工配送。

配送活动开展之前，配送组织可以充分利用自身的技术设备对商品进行简单加工，如包装、分割等，从而增加商品的附加值，提高经济效益。

4. 推行送取结合。

配送企业与用户之间建立良好的、稳定的关系。配送时，配送企业利用自身车辆将用户所需商品运达产区。同时，将用户所生产的商品运送出去。这一方面可以降低用户库存，另一方面可以减少配送车辆返回时的空载率，提高经济效益，还可以稳定与客户的关系，实现"双赢"。

5. 推行即时配送。

推行即时配送，使配送企业能随时根据用户的需要进行科学、合理的配送。即时配送有很大的优越性，一方面，客户可以充分降低库存水平，从而降低库存人力、财力、物力的投入，而且可以降低库存风险，企业也可以集中力量来经营自身的优势领域；另一方面，由于高标准的满足用户的要求，配送利润率较高，提高配送组织的经济效益。

二、配送的运作模式

（一）自营配送运作模式

自营配送是企业自身管理配送的各个环节，对企业内部和外部货物进行配送的配送模式。自营配送是目前普遍采用的模式之一，主要通过组建配送中心，实现对内部各部门、场、店的物品配送。

自营配送有一定的优点，即有利于企业加强对各环节的控制，使生产与其他环节紧密配合，增强企业对供应以及分销渠道的控制；有利于企业合理地规划管理流程，提高作业效率；有利于企业对库存的调配，节约资金，提高工作效率

自营配送模式也有一定的缺点，即需要大量的一次性投资，成本较高；由于能力有限，物流配送的专业化程度低；需要花费较大的人力、物力和财力对配送进行管理，不利于企业集中资源对优势领域的培育。

自营配送主要适用于规模较大的集团公司或物流占很重地位的企业，且对物流控制能力很强，生产线相对单一的企业。

（二）共同配送运作模式

共同配送是由多个客户以互惠互利为原则，联合起来共同由一个第三方配送组织提供配送服务的一种配送模式。

共同配送理念的实现，从微观角度而言，企业可以得到这几方面的好处：达到配送作业的经济规模，提高流水作业的效率，降低企业运营成本；不需投入大量资金、设备、土地、人力等，可以节省企业的资源；企业可以集中精力经营核算心业务，促进企业的成长与扩张；扩大市场范围，消除原有封闭性的销售网络，共建共存共荣的环境。

从整个社会的角度来讲，实现共同配送的主要好处有：减少社会车流总量，减少闹市卸货妨碍交通的现象，改善交通运输状况；通过集中化处理，有效提高车辆的装载率，节省物流处理空间和人力资源，提升商业物流环境，进而改善整体社会生活品质。总而言之，共同配送可以最大限度地提高人员、物资、金钱、时间等物流资源的使用效率（降低成本），取得最大效益（提高服务），还可以去除多余的交错运输，并取得缓解交通、保护环境等社会效益。

共同配送是物流配送发展的总体趋势，当然，共同配送涉及很多具体的细节问题，在实施过程中难免会出现一些困难。首先商品种类繁多，且性质各不相同，对配送的要求也不一致，因此，增加了配送的困难。其次，各企业的规模、商圈、客户、经营意识等方面也存在差距，往往很难协调一致。再次，各企业在费用的分摊也可能不一致，共同配送还可能导致商业机密的泄密问题。

（三）互用配送运作模式

互用配送模式是几个企业为了各自的利益，以契约的方式达成某种协议，互用对方配送系统进行配送的模式。其优点在于企业不需要投入较大的资金和人力，就可以扩大自身的配送规模和范围，但需要各参与企业有较高的管理水平以及与相关企业的组织协调能力。

互用配送模式与共同配送模式都是一种协同配送模式，有一定的相似之处，但二者仍然有明确的区别：

（1）共同配送模式旨在建立配送联合体，以强化配送功能为核心，为社会服务；而互用配送模式旨在提高企业的配送能力，以为企业自身服务为核心。

（2）共同配送模式的合作对象是经营配送业务的企业，而互用配送模式的合作对象既可以是经营配送业务的企业，也可以是非经营配送业务的企业。

（3）共同配送模式的稳定性较强，而互用配送模式的稳定性较差。

小　结

　　配送集"配"与"送"为一体,是资源配置的重要手段,也是商流与物流结合的产物。该子模块从配送概述、配送功能和分类、配送合理化及运作模式 3 个方面进行了概括性的阐述。

主要概念

　　配送　配送分类标准　配送合理化的标志　专业化配送　协同配送　加工配送即时配送　自营配送　共同配送　互用配送

作　业

一、名词解释

配送、即时配送 、自营配送

二、简答题

1. 简述配送的特点
2. 简述配送不合理的表现
3. 简述配送的基本功能
4. 简述配送合理化的标志
5. 简述配送合理化的措施

第二章　配送中心概述

素质目标： 了解配送中心选址的影响因素；熟悉配送中心的地位、设计原则
知识目标： 掌握配送中心的概念、特征、功能
技能目标： 掌握配送中心的分类和选址的具体方法
能力目标： 理解配送中心的组织结构、配送中心设计的程序、配送中心目标市场选择策略

第一节　配送中心概述

沃尔玛的配送中心

1970 年，沃尔玛的第一家配送中心在美国阿肯色州的一个小城市本顿维尔建立，这个配送中心供货给 4 个州的犯个商场，集中处理公司所销商品的 40 ％。

沃尔玛配送中心的运作流程是：供应商将商品的价格标签和 UPC 条码（统一产品码）贴好，运到沃尔玛的配送中心；配送中心根据每个商店的需要，对商品就地筛选，重新打包，从"配区"运到"送区"。

由于沃尔玛的商店众多，每个商店的需求各不相同，这个商店也许需要这样一些种类的商品，那个商店则有可能又需要另外一些种类的商品，沃尔玛的配送中心根据商店的需要，把产品分类放入不同的箱子当中。这样，员工就可以在传送带上取到自己所负责的商店所需的商品。传送的时候，他们怎么知道应该取哪个箱子呢？传送带上有一些信号灯，有红的、绿的，还有黄的，员工可以根据信号灯的提示来确定箱子应被送往的商店，来拿取这些箱子。这样，所有的商店都可以在各自所属的箱子中拿到需要的商品。

在配送中心内，货物成箱地被送上激光制导的传送带，在传送过程中，激光扫描货箱上的条码，全速运行时，只见纸箱、木箱在传送带上飞驰，红色的激光四处闪射，将货物送到正确的卡车上，传送带每天能处理 20 万箱货物，配送的准确率超过 99 ％

由于沃尔玛采用了这项先进技术，配送成本只占其销售额的 3％，其竞争对手的配送成本则占到销售额的 5％，仅此一项，沃尔玛每年就可以比竞争对手节省下近 8 亿美元的商品配送成本。20 世纪 80 年代后期，沃尔玛从下订单到货物到达各个店面需要 30

天，现在由于采用了这项先进技术，这个时间只需要 2－3 天，大大提高了物流的速度和效益。

从配送中心的设计上看，沃尔玛的每个配送中心都非常大，平均占地面积大约有 11 万平方米，相当于 23 个足球场。一个配送中心负责一定区域内多家商场的送货，从配送中心到各家商场的路程一般不会超过一天行程，以保证送货的及时性。配进中心一般不设在城市里，而是在郊区，这样有利于降低用地成本。

沃尔玛的配送中心虽然面积很大，但它只有一层，之所以这样设计，主要是考虑到货物流通的顺畅性。有了这样的设计，沃尔玛就能让产品从一个门进，从另一个门出。如果产品不在同一层就会出现许多障碍，如电梯或其他物体的阻碍，产品流通就无法顺利进行。

沃尔玛配送中心的一端是装货月台，可供 30 辆卡车同时装货，另一端是却货月台，可同时停放 135 辆大卡车。每个配送中心有 600－800 名员工，24 小时连续作业；每天有 160 辆货车开来却货，150 辆车装好货物开出。

在沃尔玛的配送中心，大多数商品停留的时间不会超过 48 小时，但某些产品也有一定数量的库存，这些产品包括化妆品、软饮料、尿布等各种日用品，配送中心根据这些商品库存量的多少进行自动补货。到现在，沃尔玛在美国已有 30 多家配送中心分别供货给美国 18 个州的 3 000 多家商场。

沃尔玛的供应商可以把产品直接送到众多的商店中，也可以把产品集中送到配送中心，两相比较，显然集中送到配送中心可以使供应商节省很多钱。所以在沃尔玛销售的商品中，有 87% 左右是经过配送中心的，而沃尔玛的竞争对手仅能达到 50% 的水平。配送中心能降低物流成本 50% 左右，使得沃尔玛能比其他零售商向顾客提供更康价的商品，这正是沃尔玛迅速成长的关键所在

分析提示

1. 沃尔玛配送中心设计时考虑了哪些因素？

2. 沃尔玛在信息化建设方面做了哪些努力？

配送中心是进行配送业务的重要场所。配送企业往往根据市场需求，结合自身情况，精心选址和规划，设置相适应的配送中心，配备先进的软件和硬件设备，使其具备相应的功能，以满足客户需要，提高经济效益。

一、配送中心的概念

1. 配送中心的概念

配送中心是以组织配送性销售或供应，专业从事商品配送业务的流通型节点，是通过转运、分类、保管、流通和信息加工等作业，根据用户的订货要求备齐商品，对商品进行配送的物流场所和组织。配送中心是配送业务的聚集地和发源地，其目的是按照客户的要求为客户提供高水平的供货服务。

国家标准《物流术语》中的定义。

"配送中心是从事配送业务的物流场所和组织。"配送中心应基本符合的要求：主要为特定的客户服务；配送功能健全；完善的信息网络；辐射范围小；多品种、小批

量；以配送为主，储存为辅。

国内学者的理解。

"配送中心是从事货物配备（集货、加工、分货、拣选、配货）和组织对用户的送货，以高水平实现销售或供应的现代流通设施。"根据这一定义，配送中心有如下要点：

（1）配送中心的"货物配备"工作是其主要的、独特的工作，全部由配送中心完成。

（2）配送中心有的是完全承担送货，有的是利用社会运输企业完成送货。

（3）强调了配送活动和销售或供应等经营活动的结合，是经营的一种手段，不是单纯的物流活动。

（4）强调了配送中心的"现代流通设施"。这个流通设施中以现代装备和工艺为基础，不但处理商流而且处理物流，兼有商流和物流的全部功能。

二、配送中心的特征

1. 配送中心的特征

配送中心具有以下特征：

（1）配送反应速度快。对配送需求的反应速度越来越快，前置和配送时间越来越短。

（2）配送功能集成化。物流配送着重于配送与供应链的其他环节的紧密结合。

（3）配送服务系列化。配送中心提供传统的服务外，还不断地延伸，物流服务功能不断完善化和系统化。

（4）配送作业规范化。物流配送强调功能作业流程、作业和运作等的标准化和程序化。

（5）配送目标系统化。物流配送活动不再追求单个活动的最优化，而是从整体出发进行统筹规划，追求整体活动的最优化。

（6）配送手段现代化。新型的物流配送使用先进的技术和设备为管理、配送送等提供技术支撑。

（7）配送组织网络化。为保证对产品促销提供全方位、快速的物流支持，配送组织需要不断完善配送网络体系。

（8）配送管理法制化。物流配送要有健全的法规、制度和规则，物流配送企业要依法办事，按章行事。

第二节　配送中心的功能及分类

一、配送中心的地位和功能

（一）配送中心的地位

配送中心在物流配送中有举足轻重的地位。

首先，在配送中心，有配送、保管等一系列作业，配送中心通过现代化的技术将各环节的功能进行集成与组合，使各功能之间协调运作。因此，配送中心是物流功能系统化的体现，也是现代物流技术的集成；其次，配送中心作为运输的节点，把干线运输与支线运输衔接起来，把运输的"线"变成了配送的"面"，把分散的物流节点编织成密密麻麻的"网"；把单一的配送活动有效集合起来，因此，配送中心的出现表明物流的发展进入新的阶段；由于配送中心的重要作用，配送中心还往往成为企业销售竞争的重要手段。

（二）配送中心的功能

配送中心是专门从事货物配送活动的经济组织。换个角度来说，它又是集加工、理货、送货等多种职能于一体的物流据点，具体说，配送中心有如下功能：

1. 集货功能

配送中心必须首先按照客户需要，就客户所需货物的规模和数量进行备货，特别是多品种、小批量的配送。由于各客户的要求不同，配送中心必须提前做好相应的计划，并统一部署。

2. 储存功能

配送中心的服务对象是为数众多的生产企业和商业网点，配送中心需要按照用户的要求及时将各种配装好的货物送交到用户手中，满足生产和消费需要。为保证正常配送特别是即时配送的需要，配送中心必须有适当的储备，同时，配送中心一般配备大型的仓储设施和设备。配送中心通过把各种工、农产品直接运送到用户手中，构成了生产和消费的纽带，起到了良好的媒介作用。

3. 衔接功能

配送中心通过集货和储存货物，有效地解决季节性货物的产需衔接问题，这就起到了平衡供求的作用，即"时间效应"；同时，由于货物在不同地区的交易价格并不一致，因此，通过集货和存储，配送中心还具备"地点效应"。"时间效应"和"地点效应"使配送中心具备良好的衔接功能。

4. 分拣、组合功能

配送中心的服务对象是为数众多的企业。客户之间差别很大，经营性质和规模也往往有较大的差异，因此，不同的用户对于货物的种类、规格、数量会提出不同的要求。为了有效地进行配送，即时地满足客户的要求，配送中心必须根据商品的品种、规格、型号、数量、质量、送达时间和地点等的不同要求，采取适当的方式对组织进来的货物进行拣选和配组。这就使配送中心具备分拣和组合功能。

5. 配货配载功能

客户为了降低库存、加快资金周转、减少资金占用，则往往要求采用小批量进货的方法。而配送中心为了提高经济效益，往往希望通过大批量的进货来降低进货价格和进货费用。在物流实践中，配送中心将分散在各个生产企业的产品集中到一起，然后经过分拣、配装向多家客户发货。与此同时，配送中心把各个用户所需要的多种货物有效地组合在一起，形成经济、合理的货载批量。因此，配货配载功能已不是单纯的送货的准备活动，而是配送企业为提高服务质量和自身经济效益的延伸。代表了物流配送的一大发展趋势。

6. 流通加工功能

流通加工功能不是普遍的，但为了扩大经营范围和提高配送水平，促进销售，便利物流或提高原材料的利用率，配送中心往往配备各种加工设备，按照用户提出的要求和根据合理配送商品的原则，对货物进行必要的加工，由此具备一定的加工能力。配送中心的这一功能，方便了客户，省却了烦琐劳动，提高了物质资源的利用率和配送效率

对配送中心来说，这一功能提高了经济效益，稳定与客户的关系，因此，流通加工功能得到了配送中心的青睐，并朝专业化方向发展。

7. 信息处理功能

配送中心还连接物流干线和配送，直接面对着产品的供需双方，因此，配送中心还具备情报功能，以协调各个环节的作业，协调生产和消费。配送中心不仅连接实物，还进行信息的传递和处理，包括在配送中心的信息生成和交换等。为提高作业效率，减少作业失误，配送中心往往配置先进的信息设备，以提高信息处理能力。

二、配送中心的分类

（一）按配送中心的流通职能分类

1. 供应配送中心。

这是专门为某个或某些客户（例如联营商店、联合公司）供应货物，充当供应商角色的配送中心。在实践中，这种类型的配送中心大都与生产企业或大型商业组织建立起相对稳定的供需关系，专门为其提供原材料、零部件和其他商品。这些配送中心类似于客户的后勤部门，故属于配送中心。这种类型配送中心的主要特点是：配送的客户数量有限且稳定，客户配送的要求范围比较确定，属于企业型客户，为了保证生产和经营活动的正常运行，一般都具备现代化的仓库和适当的储备货物。

2. 销售配送中心。

这是以销售经营为目的、以配送为手段的配送中心。为了扩大自己的市场份额，许多生产者和经营者往往采取多种办法和措施，来降低流通成本和完善服务功能。同时，还改造和完善物流设施，组建专门的配送组织或配送中心。销售配送中心大体有3种类型：

第一种是生产企业为了将本身产品直接销售给客户及扩大市场份额，而在一定区域建立的配送中心。在国外这种配送中心很多；第二种是流通企业为扩大销售而组建的配送中心。第三种是流通企业和生产企业联合的协作性配送中心，它类似于"公共型"配送中心。

3. 储存型配送中心。

这是有很强储存功能的配送中心，这种配送中心主要是为了满足三方面的需要而建立的。根据生产实践来看，一定数量的储备货物是生产和流通得以正常进行的物质保障。在买方市场，企业成品销售需要有较大的库存支持，其配送中心有较强的储存功能；在卖方市场下，企业原材料、零部件供应需要有较大的库存支持，需要有较强

的储存功能。

（二）按配送中心的专业化程度分类

1. 专业配送中心。

专业配送中心大体上有两个含义：一是配送对象、配送技术属于某一专业范畴，但在该专业范围有一定的综合性，综合这一专业的多种物质进行配送，我国多数制造业的配送中心采取这种模式。配送中心的第二个含义是，以配送为专业职能，基本不从事其他经营活动的服务性配送。

2. 柔性配送中心。

这是与专业配送中心相对应、相辅相成的配送中心。这种配送中心能够随时变化，对客户要求有很强适应性，不固定供需关系，也不向固定化、专业化发展，不断发展配送客户和改变配送客户。

（三）按配送领域分类

1. 城市配送中心。

这是向城市范围内的众多客户提供配送服务的配送中心。由于运距较短，一般处于汽车运输的经济里程，汽车配送就可直接送达最终用户。这种配送中心反应能力强，往往和零售经营相结合，在从事多品种、少批量、多客户的配送上占有优势。这种配送中心的服务对象是城市范围内的零售商、连锁店或生产企业，配送的辐射范围不强，但便于实现门到门的配送服务。

2. 区域配送中心。

这是一种有较强的辐射能力和库存准备，辐射范围大，向相当广大的区域进行配送的配送中心。配送目的地既包括下一级的城市配送中心，也包括营业所、商店、批发商和企业客户，这种配送中心具备3个特点：①经营规模比较大，设施和设备齐全，数量多，活动能力强；②区域配送中心也从事零星的配送活动，但不是它的主要业务；③货物批量大而批次少。

（四）按配送中心内部特征分类

1. 流通型配送中心。

这是基本上没有长期储存功能，仅以暂存或随进随出方式进行配货、送货的配送中心。这种配送中心的典型方式是，大量货物整进并按一定批量零出，采用大型分货机，进货时直接进入分货机传送带，分送到各客户货位或直接分送到配送汽车上，货物在配送中心里仅做少许停滞。

2. 加工配送中心。

这是以加工产品为主的配送中心，在配送作业流程中，存储型的作业和加工作业居主导地位。流通加工根据用户的安排，进行单品种、大批量产品的加工作业。许多配送中心从提高原材料利用率和运输效率、方便客户等多重目的出发，添加或改造加工设备，使其具备流通加工功能。

第三节　配送中心设计

一、配送中心的组织结构

（一）组织结构的概念。

组织结构是表现组织各部分排列顺序、空间位置、聚集状态、联系方式以及各要素之间相互关系的一种模式，是执行管理和经营任务的体制和依据。

（二）配送中心组织结构的特征。

在经营管理中，配送中心需要处理许多问题，如体制问题、资金问题、销售问题等。其中任何一个问题，都会影响整个配送中心的运作。但客户只关心配送中心提供服务的效用，这就使配送中心在组织结构的设计上面临较大压力。配送中心的组织结构呈现如下特征：

1. 组织结构的复杂性

组织结构的复杂性是指组织结构内各要素之间的差异性，包括组织内的专业分工程度、垂直领导的层级数及组织内人员在各部门、各地区的分布情况等。

2. 组织结构的规范性

组织结构的规范性是指一个组织内的纪律、规章制度、工作程序、生产过程及产品的标准化程度等

3. 组织结构的集权与分权

组织结构的集权与分权是指组织内部的决策权集中与分散的程度。高度集权即决策权高度集中在组织的最高层；低度集权即决策权分散在组织各管理层，乃至低层的每一员工。低度集权又被称为分权。

（三）配送中心组织结构的形式

1. 职能型组织结构。

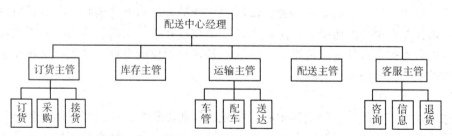

职能型组织结构是指企业按职能划分部门，按职能部门划分来组织经营活动的模式，它可体现企业活动的特点。配送中心是利用其高效、快速的配送能力实现商品顺畅流通的，它除了基本的职能外，同时还包括一些保证经营活动顺利进行的辅助性职能，如人事、保卫、客户和法律事务等。当任何职能部门发觉自己所管辖的事务太宽

时，就可以根据具体的业务需要，派生出一些子部门。

2. 产品型组织结构。

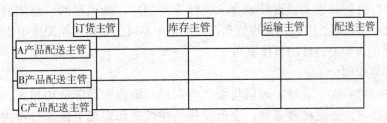

随着配送中心配送产品的多样化，将所有配送产品全部集中在同一职能部门，将给企业的运行带来很多困难，而管理跨度又限制他们增加下级人员的可能。在这种情况下，就需要按所配送的产品或者产品系列来进行组织结构的设置，建立产品型组织结构。该结构要求高层管理者将具体配送产品的权力广泛授予产品部门经理，而自身则控制整个企业的发展方向，控制财务、人事等方面。

3. 区域型组织结构。

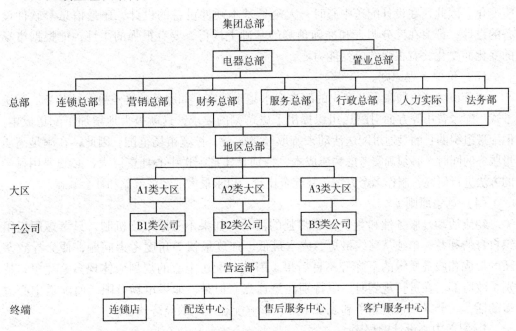

许多企业的经营范围很广泛，在这种情况下，就应按区域划分部门，建立区域型组织结构，即将一个特定地区的经营活动集中在一起，委托给一个管理者去完成。按区域划分部门有许多优点，如可以调动各地区管理者的积极性，加强各地区各种活动的协调，还可以减少运输费用和时间，降低配送成本等。但也存在一些不足，如需要较多管理人员，造成机构重复设置、高层管理者难以控制各地区管理工作等问题。

二、配送中心的设计

1. 配送中心设计原则遵循的必要性

配送中心是物流经营所依托的生产力。配送中心的规划设计对配送中心的服务、成本等产生重要影响。配送中心的规划和设计必须体现专业化、现代化和科学合理化。由于配送中心投资规模大，设计难度大，涉及范围广，是长远的、总体的发展计划，一旦建成就很难改变。因此，在规划和设计配送中心时，必须遵循配送中心设计原则。

2. 熟悉配送中心设计的具体原则

（1）统筹原则。

配送中心的层次、数量、布局与生产力布局、消费布局等密切相关，相互制约。设计配送中心时，必须统筹兼顾，全面安排，在微观和宏观上做综合考虑。宏观上，配送中心的设计要符合国家及地区的经济发展方针和政策，与我国资源的分布状况相适应；微观上，与一个区域的经济发展特征和主产品特征相适应，与配送组织的发展方向、客户市场状况等相适应。

（2）柔性化原则。

由于许多影响配送中心的因素随着市场的变化而不断变化，如客户的数量、需求不断变化；交通基础设施以及相关的交通政策不断变化；成本和价格因素也时刻在发生变化。因此，在设计配送中心时，无沦是基本硬件设备的设计，还是信息等软件设备的设计，都要在充分调查和准确预测的基础上进行，要有很强的柔性，能根据市场的变化而变化，有很强的应变能力。

（3）价值工程原则。

由于市场竟争的激烈，客户的配送要求越来越高，如服务的准点度、缺货率、配送方式、配送费用等方面对配送组织提出了更苛刻的要求，这就极大地增加了配送成本。但配送组织的目的是通过配送活动来赚取经济效益，扩宽市场范围。因此，在满足高质量服务的同时，必须确实考虑物流成本，特别是建造配送中心耗资巨大，必须要用科学的方法进行研究，制作多个方案，并综合比较，以求最大的经济效益和社会效益。

（4）竞争原则。

物流活动是服务性和竞争性非常强的活动，如果不考虑市场机制，只考虑配送组织自身的利益，单纯从路线最短、成本最低、速度最快等角度考虑问题，便会导致垄断的形成和服务质量的下降等不良后果。因此，配送中心的规划应体现多家竞争，特别是政府部门在进行规划时，应特别注意这点。但是，如果市场有限，而配送中心过多的活，又会导致过度竞争和规模不足，影响配送组织的经济效益。

3. 配送中心设计的程序

（1）配送中心筹建委员会。

由于配送中心是一个庞大而复杂的系统工程，而且时间跨度长，需要众多相关专业的人才和组织共同完成。因此，首先应该成立配送中心筹建委员会，委员会由相关领导担任主要负责人，由相关领域的人才组成。由委员会就配送中心的筹划、设计、建设进行规划。

（2）配送中心设计程序。

配送中心的设计主要包括筹建准备、方案设计、方案评估和选择3个阶段。

a. 筹建准备

筹建准备工作首先就配送中心的市场条件，如资源状况、经济状况等，物流服务对象的地点和数量等进行分析，然后确定配送中心的市场定位。其次，在市场调查的基础上，选择配送中心的位置。再次，收集基础设计资料并对这些资料进行详细分析。最后，在资料分析的基础上，确定基本设计条件。

b. 方案设计

筹建准备完毕，即进入方案设计阶段，主要包括物流功能设计、区域结构设计、设施设备规划、信息系统设计4个方面的内容：

①物流功能设计，即配送组织将配送中心作为一个整体的物流系统来考虑，依据所确定的目标，设计配送中心所应有的物流功能；②区域结构设计，即在物流功能设计的基础上，确定主要物流设备和外围设备的要求，并进行改造或配置，然后就配送中心的区域结构进行规划设计，完成相关工作区域的规划；③设施设备设计，即配送中心的设施设备是保证配送中心的必要条件，所以，必须对配送中心所设计的硬件设施设备进行设计，如厂房、仓库、装卸搬运设备等；④信息系统设计，即配送中心的业务量复杂，工作量大，所设计货物的品种和数量较大。为了有效提高工作效率，就必须对信息系统进行设计，提高配送中心的信息化管理水平。

c. 方案评估和选择

设计者就所设计的方案进行研究和评估，找出最合适的设计方案。方案的评估方法大体上有两种：

①程序评估法是对方案所涉及的程序进行分析，逐一对照，从而选择出较合适的设计方案。因此，它要求方案评估者对方案中的各个环节都有非常清楚的了解。②因素评估法是针对各可行方案的外在表现和影响因素进行评估。例如设施建造成本，设备购置成本、运作维修成本、运作流程成本、未来扩充弹性、车辆进出难易等因素，衡量各方案在不同因素的表现优劣，并以打分的形式对各方案中的各因素进行打分，加总求出总和，选出最合适的方案。

三、配送中心目标市场的选择

（一）目标市场细分

1. 目标市场细分的客观性。

由于配送中心的客户众多，且客户所需商品的性质和要求差异巨大，因此，配送中心不可能为所有客户提供他们需要的所有产品和服务。实践中，配送中心通常先研究企业的配送环境，然后结合自己的业务类型，选择适当的目标市场，即适当的客户，提供相适应的服务，目标市场选择的基础是市场细分。

2. 目标市场细分的步骤

（1）选定市场细分的范围

配送中心应对配送市场环境进行分析，结合自身的特点，明确自己在某行业中配送产品的市场范围，并以此作为制定市场开拓战略的依据和业务发展的方向。

（2）制定细分标准

配送中心要对配送环境中的市场需求进行分析，可从地理、人口、心理等方面列出影响产品市场需求和顾客购买行为的各项变数入手。

（3）选择市场细分的方法

配送中心结合细分标准的内容，选择相应的细分方法进行整体市场的划分。

（4）.描述细分市场特征

市场细分以后，配送中心应进行相应的调查、分析和评估，研究各细分市场的共性，最终确定可进入的细分市场，并制定相应的营销策略。

（二）目标市场选择策略

1. 目标市场选择影响因素。

在市场细分的基础上，配送中心可以采取适当的策略为自己选择目标市场，并作为自身的发展方向。但不同的目标市场选择策略各有其利弊，配送中心在选择时应考虑企业资源、产品同质性、市场同质性、产品所处的生命周期阶段和竞争对手的目标市场选择战略等因素的影响。

2. 目标市场选择的具体策略。

（1）无差异目标市场策略

无差异目标市场策略是指配送中心细分市场后，只考虑市场的共性，不考虑各子市场的特性，用单一的市场营销组合，力求在一定程度上满足尽可能多的顾客的需求。在实践中，由于单一产品以同样的方式广泛销售并受到消费者的欢迎是几乎不可能的，因此，这种策略有一定的局限性。但它有利于标准化与大规模配送，降低备货、存货、运输、加工、促销等成本费用。这种策略主要在企业最初进入市场，对市场的研究时应用。

（2）差异目标市场策略

差异目标市场策略是指市场细分以后，企业决定根据市场情况，同时为几个子市场服务，并在渠道、促销和定价方面都相应加以改变，以适应各个子市场的需要。这种策略由于能满足不同客户的需要，得到客户的信任和支持，有利于配送组织拓宽市场，提高市场占有率。但这种策略的经营成本往往比较高。

（3）集中目标市场策略

集中目标市场策略是指配送中心集中所有力量，以一个或少数几个性质相似的子市场作为目标市场，试图在较小的市场上占有较大的市场份额的策略。集中目标市场策略，由于服务对象比较集中，对一个或几个特定的市场有较深的了解，而且在货物配送方面实行专业化，可以比较容易地在这一特定市场取得有利地位。因此，如果子市场选择得当，配送中心可以获得较高的投资收益率。但是，实行集中目标市场策略有较大的风险性，因为目标市场范围比较狭窄，一旦市场情况突然变坏，企业可能陷入困境。

第四节　配送中心选址

一、影响配送中心选址的因素

1. 宏观影响因素

宏观因素主要指一个国家政权的稳定性、经济法制环境、国家贸易政策等，这些因素都是定性因素，需要有经验的人上进行深入分析。国家整体的经济环境对企业决策具有一定的引领作用，若国家整体的经济环境令人担忧，那么企业在这样的大经济环境下继续扩张业务，扩大现有的配送体系不是一种明智之举。国家政策影响了配送中心的发展空间；法制环境和国家贸易政策有利，配送中心在发展中所遇到的困难就相对较少，有利于工作的开展

2. 微观影响因素

（1）地方政府政策环境因素。

由于政策因素对配送中心的购置成本、运营成本以及市场环境和发展前景有重大影响，配送中心选址时，必须对拟建地的政策环境进行分析。如企业优惠（土地提供、减税）、城市规划、产业政策等。

（2）地方经济环境因素。

a. 经济发展水平

经济发展水平对配送中心的市场状况和发展有重大影响。经济发展水平高的地区，商品的流通比较频繁，商品的总量、批量都比较大，这就为配送提供了市场。同时，与物流相关的商流和信息流也随着经济的发展而发展，为配送提供了良好的条件。

b. 城市的发展与扩张方向

城市配送中心的选择，要充分考虑城市的扩张速度与方向，以就近客户或供应商，同时要考虑节省费用的分拨和减少装卸搬运次数。然而城市的发展，使城市土地资源日益紧张，这就无形之中增加了配送中心的分拨费用和装卸搬运费用。

c. 货物的流向以及流量状况

配送中心设立的根本目的是降低物流成本，如果没有足够的货物流量，就无法取得规模经济效益。货物流量也是配送中心进行正常运营的源泉。因此，配送中心选址时，要特别考虑货物流量问题。货物的流向直接决定着配送中心的工作内容和设施设备的配备，以及配送中心的运营成本。在考虑货物流向时，要特别注意客户的分布和供应商的分布状况。

一般来说，为节省配送成本，配送中心一般就近客户或供应商分布集中的地区或重点客户所在的地区；或者位于客户和供应商之间，以尽量压低运输成本。

d. 劳动力条件

目前，物流作业仍然属于劳动密集型产业，劳动力资源是配送作业的重要资源，在配送中心选址时，就必须充分考虑劳动力条件。如劳动力的来源、技术水平、工作习惯、交通条件和工资水平等。

e. 基础设施状况

交通条件直接影响配送中心的运输成本，一般来说，交通条件好的地区有利于减少运输成本。公共设施状况一方面影响配送中心的运输成本和运营成本，另一方面，影响配送中心的工作环境。

公共设施状况比较好的地区，有方便的衣、食、住、行条件，有利于稳定员工，提高工作效率；也有利于分摊部分运输成本和运营成本。

3. 自然环境因素

配送中心选址时，自然环境因素也是必须考虑的重要因素。主要包括气象条件、地质条件、水文条件和地形条件等。良好的自然环境有助于减少配送中心的运营成本，提高配送中心的安全度。

二、配送中心选址的基本程序和方法

（一）配送中心选址的基本程序

1. 基本条件的整理。

选址时，首先要明确建立配送中心的必要性、目的、方针和意义，明确研究的范围，明确所要掌握的基本条件，配送中心的设计人员，要对以上基本资料进行详细调查和分析。在充分认证的基础上做好拟建的决策，需要调查分析的基本资料包括：

（1）业务条件。它包括作为配送中心顾客的数量，货物性质、规模和分布情况，及未来发展变化情况的预测，货物作业量的增长率及配送区域的范围。

（2）运输条件。拟选地区的铁路、公路、港口等交通情况，由于配送中心对运输条件的要求比较高，应靠近铁路货运站、港口和汽车站等运输据点。

（3）到客户的距离。从配送中心到客户距离的远近，配送中心不能远离主要的客户群体，否则，会增加运输成本和运营成本。

（4）当地政策。由于城市用地紧张，而配送中心需要大量用地，因此，配送中心要充分考虑用地条件，比如政府是否允许，或者允许的地皮面积和位置，以备发展之用。同时，还要分析拟建地区的法规制度，比如税收政策，政府对物流的重视程度等。

（5）基础设施状况。调查当地的基础设施，比如交通情况，其他配套设施，比如商店、住房、医院情况等。

（6）其他。如配送中心是否要求靠近本公司的办公地点；配送的货物性质和配送规模等。

2. 深入调查，收集整理资料。

选址时，要对业务量和生产成本进行正确的分析和判断，以便充分利用约束条件及目标函数建立数学公式来计算成本。

（1）业务规模。选址时，应掌握的业务量包括：工厂至配送中心之间的运输量；向顾客配送的货物数量；配送中心保管的数量；不同配送路线的业务量等。由于这些数量在不同时间段均有种种波动，因此，要采用统计方法进行现状研究，并要对其发展预期做好预测。

（2）运输运营费用。选址时应掌握的费用有：工厂至配送中心之间的运输费；配送中心至顾客间的配送费；与设施、土地有关的费用及人工费、业务费等。运输运营费用是配送中心最重要的成本，因此，要对其进行成本分析。

3. 拟定备选方案。

为提高选址的科学性和准确性，在经详细的调查分析，考虑各种因素的影响，并充分考虑需求预期的基础上，确定多个备选方案，以便对每个方案进行比较，做出充分沦证。

4. 确定方案评价标准和评价方法。

确定选址评价方法以对拟定的候选方案进行分析，主要采用定量和定性相结合的分析方法，针对不同情况运用不同的计算模型。

5. 确定选址结果。

对影响拟建配送中心的影响因素作详细分析，就这些因素的重要性程度进行分析，给予不同的权重，再对这些因素的满足程度进行打分，得出每个方案的分数，以最终确定选址地点。

（二）选址的具体方法

选址理论特别是计算机的广泛应用，促进了物流系统选址问题的研究，为不同方案的可行性分析提供了强有力的手段，目前的选址方法有许多，主要概括起来有以下两类：

1. 定性分析法

定性分析法是指主要依靠预测人员的丰富实践经验以及主观的判断和分析能力，推断出事物的性质和发展趋势的分析方法，属于预测分析的一种基本方法。这种方法首先由熟悉配送环境的专家，根据过去所积累的经验进行分析判断，提出预测的初步意见，然后再通过召开座谈会或发出征求意见函等多种形式，对上述预测的初步意见进行修正、补充，并作为预测分析的最终数据。配送中心选址时，应用的定性分析方法主要包括：

1）德尔菲法。德尔菲法又称专家意见法，这种方法常用于预测工作，也可用于对配送中心选址进行定性分析，具体步骤如下：

①组成专家小组。按选址所需要的知识范围确定专家，人数一般不多，不超过20人。

②向所有专家提出配送中心选址的相关问题和要求，并附上各选址方案的所有背景资料，同时让专家提交所需材料的清单。

③各个专家根据他们所收到的材料，提出自己的意见。

④将专家的意见汇总，进行对比。并将材料反馈给各专家，专家根据反馈材料修改自己的意见和判断。此过程不断循环，直到每个专家基本满意为止。

⑤对专家的意见进行综合处理，并确定选址方案。

（2）比较分析法。比较分析法是一种最简单的配送中心选址的定性分析方法，特别适用于难以用数值表示的非经济因素的比较。比较分析法的具体实施方法是：罗列出各个方案的优缺点进行分析比较，并按照最优、良好、一般、较差4个等级对各个方案的优缺点进行评分，并对每个方案的各项得分加总，选择得分最多的方案。这种方法比较简单，但这种方法缺乏量化的比较，科学性不足，对成本因素考虑较少，难以满足市场经济条件下的运作。

2. 数值分析法

• 数值分析法是由坐标和费用函数求出由配送中心至顾客之间配送成本最小地点的方法。如果一个配送中心为多个客户配送货物，配送中心就难以用定性分析法进行分析，而要用数值分析法进行选址。目标是要选择处于各客户的中间、配送费用最小的地点。

● 其计算公式：

$$x_0 = \frac{\sum\limits_{i=1}^{n} a_1 w_i x_i / d_i}{\sum\limits_{i=1}^{n} a_i \omega_i / d_i} ; \quad y_0 = \frac{\sum\limits_{i=1}^{n} a_i w_i y_i / d_i}{\sum\limits_{i=1}^{n} a_i w_i / d_i}$$

式中 α_i——从配送中心到客户 i 单位运量、单位运距的运输费；

w_i——从配送中心到客户 i 的运输量；

d_i——从配送中心到客户的直线距离

小　结

配送中心是配送业务的聚集地和发源地，本章子模块从配送中心概述、配送中心功能和分类、配送中心设计、配送中心选址 4 个方面进行了概括性的阐述。

主要概念

配送中心　配送中心分类标准　职能型组织结构　产品型组织结构　区域型组织结构　程序评估法因素评估法　无差异目标市场策略　差异目标市场策略　集中目标市场策略　定性分析法　德尔菲法　比较分析法　数值分析法

作　业

简答题：

1. 简述配送中心的特点

2. 简述配送中心的功能

3. 简述影响配送中心选址的因素

第三章　配送中心的作业流程

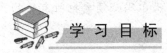

素质目标：了解和认识配送中心的九大基本作业流程
知识目标：熟悉作业流程中各环节的含义、作用、特点、分类和操作步骤
技能目标：分析理解各作业的设计原则、规划目标和流程管理
能力目标：掌握配送中心各作业的效率评估及其改善措施

 引　例

沃尔玛的配送

沃尔玛的业务之所以能够迅速增长，并且成为现在非常著名的公司，是由于沃尔玛把注意力放在物流运输和配送系统方面，与其他竞争者相比，沃尔玛能够给顾客提供更好的价值，这也正是沃尔玛公司的焦点业务。沃尔玛公司的新任 CEO 就来自于物流部门，由此可见物流和配送在公司中的重要性。

沃尔玛的"无缝点对点"物流系统和"物流循环"

这种"无缝"的意思指的是，使整个供应链达到一种非常顺畅的链接，沃尔玛所指的供应链是说产品从工厂到商店的货架，这种产品的物流应当是尽可能平滑，就像一件外衣是没有缝的。但是，沃尔玛真正的挑战是能够提供顾客所需要的服务。大家都知道，物流业务要求比较复杂，如有的时候可能会有一些产品出现破损，因此在包装方面就需要有一些对产品特别的运销能力。因此，对沃尔玛来说，能够提供的产品的种类与质量是非常重要的，沃尔玛似乎已经能够寻求到这种高质量与多品种的结合，而且对于商场来说它的成本也是最低的。

物流的循环没有结束，也没有开始，它实际上是循环的过程，是一个圆圈。在这个循环过程当中，任何一点都可以作为开始，而且循环涉及每一点。顾客到一个商店中，他们买了一些产品，比如说给孩子买尿布。如果物流循环是比较成功的，那么在他买了后，这个系统就开始自动地进行供货。这个系统当中的可变性使得这些卖方和买方（工厂与商场）可以对于这些顾客所买的东西和订单能够进行及时的补货。这个系统是与配送中心联系在一起的，从供货商那里就可以直接拿到货。配送中心实际上是一个中枢，有供货方的产品，然后提供给商场。这个供货商应当只提供给配送中心，因此这个配送中心可以为供货商减少很多成本，他只需要送到配送中心这一个地方就可以了。

在沃尔玛的物流当中，非常重要的一点是，沃尔玛必须要确保商店所得到的产品是与发货单上完全一致的产品，因此沃尔玛整个的过程都要确保是精确的，没有任何错误的。这样，商店把整个卡车当中的货品却下来就可以了，而不用把每个产品检查一遍。因为他们相信过来的产品是没有任何失误的，这样就可以节省很多的时间。沃尔玛在这方面已经形成了一种非常精确的系统，这可以有助于降低成本，而这些商店在接收货物以后就直接放到货架上，来卖给消费者，这就是沃尔玛物流的整个循环过程。沃尔玛进行物流业务的指导原则，不管是在美国还是世界上其他地方，都是百分之百一致和完整的物流体系；不管物流的项目是大还是小，沃尔玛必须要把所有的物流过程集中到一个伞形结构之下。

沃尔玛的"补货系统"

沃尔玛之所以能够取得成功，是因为沃尔玛有一个补货系统。每一个商店都有这样的系统，包括在中国的商店。它使得沃尔玛在任何一个时间点都可以知道，现在这个商店当中有多少货品，有多少货品正在运输过程当中，有多少是在配送中心等。同时它也使沃尔玛可以了解，沃尔玛某种货品上周卖了多少，去年卖了多少，而且可以预测沃尔玛将来可以卖多少这种货品。沃尔玛之所以能够了解得这么细，就是因为沃尔玛有 UPC 统一的货品代码。

商场当中所有的产品都要有一个统一的产品代码叫 UPC 代码，在中国叫 EAN 数码。沃尔玛之所以认为所有这种代码都是非常必要的，是因为可以对它进行扫描，可以对它进行阅读。在沃尔玛的所有商场当中，都不需要用纸张来处理订单。沃尔玛这个自动补货系统，可以自动向商场经理来订货，这样就可以非常及时地对商场进行帮助。经理们在商场当中走一走，然后看一看这些商品，选到其中一种商品，对它扫描一下，就知道现在商场当中有多少这种货品，有多少订货，而且知道有多少这种产品正在运输到商店的过程当中，会在什么时间到，所有关于这种商品的信息都可以通过扫描这种产品代码得到，不需要其他的人再进行任何复杂的汇报。在商场当中，商场的经理拥有这样的自由度—他可以不听从这些物流系统对他的建议。虽然系统的建议很多，但是经理还可以订更多的货，或是系统建议的数额太大，经理有一些自主权来减少一些。在美国，这个系统每天提供的这种信息，都下载到沃尔玛的世界各地的办公室当中，世界各地的这些信息又都可以传送到沃尔玛的总部当中。只要有一个人进行订单，沃尔玛就通过这种电子方式来和供货商进行联系。

沃尔玛的"集中配送中心"

由于在美国沃尔玛有数以千计的商场，每一个配送中心都非常大，平均面积约有11 万平方米，因此产品的要求量是非常大的。在这些配送中心，每个月的产品价值超过两亿美元。沃尔玛降低配送成本的一个方法就是把这种配送成本和供应商伙伴们一起来进行分担。这些供货商们可以送货到沃尔玛的配送中心，也可以送到一百家商店当中。沃尔玛的集中配送中心是相当大的，而且都在一层当中。之所以都是一层，而不是好几层，是因为沃尔玛希望产品能够流动。沃尔玛希望产品能够从一个门进另一个门出。如果有电梯或其他物体，就会阻碍流动过程。因此，沃尔玛所有的这种配送中心都是一个非常巨大的一层的一个配送中心。沃尔玛使用一些传送带，让这些产品能够非常有效地进行流动，对它进行处理不需要重复进行，都是一次。比如说，在某某货品却下来以后，沃尔玛要对这些产品进行一些处理。如果处理好几次，这个成本就会提高，而如果沃尔玛采用这种传送带，运用无缝的形式，就可以尽可能减少成本。沃尔玛所有的系统都是基于 UNIX 系统的一个配送系统，并采用传送带，采用非常大的开放式的平台，还采用产品代码，以及自动补货系统和激光识别系统，所有的这些加在一起为沃尔玛节省了相当多的成本。

沃尔玛每一个星期可以处理的产品是 120 万箱。由于沃尔玛公司的商店众多，每个商店的需求各不相同，这个商店也许需要这样，那个商店可能又需要另一样。沃尔玛的配送中心能够自动把产品根据商店的需要，自动分类放入不同的箱子当中。这样，员工可以在传送带上取到自己所负责的商店所需的商品。那么在传送的时候他们怎么知道应该取哪个箱子呢？传送带上有一些信号灯，有红的、绿的，还有黄的，员工可以根据信号灯的提示来确定商品应被送往的商店，来拿取这些商品，并将取到的这些商品放到一个箱子当中。这样，所有这些商场都可以在各自所属的箱子当中放入不同的货品。

沃尔玛有各种不同类型的配送中心，有一些时装的配送中心或者有一些需要特别处理的一些产品，比如说需要小心提取的，还有一些副食品、蔬菜、水果等。以沃尔玛在美国对于香蕉的处理方法为例。在美国，香蕉一般来自于南方的地区，不能让它太冷，但是为了在运输过程当中不至于损害，采的时候是绿的。当然，到商店不能还是绿的，要在运输的过程中让它成熟。

沃尔玛的运输车队

在整个物流过程当中，最吊贵的就是沃尔玛运输这部分，车队省下的成本越多，那么整个供应链当中所节省的钱就越多，让利给消费者的部分也就越多。沃尔玛用一种尽可能大的卡车，大约有 16 米加长的货柜，相当大，比集装箱运输卡车要更长或者更高。沃尔玛的车辆，都是自有的，而且这些司机也是沃尔玛的员工。他们在美国各个州之间的高速公路上运行，而且车中的每立方米都填得满满的，这样非常有助于沃尔玛节省成本。

沃尔玛的车队大约有 5 000 名非司机员工，还有 3 700 多名司机。车队每周每一次运输可以达 7 000 — 8 000 千米，而且是 300 万千米无事故的。这些卡车也是沃尔玛整个供应链当中的一部分。沃尔玛采用全球定位系统来对车辆进行定位，因此，在任何时候，调度中心都可以知道这些车辆在什么地方，离商店还有多远，同时他们也可以了解到某个产品运输到了什么地方，还有多长时间才能运到商店，沃尔玛可以精确到小时。沃尔玛知道卡车在哪里，产品在哪里，就可以提高整个系统的效率。沃尔玛的卡车不仅是比较吊贵的，而且卡车会比较危险，可能会出事故等，因此，对于运输车队来说，要保证他们的安全，也要保证公路的安全，减少出事故的危险，对于沃尔玛来说，卡车不出事故，就是节省公司的费用，就是节省成本。

那么，沃尔玛在运输方面有一些什么样的战略和策略呢？沃尔玛都把卡车装得非常满，所有的产品从卡车的底部一直装到最高，填得满满的。一些商场，只在白天开门，但是物流部门却是 24 小时地在进行工作。如果货物晚上送到商店当中，这些商店就可以把它整个卸下来，而不用打扰他们白天的运营。在配送中心，沃尔玛也和这些供货商都定好时间，而且跟商店的时间也是定好的，都按照运行的时间表来进行。沃尔玛可以对时间进行很好的管理，这样就可以节省时间，提高效率。

分析提示

1. 沃尔玛是如何保证它的"点对点"物流系统是无缝和循环的？
2. 沃尔玛配送中心的作业流程主要有哪些？
3. 沃尔玛配送中心对各个作业流程的管理目标和具体方法是什么？
4. 沃尔玛配送中心是如何让供货商来帮沃尔玛一起来分担整个过程当中的费用呢？

在供应链中，每一个供应者都是这个链当中的一个环节，而所有的环节都必须使整个供应链是一个非常平稳、光滑、顺畅的过程。流程是指为完成某一目标而进行的一系列逻辑相关活动的有序集合，都是一个完整的网络当中的组成部分。配送中心的作业流程本质上属于物流作业流程，是规划配送中心的基础。在自动化物流配送中心的运作中，无论是机械化的物流系统，还是自动化或智能化的物流系统，如果没有正确有效的作业方法与其配合，那么不论多么先进的系统和设备，也不能取得最佳经济效益。因此，完善的配送中心作业管理可以使物流安排更合理，供应链的运作成本更低、效率更高，为最终顾客提供质量更好、更迅速的产品和服务。

第一节　配送中心的基本作业流程

一、配送中心的基本作业流程内容

1. 配送中心基本作业流程的内容

配送中心的特性或规模不同，其运营涵盖的作业项目和作业流程也不完全相同，但其基本作业主要包括进货作业、搬运作业、储存作业、盘点作业、订单处理作业、拣货作业、补货作业及出货作业等。其基本作业流程如图2-1所示。

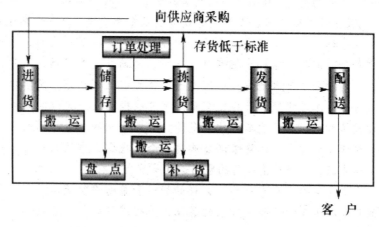

图2-1

从图2-1可以看出，由供应货车到达码头开始，经进货作业确认进货品后，便依次将货品储存入库。为确保在库货品受到良好的保护管理，需要进行定期或不定期的盘点检查。当接到客户订单后，先将订单依其性质作订单处理，之后即可按处理后的订单信息将客户订购的货品从仓库中取出（拣货作业）。拣货作业完成后，一旦发觉拣货区所剩余的存量过低，则必须由储存区来补货，当然，如果整个储存区的存量也低于标准，便应向上游采购进货。而从仓库拣出的货品经整理后即可准备出货，等到一切出货作业完成后，司机便可将出货品装上配送车，配送到各个客户点交货。

2. 配送中心基本作业流程的具体内容

（1）进货作业。

进货作业就是把货品作实体上的接收，从货车上将货物卸下，核对该货品的数量及状态（数量检查、品质检查、开箱等），然后记录必要信息或录入计算机。

（2）储存作业。

储存作业的主要任务是把将来要使用或者要出货的物料进行保存，且要经常对库存品进行检核控制，储存时要注意充分利用空间，还要注意存货的管理。

（3）盘点作业。

货品因不断地进出库，在长期的累积下库存资料容易与实际数量产生不符，或者有些产品因存放过久、不恰当，致使品质功能受影响，难以满足客户的需求。为了有效地控制货品数量，需要对各储存场所进行盘点作业。

（4）订单处理作业。

由接到客户订货开始到准备着手拣货之间的作业阶段，称为订单处理，包括有关客户、订单的资料确认、存货查询、单据处理以及出货配发等。

（5）拣货作业。

每张客户的订单中都至少包含一项以上的商品，如何将这些不同种类、数量的商品由配送中心中取出集中在一起，这就是拣货作业。其目的也就在于正确且迅速地集合顾客所订购的商品。

（6）补货作业。

补货作业是指将货品从保管区域移到拣货区域，并作相应的信息处理。

（7）出货作业。

出货作业是将拣取分类完成的物品做好出货检查，装入合适的容器，做好标示，扣贴标签，然后根据车辆趟次、供应商或客户等指示将物品运至出货准备区，最后装车配送。

（8）搬运作业。

搬运作业是将不同形态的散装、包装或整体原料、半成品或成品，在平面或垂直方向加以提起、放下或移动，可能是要运送，也可能是要重新放置物料，而使货品能适时、适量移至适当的位置或场所存放。在配送中心的每个作业环节都包含着搬运作业。

（9）输配送作业。

输配送作业是指将被订购的物品，使用卡车从配送中心送至顾客手中的活动。

3. 辅助作业

（1）包装作业

（2）车辆积载作业

（3）车辆配送路线的选择

（4）退货作业管理

4. 不同种类的配送中心的相关作业流程

（1）集货配送中心的一般流程。

它是以中、小件杂货配送为代表的配送中心流程，由于货种多，为保证配送，需要有一定的储存量，属于有储存功能的配送中心。进货、分类、配货、配装的功能要求较强，但一般来讲，很少有流通加工的功能。集货配送中心的一般流程如图 2-2 所示。

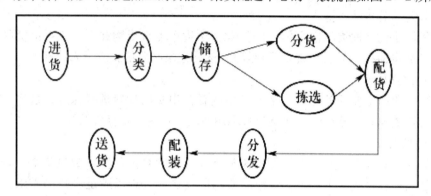

图 2-2

固体化工产品、小型机电产品、水暖卫生材料、百货及没有保质期要求的食品配送中心等也采取这种流程。这种流程可以说是现代配送中心的典型流程，主要特点是有较大的储存场所，分货、拣选、配货场所及装备也较大。

（2）不带储存库的配送中心流程。

有的配送中心专以配送为职能，而将储存场所尤其是大量储存场所转移到配送中心之外的其他地点，配送中心则只有为一时配送进行备货的暂存，而不大量储存。货物暂存在配货场所，在配送中心不单设储存区。其流程如图 2-3 所示。

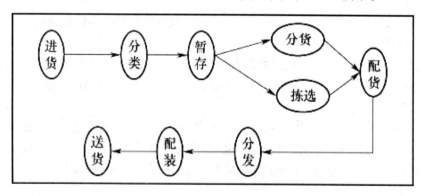

图 2-3

这种配送中心和前种类型的配送中心的流程大致相同，主要工序及主要场所都用于理货、配货。区别只在于大量的货物储存在配送中心外部而不在其中。

（3）加工配送型配送中心流程。

加工配送型配送中心随着加工方式的不同，配送中心的流程也有区别。典型的加工配送型配送中心流程如图2-4所示。

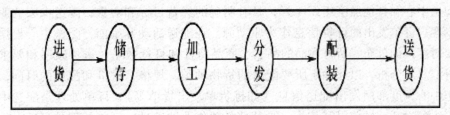

图2-4

这种配送中心流程的特点，以铁板、钢筋和玻璃为例，进货是大批量、单（少）品种的产品，因而分类的工作不繁重或基本上无须分类存放。只是储存后进行加工，与生产企业按标准、系列加工不同，一般是按用户要求进行加工。因此，加工后产品便直接按用户分放、配货。所以，这种类型的配送中心有时不单有分货、配货或拣选环节，在这种加工型配送中心中，加工部分及加工后分放部分的工作是重点。

（4）批量转换型配送中心流程。

批量转换型配送中心是大批量、品种较单一产品进货，转换成小批量发货式的配送中心。成形煤加工的煤炭配送等属于这种类型。这种配送中心的流程如图2-5所示。

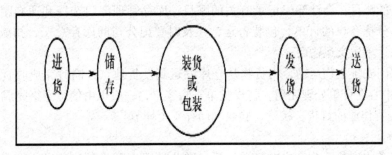

图2-5

这种配送中心流程十分简单，基本不存在分类、拣选、分货、配货、配装等工序，但是由于是大量进货，储存能力较强，储存工序及装货和送货工序是主要工序。

二、配送中心的基本作业流程分析

1. 配送中心的效益和基本作业流程设计目标

配送中心的效益主要来自"统一进货、统一配送"。统一进货的主要目的是避免库存分散、降低企业的整体库存水平。通过降低库存水平，可以减少库存商品占用的流动资金，减少为这部分占压资金支付的利息和机会损失，降低商品滞销压库的风险。统一配送的主要目的是减少送货的交通流量，提高送货车辆的实载率，从而减少送货费用。配送中心的作业流程设计要便于实现两个主要目标：一是降低企业的物流总成本；二是缩短补货时间，提供更好的服务。

2. 配送中心的基本作业流程分析

（1）接受订单处理作业

配送中心和其他经济组织一样，具有明确的经营目标和对象，配送中心的业务活动是以客户订单发出的订货信息作为驱动源。在配送活动开始前，配送中心根据订单信息，对客户的分布、所订商品的品名、商品特性和订货数量、送货频率和要求等资料进行汇总和分析，以此确定所要配送的货物种类、规格、数量和配送的时间，最后由配送中心调度部门发出配送信息（如拣货单、出货单等）。订单处理是配送中心调度、组织配送活动的前提和依据，是其他各项作业的基础。订单处理是配送中心客户服务的第一个环节，也是配送服务质量得以保证的根本。在订单处理过程中，订单的分拣和集合是重要的环节。

订单处理工作之一是填制文件，通知指定仓库将所订货物备齐，一般用订单分拣清单表明所需集合的商品项目，该清单的一联送到仓库管理人员手中。仓库接到产品的出货通知后，按清单拣货、贴标签，最后将商品组配装车。电子化运作的配送中心可通过 EDI（电子数据交换）、E－mail 等方法直接将订单传送到企业，在分拣方面的发展趋势是通过计算机控制进行自动分拣，不但加快了订单的分拣速度，也提高了分拣的准确性。

配送中心收到客户订单后，进行处理的主要工作有：检查订单是否全部有效，即订单信息是否完全、准确；信用部门审查客户的信誉；市场销售部门把销售额记入有关销售人员的账目；会计部门记录有关的账目；库存管理部门选择和通知距离客户最近的仓库，分拣客户的订单，包装备运，并及时登记公司的库存总账，扣减库存，同时将货物及运单送交运输商；

运输部门安排货物运输，将货物从仓库发运到发货地点，同时完成收货确认（签收），配送中心在订单处理完后，将发货单寄给客户，一般也由信息网络完成。

（2）进货作业的订货、接货、验收和储存 4 个环节

a. 订货。

配送中心收到并汇总客户的订单以后，首先要确定配送货物的种类和数量。然后要查询管理信息系统，看现有库存商品有无所需要的订货商品。如有现货且数量充足，则转入拣货作业；如果没有现货或现货量不足，则要及时向供应商发出订单，提出订货。另外，为了对流转速度较快的热门商品保证供货，配送中心也可以根据需求情况提前组织订货，批量上最好是经济批量。对于商流、物流相分离的配送中心，订货作业由客户直接向供应商下达采购订单，配送中心进货工作从接货作业开始。

b. 接货。

供应商在接到配送中心或用户的订单后，会根据订单要求的品种和数量组织供货，配送中心则组织人力、物力接收货物。有时还需到港、站、码头接运到货。签收送货单后就可进行验收货物。

c. 验收。

所订货物到达配送中心后，即由配送中心负责对货物进行检查验收，验收的内容主要是货物的品质质量、数量和包装的完好性。验收的依据主要是合同条款要求和有关质量标准。验收合格无误的货物办理入账、信息采集和货物入库手续，如不符合合

同条款要求，配送中心将详细登记差错情况，按有关规定或合同中双方的事先约定处理，或者拒收货物。

d. 储存。

配送中心为保证货源供应，通常都会保持一定数量的商品库存（安全库存）。另外对于商流、物流一体化的配送中心来说，一次性集中采购，储备一定数量的商品，可享受供应商提供的价格折扣优惠。储存作业的主要内容，是随时掌握商品的库存动态，使库存商品保持质量完好并且数量准确。

（3）拣货和配货作业的拣选、加工、包装和配装环节

a. 拣选作业。

分拣作业就是拣货人员依据业务部门按照客户订单要求下达的拣货单，从储存的货物中拣出一定品种和数量的商品。分拣作业的方法分为摘果式和播种式两种，常用的是摘果式拣选。具体做法是拣货员拉着拣货箱在仓库货架内巡回走动，根据拣货单和配货单在货架上的位置，拣取规定的货物品种、规格和数量并放入货箱内。另外，一些大型配送中心采用了自动分拣技术，利用自动分拣设备自动分拣，大大提高了拣货作业的准确性和作业效率。

b. 加工作业。

配送中心加工作业属于增值性活动，不具有普遍性。有些加工作业属于初级加工活动（如按照客户的要求，将一些原材料套裁）；有些加工作业属于辅助加工，比如对产品进行简单组装，给产品贴上标签或套塑料袋等；也有些加工作业属于深加工，食品类配送中心的加工通常是深加工，比如将蔬菜，水果洗净、切割、过磅、分份并装袋，加工成净菜，或按照不同的风味进行配菜组合，加工后，配送给超市或零售店。不同类型的配送中心会根据其配送商品的特性、用户的要求、加工的可行性选择是否进行配送加工作业，作业内容也不尽相同，通过加工作业会完善配送中心的服务功能。

c. 包装作业。

配送中心将需配送的货物拣取出来后，为便于运输和识别不同用户的货物，有时还要对配送货物进行重新包装或捆扎，并在包装物上贴上标签。

d. 配装作业。

为充分利用运输车辆的运力，提高运输效率，配送中心一般将在同一时间内出货的不同用户的货物组合配装在同一批次运输车辆上进行运送，这就是配送中心的配装作业。合理的混装与配装，不但能有效地降低成本，还可以减少城市道路的交通流量，改善交通状况。

（4）出货作业的装车和送货两个作业项目

a. 装车作业。

配送中心装车作业可以采用机械装车，也可采用人力装车。通常对于较大批量或较大体积和重量的货物采用装卸机械设备（如叉车）和托盘进行装车；对于批量较小的散货，由于其数量少、重量轻，可人力装车。装车时要注意避免货物损坏和外包装的破损。

b. 送货作业。

一般情况下，配送中心都自备送货车辆，有时也可根据实际需要借助社会运力来组织送货，送货作业的重点是正确选择取货点、运输工具和合理选择运输路线。给固定用户送货，可事先编排出合理的运送线路，选择合适的送货时间，进行定时定线送；

临时送货可根据用户要求和当时的交通状况，选择合适的路线送货。

第二节　进货作业管理

一、进货作业流程

（一）进货作业的一般流程

进货作业流程内容

配送中心的进货环节是商品从生产领域进入流通领域的第一步，进货作业即货品实体上的接收，是将货物从货车上卸下，并核对货品的数量、状态以及将必要信息书面化的过程。进货作业流程如图 2-6 所示。

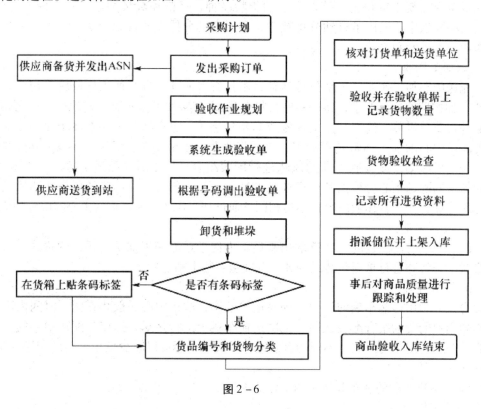

图 2-6

二、进货作业流程步骤

（一）熟悉货物入库准备工作

仓库应根据仓储合同或者入库单、入库计划，及时地进行库场准备，以便货物能按时入库，保证入库过程顺利进行。仓库的入库准备需要由仓库的业务部门、仓库管理部门、设备作业部门分工合作，共同做好以下工作，如表 2-1 所示。

表 2 – 1

熟悉入库货物	掌握仓库库场情况	制订仓储计划	妥善安排准备	做好货位准备	准备苫垫材料、作业用具	验收准备	装卸搬运工艺设定	单证准备

1. 熟悉入库货物

仓库业务、管理人员应认真查阅入库货物资料，必要时向存货人询问，掌握入库货物的品种、规格、数量、包装状态、单件体积、到库确切时间、货物存期、货物的理化特性、保管的要求等。据此进行精确和妥善的库场安排、准备。

2. 掌握仓库库场情况

了解在货物入库期间、保管期间仓库的库容、设备、人员的变动情况，以便安排工作。必要时对仓库进行清查，清理归位，以便腾出仓容。如有必须使用重型设备操作的货物，一定要确保该货位的可使用设备。

3. 制订仓储计划

仓库业务部门根据货物情况、仓库情况、设备情况，制订仓储计划，并将任务下达到各相应的作业单位、管理部门。

4. 妥善安排货位

仓库部门根据入库货物的性能、数量、结合仓库分区分类保管的要求，核算货位大小，根据货位使用原则，安排货位、验收场地，确定堆垛方法、苫垫方案。

5. 做好货位准备

仓库人员要及时进行货位准备，彻底清洁货位，清除残留物，清理排水管道（沟），必要时安排消毒除虫、铺地。详细检查照明、通风等设备，发现损坏及时报修。

6. 准备苫垫材料、作业用具

在货物入库前，根据所确定的苫垫方案，准备相应的材料，并组织衬垫铺设作业。对作业所需的用具要准备妥当，以便能及时使用。

7. 验收准备

仓库理货人员根据货物情况和仓库管理制度，确定验收方法。准备验收所需的点数、称量、测试、开箱装箱、丈量、移动照明等工具、用具。

8. 装卸搬运工艺设定

根据货物、货位、设备条件、人员等情况，合理科学地制定卸车搬运工艺，保证作业效率。

9. 单证准备

仓库人员对货物入库所需的各种报表、单证、记录簿等，如入库记录、理货检验单、料卡、残损单等预填妥善，以备使用。

由于不同仓库、不同货物的性质不同，入库准备工作会有所差别，需要根据具体实际情况和仓库制度做好充分准备。

（二）进货流程的合理安排

1. 进货作业系统设计原则。

为让搬运者安全有效率地卸货以及使配送中心能迅速正确地收货，进货计划及其相关信息系统应注意以下原则：

（1）多利用配送车辆的司机来卸货，以减轻公司作业人员负担及避免卸货作业的拖延。

（2）尽可能将多样活动集中在一个工作站，以节省必要空间。

（3）尽可能平衡停泊码头的配车，例如可以依据进出货的状况制订配车排程，或转移部分耗时的进货至离峰时间。

（4）将码头月台至储区的活动尽量保持直线流动。

（5）依据相关性安排活动，达到距离最小化或省却步行的机会。

（6）安排人力在高峰时间使货品能维持正常速率的移动。

（7）考虑使用可流通的容器，以省却更换容器的动作。

（8）为方便后续存取及能随时应付确认查询的需求，应详细记录进货资料。

（9）为小量进货计划准备小型车。

（10）在进出货期间尽可能省略不必要的货品搬运及储存。

2. 进货作业时考虑的因素。

在设计一个完整的系统前，需要考虑所有相关的影响因素才能将其整合规划，而在进货方面的考量因素很多，包括：

（1）进货对象及供应厂商总数：一日之内的供应商数量（平均是多少？最多是多少？）。

（2）商品种类与数量：一日之内的进货品项数（平均是多少？最多是多少？）。

（3）进货车型与车辆台数：车数/日（平均是多少？最多是多少？）。

（4）每一车辆的卸（进）货时间。

（5）商品的形状、特性（见表2-2）。

表2-2

商品的形状、特性					
散货、单元的尺寸及重量	包装形态	是否具危险性	栈板（托盘）叠卸的可能性	人工搬运或机械搬运	产品的保存期限

（6）进货所需人员数（平均是多少？最多是多少？）。

（7）配合储存作业的处理方式。

而针对第（7）项"配合储存作业的处理方式"，一般配送中心储存有以栈板（托盘）、箱子、小包3种方式，同样的，卡车进货亦有此3种形式。因而如何连接进货与储存两作业区间对此货品3种形式的转换，可分以下3种状况来说明。

状况一：若进货与储存皆以同样形式为单位，如图2-7所示，则进货输送机直接将货品运至储存区。

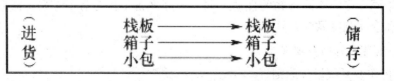

图2-7

状况二：若储存以小包为单位，但进货是以栈板（托盘）、箱子为单位，或储存以箱子为单位，但进货是以栈板为单位（如图2-8所示），则必须于进货点即做卸栈或拆装的动作，先是以自动栈板卸货机拆卸栈板上的载荷物，再拆箱将小包放于输送机上。

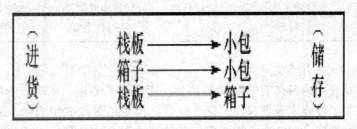

图2-8

状况三：若储存以栈板为单位，但进货是以小包或箱子为单位；或储存以箱子为单位，但进货以小包为单位（如图2-9所示），则小包或箱子必先堆叠于栈板上或小包必先装入箱子后再储存。

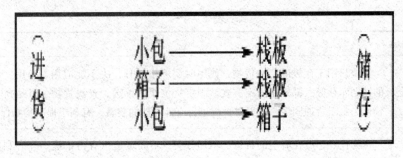

图2-9

（8）每一时刻的进货车数调查情况，以图2-10进货时间带来表示。

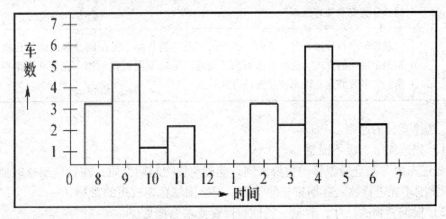

图2-10

（9）要确实做好进货管理，也要事先制定可依循的进货管理标准，作为员工面对非常规事件处理的参考。而主要的进货管理标准应如表 2-3 所示。

表 2-3

进货管理标准				
订购量计算标准书	订购手续的标准	进货日期管理	订购取消及补偿手续	支付货款标准、手续及合同

3. 仓库货位的使用方式。

仓库货位是仓库内具体存放货物的位置。库场除了通道、机动作业场地，就剩下存货的货位。为了使仓库管理有序、操作规范，存货位置能准确表示，人们根据仓库的结构、功能，按照一定的要求将仓库存货位置进行分块分位，形成货位。每一个货位都用一个编号表示，以便区别。货位确定并进行标识后，一般不随意改变。货位可大可小，大至几千平方米的散货货位，小至仅有零点几平方米的橱架货位。根据具体所存货物的情况确定，货位分为场地货位、货架货位，有的相邻货位可以串通合并使用，有的预先已安装地坪，无需垫垛。仓库货位的使用有 3 种方式，如表 2-4 所示。

表 2-4

类　别	说　明
固定的货位	货位只用于存放确定的货物，使用时要严格区分，决不能混用、串用。长期货源的计划库存等大都采用固定方式。固定货位便于拣选、查找货物，但是仓容利用率较低。由于货物固定，可以对货位进行有针对性的装备，有利于提高货物保管质量
不固定货物的货位	货物任意存放在有空的货位，不加分类。不固定货位有得于提高仓容利用率，但是仓库内显得混乱，不便于查找和管理。对于周转极快的转业流通仓库，货物保管时间极短，大都采用不固定方式。不固定的货物的货位储藏，在计算机配合管理下，能实现充分利用仓容，有方便查找的好处。采用不固定货位的方式，仍然要遵循仓储的分类安全管理原则
类固定货物的货位	对货位进行分区、分片，同一区内只存放一类货物，但在同一区内的货位则采用不固定使用的方式。这种方式有利于货物，也较方便查找货物，仓容利用率可以提高。大多数储存仓库都使用这种方式

4. 选择货位的原则。

（1）先进先出、缓不围急

"先进先出"是仓储保管的重要原则，能避免货物超期变质；在货位安排时要避免后进货物围堵先进货物；存期较长的货物，不能围堵存期较短的货物。

（2）根据货物的尺寸、数量、特性、保管要求选择货位

货位的通风、光照、温度、排水、刮风、雨雪等条件要满足货物保管的需要；货位尺寸与货物尺寸匹配，特别是大件、长件货物要能存入所选货位；货位的容量与货物的数量接近，选择货位时要考虑相近货物的情况，防止与相近货物相挤而互相影响；

对需要经常检查的货物，存放在方便经常检查的货位。

（3）出入库频率高的货物使用方便作业的货位

对于有持续入库或者持续出库的货物，应安排在靠近出口的货位，方便出入。流动性差的货物，可以安排在离出入口较远的位置；同样道理，存期短的货物安排在出入口附近。

（4）小票集中、大不围小、重近轻远

多品种、小批量货物，应合用一个货位或者集中在一个货位区，避免夹存在大批量货物的货位中，可以方便查找。重货应离装卸作业区最近，以减少搬运作业量或者可以直接用装卸设备进行堆垛作业。使用货架时，重货放在货架下层，需要人力搬运的重货，存放在腰部高度的货位。

（5）便操作

所安排的货位能保证搬运、堆垛、上架作业方便，有足够的机动作业场地，能使用机械进行直达作业。

（6）作业分布均匀

尽可能避免仓库内或者同条作业路线上有多项作业同时进行，避免相互妨碍。

（三）卸货作业方式

1. 一般卸货方式。

卸货即将货品由车辆搬至码头的动作，其最需要克服的关键在于车辆与月台间的间隙，一般卸货码头为作业安全与方便起见，常见有下列四种设施：

（1）可移动式楔块

可搬移的楔块又叫竖板（图2-11），当装卸货品时，可放置于卡车或拖车的车轮旁固定，以避免装卸货期间车轮意外地滚动可能造成的危险。

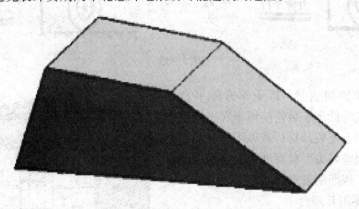

图2-11

（2）升降平台

最安全也最有弹性的卸货辅助器应属于升降平台，而升降平台分为卡车升降平台（图2-12）及码头升降平台（图2-13）两种。

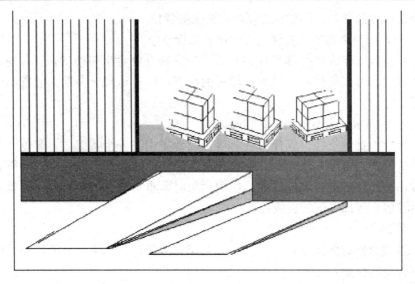

图 2 - 12

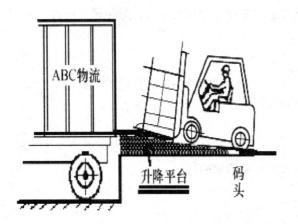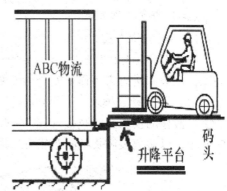

图 2 - 13

当配送车辆到达时，以卡车升降平台而言，可提高或降低车子后轮使得车底板高度与月台一致，而方便装卸货；若以码头升降平台而言，则可调整码头平台高度来配合配送车车底板的高度，因而两者有异曲同工之效。

（3）车尾附升降台

车尾附升降台是装置于配送车尾部的特殊平台。当装卸货时，可运用此平台将货物装上卡车或卸至月台，如图 2 - 14 所示。车尾附升降台可延伸至月台，也可倾斜放至地面，其设计有多种样式，适于无月台设施的配送中心或零售点的装卸货使用。

图 2 - 14

（4）吊钩

当拖车倒退入码头碰到码头缓冲块时，码头设施即开动吊钩，使其勾住拖车，以免装卸货时轮子打滑，如图 2 – 15 所示，其功用有如移动式的楔块，也可用链子等代替吊钩。

图 2 – 15

2. 将车辆尾端开入停车台装卸货方式。

除了使用以上 4 种设施来克服车辆与月台间的间隙外，如果车辆后车厢高度原即与码头月台同高，则可考虑直接将车辆尾端开入停车台装卸货的方式，如图 2 – 16 所示，不但可让车辆与月台更紧密结合，使装卸作业方便有效率，且对于货品安全也更能发挥保护效果。

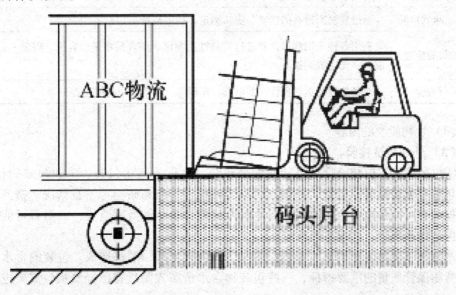

图 2 – 16

（四）货品的验收

1. 验收的标准、方法和内容。

货物验收是对产品的质量和数量进行检查的工作。验收工作一般分为两种：第一种是先点收货物，再通知负责检验的单位办理检验工作；第二种是先由检查部门检验品质，认为完全合格后，再通知仓储部门办理收货手续。

（1）货品验收的标准

货品要能达到公司的满意程度才准许进行验收入库，因而验收要符合预定的标准。基本上验收货品时，可根据表2-5进行检验。

表2-5

货品验收标准			
采购合约或订购单所规定的条件	以比介或议价时的合格样品为依据	采购合约中的规格或者图解	各种产品的国家品质标准

（2）货物检验主要方法

货物检验的主要方法如表2-6所示。

表2-6

检验法	具体方法
视觉检验	在充中的光线下，利用视力观察货物的状态、颜色、结构等的表面状况，检查有无变形、破损、脱落、变色、结块等损害情况，以判定质量
听觉检验	通过援、搬运操作、轻度敲击，听取声音，判定质量
触觉检验	利用手感鉴定货物的细度、光滑度、黏度、柔软程度等，判定质量
嗅觉、味觉检验	通过货物所持有的气味、滋味测定，判定质量
测试仪器检验	利用各种专用测试仪器进行货物性质测定，如含量水量、容积、重量、黏度、成分、光谱等测试
运行检验	对货物进行运行操作，如电器、车辆等，检查操作功能是否正常

（3）货物验收的内容

（A）外观质量检验。

①包装检验。包装检验是对货物的外包装，也称为运输包装、工业包装的检验。检验包装有无被撬开、开缝、挖洞、污染、破损、水渍和砧湿等不良情况。撬开、开缝、挖洞有可能是被盗的痕迹；污染是因为配装、堆存不当所造成；破损有可能因装卸、搬运作业不当、装载不当造成；

水渍和砧湿是由于雨淋、渗透、落水，或内容渗漏、潮解造成。包装的含水量是影响货物保管质量的重要指标，一些包装物含水量高表明货物已经受损，需要进一步检验。

②货物外观检验。对无包装的货物，直接察看货物的表面，检查是否有生锈、破裂、脱落、撞击、刮痕等损害。

③重量、尺寸检验。对入库物资的单件重量、货物尺寸进行衡量和测量，确定货物的质量。

④标签、标志检验。货物的标签和标志是否具备、完整、清晰等，标签、标志与货物内容是否一致。

⑤气味、颜色、手感检验。通过货物的气味、颜色判定是否新鲜，有无变质。用手触摸、捏试，判定有无结块、干涸、融化、含水量太高等。

⑥打开外包装检验。若外包装检验中判定内容有受损的可能，或者依照检验标准要求开包检验、点算包内细数时，应该打开包装进行检验。开包检验必须有两人以上在现场，检验后在箱件上印贴已验收的标志。需要封装的应及时进行封装，包装已破损的应更换新包装。

（B）内在质量检验。内在质量检验是对货物的内容进行检验，包括对物理结构、化学成分、使用功能等进行鉴定。内在质量检验由专业技术检验单位进行，经检验后出具检验报告说明货物质量。

（C）入库货物检验的程度。入库货物检验程度是指对入库货物实施数量和质量检验的数量。分为全查和抽查，原则上应采用全查的方式，对于大批量、同包装、同规格、较难损坏、质量较高、可信赖的货物可以采用抽查的方式检验。但是在抽查中发现不符合要求较多时，应扩大抽查范围，甚至全查。

①数量检验的范围。

a. 不带包装货物（散装）的检斤率为100％，不清点件数检斤率为100％。

b. 定尺钢材检尺率为10%－20%；非定尺钢材检尺率为100%。

c. 贵重金属材料100%过净重。

d. 有标量或者标准定量的化工产品，按标量计算，核定总重量。

e. 同一包装、规格整齐、大批量的货物，包装严密、符合国家标准且有合格证的货物采取抽查的方式验量。抽查率为10%－20%。

②质量检验的范围。

a. 带包装的金属材料，抽验5%－10，无包装的金属材料全部目测查验。

b. 入库量10台以内的机电设备，验收率为100%；100台以内，验收不少于10%；运输、起重设备100%查验。

c. 仪器仪表外观质量缺陷查验率为100%。

d. 易于发霉、变质、受潮、变色、污染、虫蛀、机械性损伤的货物，抽验率为5%－10%。

e. 外包装质量缺陷检验率为100%。

f. 对于供货稳定，信誉、质量较好的厂家产品，特大批量货物可以采用抽查的方式检验质量。

g. 进口货物原则上100%逐件检验。

（D）入库检验时间。货物的数量、外表状况应在入库时进行检验；对货物的内容，

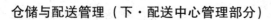

在合同的约定时间之内进行检验，或者按照仓储习惯在入库的 10 天之内，国外到货 30 天之内进行内容质量检验。

2. 验收差异的作业处理。

由于一旦验收不合格，则有可能必须采取退货、维修或寻求折让的做法，以下我们整理"货品验收处理程序表"（表 2 - 7），将验收的可能情况与处理措施的选择列出，以供业者在验收时便于了解情况及作决策的参考。

表 2 - 7

进货验收的情况	a. 货品数量正确吗?	b. 品质检验合格吗?	c. 能够维修吗?	d. 供应商愿意付维修费吗?	e. 物流中心急送这批货吗?	决策的类别	f. 退回这批货品	g. 使用这些品但寻求新供应商	h. 维修缺点并使用的	i. 从别处寻求紧急供应商
问题形态 1	○	○	○	○	○				√	
2	○	○	○	○	●				√	
3	○	○	●		○		√			√
4	○	○	●		●		√			
5	○	○	○		○				√	
6	○	○	○		●		√			
7	○	●			●		√			√
8	○	●			●		√			
9	●	○	○		○				√	
10	●	○	○		●		√			
11	●	○	●		○			√		
12	●	○	●		●		√			
13	●	●			○			√		
14	●	●			○		√			

3. 验收入库商品的信息处理。

完成商品检验后，一般在暂存区对货品进行分类，再由作业人员入库上架，然后将进货信息输入计算机系统，这样商品实物库存就会在系统中生成相对应的系统库存，打印验收入库单（表 2 - 8）后才最终完成进货作业。

表 2 - 8

验入库单

编号：

供应商		彩购订单号		验收员	

续表

供应商编码		采购员		验收日期		
送货单号		到货日期		复核员		
发货日期			复核日期			
序号	储位号码	商品名称	商品规格型号	商品编码	包装单位	应收数量	实收数量	备注

（五）货品的分类

1. 货品分类的作用。

分类是将多种不同事物按其性质或其他条件分别逐次区分，将之归纳于不同类别，做有系统的排列，如此将可使后续作业效率提升，以收到事半功倍的效果。作用有如下几方面。

（1）可做货品控制合理化的基础。

（2）清楚分层归类，可提高管理效率。

（3）能减少作业行走移动距离，并使存取人员更容易记忆货品位置，可以说是增进作业效率的关键。

（4）便于收发保管。

（5）方便货品的分配与调拨。

（6）便于配送中心货品的联合与委托采购。

（7）便于记账及统计分析。

（8）便于审计、会计及税收工作的进行。

（9）可作为货品编号的依据。

2. 货品分类的原则。

完全与合理的分类能让原本繁杂的作业变得有系统，因而进行货品分类时应注意下列原则：

（1）分类应按照统一的标准，自大分类至小分类依照同一原理区分，以合乎逻辑。

（2）分类必须根据企业本身的需要，来选择适用的分类形式。

（3）分类必须有系统地展开，逐次细分，方能层次分明。

（4）分类应明确而相互排斥，当某一产品已归于某类，绝不可能再分至他类。

（5）分类必须具有完全性、普遍性，分类系统应能包罗万象，适用于广大的地区类别，使所有物料均能清楚归类。

（6）分类应有稳定性，即货品一经确定其类别后，便不可任意变更，以免造成混乱。

（7）分类应有仲缩性，以便随时可增列新产品。

（8）分类必须确切实用，绝不可流于空想。

3. 货品分类的方式。

（1）为适应货品储存保管需要，而按照货品特性分类。

（2）为配合货品使用而按照货品使用目的、方法及程序分类，如需要流通加工者划分为一类，直接原料划分为一类，间接原料划分为一类。

（3）为适应货品采购的便利，而按照交易行业分类。

（4）为便利货品账务处理，按照会计科目分类，如价值很高者划分为一大类，价值低廉者划分为一大类。

（5）依货品状态分类，如货物的内容、形状、尺寸、颜色、重量等。

（6）依信息方面分类，如货品送往的目的地地别、顾客别等。

大体来说，捆包出货前的分类以第（6）类为最多，而进货的分类则不一定，视公司的情况、性质、要求进行选择。

（六）货品的编码

1 货品编码的作用。

货品经过有秩序的编号后，不论对作业还是管理皆能起到提高效率的作用，其功能可以整理如下：

（1）增加货品资料的正确性。

（2）复核管理容易。

（3）提高货品活动的工作效率，且便于信息的联系传递。

（4）可以利用计算机处理分析。

（5）可以节省人力、减少开支、降低成本。

（6）便于收料及发料。

（7）因记录正确可以迅速按次序储存或拣取货品，一目了然，减少弊端。

（8）削减存货。一旦有了统一编号，可以防止重复订购相同的物件，且仓储及盘点作业将更易于进行，对控制存货有很大帮助。

（9）可考虑选择作业的优先性，如先进先出。

（10）利用编号代码来表示各种货品，可防止公司机密外泄。

2. 货品编号的原则

既然货品编号对公司作用较多，但怎样才算是一个合理的编号形式呢？表2-9为必须具备的基本原则。

表2-9

原　则	说　明
简易性	应将货品化繁为简，便于货品活动的处理
完全性	要使每一项货品都有一种编号代替
单一性	每一个编号只能代表一项货品
一贯性	要统一面有连贯性
充足性	其所采用的文字、记号或数字，必须有足够的数量来编号

原　则	说　明
扩充弹性	为未来货品的扩展及产品规格的增加预留地步，使其可因需要而自由延伸，或随时从中插入
组织性	编号应有组织，以便存档或查知账卡及相关资料
分类展开性	若货品过于复杂使得编号庞大，则应使用渐进分类的方式来做层级式的编号
应用机械性	管理计算机化为目前趋势，因而编号应考虑与事务性机或计算机的配合

3. 货品编号的方法。

（1）流水号法

此法由 1 开始按数字顺序一直往下编，是最简单的编号法，常用于账号或发票编号，属于延展式的方法。但需要配合编号索引，否则无法直接了解编号意义，如表 2 - 10 所示。

表 2 - 10

编　号	货品名称
1	洗发精
2	肥皂
3	牙膏
4	洗面乳

（2）数字分段法

与上法不同的是，在于其把数字分段，让每一段数字代表共同特性的一类货品，如表 2 - 11 所示。

表 2 - 11

编　号	货品名称
1	4 块装肥皂
2	6 块装肥皂　由 1 至 5 预留给
3	12 块装肥皂　肥皂编号用
4	
5	
6	黑人牙膏
7	白人牙膏　由 6 到 12 预留给
8	牙膏编号用

续表

编号	货品名称
9	
…	

（3）分组编号法

此编号法依货品的特性分成多个数字组，每一数字组代表此项货品的一种特性，例如第一数字组代表货品的类别，第二数字组代表货品的形状，第三数字组代表货品的供应商，第四数字组代表货品的尺寸，至于每一个数字组的位数要多少视实际需要而定。此方法现今使用较为普遍。例如：编号 07 - 5 - 006 - 110，其编号意义如表 2 - 12 所示。

表 2 - 12

货品	类别	形状	供应商	大小	意义
编号	07				饮料
		5			圆高
			006		统一
				110	4′×9′×15′

（4）实际意义编号法

依货品的名称、重量、尺寸乃至于分区、储位、保存期限或其他特性的实际情况来进行编号。此方法特点在于由编号即能很快了解货品的内容及相关信息，如表 2 - 13 所示。

表 2 - 13

编号	意义
F04915 B1	F0　表示 Food，食品类 4915　表示 4′×9′×15′，尺寸大小 B　表示 B 区，货品所在储区 1　表示第一排料架

（5）后数位编号法

运用编号末尾的数字，来对同类货品作进一步的细分，也就是从数字的层级关系来看出货品的归属类别，如表 2 - 14 所示。

表 2 - 14

编 号	货品类别
260	服饰
270	女装
271	上衣
271.1	衬衫
271.11	红色

（6）暗示编号法

用数字与文字的组合来编号，编号本身虽不是直接指明货品的实际情况（与实际意义编号法不同），但能暗示货品的内容，这种方法的优点是容易记忆，但又不易让外人了解，如表 2 - 15 所示。

表 2 - 15

内 容	货品名称	尺 寸	颜色与形式		供应商
暗示编号	BY	005	W	B	10
表示含义	脚踏车（Bicycle）	大小型号 5 号	白色（White）	小孩型（Boy's）	供应商号码

4. 货品编号的两种形式。

（1）延展式

此形式并不限制货品分类的级数或文字数字的多少，可视实际需要不断延长，较具弹性。但排列上难求整齐规律，是美中不足的地方。

（2）非延展式

此形式的编号对于货品分类的级数及采用的文字数字均有一定限制，不能任意伸展，因而虽能维持整齐划一的形式，但缺乏弹性，难以适应实际增减的需要。

5. 为识别货品而使用的编号标示可置于容器、零件、产品或储位上，让作业人员很容易地获得信息。一般来说，容器及储位的编号标示是以特定使用为目的，能被永久地保留；而零件或产品上的标示则具有一定弹性地增加物件号码，甚或制造日期、使用期限，以方便出货的选择，如先进先出等。

（七）货品入库信息处理

1. 交接手续。

交接手续是指仓库对收到的货物向送货人进行的确认，表示已接收货物。办理完交接手续，意味着划清了运输、进货部门和仓库的责任。完整的交接手续包括：

（1）接收货物

仓库以送货单为依据，通过理货、查验货物，将不良货物剔出、退回或者编制残损单证等明确责任，确定收到货物的确切数量，货物表面状态良好。

（2）接收文件

接收送货人送交的货物资料、运输的货运记录、普通记录等，以及随货的在运输单证上注明的相应文件，如图纸、准运证等。

（3）签署单证

仓库与送货人或承运人共同在送货人交来的送货单、交接清单上签署和批注，并留存相应单证。提供相应的入库、查验、理货、残损单证、事故报告，由送货人或承运人签署。

2. 登账。

货物查验中，仓库根据查验情况制作入库单。详细记录入库货物的实际情况，对短少、破损等在备注栏填写和说明。货物入库，仓库应建立详细反映物资仓储的明细账，登记货物进库、出库、结存的详细情况，用以记录库存货物的动态和出入库过程。登账的主要内容有：物资名称、规格、数量、累计数或结存数、存货人或提货人、批次、金额，注明货位号或运输工具、接（发）货经力、人。

3. 立卡。

货物入库或上架后，将货物名称、规格、数量或出入状态等内容填在料卡上，称为立卡。料卡又称为货卡、货牌，插放在货物下方的货架支架上或摆放在货垛正面的明显位置。

4. 建档。

（1）仓库应对所接收的货物或者委托人建立存货档案或者客户档案，以便于货物管理和保持客户联系，也为将来可能发生的争议保留凭据。同时有助于总结和积累仓库保管经验，研究仓储管理规律。存货档案应该一货一档设置，将该货物入库、保管、交付的相应单证、报表、记录、作业安排、资料等的原件或者附件、复制件存档。存货档案应统一编号、妥善保管，长期保存。

（2）存货档案的内容包括：

（a）货物的各种技术资料清单等。如合格证、装箱单、质量标准、送货单、发货单等。

（b）接收的仓单、货垛牌，仓储合同、存货计划、收费存根等。

（c）货物运输单据、普通记录、货运记录、残损记录、装载图等。

（d）入库凭证、交接签单、送出货单、检查报告等。

（e）保管期间的检查、保养作业、通风除湿、翻仓、事故等直接操作记录；存货期间的温度、湿度、特殊天气的记录等。

（f）入库通知单、验收记录、磅码单、技术检验报告。

（g）其他有关该货物仓储保管的特别文件和报告记录。

第三节　储存作业管理

一、储存作业的主要内容及目标

（一）储存作业的主要内容

1. 储存作业的主要任务。

储存作业的主要任务在于把将来要使用或者要出货的物料进行保存，且经常要作库存品的检查控制，不仅要善于利用空间，也要注意存货的管理。尤其是配送中心与传统仓库的营运形态不同，储存更要注意空间运用的弹性及存量的有效控制。

2. 储存的一般原理。

依照货品特性来储存，大批量使用大储区，小批量使用小储区；能安全有效率地使适合储于高位的物品使用高储区，笨重、体积大的品项储存在较坚固的层架及接近出货区；轻量品储存于有限的载荷层架；

将相同或相似的货品尽可能接近储放；出库量慢的货物或小、轻及容易处理的品项使用较远的储区；周转率低的物品尽量远离进货、出货及仓库较高的区域；周转率高的物品尽量放于接近出货区及较低的区域；服务设施应选在低层楼区等。

（二）储存作业的目标

1. 空间的最大化使用。这样能够有效地利用空间，减少厂房的闲置与空间的浪费。

2. 劳力及设备的有效使用。物尽其用，追求运营成本的最小化。

3. 所有货品都能随时存取。因为储存增加商品的时间值，因此要能做到一旦有需求时，此系统可达到有计划的储位系统及良好的厂房布置。

4. 货品的有效移动。在储区内进行的大部分活动是货品的搬运，需要多数的人力及设备来进行物品的搬进与搬出，因此人力与机械设备操作应达到经济和安全的程度。

5. 货品品质良好的保护。因为储存的目的是保存货品直到被要求出货的时刻，所以在储存时须保持在良好条件下。

6. 良好的管理。畅通的通道、干净的地板、适当且有秩序的储存及安全的运行，将使工作变得有效率并促使工作上气（生产率）提高。

二、储存策略的选取

（一）储存策略的分类及其特点

根据不同货品选用不同的储存策略。

1. 定位储放

（1）定位储放。每一项储存货品都有固定储位，货品不能互用储位，因此必须规划每一项货品的储位容量不得小于其可能的最大在库量。

（2）选用定位储放的原因：

（a）储区安排考虑了物品尺寸及重量（不适随机储放）。

（b）储存条件对货品储存非常重要。例如，有些品项必须控制温度。

（c）易燃物必须限制储放于一定高度以满足保险标准及防火法规。

（d）由管理或其他政策指明某些品项必须分开储放。例如饼干和肥皂，化学原料和药品。

（e）保护重要物品。

（3）定位储放的优点：

（a）每项货品都有固定储放位置，拣货人员容易熟悉货品储位。

（b）货品的储位可按周转率大小（畅销程度）安排，以缩短出入库搬运距离。

（c）可针对各种货品的特性作储位的安排调整，将不同货品特性间的相互影响减至最小。

储位必须按各项货品的最大在库量设计，因此储区空间平时的使用效率较低。总的来说，定位储放容易管理，所需的总搬运时间较少，但却需要较多的储存空间。此策略较适用于厂房空间大、多品种、小批量商品的储放等情况。

2. 随机储放

（1）随机储放。

每一个货品被指派储存的位置都是经由随机的过程所产生的，而且可经常改变；也就是说，任何品项可以被存放在任何可利用的位置。此随机原则一般是由储存人员按习惯来储放，且通常可与靠近出口法则联用，按货品入库的时间顺序储放于靠近出入口的储位。

（2）随机储放的优点：

由于储位可共用，因此需要按所有库存货品最大在库量设计，储区空间的使用效率较高。

（3）随机储放的缺点：

（a）进行货品的出入库管理及盘点工作的难度较高。

（b）周转率高的货品可能被储放在离出入口较远的位置，增加了出入库的搬运距离。

（c）具有相互影响特性的货品可能相邻储放，造成货品的伤害或发生危险。

一个良好的储位系统中，采用随机储存能使料架空间得到最有效的利用，因此储位数目得以减少。由模拟研究显示出，随机储存系统与定位储放比较，可节省 3s% 的移动储存时间及增加了 30% 的储存空间，但较不利于货品的拣取作业。因此随机储放较适用于下列两种情况：厂房空间有限，需尽量利用储存空间；种类少或体积较大的货品。

3. 分类储放

（1）分类储放。

所有的储存货品按照一定特性加以分类，每一类货品都有固定存放的位置，而同属一类的不同货品又按一定的法则来指派储位。分类储放通常按产品的相关性、流动性、尺寸、重量、特性来分类。

（2）分类储放的优点：

（a）便于畅销品的存取，具有定位储放的各项优点。

（b）各分类的储存区域可根据货品特性再作设计，有助于货品的储存管理。

分类储放较定位储放具有弹性，但也有与定位储放同样的缺点，储位必须按各项货品最大在库量设计，因此储区空间平均的使用效率低。因而较适用于以下情况：产品相关性大者，经常被同时订购；周转率差别大者；产品尺寸相差大者。

4. 分类随机储放

（1）分类随机储放

每一类货品有固定存放的储区，但在各类的储区内，每个储位的指派是随机的。

（2）分类随机储放的优点

具有分类储放的部分优点，又可节省储位数量，提高储区利用率。

（3）分类随机储放缺点

进行货品出入库管理及盘点工作的困难度较高。

分类随机储放兼有分类储放及随机储放的特色，需要的储存空间量介于两者之间。

5. 共用储放

（1）共用储放

在确定知道各货品的进出仓库时刻，不同的货品可共用相同储位的方式。共同储放在管理上虽然较复杂，所需的储存空间及搬运时间却更经济。

三、储位指派法则

知识点：储位指派法则的内容和分类

关键技能点：理解储位指派法则的内容和运用方法

（一）掌握可与随机储存策略、共用储存策略相配合的指派法则

储存策略是储区规划的大原则，因而还必须配合储位指派法则才能决定储存作业实际运作的模式。良好的储存策略与指派法则配合下，可大量减少拣取商品所移动的距离，然而越复杂的储位指派法则需要功能越强的计算机相配合。

可与随机储存策略、共用储存策略相配合的指派法则，例如运用靠近出口法则将刚到达的商品指派到离出入口最近的空储位上。

（二）掌握可与定位储存策略、分类（随机）储存策略相配合的指派法则

1. 以周转率为基础的法则

（1）按照商品在仓库的周转率（销售量除以存货量）来排定储位。如图2-17所示，首先依周转率由大自小排出一个序列，再将此序列分为若干段，通常分为三至五段。同属于一段中的货品列为同一级，依照定位或分类储存法的原则，指定储存区域给每一级的货品。周转率愈高应离出入口愈近。

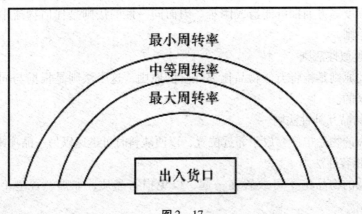

图2-17

（2）当进货日与出货日不相邻时，可按照进仓、出仓次数来做存货空间的调整，如表2-16，为A，B，C，D，…，H8种货品进出仓库的情况，当出入口分别在仓库的两端时，可依货品进仓及出仓的次数比率，来指定其储存位置图，即比率越大的货品，越要靠"分子"—进货日处。

表2-16

货品	进仓次数	出仓次数	进仓次数/出仓次数
A	40	40	1.0
B	67	67	1.0
C	250	125	2.0
D	30	43	0.7
E	10	100	0.1
F	100	250	0.4
G	200	400	0.5
H	250	250	1.0

2. 物品相关性法则

物品相关性大小可以利用历史订单数据做分析，对物品相关性较大者在订购时可以经常被同时订购，所以应尽可能存放在相邻位置。物品相关性储存的优点有减短提取路程，减少工作人员疲劳，简化清点工作等。

3. 物品同一性法则

所谓同一性的法则，是指把同一物品储放于同一保管位置的原则。这种将同一物品保管于同一场所来加以管理的方式，比较有管理效果。物流中心的储位指派法则建立一个能让作业人员对于物品保管位置熟知，并且对同一物品的存取花费最少搬运时间的系统是提高物流中心作业生产力的基本原则之一。因而当同一物品散布于仓库内多个位置时，物品在储放、取出等作业是非常不便的，就是在盘点以及作业人员对料架物品掌握程度等方面都可能造成困难。因而同一性的法则是任何物流中心都应确实遵守的重点原则。

4. 物品类似性法则

类似性的原则是指将类似物品比邻保管的原则，这个法则是根据与同一性原则同样的观点而来的。

5. 掌握物品互补性法则

互补性高的物品也应存放于邻近位置，以便缺料时可迅速以另一品项来替代。

6. 物品相容性法则

相容性低的物品绝不可放置在一起，以免损害品质，如烟、香皂、茶不可放在一起。

7. 先进先出的法则

所谓先进先出是指先保管的物品先出库，一般适用于寿命周期短的商品，例如，感光纸、软片、食品等。先进先出作为库存管理的手段是必需的，但是如果在产品形式变更少，产品寿命周期长，保管时的减耗、破损等不易产生等情况时，则需要考虑先进先出的管理费用及采用先进先出所得到的利益，将两者之间的优劣点比较后，再来决定是否要采用先进先出法则。

8. 掌握叠高的法则

叠高是像堆积木般将物品叠高。以物流中心整体有效保管的观点来看，提高保管效率是必然的事，而利用栈板等工具来将物品堆高的容积效率要比平置方式来的高。但需注意的是，如果在诸如一定要先进先出等库存管理限制条件很严时，一味地往上叠并非最佳的选择，应要考虑使用合适的料架或积层架等保管设备，以使叠高原则不至影响出货效率。

9. 面对通道的法则

面对通道就是物品面对通路来保管，将可识别的标号、名称让作业人员容易简单地辨识。为了使物品的储存、取出能够容易且有效率地进行，物品就必须要面对通道来保管，这也是使物流中心内能流畅进行及活性化的基本原则。

10. 产品尺寸法则

在仓库布置时，要同时考虑物品单位大小以及由于相同的一群物品所造成的整批形状，以便能提供适当的空间满足某一特定需要。所以在储存物品时，必须要有不同大小位置的变化，用以容纳一切不同大小的物品和不同的容积。一旦未考虑储存物品单位大小将可能造成储存空间太大而浪费空间或储存空间太小而无法存放；未考虑储存物品整批形状也可能造成整批形状太大无法同处存放（数量太多）或浪费储存空间（数量太少）。一般将体积大的货品存放于进出较方便的位置。

11. 重量特性法则

重量特性的法则，是按照物品重量的不同来决定储放物品于保管场所的高低位置上。一般而言，重物应保管于地面上或料架的下层位置，而重量轻的物品则保管于料架的上层位置；如果是以人手进行搬运作业时，人的腰部以下的高度用于保管重物或大型物品，而腰部以上的高度则用来保管重量轻的物品或小型物品；此法则对于采用料架的安全性及人手搬运的作业性有很大的意义。

12. 物品特性法则

物品特性不仅涉及物品本身的危险及易腐性质，同时也可能影响其他的物品，因此在物流中心布置设计时必要考虑。优点在于：不仅能随物品特性而有适当的储存设备保护，且容易管理与维护。

如下列举五种有关物品特性的基本储存方法：

（1）易燃物的储存：必须在具有高度防护作用的建筑物内安装适当防火设备的空间。

（2）易窃物品的储存：必须装在有加锁的笼子、箱、柜或房间内。

（3）易腐品的储存：要储存在冷冻、冷藏或其他特殊的设备内。

（4）易污损品的储存：可使用帆布套等覆盖。

5）一般物品储存：需要储存在干燥及管理较好的库房，以应对客户随时提取的需要。

13. 储位表示法则

储位表示法则指把保管物品的位置给予明确表示的法则。此法则主要目的在于将存取单纯化，并能减少其间的错误。尤其在临时人员、高龄作业人员较多的物流中心，此法则更为必要。

14. 明示（表示）性法则

明示性法则，是指利用视觉，使保管场所及保管物品能够容易识别的法则。此法则对于储位表示法则、同一性法则及叠高法则等皆能顾及。

四、设计储位系统标记

知识点： 储位系统标记

关键技能点： 掌握储位系统标记的功能和运用方法

（一）认知储位系统标记的功能

原来，一般都只是使用"记忆系统"来帮员工简单地记住货品大概位置，然而这种做法往往发挥不了多大作用。而后，使用品名、序号、记号或其他指示号码来记录品项位置的方法也被使用，但只考虑品项本身代号的系统仍不够完全，也无弹性，因此，所谓"暗示性储位标号"便被发展，其意义就是要能指出物流中心的每一个点，让员工能很肯定地指出什么东西被放在什么地方，使每品项都有一"地址"以便于需要时马上可找到它。

储位经过了编码，在管理上具有以下功能：

（1）确定储位资料的正确性。

（2）提供计算机中相应的记录位置以供识别。

（3）提供进出货、拣货、补货等人员存取货品的位置依据，以方便货品进出、上架及查询，节省重复找寻货品的时间。

（4）提高调仓、移仓的工作效率。

（5）可以利用计算机处理分析。

（6）因记录正确，可迅速储存或拣货。

（7）方便盘点。

（8）可让仓储及采购管理人员了解储存空间，以控制货品存量。

（9）可避免货品因胡乱堆置导致过期而报废，并可有效掌握存货，降低库存量。

（二）掌握储位系统标记的方法

1. 区段方式。

把保管区域分割为几个区段，再对每个区段编码。这种编码方式是以区段为单位，每个号码所代表的储位区域较大，因此，适用于容易单元化装载的货品以及大量或保管周期短的货品。在 ABC 分类中的 A，B 类货品很适合这种编码方式。货品以物流量大小来决定其所占的区段大小；以进出货频率来决定其配置顺序。

2. 商品群别方式。

把一些相关货品经过集合后，区分成几个商品群，再对每个商品群进行编码。这种编码方式适用于按商品群类别保管及品牌差距较大的货品，例如服饰、五金货品等。

3. 地址式。

利用保管区域中的现成参考单位，例如建筑物第几栋、区段、排、行、层、格等，依照其相关顺序来进行编码。该方式是目前物流配送中心使用最多的一种编码方式。但由于其储位体积所限，适合一些量少或单价高的货品储存使用，例如 ABC 分类中的 C 类货品。

4. 坐标式。

利用空间概念来编排储位，由于其储位切割细小，在管理上比较复杂，适用于流通率很低、长时间存放的货品。

5. 举例说明。

通常我们把货架纵列数称为"排"，每排货架水平方向的货格数称为"列"，每列货架垂直方向的货格数称为"层"。一个货架系统的规模可用"排数 x 列数 x 层数"，即货格总数来表示。例如，"50 排 ×20 列 ×5 层"，其货格总数为 5 000 个。

在一个货架系统中，某个货格的位置（即储位）可以用其所在的排、列、层的序数来表示，称之为储位的地址，例如"03 – 15 – 04"即表示第 3 排、第 15 列、第 4 层的储位。用储位地址作为货格的编号，简单明了，具体例子如表 2 – 17 所示。

表 2 – 17

数字	10	3	15	72	3
含　义	储存区域	楼	排	列	层
说明	储存区域从"1"开始标号	楼层	较长列，又称"Gross Row"，一般设定标号不超过50，即 STACK 排数由左至右不超过50	较短列，即以货架区分，又称"Main Row"，一般由51开始标号，因1～50保留给较长列（排）编号	每一货架由下向上数的层数
数字范围	大批量储区		按照规模设在30～50		51～100
	中批量储区				101～150
	小批量储区				151

五、储存方式

知识点：储存方式的种类

关键技能点：掌握不同种类的储存方式

（一）认知不同种类的储存方式

1. 托盘堆垛方式。

即使用叉车将满载物品的托盘直接放置到储存的位置，再将第二个托盘、第三个托盘的物品用叉车依次提升叠放。这种堆垛方式完全采用叉车作业，不需人力，但托盘上的物品必须堆码平整，让上面的托盘能平稳放置。

2. 货架储存方式。

货架储存系统一般由许多个货架组成。通常我们把货架纵向数称为"排"，每排货架水平方向的货格数称为"列"，每列货架垂直方向的货格数称为"层"。一个货架系统的规模可用"排数×列数×层数"，即货格总数来表示。在一个货架系统中，某个货格的位置也可以用其所在的排、列、层的序数来表示，称之为货格的位址，例如："03－15－04"即表示第3排、第15列、第4层的位址。用位址作为货格的编号，简单明了。货架储存系统的优点是可以充分利用库房的高度，消灭或降低蜂窝率，提高仓容利用率；便于机械化和自动化操作；每一货格都可以任意存取，物品品类的可拣选率达到100；物品不受上层堆叠的重压，特别适宜于异型货物和怕压易碎的物品；便于实行"定位储存"和计算机管理。

（二）提高货架储存系统空间利用率的措施

1. 驶入式和通过式货架。

这类货架必须使用托盘，实质上是一种多托盘进深的货架，叉车直接进入货架进行存取作业。驶入式货架，后部有支撑，叉车必须倒车退出；通过式货架后部不设支撑，叉车可以透过货架。由于叉车要驶进货架，货架不设横梁，代之以悬架在支柱上的纵向托盘搁置梁。这类货架的构造简单，主要用于储存少品种、大批量而且进出不频繁的货物。

2. 重力式货架。

重力式货架一般用于托盘物品，它是一组上下、左右并列的"滑道"组成。所谓"滑道"一般由左右两列的辊道或滚轮组成滑轨。滑道纵向有坡度，存货时，托盘货物从货架的高端送入。在重力的作用下向前滑行，依次排列存放在滑道上；取货时，在货架的底端取出第一个托盘，后面的托盘随着逐个向前下滑。重力货架的优点十分突出：仓库空间利用率极高；先进先出，适用于季节性生产并大进大出，也适用于零进整出或整进零出的储存要求；仓库搬运和堆垛能耗较低。

六、考核储存管理的效率指标

考核储存管理的效率指标见表。

表 2－18

指标	计算公式	应用目的的说明
储区面积率	储区面积/物流中心建筑物面积×100%	应用目的：衡量库房空间的利用率是否恰当
可供保管面积率	可保管面积/储区面积×100%	判断储位内通道规划是否合理
储位容积使用率	存货总体积/储位总容×100%	用以判断储位规划及使用的料架是否适当，以有效利用储位空间
单位面积保管量	平均库存量/可保管面积×100%	

续表

指标	计算公式	应用目的的说明
平均每品项 所占储位数	料架储位数/总品项数×100%	由每储位保管品项数的多少来判断储位管理是否应用得当
库存周转率	出货量（营业额）/平均库存量 （平均库存金额）×100%	库存周转率可用来考核公司营运绩效，作为衡量现今货品存量是否适当的指标
库存掌握程度 （仓容利用率）	实际库存量/标准存量×100%	作为设定产品库存的比率依据，以供存货管理的参考
库存管理费率	库存管理费用/平均库存量×100%	衡量公司每单位存货的库存管理费用
呆废料率	呆废料件数（金额）/平均库存量 （金额）×100%	用来测定物料耗损影响资金积压的状况
有效范围	库存量/平均每天需求量×100%	
客户满足率	提供给客户的商品量/客户 需求量×100%	
进、发货准确率	（期内吞吐量－出现差错总量）/ 其内吞吐量×100%	
货损货差 赔偿费率	货损货差赔偿费总额/ 同期业务收入总额×100%	

七、存货管理

知识点：存货管理的意义、目的、关键问题和方法

关键技能点：掌握如何合理管理库存

（一）认知存货管理的意义

存货具有调节生产与销售的作用，不适当的存货管理往往造成有形或无形的极大损失。尤其对于流通速度极快但客户订货无法事前掌握预测的物流中心，存货的管理更加重要。而存货管理是希望将货品的库存量保持在适当的标准内，以免过多造成资金积压、增加保管困难或过少导致浪费仓容、供不应求的情况。

因此存货管理具有两项重大意义：一为确保存货能配合销售情况、交货需求以提供客户满意的服务；二为设立存货控制基准，以最经济的订购方式与控制方法来提供营运所需的供应。

（二）理解存货管理的目的

1. 减少超额存货投资

保持合理的库存量，减少存货投资，如此可灵活运用资金（固定资金减少），并使营运资金的结构保持平衡。

2. 降低库存成本

保有合理库存可减少由库存所引起的持有成本、订购成本、缺货成本等，降低库存成本。

3. 保护财务

防止有形资产流失，且使存货的价值在账簿上能有正确的记录，以达到财务保护的目的。

4. 防止迟延及缺货

使进货与存货取得全面平衡。

5. 减少呆料的发生

使存货因变形、变质、陈腐所产生的损失减至最少。

前三者属于财务合理化的目的，而后二者则属于作业合理化的目的。

（三）熟悉存货管理的关键问题

1. 何时必须补充存货—订购点的问题。

订购点是指当存量降至某一数量时，应即刻请购补充的点或界限。一旦订购点抓得过早，则将使存货增加，相对增加了货品的在库成本及空间占用成本。倘若订购点抓得太晚，则将造成缺货，甚而流失客户，影响信誉。因而订购点的掌握非常重要。

2. 必须补充多少存货—订购量的问题。

订购量是指当存量已达请购点时，决定请购补充的数量，按此数量请购，方能配合最高存量与最低存量的基准。一旦订购量过多，则货品的在库成本增加，若订购量太少，货品可能有供应间断之虞，且订购次数必增加，也提高了订购成本。

3. 应维持多少存货—存量基准的问题。

（1）最低存量。

最低存量是指管理者在衡量企业本身特性、需求后，所订定货品库存数量应予维持的最低界限。最低存量又分为理想最低存量及实际最低存量两种。

（a）理想最低存量：理想最低存量又称购置时间（自开始请购货物以至于将货物运入物流中心的采购周期时间）使用量，也就是采购期间尚未进货时的货品需求量，这是企业需维持的临界库存，一旦货品存量低于此界限，则有缺货、停工的危险。

（b）实际最低存量：既然理想最低存量是一临界库存，因而为保险起见，许多业者多会在理想最低存量外再设定一准备的安全存量，以防供应不及发生缺货，这就是实际最低存量。实际最低存量亦称最低存量，为安全存量与理想最低存量的和。

（2）最高存量。

最高存量是为防存货过多浪费资金，各种货品均应限定其可能的最高存量，也就是货品库存数量的最高界限，以作为内部警戒的一个指标。

4. 确定最佳库存的管理模型步骤。

（1）确定合理库存是物流管理的重要内容之一。但是对于库存管理没有统一的模型，而且每个企业都有自己特殊的存货管理要求，所以企业只能根据自己的个体情况，建立有关模型，解决具体问题。库存管理模型应抓住补充、存货、供给等这几个相互联系的过程。为了确定最佳库存的管理模型，需要掌握每日存货增减状态的情况和有关项目的内容。建立模型时，采用如图2－18所示的步骤。

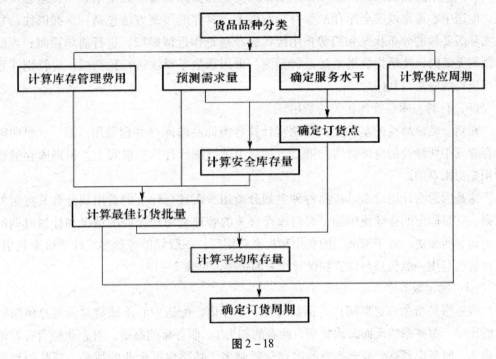

图2－18

（2）库存管理的方法

（a）ABC库存分类法。

企业经营的商品品种繁多，不同的品种对资金占用和库存周转的影响存在较大的差异。因此有必要对商品品种进行分类，实施不同的管理方法。一般最常用和最有效的分类方法就是ABC库存分类法。

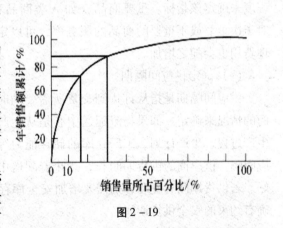

图2－19

ABC库存分类法，是指按一定指标（如销售量，配送中心的出货量、进货量等）对商品进行分类的方法。例如，可以根据每年销售额的多少，按各品类销售额指标的大小依次排列，并分别计算出各项品种指标占综合品种指标的比例，再按大小顺序累计相加，然后描绘出这些品种的两种累计率的对应图，该图即可称为ABC曲线图，如图2－19所示。通常，A类商品的销售量约占总销量的70%；B类商品的销售量约占总销量的20；剩余的为C类商品，其销售量约占总销量的10%。最后，在分类的基础上，按照A，B，C三类商品的顺序，寻求管理对策。

（b）预测需求量。

预测需求量时，首先要选择预测方法。预测方法并不是越复杂越好，关键在于它能否提高对重要货品需求预测的准确度。其次要确定预测期间。预测期间包括按年预测和按供应期间预测两种。实际操作中，预测值和实际值很难完全一致，误差在所难免，配送中心通常以安全库存来弥补预测误差。具体的预测方法包括：掌握以往的货品实际需要量的分布状况和趋势；用统计分布理论作近似模型，进行简单预测；当简单预测无效时，使用指数平滑法进行预测。采用指数平滑法进行预测时，应特别注重历史资料的收集与利用。

（c）计算与库存管理相关的费用。

在划分商品品类的基础上，分两步计算各类商品的库存管理费用：第一，要明确库存管理中所涉及的全部费用；第二，对费用进行统计计算。事实上，识别库存管理费用是很困难的。

这是因为会计记录难以按品种种类划分费用，而且会计上的费用划分有其特定的原则，它是固定的连续使用的，而与库存有关的管理费用却因周围情况和计划时期的长短而有所变更。对于跨部门的费用和机会费用等，一般凭借经验和统计手段来判别。库存管理费用一般包括与订货和保管相关的费用，见表2－19。

（d）确定服务率。

服务率是指在一定期间内，例如一年、半年内，配送中心不缺货时间与总供应时间的比率。服务率的反面即缺货率，两者的和为1。服务率的高低，对企业经营有着重要意义。服务率越高，要求拥有的库存量就越多。必须根据企业的战略、商品的重要程度来确定该指标。重要商品（如A类商品和促销品）的服务率可定为95%—100。对于次重要或不重要的商品的服务率，可以定得相对低一些。服务水平提高，库存管理费用也会随之增加。

（e）确定供应间隔期

供应间隔期是指从订货到交货所需要的时间，又称供货期间。它主要是根据供应商的情况来确定。如果物流配送中心是从生产商处直接进货，必须充分了解生产商的生产过程、生产计划、工厂仓库的储存能力等情况，在进行全面的分析之后再确定供应间隔。供应商的供货期间长，意味着配送中心库存量的增加，所以供货期间越短越好。若供货期间有变动，则需要增加安全库存量以确保供应。因此，订货之初就应明确有约束的安全供货期间。

（f）确定订货点。

（1）订货有两种方式：一是定期订货；二是订货点订货。定期订货是事前确定固定的订购周期，定期补充库存的订货方式，这种方式适用于重要货品的订货管理。定期订货一般以每周、每月或3个月为一个订货周期，其计算公式如下：订货周期

$$= \frac{\text{平均一次订货量}}{\text{单位时间内平均需求量}}$$

（2）订货点订货是指库存即将低于一定水平时即发出订货指令的订货方式。订货

点是指在补充库存之前，补充库存货品订货的时点上，仓库所具备的库存量，如图2－20所示。

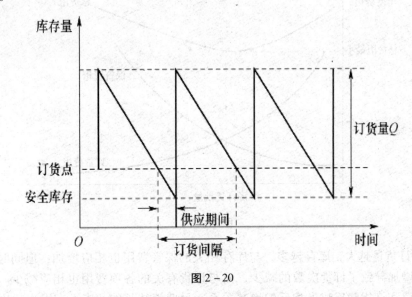

图 2－20

（3）订货点上仓库所具备的库存量，要适应订货商品交货期间所需的量。当需要量和供应期间没有变动时：

订货点＝供应期间单位时间内平均需要量＊供应时间

当需要量和供应间隔期发生变化时：

订货点＝供应期间的需要量＋该期间变动所需要的预备库存量

　　　＝供应期间的一般需要量＋该期间不确定因素所需要的 预备库存量

　　　＝（单位时间内平均需要量＊供应时间）＋安全库存量

（g）计算安全库存量。

安全库存是指除了保证正常状态下的库存计划量之外，为了防止因不确定因素引起的缺货而备用的缓冲库存，如图2－21所示。如果不确定因素考虑过多，就会导致库存过剩。不确定因素主要来自两个方面，一方面是需求量预测的不确定，另一方面则是供应间隔的不确定。安全库存量的计算公式如下：

安全库存量＝安全系数＊根据需要及供应期间等变动确定的库存量

（h）确定订货量。

（1）订货量的确定是库存管理的核心。此订货量是指以最少的库存管理费用，达到最满意的服务质量时的订货量。物流配送中心通常采用经济订货批量模型来确定最佳的订货量。研究经济订货批量的方法，是用年库存管理的总费用和订货量的关系来表示的，如图2－22所示。

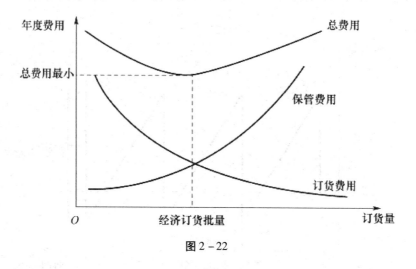

图 2 - 22

（2）订货量越大，库存越多，与库存相关的保管费用也相应增加；但同时，由于订货量的增加导致了订货次数的减少，而与订货有关的各项费用也相应减少。由此可见，保管费和订货费反映出相反的增减关系，呈此消彼长的状态。在求出每次订货量的保管费用和订货费用的和的总费用最小值时，所对应的订货量就是经济订货量，其计算公式如下：

$$Q = \sqrt{\frac{2RC}{Pi}}$$

式中，日表示平均每次的订货量；R 表示年需求量；C 表示平均每次订货发生的费用；p 表示库存货品的单价；i 表示年保管费与库存货品金额的比率。

（3）某一期间内平均库存量的确定可参考如下计算公式：

$$平均库存量 = \frac{订货量}{2} + 安全库存量$$

第四节　盘点作业管理

一、盘点作业的步骤

知识点：盘点作业的步骤

关键技能点：熟悉盘点作业的每个步骤

1. **熟悉盘点准备步骤**

知识窗：盘点作业的事先准备工作是否充分，关系盘点作业进行的顺利程度，为了使盘点在短促的时间内，利用有限的人力达到迅速确实的目标，事先的准备工作内容如下：

（1）明确建立盘点的程序方法：因盘点场合、需求的不同，盘点的方法也有差异，根据不同状况，盘点方法必须明确，以利盘点时不致混淆。

（2）配合会计进行盘点。

（3）盘点、复盘、监盘人员必须经过训练。

（4）经过训练的人员必须熟悉盘点用的表单。

（5）盘点用的表格必须事先印制完成。

（6）库存资料必须确实结清。

2. 如何决定盘点时间

（1）一般性货品就货账相符的目标而言盘点次数愈多愈好，但因每次实施盘点必须投入人力、物力、财力，这些成本耗资不小，因此也很难经常开展。事实上，导致盘点误差的关键主因是在于出入库的过程，可能是因出入库作业传票的输入、检查点数的错误，或是出入库搬运造成的损失，因此一旦出入库作业次数多时，误差也会随之增加。所以，以一般生产厂而言，因其货品流动速度不快，半年至一年实施一次盘点即可。

（2）但以物流中心货品流动速度较快的情况下，我们既要防止过多盘点对公司造成的损失，但又碍于可用资源的限制，因而最好能视物流中心各货品的性质制定不同的盘点时间，例如，在建立了物品类别 ABC 管理的公司，我们建议：A 类主要货品：每天或每周盘点一次；B 类货品：每二三周盘点一次；C 类较不重要货品：每月盘点一次即可。而未实施物品类别 ABC 管理的公司，至少也应对较容易损耗毁坏及高单价的货品增加其盘点次数。

（3）当实施盘点作业时，时程应尽可能缩短，以 2 - 3 日内完成较好。至于选择的日期一般会选择在：

（a）财务决算前夕—因便利决算损益以及表达财务状况。

（b）淡季进行—因淡季储货量少盘点容易，人力的损失相对降低，且调动人力较便利。

3. 盘点人员的培训

为使盘点工作得以顺利进行，盘点时必须增派人员协助进行，至于由各部门增援的人员必须组织化并且施以短期 J 训练，使每位参与盘点的人员能适当发挥其功能。而人员的培训必须分为两部分：

（1）针对所有人员进行盘点方法训练。其中对盘点的原则、程序、表格的填写必须充分了解，工作才能得心应手。

（2）针对复盘与监盘人员进行认识货品的培训。因为复盘与监盘人员对货品大多数并不熟悉，故而应加强货品的认识，以利盘点工作进行。

4. 储存场所的清理

（1）在盘点前，对供应商交来的物料必须明确其所有数，如已验收完成属本中心，应即时整理归库，若尚未完成验收程序则属于供应商，应划分清楚，避免混淆。

（2）储存场所在关闭前应通知各需求部门预领所需的物品。

（3）储存场所整理整顿完成，以便计数盘点。

（4）预先鉴定呆料、废品、不良品，以便盘点时的鉴定。

（5）账卡、单据、资料均应整理后加以结清。

（6）储存场所的管理人员在盘点前应自行预盘，以便提早发现问题并加以预防。

5. 掌握盘点工作

盘点时，因工作单调琐碎，人员较难以持之以恒，为确保盘点的正确性，除人员培训时加强宣传外，工作进行期间应加强领导与监督。盘点表见 表2-20.

表2-20

盘点表编号：_____

区域号_____ 盘点人：_____ 复核人：_____

储位号码	商品名称	规格	条码	赠品或配件	盘点数量	复核数量	差异

6. 掌握盘点差异原因的处理

当盘点结束后，发现所得数据与账簿的资料不符时，应追查差异产生的原因。其着手的方向有：

（1）是否因记账人员素质不足，致使货品数目无法表达。

（2）是否因料账处理制度的缺点，导致货品数目无法表达。

（3）是否因盘点制度的缺点导致货账不符。

（4）盘点所得的数据与账簿的资料差异是否在容许误差内。

（5）盘点人员是否尽责，产生盈亏时应由谁负责。

（6）是否产生漏盘、重盘、错盘等状况。

（7）盘点的差异是否可事先预防，是否可以降低料账差异的程度。

7. 盘盈、盘亏的处理

差异原因追查后，应针对主因适当调整与处理，至于呆废品、不良品减价的部分与盘亏一并处理。物品除了盘点时产生数量的盈亏外，有些货品在价格上会产生增减，这些变化在经主管审核后必须利用货品盘点盈亏及价目增减更正表修改，见表2-21.

表2-21

部门：　　　　　　　　　　　　　　　　　　　　　　　　　　年 月 日

货品编号	货品名称	单位	账面资料			盘点实存			数量盈亏				价格增减				差异因素	负责人	备注
			数量	单价	金额	数量	单价	金额	盘盈		盘亏		盘盈		盘亏				
									数量	金额	数量	金额	数量	金额	数量	金额			

差异原因代码：①　　②　　③　　④　　⑤

配送中心经理：　　申请人：

二、盘点方式

知识点： 盘点的种类和方法

关键技能点： 熟悉盘点的不同种类和方法

（一）熟悉盘点的种类

就像账面库存与现货库存一样，盘点也分为账面盘点及现货盘点。

1. 账面盘点

账面盘点又称为永续盘点，就是把每天入库及出库货品的数量及单价，记录在计算机或账簿上，而后不断地累计加总算出账面上的库存量及库存金额。

2. 现货盘点

现货盘点也称为实地盘点或实盘，也就是实际去点数调查仓库内的库存数，再依货品单价计算出实际库存金额的方法。

因而如要得到最正确的库存情况并确保盘点无误，最直接的方法就是确定账面盘点与现货盘点的结果要完全一致。如一旦存在差异，即产生"料账不符"的现象，究竟是账面盘点记错或是现货盘点点错，则须寻找错误原因，才能得出正确结果及确定责任归属。

（二）熟悉盘点的方法

1. 账面盘点法。

账面盘点的方法系将每一种货品分别设账，然后将每一种货品的入库与出库情况详加记载，不必实地盘点即能随时从计算机或账册上查悉货品的存量，通常量少而单价高的货品较适合采用此方法。

2. 现货盘点（实地盘点）法。

现货盘点依其盘点时间频度的不同又分为"期末盘点"及"循环盘点"。期末盘点是指在期末一起清点所有货品数量的方法，而循环盘点则是在每天、每周即作少种少量的盘点，到了月末或期末每项货品至少完成一次盘点的方法。

（1）期末盘点法。

由于期末盘点是将所有品项货品一次盘完，因而必要全体员工出动，采取分组的方式进行盘点，一般来说，每组盘点人员至少要三人，以便能互相核对减少错误，同时也能彼此牵制避免弊端。

（2）循环盘点法。

（1）循环盘点就是将每天或每周当做一周期来盘点，其目的除了减少过多的损失外，对于不同货品进行不同管理也是主要原因，就如同前述 ABC 管理的做法，价格愈高或愈重要的货品，盘点次数愈多，价格愈低愈不重要的货品，就尽量减少盘点次数。循环盘点因为一次只进行少量盘点，因而只需专门人员负责即可，不需动用全体人员。循环盘点法最常用的单据为"现品卡"，其使用方式为：每次出入库一面查看出入库传票，一面把出入库年月、出入库数量、传票编号、库存量登记在现品卡上。

三、盘点结果评估

知识点：盘点结果的 6 项指标、可了解的问题

关键技能点：通过对盘点结果的思考，评估，检查库存状况

1. 了解通过盘点结果可体现的问题

进行盘点的目的主要就是希望能依靠由盘点来检查如今货品的出入库及保管状况。凭借盘点结果可了解的问题主要有以下 5 点：

（1）在这次盘点中，实际存量与账面存量的差异是多少？

（2）这些差异是发生于那些品项？

（3）平均每一差异量对公司损益造成多大影响？

（4）每次循环盘点中，有几次确实存在误差？

（5）平均每品项货品发生误差的次数是多少？

2. 熟悉盘点结果中的六项指标

盘点结果中的 6 项指标是：

（1）盘点数量误差 = 实际库存 — 账面库存（a）

（2）盘点数量误差率 = 盘点数量误差/实际库存数（b）

（3）盘点品项误差率 = 盘点品项误差数/盘点实际品项数（c）

（4）平均每件盘差品金额 = 盘差误差金额/盘差总件数（d）

（5）盘差次数比率 = 盘点误差次数/盘点执行次数（e）

（6）平均每品项盘差次数率 = 盘差次数/盘差品项数（f）

3. 掌握盘点结果分析评估

（1）若（b）高，（c）低时说明什么？反之又如何？

当"盘点数量误差率"高，但"盘点品项误差率"低时，表示虽发生误差的货品品项减少，但每一发生误差品项的数量却有提高的趋势。

此时应检讨负责这些品项的人员有无尽责，以及这些货品的置放区域是否得当，有无必要加强管理，相反的，若当"盘点数量误差率"低，但"盘点品项误差率"高时，表示虽然整个盘点误差量有下降趋势，但发生误差的货品种类却增多。误差品项太多将使后续的更新修改工作更为麻烦，且可能影响出货速度，因此亦需对此现象加强管理。

（2）若（d）高，说明了什么问题？

若一旦此指标高，表示高价位产品的误差发生率较大，可能是公司未实施物品重点管理的结果，对公司营运将造成很不利影响。因此最好的改善方式是确实施行商品

别 ABC 分类管理

（3）若（f）高，说明了什么问题？

若此比率高，表示盘点发生误差的情况大多集中在相同的品项，此时对这些品项必要提高警觉，且确实深入寻找导致误差原因。

第五节　订单作业管理

一、订单处理的一般作业流程

知识点：订单处理作业流程中的工作环节

关键技能点：熟悉订单处理的一般作业流程的环节及其处理方式

（一）订单处理的定义和一般流程

从接到商店订货开始到准备出货之间的作业阶段，称为订单处理，包括订单确认、存货查询、库存分配和出货配送等。订单处理是与客户直接沟通的作业阶段，对后续的拣选作业、调度和配送产生直接影响。订单处理有人工和计算机两种形式，目前主要是电子订货。电子订货借助电子订货系统，采用电子资料交换方式取代传统的订单、接单方式。具体订单处理的一般流程如图 2－23 所示。

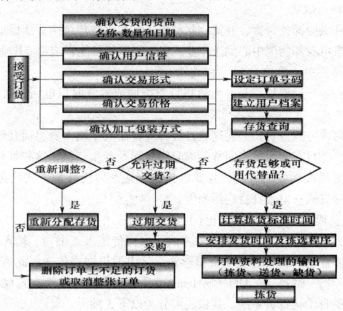

图 2－23

（二）订单处理中接受订货的方式

1. 传统的人工下单、接单的订货方式。

（1）厂商补货。

供应商直接将商品放在车上，一家家去送货，缺多少补多少。这种方式对于周转率较快的商品或新上市商品较常使用。

（2）厂商巡货、隔日送货。

供应商派巡货人员前一天先至各客户处寻找需补充的货品，隔天再予以补货的方式。此方法供应商可利用巡货人员，为店铺整理货架、贴标或提供经营管理意见、市场信息等，亦可促销新品或将自己的商品放在最占优势的货架上。此种方式的缺点是供应商可能会将巡货人员的成本加入商品的进价中，而且供应商乱放货将造成零售业者难以管理、分析自己所卖的商品。

（3）电话口头订货。

订货人则各商品名称及数量，以电话口述向供应商订货。但因客户每天订货的品项可能达数十项，而且这些商品常需由不同的供应商供货，因此利用电话订货所费时间太长，且错误率高。

（4）传真订货。

订货人将缺货资料整理成书面资料，利用传真机传给供应商。利用传真机虽可快速地传送订货资料，但其传送资料效果不好常增加事后确认作业。

（5）邮寄订单。

客户将订货表单，或订货磁片、磁带邮寄给供应商。近来的邮寄效率及品质已不符所需。

（6）客户自行取货。

客户自行到供应商处看货、补货，此种方式多为以往传统杂货店因地缘近所采行。客户自行取货虽可省却物流中心配送作业，但个别取货可能影响物流作业的连贯性。

（7）业务员跑单、接单。

业务员至各客户处推销产品，而后将订单携回或紧急时以电话先联络公司通知客户订单。

不管利用何种方式订货，上述这些订货方式皆需人工输入资料而且经常重复输入、传票重复誊写，并且在输入输出间常造成时间耽误及产生错误，这些都是无谓的浪费。尤其现今客户更趋高频度的订货，且要求快速配送，传统订货方式已无法应付需求，这使得新的订货方式—电子订货应运而生。

2. 计算机直接送收订货资料的电子订货方式。

电子订货，顾名思义即由电子传递方式，取代传统人工书写、输入、传送的订货方式，也就是将订货资料转为电子资料形式，借由通讯网路传送，此系统即称电子自动订货系统（EOS—Electronic Order Sysletn）：采用电子资料交换方式取代传统商业下单、接单动作的自动化订货系统。其做法可分为以下3种。

（1）订货簿或货架标签配合手持终端机（H. T – Handy Terminal）及扫描器。

订货人员携带订货簿及扫描器巡视货架，若发现商品缺货则用扫描器扫描订货簿或货架上的商品标签，再输入订货数量，当所有订货资料皆输入完毕后，利用数据机将订货资料传给供应商或总公司。

（2）POS（Point of Sale）销售时点管理系统。

客户如有 POS 收银机则可在商品库存档里设定安全存量，每当销售一笔商品资料时，计算机自动扣除该商品库存，当库存低于安全存量时，即自动产生订货资料，将此订货资料确认后即可通过电信网路传给总公司或供应商。亦有客户将每日的 POS 资料传给总公司，总公司将 POS 销售资料与库存资料比对后，根据采购计划向供应商下单。

（3）订货应用系统。

客户信息系统里若有订单处理系统，可将应用系统产生的订货资料，经由转换软体功能转成与供应商约定的共通格式，在约定时间里将资料传送出去。

一般而言，通过计算机直接连线的方式最快也最准确，而借邮寄、电话或销售员携回的方式较慢。由于订单传递时间是订货前置时间内的一个因素，其可经由存货水准的调整来影响客户服务及存货成本，因而传递速度快、可靠性及正确性高的订单处理方式，不仅可大幅提升客户服务水准，对于存货相关的成本费用亦能有效地缩减。

但另一方面，通过计算机直接传递往往较为昂贵，因而究竟要选择哪一种订单传递方式，应比较成本与效益的差异来决定。

（三）掌握查核确认客户信用的途径

不论订单是由何种方式传至公司，配销系统的第一步骤即要查核客户的财务状况，以确定其是否有能力支付该件订单的款额，其做法多是检查客户的应收账款是否已超过其信用额度。因而接单系统中应设计下述两条途径来查核客户信用的状况。

1. 客户代号或客户名称输入。

当输入客户代号、名称资料后，系统即加以复核客户的信用状况，若客户应收款额已超过其信用额度时，系统应加以警示，以便输入人员决定是否继续输入其订货资料或决定拒绝其订货。

2. 订购品项资料输入。

若客户此次的订购金额加上以前累计的应收款额，超过信用额度时，系统应将此笔订单资料锁定，以便主管审核，审核通过，此笔订单资料才能进入下一个处理步骤。

（四）订单的交易方式及相应的处理方法

物流中心虽有整合传统批发商的功能以及有效率的物流、信息处理功能，但在面对众多的交易对象时，似乎仍需应客户的不同需求而有不同的做法，这反映到接受订货业务上，可看出其具有多种的订单交易形态，即物流中心应不同的客户或不同的商品有不同交易及处理方式。各订单交易形态及相对应的处理方式见下表 2 - 23。

表 2 - 23

订单类别	交易形态	处理方式
一般交易订单	正常、一般的交易订单，接单后按正常的作业程序拣货、出货、配送、收款结案的订单	接单后，将资料输入订单处理系统，按正常的订单处理程序处理，资料处理完后进行拣货、出货、配送、收款结案等作业

订单类别	交易形态	处理方式
现销式交易订单	与客户当场直接交易、直接给货的交易订单。如业务员到客户处巡视货物、铺销的得的交易订单或客户直接至物流中心取货的交易订单	订单资料输入后，因其货品已交予客户，故订单资料不需要再参与拣货、出货、配送等作业，只需要记录交易资料，以便收取应收款项
间接交易订单	客户向物流中心订货，但由供应商直接配送给客户的交易订单	接单后，将客户的出货资料传给供应商由其代配。此方式需要注意客户的送货单是自行制作或委托供应商制作以及出货资料（送货单回联）的核对确认
合约式交易订单	客户签订配送契约的交易，如签订某期间内定时本着某数量商品	约定的送货日来临时，需将该配送的资料输入系统处理以便出货配送；或一开始使输入合约内容的订货资料并设定各批次送货时间，以便在约定日期来临时系统自动产生需要送货的订单资料
寄存式交易	客户因促销、降价等市场因素而先行订购某商品，往后视需要再要求出货的交易	当客户要求本着寄存商品时，系统应检查客户是否确实有此项寄存商品，若有，则出此项商品，并且扣除此项商品的寄库量。注意此项商品的交易价格是依据客户当初订购时的单价计算
兑换券交易	客户兑换券所兑换商品的配送出货	将客户兑换券所兑换的商品配送给客户时，系统应查核算客户是否确实有此兑换券回收资料，若有，依据兑换券兑换的商品及兑换条件予以出货，并应扣除客户的兑换券回收资料

（五）掌握如何建立客户主档

将客户状况详细记录，不但能让此次交易顺利进行，且有益于往后合作机会的增加。客户主档应包含订单处理需用到的及与物流作业相关的资料，包括：

（1）客户姓名、代号、等级形态（产业交易性质）。

（2）客户信用额度。

（3）客户销售付款及折扣率的条件。

（4）开发或负责此客户的业务员。

（5）客户配送区域。

（6）客户收账地址。

（7）客户点配送路径顺序：根据区域、街道、客户位置，将客户分配于适当的配送路径顺序。

（8）客户点适合的车辆形态：往往客户所在地点的街道有车辆大小的限制，因而须将适合该客户的车辆形态建于资料档中

（9）客户点下货地的特性：客户所在地点或客户下货位置，由于建筑物本身或周围环境特性（如地下室有限高或高楼层），可能造成下货时有不同的需求及难易程度，在车辆及工具的调度上须加以考查。

（10）客户配送要求：客户对于送货时间有特定要求，或有协助上架、贴标等要求，亦应将其建于资料档中。

（11）过期订单处理指示：若客户能统一决定每次延迟订单的处理方式，则可事先将其写入资料档案，以省除临时来询问或要紧急处理时的不便。

（六）掌握如何按订单分配存货

1. 存货查询。

确认是否有效库存能够满足客户要求，通常称为"事先拣货"。存货档的资料一般包括品项名称、SKU 号码、产品描述、库存量、已分配存货、有效存货及期望进货时间。输入客户订货商品的名称、代号时，系统即应查对存货档相关资料，看此商品是否缺货。若缺货，则应可提供商品资料或是此缺货商品的已采购未入库资讯，便于接单人员与客户协调是否改订替代品或是允许延后出货等解决办法，以提高人员的接单率及接单处理效率。

2. 分配存货。

订单资料输入系统，确认无误后，最主要的处理作业在于如何将大量的订货资料，作最有效的汇总分类、调拨库存，以便后续的物流作业能有效地进行。存货的分配模式可分为单一订单分配及批次分配两种。

（1）单一订单分配。

此种情形多为在线即时分配，即在输入订单资料时，就将存货分配给该订单。

（2）批次分配。

累积汇总数笔的已输入订单资料后，再一次分配库存。物流中心因订单数量多、客户类型等级多，且多为每天固定配送次数，因此通常采用批次分配以确保库存能作最佳的分配。批次分配时，要注意订单的分批原则，即批次的划分方法。作业的不同，各物流中心的分批原则可能不同，总共有表 2－24 中几种方法。

表 2－24

批次划分原则	处理方法
按接单时序	将整个接单时段划分成几个区段，若一天有多个配送梯次，可配合配送梯次，将订单按接单先后分为几个批次处理
按配送区域路径	将同一配送区域路径的订单汇总一起处理
按流通加工需求	将需加工处理或有相同流通加工处理的订单汇总一起处理
按车辆需求	若配送商品需特殊的配送车辆（如低温、冷冻车、冷藏车）或客户所在地、送货特性需特殊形态的车辆可汇总合并处理

然而，若以批次分配选定参与分配的订单后，若这些订单的某商品总出货量大于可分配的库存量，可依照表2-25原则来决定有限库存时客户订购的优先性。

表 2-25

批次划分原则	处理方法
具特殊优先权者先分配	对于些例外的订单如缺货补货订单、延迟交货订单、紧急订单或远期订单，这些在前次即应允诺交货的订单，或客户提前预约或紧急需求的订单，应有优先取得存货的权利。因此当存货已补充或交货期限到时，应确定这些订单的优先分配权
依客户等级来取舍	依客户等级来取舍，将客户重要性程度高的作优先分配
依订单交易量或交易金额来取舍	依订单交易量或交易金额来取舍，将对公司度大的订单作优先处理
依客户信用状况	依客户信用状况将信用较好的客户订单作优先处理
依系统自定义	依系统自定义作优先处理

（七）如何计算拣取的标准时间

由于要有计划地安排出货时程，因而对于每一订单或每批订单可能花费的拣取时间应要事先掌握，对此即要计算订单拣取的标准时间：

（1）第一阶段：首先计算每一单元（一栈板、一纸箱、一件）的拣取标准时间，且将之设定于计算机记录标准时间档，将此每一单元的拣取时间记录下来，则不论数量多少，都很容易推导出整个标准时间。

（2）第二阶段：有了单元的拣取标准时间后，即可依每品项订购数量，再配合每品项的寻找时间，来计算出每品项拣取的标准时间。

（3）第三阶段：最后根据每一订单或每批订单的订货品项及考虑一些纸上作业的时间，来将整张或整批订单的拣取标准时间算出。

（八）分配后存货不足的处理

1. 依客户意愿处理存货不足的问题。

（1）客户不允许过期交货，则删除订单上不足额的订货，甚或取消订单。

（2）客户允许不足额的订货，等待有货时再予以补送。

（3）客户允许不足额的订货，留待下一次订单一起配送。

（4）客户希望所有订货一起送达。

2. 依公司政策处理存货不足的问题。

一些公司允许过期分批补货，但一些公司因为分批出货的额外成本不愿意分批补货，则可能宁愿客户取消订单，或要求客户延后交货日期。

3. 配合上述客户意愿与公司政策，对于缺货订单的处理方式归纳如 表2-26。

表 2-26

缺货订单的类别	缺货订单的处理方式
重新调拨	若客户不允许过期交货，需公司也不愿失去此客户订单时，则有必要重新调拨分配订单
补送	①若客户允许不足额的订货等待有货时在予以补送，且公司政策也允许，则采行"补送"方式。 ②若客户允许不足客的订货或整张订单留待下一次订单一起配送，则亦采行"补送"处理。 但需注意，对这些待补送的缺货品项需先记录成档
延迟交货	①有时限延迟交货：客户允许一段时间的过期交货，且希望所有订单一起配送。 ②无时限延迟交货：不论需等多久客户皆允许过期交货，且希望所有订货一起送达，则等待所有订货到达再出化。对于此种将整张订单延后配送，亦需将这些顺延的订单记录成档
取消订单	若客户希望所有订单一次配达，且不过期交货，而公司无法重新调拨时，则只有将整张订单取消

（九）掌握订单资料处理输出

1. 拣货单。

拣货单据的产生，在于提供商品出库指示资料，作为拣货依据。拣货资料的形式要配合物流中心的拣货策略及拣货作业方式来加以设计，以提供详细且有效率的拣货资料，便于拣货进行。

拣货单的列印应考虑商品储位，依据储位前后相关顺序列印，以减少人员重复往返取货，同时拣货的数量、单位也需详细标示。

随着拣货、储存设备的自动化，传统的拣货单据形式已不符要求，利用计算机、通信等方式处理、显示拣货资料的方式已取代部分传统的拣货表单，如利用计算机辅助拣货的拣货棚架、拣货台车以及自动存取的 AS/RS。采用这些自动化设备可以进行拣货作业，需注意拣货资料的格式与设备显示器的配合以及系统与设备间的资料传送及回单处理。

2. 送货单。

物品交货配送时，通常需附上送货单据给客户清点签收。因为送货单主要是给客户签收、确认出货资料，其正确性及明确性很重要。要确保送货单上的资料与实际送货资料相符，除了出货前的清点外，出货单据的打印时间及修改也须注意

（1）单据打印时间。

最能保证送货单上的资料与实际出货资料一样的方法是在出车前，一切清点事宜都完毕，而且不符合的资料也在计算机上修改完毕，再打印出货单。但此时再打印出货单，常因单据数量多，耗费许多时间，影响出车时间。

若提早打印，则对于因为拣货、分类作业后发现实际存货不足，或是客户临时更改订单等原因，造成原出货单上的资料与实际不符时，须重新打印送货单。

（1）送货单资料。

送货单据上的资料除了基本的出货资料外，对于一些订单异动情形如缺货品项或缺货数量等亦须打印注明。

3. 缺货资料。

库存分配后，对于缺货的商品（提供依照商品的品别或供应商类别查询的缺货商品资料，以提醒采购人员紧急采购）或缺货的订单资料（提供依客户别或业务员别查询的缺货订单资料，以便人员处理），系统应提供查询或报表打印功能，以便人员处理。

二、订单处理的合理化

知识点：配送订单处理系统的特点和合理化

关键技能点：了解订单处理的合理化改善后带来的益处

（一）理解配送中心订单处理系统的特点

1. 配送中心订单处理系统是配送中心所有物流作业组织的开端和核心。

通常一个配送中心的各个用户都要在规定时点以前将订货单或要货单通知给配送中心，然后配送中心再将这些订单汇总，并以此来进一步确定需要配送货物的种类、数量以及配送时间。确定了这些数据以后，配送中心的其他子系统就可以开始工作了，如补货系统可以根据发出货物的数量、种类确定需要补充的货物品种和数量，并组织采购；理货系统接到经订单处理系统确认和分配好的输出订单后，就可以开始拣货、配货了；理货系统任务完成后，输配送系统接下来可以进行货物的输送工作等。所以订单处理系统是配送中心物流作业组织的开端，是其他子系统开展工作的依据，订单处理系统工作效率的好坏将直接影响其他后续子系统的工作。

另外，随着竞争的加剧，目前顾客需求被看做是配送中心整个物流流程的主要推动力量，订单管理部门提供的关于商品传递的速度和准确度以及订单信息都将影响配送中心竞争优势的形成，因此订单处理系统在配送中心的地位越来越重要，并日益成为配送中心的核心作业子系统。

2. 配送中心订单处理系统的作业范围超越了配送中心的内部作业范围。

与其他功能子系统相比，配送中心订单处理系统的作业是配送中心与用户之间的互动作业。首先用户要进行订单准备，并将订单传输给配送中心。为了提高订单处理的效率，配送中心需要用户按照规定的时间和格式将订单传输给配送中心；随后配送中心还要进行接单、订单资料输入处理、出货商品的拣货、配送、签收、清款、取款等一连串的数据处理，这些活动都需要用户的配合。因此配送中心订单处理系统的作业并不是配送中心单方面的内部系统作业，也不是配送中心单独的内部作业即可完成，而是配送中心与用户双方之间相关系统的一体化活动。这也意味着要提高配送中心订单处理系统的效率和顾客服务水平，必须重视与用户的沟通。

3. 配送中心订单处理系统的作业活动伴随整个配送活动的全过程。

虽然一般认为配送中心订单处理的作业流程起始于接单，经由接单所取得的订货信息，经过处理和输出，终止于配送中心出货物流活动，但在这一连串的物流作业里，订单是否有异常变动、订单进度是否如期进行也包括在订单处理范围内。即使配送出货，订单处理并未结束，在配送时还可能出现一些订单异常变动，如客户拒收、配送错误等，直到将这些异常变动状况处理完毕，确定了实际的配送内容，整个订单处理才算结束。

因此配送中心订单处理系统的订单处理，需要对整个配送活动进行全程跟踪、调整，其处理过程将伴随整个配送活动的全过程。

4. 配送中心订单处理系统的电子化要求高。

由于配送中心订单处理系统每天要面对大量的用户订单，为了提高订单处理的效率，减少差错，需要提升配送中心订单处理系统的电子化水平。

实际上，大多数配送中心订单处理系统都是配送中心电子化程度最高的部分，它们通过采用大量的电子化技术，如电子订货系统、联机输入、计算机自动生成存货分配、订单处理输出数据等技术，大幅提高了订单处理系统的效率，手工技术在这一领域正逐渐被淘汰。

（二）了解订单处理的合理化带来的益处

配送中心订单处理效率的高低，对于配送企业的竞争力和利润有着重要影响。一个高效的订单处理系统能够给配送中心带来以下益处：

1. 持续降低平均订单周期前置时间

前置时间是指从订单发出到货物到达消费者这一段时间。

2. 改善顾客关系

有效的订单处理系统可以尽可能迅速地提供必需的顾客服务

3. 降低运作成本

高效的订单处理系统具备快速准确处理数据的能力，因此不仅可以减少订单检查相关成本，而且能够通过和整个配送渠道的联系，有效地降低富余的存货以及运输相关成本。

4. 及时输出发货单和会计账目

有效的订单处理系统能够加快由订单出货形成的应收账目数据的转账，提高企业资金利用率。另外有效的订单处理系统还可以通过订单出货的改善，降低发货不准确情况的发生。

第六节 拣货作业管理

一、拣货作业的一般流程

知识点：拣货作业流程中的工作环节

关键技能点：熟悉拣货作业流程中的工作环节和要求

（一）熟悉拣货作业的一般流程

拣货作业是配送作业的中心环节。拣货是依据顾客的订货要求或配送中心的作业计划，尽可能迅速、准确地将商品从其储位或其他区域拣取出来的作业过程。拣货作业在配送作业环节中不仅工作量大，工艺复杂，而且要求作业时间短，准确度高、服务质量好。

在拣货作业中，根据配送的业务范围和服务特点，即根据顾客订单所反映的商品特性、数量多少、服务要求、送货区域等信息，采取科学的拣货方式，进行高效的拣货作业，这是配送作业中关键的一环，如图2－24所示。

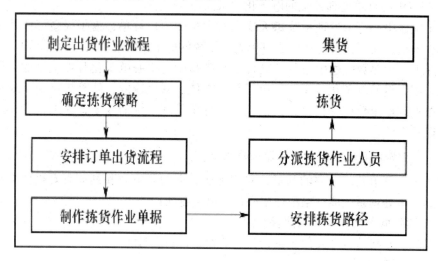

图 2 – 24

（二）拣货作业的组织方法

知识点：拣货作业的五大类组织方法

关键技能点：熟悉拣货作业组织方法的五大类型特点

拣货作业的组织方法分类

拣货作业的组织方法主要有五大类，具体见表2–27，图2–25和图2–26。

表 2 – 27

类　型		说　明
按订单分拣分类 （图2–25）	单一分拣	将客户每张订单时行分拣，再将订单汇总
	批量分拣	汇总客户据调查货进行分拣，之后按不同的客户进行分货，再记录订单（图2–26）
	单一分拣与 批量分拣的组合	指导具体的按订单分拣的作业，即作业人员到货架去取货物的分拣；利用旋转货架将货物自动地旋转到作业人员所在处，取出货物的分拣

类　型		说　明
按作业程序分类	一人分拣法 （单一分拣法）	一个人配货，按照一张订货单据要求的货物进行分拣的方法
	分程传递法	数人分拣，首先决定各人所分担货物种类和货架的范围，对分拣货单中仅是自己所承担的货物品种和货物进行分拣，分程传递或转交下一个分拣人员的方法
	区间分拣法	和分程传递方法相同。一个人或数人分拣，自行决定各人所分担的货物种类和货架范围，从分拣货单中分拣自己所示担的货物种类，将各区间分拣的的货物汇总起来的方法
	分类分拣法	将各种各样的形状、外形尺寸，重量的货物进行分类，在配送中心内进行保管，按每一个产品类进行分拣的方法
按作业方法分类	播种式分拣法	每张订单准备一个分拣箱置于分货场，然后，作业者取来货物，按每个订单所需数量投入分拣 适可而止，同种货物娄量多的订单分拣效率高
	摘果式分拣法	摘果式就人树上摘取水果那样，配货人员将每个客户的货物从货架上取走，同单一分拣的意思大致相同
	总量分拣方法	将一天（或半天）的复数订单货物由作业者汇总起来进行分拣，然后将不同订单的货物分开作业的方法。品种数量多，分拣时由复数作业者进行
	配合分拣方法 （批量分拣法）	将批量分拣的货物分给各客户称为配合分拣方法。批量分拣的货物用高速自动分类运输机分给各个客户时，也可以使用配合分拣方式或者播种式分拣

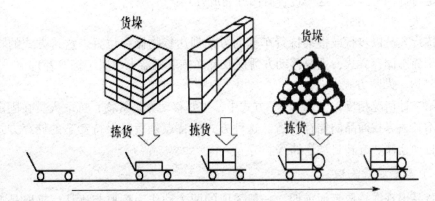

图 2-25

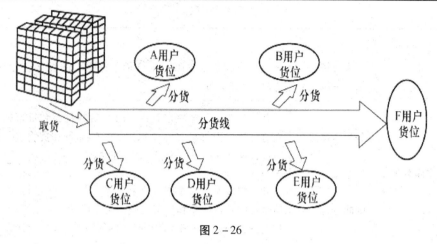

图 2－26

二、拣货作业的工艺流程

知识点：拣货作业的工艺流程

关键技能点：熟悉拣货作业的工艺流程不同的特点

（一）利用 EOS，POT 形成拣货资料

拣货作业开始前，指示拣货作业的单据或信息必须先行处理完成。

虽然一些配送中心直接利用顾客订单或公司交货单作为拣货指示，但因此类传票容易在拣货过程中受到污损而产生错误，无法正常指示产品储位，所以大多数拣货方式仍需将原始传票转换成拣货单或电子信号，使拣货员或自动拣取设备进行更有效的拣货作业。但这种转换仍是拣货作业中的一大瓶颈。因此，如何利用 EOS 电子自动订货系统、便携式订购终端（Portable Ordering Terminal，POT）直接将订货信息通过计算机快速及时地转换成拣货单或电子信号，是现代配送中心未来发展的重要研究课题。

（二）熟悉行走或搬运流程

拣货时，拣货作业人员或机器必须直接接触并拿取货物，这样就形成了拣货过程中的行走与货物的搬运。这一过程有两种完成方式：

1. "人—物"方式

即拣货人员以步行或搭乘拣货车辆的方式到达货物储存位置。这一方式的特点是货物处于静态储存方式，主要移动方为拣取者（拣取机器人也属于拣取者）。

2. "物—人"方式

和第一种情况相反，"物—人"方式中，主要移动方是货物，拣取人员在固定位置作业，不必去寻找商品的储存位置。这种方式的特点是货品保持动态的储存方式，如轻负载自动仓储、旋转自动仓储等。

（三）熟悉拣货流程

当货品出现在拣取者面前时，一般采取的两个动作为拣取与确认。拣取是抓取物品的动作，确认则是确定所拣取的物品、数量是否与指示拣货的信息相同。在实际的作业中多采用读取品名与拣货单据作对比的确认方式，较先进的做法是利用无线传输终端机读取条码后，再由计算机进行确认。通常对小体积、小批量、搬运重量在人力范围内且出货频率不是特别高的货品，采取手工方式拣取；对体积大、重量大的货物，利用升降叉车等搬运机械辅助作业；对于出货频率很高的货品则采用自动分拣系统进行拣货。

（四）熟悉分类与集中流程

配送中心收到多个客户的订单后，可以批量拣取。拣取完毕后再根据不同的客户或送货路线分类集中，有些需要进行流通加工的商品还需根据加工方法进行分类，加工完后再按一定方式分类出货。分货过程中多品种分货的工艺过程较复杂，难度也大，容易发生错误，它必须在统筹安排、形成规模效应的基础上，提高作业的精确性。在物品体积小、重量轻的情况下，可以采取人力分货或机械辅助作业的方式，还可利用自动分货机将拣取出来的货物进行分类与集中。分类完成后，货物经过查对、包装便可以出货、装运、送货了，其过程如图 2－27 所示。

（五）熟悉分拣作业的时间分布

从分拣作业的 4 个基本过程我们可以看出，整个拣货作业所消耗的时间主要包括以下 4 个部分：①订单或进货单经过信息处理，形成拣货指示的时间；②行走或搬运货物的时间；③准确找到货物的储位并确认所拣货物及数量的时间；④拣取完毕，将货物分类集中的时间。因此，提高拣货作业效率，主要就在于缩短以上四个作业时间来提高作业速度与作业能力。

三、拣货作业的信息传递方式

知识点： 拣货作业中的各种拣货信息

关键技能点： 熟悉拣货作业中的无纸化系统传递方式

（一）认知拣货信息的目的

拣货信息是拣货作业的原动力，主要目的在指示如何拣货，其资料产生于客户的订单，为了使拣货人员在既定的拣货方式下正确而迅速地完成拣货，拣货信息成为拣货作业规划设计中重要的一环。使用单据、计算机、条码及一些自动传输的无纸化系统等的传递方式来支援拣货系统。

（二）了解拣货信息中的传票

1. 传票的含义。

传票即直接利用客户的订单（分页、复印或影印本）或以公司的交货单来作为拣货指示凭据。

2. **传票的优点：** 不需利用计算机设备处理拣货信息，适用于订购品项数较少或小量订单的情况。

3. **传票的缺点**

（1）此类传票容易在拣货过程中受污损，或因存货不足、缺货等注记直接写在传票上，导致作业过程发生错误，甚或无法判别确认。

（2）未标示储位的产品，必须靠拣货人员的记忆在储区中寻找存货位置，造成许多无谓的搜寻时间及走行距离。

（三）熟悉拣货信息中的拣货单

1. 拣货单的含义。

拣货单即将原始的客户订单输入计算机后进行拣货信息处理再打印拣货单的方式。

2. 拣货单的优点：

（1）避免传票在拣取过程中受污损，在拣取后的检品过程中再使用原始传票查对时，可修正拣货过程或拣货单打印发生的错误。

（2）产品的储位编号显示在拣货单上，同时可按路径先后次序排列储位编号，引导拣货员按最短路径拣货。

（3）可充分配合分批、分区、订单分割等拣货策略，提高拣货效率。

3. 拣货单的缺点：

（1）拣货单处理打印工作耗费人力、时间。

（2）拣货完成后仍要经过检品过程，以确保其正确无误。

（四）熟悉拣货信息中的贴标签

1. 贴标签的含义。

贴标签方式取代了拣货单，由印表机印出所需拣货的物品名称、位置、价格等信息的拣货标签，数量相等于拣取量，在拣取的同时贴标签于物品上，以作为确认数量的方式。在标签贴于货品的同时，物品与信息立即同步一致，所以拣货的数量不会产生错误。在标签上，不仅要打印出货品名称及料架位置，而且连条码也一起打印出，如此便可利用扫描器来读取货品上的条码，即同一产品而交货供应商不同时也能有所区分，且该货品的追踪调查也能进行。

2. 贴标签的优点：

（1）结合拣取与贴标签的动作，缩短整体作业时间。

（2）可落实拣取时即清点即拣取量的步骤（如果拣取未完成标签即贴完，或拣取完成但标签却仍有剩，则表示拣取过程可能有错误发生），提高了拣货的正确性。

3. 贴标签的缺点：

（1）若要同时打印出价格标签，必须统一下游售买点的商品价格及标签形式。

（2）价格标签必须贴在单品上，至于单品以上的包装作业则较困难。

（五）认知拣货信息中的显示方式

此方式最初为在货品料架上安装灯号来显示出拣货位置，而后再发展成在料架上装设液晶显示器，可同时显示出应拣取多少数量的方式，即数位拣取系统。这种方式用在以人手来拣货的场合时，是一种可防止拣货错误，使人员直接反应动作以提高效率的有效方式，不仅在流动棚架可行，在栈板料架及一般货品棚架上，该方式也可被使用。

在这种方式中，即使在料架上并无显示出拣取数量，而仅用灯号显示拣取位置，也是不错的显示方式。

（六）拣货信息中的条码

最近很多商品都有加贴条码，条码是利用黑白两色条纹的粗细而构成不同的平行线条符号，代替商品货箱的号码数字，贴在商品或货箱的表面，以便让扫描器来阅读，经过计算机解码，将"线条符号"转成"数字号码"而由计算机运算。条码主要是作为商品从制造、批发到销售作业过程中自动化管理的符号，能正确快速掌握商品情报，能提升库存管理精度，削减剩余库存，是一种实现商品管理效率化的有效方法。例如，利用扫描器来读取表示料架位置号码的条码后，什么货品放在何处保管的信息立即能轻易取得。对降低寻找货品时间有很大的帮助。

（七）拣货信息中的资料传递器

资料传递器又称为资料携带器、无线电辨识器，其运作方式为：将资料传递器安装在移动设备上，将能接收并发射电波的 ID 卡或标签等的信息反应器安装在货品或储位上，当移动设备接近传递器时，传递器立即读取反应器上的信息，通过天线由控制器辨别识读输出，再传至计算机进行控制管理。必要时也可利用此方法将反应器上的信息给予改写。例如，把 ID 卡安装在栈板上，而把资料传递器安装在堆高机上，若堆高机一接近该栈板，栈板上的信息即能被堆高机上的传递器迅速读取传达至计算机。

（八）拣货信息中的无线通信

此方法为在堆高机上承载着无线通信设备，透过该套无线通信设备，把应从哪个料架位置的哪个栈板拣货的信息指示给堆高机上的司机进行了解的一种方法。另外，也有一种能够答复从堆高机上传来进行询问方式的装置。

（九）拣货信息中的计算机随行指示

在堆高机或台车上设置辅助拣货的计算机终端机，拣取前先将拣货资料输入此计算机，拣货人员即可依靠计算机屏幕的指示至正确位置拣取正确货品。

（十）拣货信息中的自动拣货系统

拣取的动作由自动的机械负责，电子信息输入后自动完成拣货作业，无需人手介入，这是目前国外在拣货设备研究发展上的方向。

四、拣货作业合理化

知识点：拣货作业分拣优化规划、设备规划和区域规划

关键技能点：掌握分拣优化、设备规划和区域规划方案使得拣货作业合理化

（一）熟悉拣货作业优化

1. 分拣优化的概念。

分拣配货作业的优化，即实现分拣高效率，就必须采用先进的分拣作业方法和分拣作业的机械化、现代化。如果人工分拣和自动分拣能得到完美结合，实现高效率的分拣更有保证。

分拣效率的高低或好坏，由处理的订单件数和处理货物品种数、每天的发货品种数、每一个订单的品种数、每一个订单的作业量等来进行判断。除此之外，还与投入作业人员数和中心内的作业场地宽度、允许作业时间等有关，所以应综合评价分析。

2. 分拣优化的基本思路。

按订单分拣需要时间，分拣的货物从某一货架上取下分拣为下面 4 种情况：将分拣的货物搬运到配货区放置在某场所的时间、寻找货物的时间、将货物取出来的时间、将多余货物带回去的时间。因此提高分拣效率的基本思路应是尽可能缩短以下 3 个时间：行走时间、寻找时间、取出货物的时间。对于取货时间，相对于行走时间和寻找时间较长，所以缩短这个时间是重点，分拣也相应更有效率。

自动化立体仓库和旋转货架等货物自动搬运到配货场的时间和上述行走时间相同，这个时间比分拣时间一般都长，按订单分拣有两个关键：选用的机械设备是否适宜（物流设备的选定），使用方法是好还是坏（运用方法、使用方法）。

如果能选用性能好的机械设备，工作效果也好。但是，如果设备不适应分拣特性，效益差，就不能使用。

3. 分拣优化的衡量指标。

分拣优化的衡量指标是分拣配货率，即从库存的货物种类中分拣出的种类占库存种类数的百分比，分拣配货率越高，分拣配货效率越好。在机械设备选定时有分拣配货率高的机械设备，也有分拣配货率低的机械设备，例如，流动货架与一般货架相比，在分拣配货率较高时选用流动货架。

4. 分拣优化的做法。

（1）分拣配货单上输入货架编码。

为了高效率地按订单进行分拣，货物在哪里、是什么货物，必须是任何一位分拣作业人员都能熟知的，最好是将商品保管进行"四号定位"，按货位编码进行分拣。其编码如下：每一个货位的编号按其"货物区域—货架列数—货架层数—货架分段"的"四位编码"顺序来编排。这是为了提高每一个区域的分拣作业人员分拣的熟练程度和精确度，这种分拣法被称为区域分拣。

（2）在台架上保管的商品应采用单一分拣。

某些货物，特别是一些单品货物，不是存放在货架上，而是平放在台架上保管，这种情况，采用单一分拣效率较高。

（3）利用重力式货架提高分拣效率。

利用重力式的货架区域分拣，可以使商品补充从早晨到傍晚一直进行。分段分拣时由于利用重力式货架提高了分拣和商品补充的效率。

（4）采用数字化分拣。

如果采用数字化分拣，除货架编码等出现错误能够防止大幅度损失外，还能进一步提高分拣效率。数字化分拣的优点如下：

（a）分段分拣时，利用分拣配货单分拣比一般分拣提高 4 倍以上的速度。

（b）因为减少商品编号的确认和配货单的错误，也减少分拣损失。

（c）对应较大区域内的配送和超市供货的配送中心是普及数字化分拣的中心，采用数字化分拣，成本下降，库内作业的机械化水平提高。

（d）利用旋转式货架分拣。特别是小型商品，利用多段式旋转货架分拣商品，不间断地搬运到配货场前，不需走路就能完成分拣，进一步提高了分拣效率。

（e）将分拣的商品利用运输机送到下一道工序。

（f）分拣频率高的商品，放在货架的"黄金"区和段。

（g）空货箱利用运输机收集起来再次利用。

（h）分拣中遇到缺货，立即用电话等能够即时联系。

（i）按一般超市、大型超市等不同的业态，或接受订货批量大的连锁经营等不同的顾客，分别设立分拣系统。

（5）重视分拣信息的利用。

利用信息设备作为分拣的支援系统，不仅仅是计算机，还有各种各样的信息设备和方法都可以利用。信息设备在分拣的同时，这个信息也很容易地利用到提高分拣效率上，并进行再处理。

分拣同接收订货量的作业效率不同。处理信息使其提高有效性，必须关注信息的变化和整理工作。

（二）熟悉拣货设备（储存设备、搬运设备、分类设备、资讯设备等）的规划

1. 人至物的拣货设备。

人至物的拣货方法是指物品位置固定，拣货员至物品位置处将物品拣出的作业方式，其相配合的拣货设备可包含以下几种储存设备与搬运设备：

（1）储存设备：栈板储架、轻型储架、橱柜、流动储架、高层储架、数位显示储架。

（2）搬运设备：无动力台车、动力台车、动力牵引车、堆高机、拣货堆高机、搭乘式存取机、无动力输送带、动力输送带、计算机辅助拣货台车。

2. 物至人的拣货设备。

物至人的拣货方法与人至物相反，拣货时人员只需要停在固定位置，等待设备将欲取出物品运至面前的作业方式。

因而物至人的拣货设备自动化水准必较高，其储存设备本身即需要具备动力，才能移动货品储存位置或将货品取出。具有物至人特性的拣货设备可包含以下的储存设备与搬运设备

（1）储存设备：单元负载自动仓储、轻负载自动仓储、水平旋转自动仓储、垂直旋转自动仓储、梭车式自动仓储。

（2）搬运设备：堆高机、动力输送带、无人搬运车。

3. 自动拣货系统。

除了以上人至物、物至人两种形态外，拣货设备还有一类就是自动拣货系统，其拣取的动作完全由自动的机械负责，无需人力介入。如今已有一些完全自动拣货设备发展成功。

第七节 补货作业管理

一、补货作业流程

知识点：补货作业系统定义、基本功能及其一般流程中的工作环节
关键技能点：熟悉补货作业系统的流程及其功能

（一）认知补货作业系统

配送中心补货系统，就是配送中心完成存货补充订货决策以及具体补货作业的功能子系统。当顾客需求开始消耗现有存货时，补货系统需要根据以往的经验，或者相关的统计技术方法，或者计算机系统的帮助确定最优库存水平和最优订购量，并根据所确定的最优库存水平和最优订购量，在库存低于最优库存水平时发出存货再订购指令。配送中心补货系统的目标就是保持存货中的每一种产品都在目标服务水平下达到最优库存水平。

（二）配送中心补货系统的基本功能

1. 当库存量降低到警戒线时，系统能发出补货信号。

配送中心补货系统首先要能够及时发现需要补充订货的存货种类。警戒线存货是指补货系统预先设置的一个库存水平，当存货降至该库存水平时，配送中心就需要进行再订货了。配送中心可以通过人工巡视发现需要再订货的存货种类。也可以通过计算机统计以及一些信息收集工具提示哪些存货应该进行再订货了。

2. 系统能提供订货数量的建议值。

这是配送中心补货系统所具有的存货管理决策职能，也是补货系统的核心职能。为了能够提供订货数量的建议值，补货系统需要考察存货的耗用规律，预测未来存货的需求，并结合存货成本进行综合分析。通常配送中心会应用比较复杂的预测模型以及通过计算机模块的帮助来发现订货数量的建议值，但对于一些需求规律变化不大的存货种类，配送中心也可以采取一些简化的经验方法来确定这个值。

3. 能按照要求完成订购和补货作业，使库存保持最优水平。

配送中心确定了需要补充库存的货物种类、订购数量后，还要根据该货物的耗用规律，确定具体订购的时间，发出采购订单，保证货物及时入库，以确保供应。另外，由于一些货物不断发出，存在拣货区的存货将不断减少，这时配送中心还需要将货物不断由保管区移到拣货区，以保证拣货区的供应和配货工作的顺利进行。这就是配送中心补货系统的最后一项功能—补货作业。

（三）熟悉一般补货作业流程

补货作业是将货物从仓库保管区搬运到拣货区的工作，一般补货作业流程以托盘为例，如图 2-28 所示。

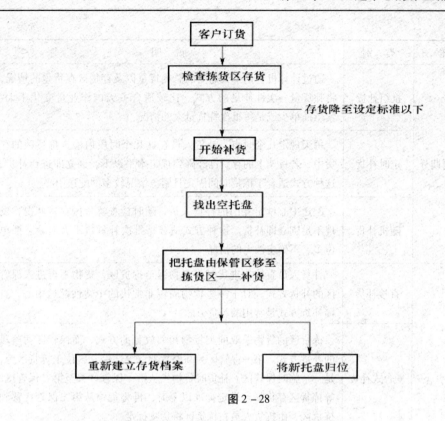

图 2 - 28

二、补货方式和补货时机

知识点： 不同类型的补货方式特点和补货时机

关键技能点： 熟悉不同类型的补货方式，掌握不同的补货时机/程序

（一）熟悉不同类型的补货方式

补货方式如表 2 - 28 所示。

表 2 - 28

分类标准	类　别	说　明
按每次补货量区分	整箱补货	由被货人员应用取货箱到货架保管区取货，将取货箱装满后，用手推车运到拣货区。这种补货方式比较适合体积小、量少但品种多的货物
	托盘补货	以托盘为单位进行。补货人员先用叉车等将托盘由保管区运到拣货区，然后拣货人员再在拣货区将盘上的货物手搬运至输送机上。这种方式适合体积大或出货量大的货物
	货架补货	用于保管区与拣货区处于同一货架的情形。由于配送中心通常把一些体积小、流动性不大的货物存放在同一个货架的上下两层，下层作为拣货区，上层为保管区。货架补货就是当下层货架上的存货低于设定标准时，将上层货物移出一部分补充到下层，使其达到设定标准

续表

分类标准	类 别	说 明
按照补货周期分	批组补货	通过计算机查询每天需要的总补货量以及存货区存货量的情况，将补货量一次性补足的方式。比较适合一天内作业量变化不大、紧急插单少或是每批次拣货量大的情况
	定时补货	每天规定几个时点，补货人员在这几个时段内检查拣货区的存货中，若货架上的存货已经降到规定水平以下，则立即进行补货。这种方式适合于拣货时间固定且紧急情况较多的配送中心
	随机补货	配送中心设定专门的补货人员，随时检查拣货区存货状况，发现不足则立即补货。这种方式适合每批次补货量不大但紧急插单位多、不确定性大的情况
其他补货方式	直接补货	补货人员直接在进货时将货物运至拣货区，货物不再进入保管区的补货方式。对于一些货物周转非常快的中转性配送中心，直接补货方式是常用的补货方式
	复合式补货	拣货区的货物采取同类货物相邻放置的方式，而保管区两阶段的补货方式。第一保管区为高层货架；第二保管区位于拣货区旁，是一个临时保管区。补货时货物先从第一保管区移至第二保管区，等拣货区存货降到设定标准以下时，再将货物从第二保管区移到拣货区，由拣货人员在拣货区将货物拣走
	自动补货	在一些自动仓库中，通过计算机发出指令，货物被自动从保管区送出，经过扫描商品及窗口条码后，将商品装入相应的容器，然后容器经输送机被运送到旋转货架处进行补货

（二）掌握不同的补货时机/程序

1. 补货时机/程序示意图如图 2-29 所示。

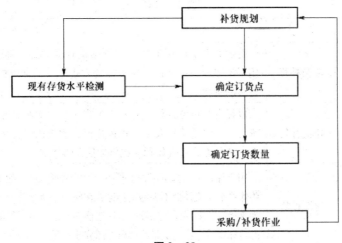

图 2-29

2. 确定现有存货水平。

（1）确定现有存货水平的重要性。

对现有存货水平的检测是配送中心补货系统工作的起点。因为只有准确地知道现有存货的水平，然后才能确定需要补充多少存货。

（2）现有存货的检测方法。

具体来讲，对现有存货的检测主要有两种方法：定期和连续的检测方法。定期检测是按照一定的周期对存货进行检查的方法，周期的具体确定可以依据实际情况而定，可以是几天、一周或一个月检测一次。连续检测要求存货管理者要连续记录存货的进出，每次存货处理后都要检测各产品的数量。

（3）确定现有存货水平时应注意的问题：

（a）首先在确定现有存货水平时，要确定现货库存的数量。现货库存是指检测时点存货系统中的实际实物库存，现货库存是补货计算的起点。

（b）然后再计算可得存货。可得存货的计算是在现货库存中减去销售订单已经得到确认但尚未发出的保留存货量，剩余的才是可得存货量，能够用来满足新的顾客需求。

（c）接下来还要考虑在途订货的问题。在途订货量是已经订购但还没有接收到的补充库存。由于在途订货的所有权已经转归配送中心所有，所以我们在计算现有存货水平时在途存货应被视为现货加进来，但要注意在前置期，在途存货不能马上分配给急用或已经被延迟的顾客订单。

明确以上几点后，就可以准确计算现有存货水平了。现有存货水平是从某产品的现货库存总数与在途订货量的和中减去为顾客保留的存货以及内部分支机构的转移订购量，这个值的确定是存货补充计算的基本元素之一。

3. 确定订购点。

（1）订购点是补货系统的启动机制。在订购点补货系统中，只要现有库存水平低于指定的订购点，就立即发出补货指令。在定期检测补货系统中，则根据事先制定的目标存货水平，在固定的检测时点将现有存货水平与目标存货水平进行比较，如果现有存货水平低于目标存货水平，则需要进行补货。

订购点的确定要考虑前置期库存需求以及安全库存的需要。订购点存货水平。OP一般用下面公式确定：OP = 前置期内预计需求 + 安全库存。例如，如果某种产品的平均历史耗用（销售）是每星期 100 单位，补货的前置期是 2 周，安全存货是 50 单位，那么：OP = 100（耗用）×2（周）+ 50（安全库存）= 250 单位

（2）换言之，订购点存货水平 OP 由两部分相加组成，一是在等待存货补充订购到达（前置期）期间满足预计顾客需求（耗用量）所需的足够存货，二是应付供需变化的保守存货（安全库存）数量。一般来讲，前置期内的预计需求可以通过对以往的需求数据进行简单平均来估计，这也是配送中心最常用的预测方法。但应该注意的是现实生活中需求往往具有很大的不确定性，历史数据往往只能反映现在的部分需求规律，

要得出眼下需求的更为准确的估计值，需要采用一些专门预测技术对历史数据进行处理。

（3）另外，安全库存主要是为了应对前置期内需求的不确定性而设置的。由于顾客需求往往具有很大的不确定性，如果预测时估计不足，就很可能会产生缺货。

在这样的背景下，通过建立适当的安全库存，可以减小缺货的可能性，从而在一定程度上降低库存短缺成本。但安全库存的加大会使库存持有成本增加，因而，必须在缺货成本和库存成本两者之间进行权衡。安全库存量的大小与顾客服务水平（或订货满足率）存在很大关系。所谓顾客服务水平，就是指对顾客需求情况的满足程度，用公式表示如下：顾客服务水平＝年缺货次数/年订货次数×100。顾客服务水平（订货满足率）越高，说明缺货发生的情况越少，从而缺货成本就较小。但因增加了安全库存量，导致库存的持有成本上升；而顾客服务水平较低，说明缺货发生的情况较多，缺货成本较高，安全库存量水平较低，库存持有成本较小。因而我们必须综合考虑顾客服务水平、缺货成本和库存持有成本三者的关系，最后确定一个合理的安全库存量。需要注意的是，合理的安全库存量并不能保证完全不缺货。

4. 确定订货数量。

（1）订购点确定下来以后，补货系统还要决定订购的数量。订购数量的确定有多种方法，可以根据以往经验确定或按经济订货批量模型（EOQ）得出。经济订货批量模型的原理是通过数学方法，对各种存货成本进行全面均衡，得出存货总成本最小时的订货批量，并将这个数量作为补货数量。

（2）在不同的补货系统中，订货数量可以是固定的，也可以是变动的。一般来讲，在固定周期订货条件下，订货周期是不变的，但订购点的现有存货水平可能是变动的，每次订货的数量也可能是变化的；固定批量订货则正好相反，订购点的现有存货水平是固定的，即都处于订购点存货水平，每次订货量是固定的，订货周期却是变化的。

（3）另外，固定订货周期法由于是按期订货，所以在订货间隔期和前置期内可能发生缺货现象，固定批量订货由于是随时监控库存水平，库存水平一旦达到订购点即发出订单，所以一般不会缺货。

5. 发出采购订单和进行补货作业。

订购点和订货数量确定下来以后，补货系统的最后一个程序就是对需要补充库存的存货种类发出采购订单，进行补充库存的订货。另外，还要根据拣货作业的要求，对于拣货区需要补充的存货进行补充，也就是将存放在储存区的存货转移到拣货区。

（三）熟悉配送中心常用的补货技术

1. 人工视觉检测补货技术。

人工视觉检测补货系统相对简单，它通过直接检查现有存货的数量来决定是否补货。使用这种方法，只要对存货进行定期的视觉检查，并事先确定补货的规则，就可以进行补货了。如补货规则规定存货箱半空或只有两盘存货时就应补货，那么巡视人员在定期检查中首先将符合补货规则的存货种类挑出来，然后填制补充订货购置单，交给采购部门审核采购就可以了。一般来讲，对数量小、价格低、前置期短的产品，使用人工视觉检测补货系统非常有效。这种系统的基本优势是存货记录和雇员墙训的成本最小。其劣势在于没有办法确保产品得到适当的定期检测，不能及时反映由当前供给、需求和前置期的变化造成的过度库存或缺货，随机反应比较迟钝。

2. 双箱补货系统。

（1）双箱补货系统技术。

双箱补货系统技术是一种固定数量的补货系统。存货放到两个箱子（或其他形式的容器）里，其中一个放在分拣区，另一个放到库房存储区保存起来。当分拣区的箱子空了，库存区的箱子就被提到前面来满足顾客需求。空箱子起到了补货的驱动器的作用。每箱所要求的数量是在等待补货到达期间服务于需求所必需的最小库存。当新的采购量到达后，先放进箱子，存到存储区，等到分拣的箱子空了，再将其移到分拣区，这样循环往复。双箱系统原来是为控制流转速度快的低值商品（如螺丝）而设计的订货和补货方法，其优势是处理简便，其劣势在于不能及时地对市场的变化作出适当的反应

（2）人工视觉检测系统和双箱系统易于理解和应用，并且操作成本很低，在配送商的存货控制中得到了广泛的应用。但在使用中必须注意以下几方面的问题：

（a）两种方法最好应用于成本低、数量大或体积小、补货的前置期短的产品。如ABc分类配送中的c类产品。

（b）由于这两种方法要求存货的价值较低，存货数量相对较大，存货水平不直接与顾客需求相联系。所以容易使得采用这两种方法管理的各类存货形成不必要的高库存水平。

（c）这两种方法对需求模式不敏感。两种方法都确定了具体的订购数量，并且对这些数量几乎不进行调整，随时间的推移，订购量就不再反映真实的需求了。

（d）在人工视觉控制中，由于不需要连续地记录存货变化，所以存货管理人员常常会产生松懈，从而使存货控制水平降低

3. 定期检测补货系统。

在定期检测订购系统中，每一种产品都确定有一个固定的检测周期，检测结束时作出下一步的产品补货订购决策。只要能够满足产品需求，检测周期可以按天、周、月或季度来确定。这种方法也叫做固定周期/可变订购量系统。使用这种方法有许多优势，它不需要连续作存货记录，成本也不高。另外，这种系统还可保持人工操作，不必使用计算机。定期检测适用于一些总数巨大、种类繁多的存货，如一些零配件配送中心。

4. 订购点补货系统。

（1）订购点补货系统是系统事先为每一种存货确定一个固定的存货水平，这个固定的存货水平就是订购点存货水平，然后当产品的存货数量降至订购点存货水平时，由系统产生订货推荐值，使存货水平上升到订购点以上的补货方法。订货推荐值可以

人工确定，也可以使用经济订购量（EOQ），但订货推荐值一般是固定不变的，订货间隔可以变化，因此这种方法也被称作固定订购量/可变周期系统。

（2）与前面讲述的人工视觉检测、双箱检测和定期检测的补货方法不同，订购点补货技术需要严格的、连续的库存交易控制。在对产品进行接收、调整、报废、装运，转移等操作时，为了向规划者提供当前的存货结余，企业的存货控制部门必须作详细的记录。

（3）另外值得指出的是，双箱补货系统实际上可被看做是订购点补货系统的一种简化形式。因为双箱系统的基本思想是进货时把存货放于两个储柜中，有需要时先从第一个储柜中取货，当第一个储柜取空时，才能够取第二个储柜中的存货

双箱系统的关键问题是计算储柜的容量，储柜的容量显然应该与获得补货的前置期内的最大订货需求量相一致。

5. 配送需求计划 DRP 系统。

虽然人工检测补货技术、双箱补货系统、定期检测补货系统、订购点补货系统的补货检测与行为方法各不相同，但在概念上它们都是密切相关的。这几种方法都试图确定一个时点，在这一时点上需要进行补货订购，以防对正常需求的缺货，然后确定一个经济的或目标的采购数量。与这些统计方法或经验方法不同，DRP 是计算机化的管理工具，它以优先序列、时间阶段的方法，通过接触顾客并预测需求来对存货进行规划。这种技术也被称为时间阶段订购点法。DRP 方法的最大优势在于能及时地将供给与预期需求相匹配，以此决定订购行为。当需求超过供给的时候，系统会提醒规划者根据预先确定的批量规模订购产品。并使之在预期发生缺货的时候能保证供应。此外，DRP 系统运行过程中，系统将不断重新调整供给与需求的关系，为订购者提出一套新的需求订购行为。

第八节　包装作业管理

一、包装的涵义、分类和功能

（一）包装的涵义

相对于以往人们仅仅把包装看作"产品的包扎"、"包含着内容物的容器"、"产品的容器与盛装"而言，现代包装的概念更加趋于完善。在国际标准 ISO 和我国国际标准 GB4122－83 "包装通用术语"中，对包装的定义是："包装（Package，Packing，Packaging）是指为在流通过程中保护产品、方便储运、促进销售，按一定技术方法而采用的容器、材料及辅助材料等的总体名称。包装也指为了达到上述目的而采用容器、材料和辅助材料的过程中施加一定技术方法等的操作活动。"这一定义把标准的物质形态和盛装产品时所采取的技术手段和工艺操作过程，以至装潢形式和包装的作用联成

一体，比较完整的说明了包装的涵义。

（二）包装的分类

1. 按包装层次分类

（1）单件包装。指直接对单个商品进行包装。它是为提高商品的价值，或者为保护商品，把适当的材料、容器等添加在商品上的状态或为此实施的技术。单件包装还能够在商品上起到表示特色等信息传媒作用。

（2）内包装。指对包装商品的内部进行包装。它是为了避免商品受水分、湿气、光、热、撞击等因素的影响，把适当的材料、容器等添加在商品上的状态或为此实施的技术。若不需要再将被包装商品放入箱子、袋子、桶等容器，则包装作业就此结束。

（3）外包装。指对包装商品的外部进行包装。它是把商品或包装商品放到箱子、袋子、桶等容器里而进行的再一层包装，并在容器上添加记号、指示箭头，或为此实施的技术。

有时，单件包装兼具内包装的功能或同时兼具内包装和外包装的双重功效。

2. 按包装所起的主要作用分类

（1）销售包装。销售包装又称商业包装、消费者包装，是为满足销售的需要而坐的包装。前述的单件包装基本相当于销售包装。销售包装通常随同商品卖给消费者，也有很多销售包装参与商品消费。销售包装一般要与商品直接接触，包装体与商品体是在生产中结合成一体。它起着直接保护、美化、宣传商品的作用，方便商品陈列展销和方便消费者识别选购的促进销售作用，便于消费者携带、使用、保存和识别的作用。

（2）物流包装。物流包装又称工业包装，是在物流过程中位保护商品、方便储运而做的包装。内包装和外包装基本属于物流包装。它通常不随商品卖给消费者，一般不与商品直接接触，是由许多小包装（销售包装）集装而成。物流包装往往需要内包装和外包装的共同作用，其外部结构与尺寸要与储存、装卸、运输等作业所用设备、工具有很好的配合性；具有较强的抵御外界因素，如常见的侵蚀、侵害、碰撞、损坏等的能力；必须有按规定标准印刷的标识，指导包装物件的装卸搬运；还要注明商品名称、货号、规格、重量、数量、颜色、生产厂家、生产日期，以及发货单位与收货单位等标识，这样才能发挥其保障商品安全，方便储存、运输、装卸，加速交接、点验的作用。

物流包装可进一步分为单件物流包装和集合物流包装。①单件物流包装，是指采用箱、桶、袋、包、坛、罐、篓、筐等容器对商品进行包装。按其使用的材料，可以分为纸、木、金属、塑料、化学纤维、棉麻织物制成的容器或绳索。②集合物流包装，是指为适应现代运输、装卸、搬运等作业方式的要求，将若干单件包装组合成一件集合包装。常用的集合物流包装有集装袋（包）以及适应托盘系列和集装箱系列的包装。

（三）包装的功能

包装的目的在于对商品的保护、方便搬运、单位商品包装化、商品标识等方面。

从物流配送角度来看，包装的功能一般可概括为以下几个方面：

1. 保护内装商品

科学的设计包装，可使内装物在物流过程中避免因外力、光热、有害气体、温湿度、微生物及其他生物等外界因素的影响而遭受损坏。这是物流包装的最主要的作用。

2. 提高物流专业效率

包装构成物流的操作单位。精心设计包装，实现包装的标准化和模块化，便于采用科学合理且成本低廉的方式完成各项物流作业，有利于采用科学的物流作业设备、物流作业方式，有利于选择合理的物流供应链管理方法，有利于降低物流作业损耗，节约储存于运输费用。

3. 提供包装物信息

富有特色的包装可以激发顾客对商品的偏爱和购买的欲望，包装信息有助于顾客了解和正确使用商品，包装标识可以使物流作业人员正确地进行商品的存放和搬运作业。

4. 提高客户服务水平

在包装设计时，考虑与客户使用的搬运、储存设备相适应，尽管可能会导致成本有所增加，但却有利于提高服务水平，从而吸引并留住大批客户。

（四）包装是物流配送中心的重要作业活动

人们一直把包装作为整个商品生产过程中最后一道重要工序、物流的起始环节来看待，因此对物流过程中的包装作业的关注、研究得较少。其实，在物流网络线路中的重要结点——配送中心的各项作业中，包装是其中重要的一项。实现合理包装，将会大大提高配送中心的综合效率与效益。

配送中心集集货中心、分货中心、加工中心诸功能为一身。在集货时，配送中心要对已破损的包装进行修补或更换，要进行适当的集装以便于储存；在分货后，配送中心要按客户的要求形成新的组合或新的装运型态；配送中心要对加工后的商品进行包装，以便于储运和用户销售。在配送中心，既存在单件包装和内包装，又存在外包装和集合包装；有销售包装，更多的是物流包装。因此，包装作业是物流配送中心的重要作业活动，合理选择包装技法，提高包装效益是配送中心的重要任务。

二、合理选择包装技法应遵循的原则

包装技法是指在包装作业时所采用的技术和方法。只有采用合理飞包装技法，才能将包装体和商品（包括小包装）形成一个有机的整体。

由于商品种类繁多，性能与包装要求各异，因此，在包装设计与作业中，必须根据商品的类别、性能及其形态，选择相适应的技术和方法，从而以最适宜的包装方式，保障商品在物流作业中的安全性，能以最低消耗、费用将商品完好地送到用户手中。同时，包装技法涉及技术、艺术、经济、贸易等各方面，属于跨行业的综合应用技术。所以，选择包装技法时应遵循科学、经济、牢固、美观、适用的原则。具体来讲，合理选择包装技法遵循以下原则：

1. 保护性原则

包装的首要功能是保护内装商品，使其质量不受损伤，合理的包装应使内装物能够承受在装卸、运输、储存、堆码等过程中的各种冲击、震动、颠簸、压缩、摩擦等外力的作用，使内装物能够避免受到水气、光线以及空气中各种有害气体的作用，使内装物能够避免受到鼠、虫及其他有害生物的破坏。能够有效防止异物混入、污物污染、内装物丢失、散失，等等。

2. 方便性原则

对包装的规格尺寸、重量、形态、标志等的设计，应综合考虑到商品的储存、装卸搬运、运输、出入库、保管、验收等作业的要求，使包装能够起到方便流通、方便消费、提高效率的作用。特别是在运输过程中，如果包装尺寸与运输车辆、船、飞机等运输工具的箱、仓容积相吻合，就可以提高运输工具的装载率，从而提高运输效率。

3. 标准化原则

包装标准化是指对商品包装的类型、规格、容量、使用的包装材料、包装容器的结构造型、印刷标志及商品的盛放、衬垫、封装方式、名词术语、检验要求等加以统一规定，并贯彻实施相关的政策和技术措施。包装标准包括包装机除标准和方法标准、工农业产品包装标准、包装工业的产品标准等三类。

包装与物流的各个方面都存在密切的联系。包装标准化是适应运输、保管、装卸搬运等物流作业的要求，提高效率、减少商品损失的有效手段，还是运输器具和运输机械标准的基础。在机械化、自动化、系列化的社会化大生产中，只有包装的标准化才能适应大规模、大批量的生产要求。包装标准化正成为各国（地区）共同关注的问题。

4. 经济性原则

选择包装技法时，要辩证的来看待经济性问题。包装与物流的其他各项活动之间存在"效益背反"（即是指对于同一资源如成本的两个方面的目的受到部分损失）。简化包装，直接用在包装方面的费用是降低了，但因包装强度降低，仓库里的商品就不能堆放过高，这就降低了保管效率，而且在装卸和运输过程中容易出现破损，以至搬运效率下降，破损率增多。这样，用于其他方面的费用就会增加。就物流全过程来看，费用反而可能增加了。为了降低装卸、保管、运输等方面费用，就会反过来增加勇于包装上的直接费用。这种"效益背反"关系如图7－2所示。在选择包装技法时，要综合考虑物流全过程费用，选择能够使全过程费用最低的包装技法。

5. 绿色化原则

包装的寿命很短，多数达到目的后就废弃了。但随着无流量的增大，随着人们对"资源有限"认识的加深，因商品包装而引起的资源消耗、垃圾公害、环境污染、甚至可能给消费带来一定的有害物等问题被提上议事日程，包装材料的回收利用和再生利用受到重视。因此，在选择包装技法时，应遵循绿色化原则，对性绿色包装。

绿色包装也称环保包装，通常是指包装节省资源，用后可回收利用，焚烧时无毒害气体产生，填埋时少占耕地并能生物降解和分解的包装。国外有人形象的把绿色包装归纳为4R，即：①Reduce，减少包装材料消耗量；② Refill，大型容器可再次填充使用；③Recycle，可循环使用；④Recovery，可回收使用。

三、物流包装技法的分类

物流配送中心常用的包装技法一般可分为三类：一类是针对商品（包括小包装）的不同形态特点而采用的技术和方法（技巧）；一类是针对商品的不同物性而采用的技术和方法；另一类是为更好地满足商品装卸、运输和储存等流通环节的需要而采用的成组化包装技法和方法。

1. 一般包装技法

针对商品不同形态特点而采用的技术和方法是多数商品都需要考虑采用的，故也称为一般包装技法。对于不同形态的商品如何进行包装，一个中心问题是如何选择内外包装的形态和尺寸。所以，一般包装技法通常包括下列几项内容，也可以概括为填充、装箱、裹包、封口和捆扎等技法。

（1）内装物的合理置放、固定和加固

在矩形的包装容器中装进形态各异的商品，置放、固定和加固得合理，就能缩小体积、节省材料、减少损失。如，对于外形规则的商品要注意套装，对于薄弱的部件要注意加固，商品与商品之间则要注意隔离和固定，等等。

（2）对松泡商品压缩体积

对于羽绒服、枕芯、絮被、毛线等松泡商品，采用真空包装技法，可大大缩小商品的体积，节省来自于包装材料、运费、储存费等环节的费用，有文献指出，估计平均可节省费用15% ~30%。但应注意，对于某些服装，为避免留下不能复原的折痕，在真空压缩前，要对服装进行去除织物内水分的预处理，即用干燥的冷空气对服装进行缓慢干燥。织物内只含有微量水分时，就不会造成永久性折痕。

（3）内、外包装形状尺寸的合理选择

内包装一般属于销售包装，在确定其尺寸时主要是考虑有利于展示、装潢、购买（数量、成套性）和携带等。同时，要注意内包装（盒）底面的形状尺寸要与外包装模数相协调，其高度也应与外包装高度相匹配；外包装底面尺寸的确定，应采用包装模数系列，以便有效利用集装箱、托盘等集装工具的容（面）积，并有效保护商品。至于外包装的高度，则应有商品特点来确定。

（4）包装外的捆扎

捆扎的直接目的是将单个商品或数个商品捆紧，以便于运输、储存和装卸。同时，它还能起到防止失盗、压缩容积、加固容器等功用。一般合理捆扎可使容器的强度增加20% ~40%。

2. 特殊包装技法

针对商品的不同物性而采用的技术和方法是应商品的特殊需要而考虑采用的。由于商品特性不同，在流通过程中受到内外各种因素影响，其物性会发生人们所不需要的变化，或称变质，如受潮变质、受振动冲击而损坏、接触氧气而变质等。所以需要采用一些特殊的技术和方法来保护商品免收流通环境各种因素的影响。因此，此类技术也称为特殊包装技法。它所包括的范围是极广泛的，有缓冲（防震）、保鲜、防潮、防锈、脱氧、充气、灭菌等。

　　3. 集合包装技法

　　伴随着物流过程机械化、自动化的发展，相应要求包装单位的大小要与装卸、保管、运输条件的能力相适应，应尽量做到便于集中输送以获得最佳的经济效果，并能分割及重新组合以适应多种装运条件和分货要求。这种将一定数量的包装间或产品，装入具有一定规格、强度和长期周转使用的更大包装容器内，形成一个合适的搬运单元的包装技法，称为集合包装技法。它包括集装箱、集装托盘、集装袋、滑片集装、框架集装和无托盘集装等。

三、通常包装技术

（一）充填技术

　　将内装物按要求的数量装入包装容器的操作称为充填。充填是包装过程的中间工序，在此之前是容器准备工序（如容器的成型加工、清洗消毒、按需排列等），在此之后是封口、贴标、打印等辅助工序。在充填过程中，精密地计量内装物是很重要的。

　　1. 固体内装物充填方法

　　固体内装物按其形态可分为粉末、颗粒和块状三类；按其粘度可分为非粘性、半粘性和粘性等三类。

　　非粘性内装去，如大米、砂糖、干果等，他们可以自由流动，倾倒在水平面上可以自然堆积成圆锥形的堆，容易充填在容器内；半粘性内装物如面粉、奶粉、洗衣粉等，充填时易在出料斗中搭桥或积成拱状，致使充填困难，需要采用特殊装置；粘性内装物，如红糖粉、某些化工原料，充填较困难，它们不仅自身团结，而且易粘在料斗壁上。还应当注意，有些本来松散的粉末或者颗粒内装物，当温度上升或受潮后也具有粘性，因此，充填过程中必须控制环境的温度和湿度。

　　充填精度是指装入容器的内装物实际量与标定量相比而引起的误差范围。它关系着企业和消费者的利益。精度低时，容易产生充填不足或过量。前者将会影响消费者不满，后者将会减少企业后人。另外，精度要求越高，所需设备的价格也越高。因此，要根据实际情况合理的选择最佳充填精度。

　　固体内装物充填方法有称重法、容积法和计数法三种。称重法是将内装物用秤进行记重，然后充填到容器中的包装方法。对于一些中、小块状不一的商品，一般采用称重法。有条件的企业应该推广应用电子传感器检测商品表观比重的变化，用输出信号自动控制充填商品的流量与容量的比，调整皮带电子秤的定量重量，达到自动控制连续等量进给，如图7-3a）所示。容积法一般采用定量杯（槽）或通过机械元件（如螺杆、星型定量阀门等）的传动来达到既定量，完成包装商品的进给全过程。它适用于不易吸潮和表观比重无变化的干粉、粒状商品，尤其对小颗粒状商品更为适宜。如图7-3b）所示。计数法有机械计数与电子计数，既计数又完成定量进料的工序，它计量比较准确，但速度较慢。为例加快计数，有时采用多头电子计数装置。在商品全自动化包装中，采用电子计数时，还必须在前一段工序配制选别检验商品的机械。对大小一致的块状商品（如药片、面包等），大多采用计数法。

2. 液体内装物充填方法

液体内装物充填又称为灌装。其方法按原理可分为重力灌装、等压灌装、真空灌装和机械压力灌装四大类。

重力灌装方法是利用液体自身重力充填容器的方法；等压灌装适用于含气液体，如啤酒、汽水等，生产时采用加压的方法是液体内含有一定的气体，而在灌装时为了减少气体的溢出和罐装的顺利进行，必须先在空瓶中充气，使瓶内气压与储液缸内的气压相等，然后再进行液体灌装；真空灌装是将容器中的空气抽出后光状液体的方法，如灌装果汁、糖浆、牛奶、酒精等，它不适宜容易变形的软性包装容器，如软塑料瓶、椭圆形的金属罐等；机械压力灌装是对粘度大的半流体内装物，如牙膏、香脂、油墨等，采用机械压力进行充填的方法。图7-4为液体内装物的真空灌装方法示意图。

（二）装箱技术

箱常用于物流包装，箱的种类和形式较多，如按材质分为木板箱、胶合板箱、纤维板箱、硬纸板箱、瓦楞纸箱、钙塑瓦楞纸箱和塑料周转箱等，其中尤以瓦楞纸箱最常见。

1. 装箱方法

装箱可采用手工操作、半自动或全自动机械操作两种方式，其方法有装入式装箱、套入式装箱和裹包式装箱法等。

装入式装箱是将内装物沿铅直方向或水平方向装入箱内的方法，所用设备称为立式或卧式装箱机。图7-5为水平装箱过程示意图。

套入式装箱方法用于较贵重的大件商品，如电冰箱、洗衣机等。它是将纸箱制成两件：一件比内装物稍高，箱胚撑开后先将伤口封住，下口无翼片和盖片；另一件是浅盘式的盖，开口朝上且无翼片和盖片，其尺寸略小于前者，可以插入其中形成倒置箱盖。装箱时先将浅盘式盖放在装箱台板上，里面放置防震垫。重的内装物还可以在箱下防止木托盘，接着将内装物放入浅盘上，上面也放置防震垫。然后将高的那一件从内装物的上部套入，直至将浅盘插入其中。最后进行捆扎。如图7-6所示。

瓦楞纸箱的选用

瓦楞纸箱是运输包装容器，主要功能是保护内装物。选用瓦楞纸时要根据内装物的性质、重量、流通环境等因素来考虑。在保证纸箱质量的前提下，要尽量节省材料和帮助费用，而且要考虑箱容和运输工具的利用率以及堆垛的稳定性等。

2. 装箱设备的选择

在生产率不高、商品轻、体积小时，可采用手工操作；对于一些较重的物品，易碎的食品，如啤酒和汽水等，可选用自动装箱机装纸箱或塑料周转箱。

（三）裹包技术

裹包是用一层或者多层柔性材料包覆商品或包装件的操作。它主要用于销售包装，也有时用于运输包装，如用收缩或拉伸薄膜将托盘与商品裹包在一起。

1. 裹包方法

裹包方法与裹包形式密切相关。常见的裹包方法有折叠式和扭结式两种，而裹包形式有手工式和半自动或全自动机械式两种。

折叠式裹包的基本方法是：从卷筒材料商切下一定长度的材料，将材料裹在被包装物上，用搭接方式包成筒状，然后折叠两端并封紧。改进产品的性质和形状、表面装潢的需求以及机械化程度，折叠的形式和接缝的位置有多种变化，如两端折角式、侧面接缝折角式、两端搭接式、两端多褶式和斜角式等。图7-7为两端折角式裹包的操作顺序。

扭结式裹包方法是用一定长度的包装材料将一定的产品裹成圆筒形，其搭接接缝不需要粘结或热封，只要将开口端部分向规定方向扭转形成扭结即可。如图7-8为双端扭结式裹包顺序。

2. 裹包机的选择

半自动裹包机属于通用型，更换商品尺寸和裹包形式时间短，需要操作人员略多一些。生产率一般300～600件/min

全自动裹包机多属于专用型，如糖果、香烟、香皂的包装。一般是单一商品，操作人员少，生产率高，一般可达600～1000/min

机械自动化程度越高，检测和控制系统就越复杂，对技术人员的要求也越高。因此选择裹包机时应根据商品、生产率、包装材料以及包装成本综合考虑。

3. 裹包材料的选择

裹包材料应具有一定的撕裂强度和可塑性能，以防裹包操作时扭断和回弹松包。同时也应考虑材料的成本以及供应的情况等。

（四）封口技术

封口是指将商品装入包装容器后，封上容器开口的部分操作。

1. 粘合方法

粘合是用粘合剂将相邻的两层包装材料表面结合在一起的方法。它工艺简单、生产率高、结合力大、密封性好、适用性广，以用于纸、布、木材、塑料、金属等各种粘合。

2. 用封闭物封口方法

用于瓶、罐类包装件的封闭物主要是盖（如螺丝盖、快旋盖、易开盖、滚压盖等）

和塞（如软木塞、橡胶塞和塑料塞等）。现在，塞得应用范围已日趋变小，有的被盖或盖塞合一所代替。

用于袋包装件的封闭物主要是夹子、带环的套、按钮带和扣紧条等，如图 7－9。

用于纸盒纸箱的封闭物出用胶带粘合外，还有的用卡钉钉合。其形式有手动式和自动式等。

（五）捆扎技术

捆扎是将商品或包装件用适当的材料扎紧、固定或增强的操作。

1. 捆扎材料

常用的捆扎材料有钢带、聚脂带、聚丙烯带、尼龙带和麻绳等。选用时要根据被捆扎五的要求以及包装材料的成本供应情况综合考虑。

2. 捆扎方法

无论用手或机器捆扎，其操作过程相同。先将捆扎带缠绕于商品或包装件上，再用工具或机器将带拉紧，然后将带两端重叠连接等。

3. 捆扎工具与设备

用于包装捆扎的工具与设备有：手动捆扎工具、半自动捆扎机和全自动捆扎机等。还有用于托盘包装、大宗货物捆扎、压缩捆扎和水平捆扎的特殊用途捆扎机。选用时可

根据包装件的要求、尺寸、重量以及包装物的性质进行综合考虑。

四、防震包装技术

防震包装又叫缓冲包装，是为了减少的内装物收到冲击和振动，保护其免受损害而采取某种防护措施的包装。如用发泡聚苯乙烯、海绵木丝、棉纸等缓冲材料包衬内装物，或将内装物用弹簧悬吊在包装容器里等。

防震包装是物流包装的重要组成部分。防震包装技法是包装件在流通过程中十分重要的一种包装技法。

（一）外力对包装件（或内装物）的危害

包装物（或内装物）要通过装卸、运输和储存等环节才能实现整个流通过程。包装件（内装物）在流通过程中，不可避免的要受到振动和冲击的危害。包装件（内装物）在储存过程中主要是受静压力（倒塌情况例外），装卸过程中主要受到冲击，运输过程中主要受到振动和冲击。包装件（内装物）因受到冲击或振动而产生的损伤的形式主要有：

1. 匀质内装物

匀质内装物受到超过其允许的加速作用时，若是塑性材料就会发生塑性变；若是脆性材料则会方式脆性破坏。

2. 应力集中

由于包装结构不合理，包装件受到超过其允许的加速度作用时，作用力会集中在某一局部，而造成包装件（或内装物）局部变形或破裂。

3. 零部件移动

有的内装物是用螺栓或粘合剂粘合的，当受到加速度作用时，会发生零部件移动而导致脱落或损坏。

4. 振动破损

由于振动外力作用，不仅会造成局部脱落、连接件的松动，特别是发生共振时造成严重破坏。

为了防止内装物损伤，就需采用缓冲材料，使外力先作用于缓冲材料上，起到"缓和冲击"的作用。

（二）防震（缓冲）技术的基本原理

缓冲技术基本原理，可以从下面两个公式来理解。

$$F_{冲} = ma = m\frac{dv}{dt}$$

式中：$F_{冲}$——冲击力（N）

m——物体质量（kg）

a——物体的瞬时加速度（m/s^2）

v——物体的速度（m/s）

t——作用的时间（s）

冲击力是因运动着的物体，其速度瞬间消失时而产生，冲击力的大小与物体的质量和速度成正比，与作用的时间成反比。

当外力作用在包装件上时，由于缓冲材料首先受到传递外力作用，材料将会发生弹性或塑性形变而吸收冲击和振动能量，再传递到内装物时，外力作用的时间得到延长，所以外力传递到内装物上时，加速度就大大减缓了。

设想一个包装件在一定高度落下时，其能量转变情况是：包装件位能转变为动能，而动能传递到内部，全部被缓冲材料吸收，即可用下式表示：

$$E = w(h + x_m) = \int_0^{x_m} p\,dx = \varepsilon AD$$

式中：$w(h + x_m)$——包装件位能；

$\int_0^{x_m} p\,dx$——撞击地面时压缩缓冲材料的动能；

εAD——缓冲材料吸收的能量；

E——缓冲材料压缩 x_m 时所需的能量（kg.cm）；

w——包装件重量（kg）；

h——包装件高度（cm）；

x——内装物压缩缓冲材料的距离（cm）；

p——压缩缓冲材料的里（kg）；

x_m——内装物的最大位移；

ε——压缩缓冲材料单位体积所需能量（kg. cm/cm3）；

A——缓冲材料荷重面积；

D——压缩缓冲材料的厚度。

仅就上述原理，缓冲技术的效果与下列因素有关：包装件重量（w）、包装件跌落高度（h）、缓冲材料的缓冲能力（ε）、内装物与缓冲材料的接触面积（A）和缓冲材料的厚度（D）。

在实践中，设计一个合理的缓冲包装所考虑的因素范围更大，大致包括商品特性、流通环境、缓冲材料的特性和选择、商品价格与重要性、企业信誉、材料价格等因素。

（三）内装物特性

内装物特性包括形状、尺寸、重量、材质、结构特性以及抗冲击、抗振动、抗压缩、抗曲折饿性能等。有时要通过实验来查明内装物易破损部分及破损原因，进而找出内装物的允许加速度值，或称脆值。内装物允许的加速度值是指其遭受机械性损伤时所能承受的最大加速度值，或称致使产品破坏前的临界加速度值。通常以重力加速度的倍数表示，极为 G，G = a/g。

内装物运行的加速度值（脆值 G）一般分为三个等级：一级为脆弱商品，其允许加速度为 40G 以下，二级为中度脆弱商品，其允许加速度为 41～90G；三级为普通商品，其允许加速度 91G 以上。目前有一些国家已取得了一系列产品的脆值数据，见表 9 - 1. 表 9 - 2.

表 9 - 1　日本得出的产品脆值

序号	产品名称	脆值 G
1	大型电子计算机	10 以下
2	高级电子仪器、晶体振荡器、精密测量仪、航空测量仪	10～25
3	大型电子管、变频装置、精密指示仪、电子仪器、大型精密机器	25～40
4	小型电子计算机、现金出纳机、大型通讯装置、大型磁带录音机、彩色电视机、一般测量仪器	40～60
5	黑白电视机、磁带录音机、真空泡光学仪、照相机、可移式无线电装置	60～90
6	洗衣机、电冰箱	90～120
7	机械类、小型真空管、一般器材	120 以上

表 9 - 2　英国得出的产品脆值

序号	产品名称	脆值 G
1	雷达及其他电器设备、真空管、回旋仪、瞄准仪、自动控制仪	40

续表

序号	产品名称	脆值 G
2	制动回旋仪、马赫表、有防冲击支架的仪器	40～60
3	量油计、压力计、一般电气设备	60～80
4	牢固的真空管、阴极射线管、冰箱	80～100
5	热交换器、油冷却机、取暖电炉、散热器、记忆装置	100～120

G 值表示内装物对外力的承受能力。G 值愈大，表明在设计缓冲包装时，可以选择刚度愈大的材料；反之，则意味着在设计时应仔细考虑缓冲要求。因此，在不影响内装物性能的条件下，努力提高内装物本身对外力的承受能力，即提高脆值，可以大大简化缓冲包装，节约缓冲材料，减少劳动量，降低包装成本。

（四）流通环境

防震包装技法的流通环境是指包装件在运输、装卸和储存中的机械环境，主要指冲击和振动。

包装件在流通过程中可能受到的最大冲击是在装卸搬运过程中。人工装卸所可能产生的冲击力远大于机械装卸产生的冲击力，因此装卸工作尽量实现机械化。

据有关资料介绍，搬运装卸中产生的冲击加速度也可用包装件的等效跌落高度来表示，因为跌落高度是有装卸过程中包装件所承受的装卸的类型决定的。例如 25kg 以下的包装件应考虑在"一人投掷限度之内"，也就是说，这种包装件可以很容易的被扔到货堆上去，或由它们的重量轻而用其他严酷又粗鲁的方法装卸；重量在 25～50kg 的包装件，应考虑在"一人搬运限度"之内，这种包装件对投掷来说有点重，但可以搬运，并可能从人肩那么高的高度跌落下来；"两人搬运限度"可适用于 50～125kg 的包装件，其对应的跌落高度为与人腰部等同的高度；重量在 125～250kg 的包装件将用轻型起重机械装卸，可能经受过度的升高速度和下降速度的影响；重量在 250～500kg 以上的包装件，将使用中型或重型机械装卸，一般将在较小的高度跌落。详见表 7－3.

表 7－3

包装件重量（kg）	搬运方式	跌落高度（cm）
25 以下	一人搬运，能投掷	100
25～50	一人搬运	90
50～125	二人搬运	75
125～250	轻型起重机械搬运	60
250～500	中型起重机械搬运	45
500 以上	重型起重机械搬运	30

流通过程中的冲击力使包装商品产生损伤时因所受到的外界冲击加速度超过商品本身的脆值而造成的。商品收到过大冲击力作用时，会由于局部应力集中而造成如变形、弯曲、折断、扭曲、凹瘪、破碎、裂缝等直接性破坏。

运输工具运行中所产生的振动，对于所运输的包装件，是一个很不利的因素。任何包装件（容器——介质——内装物系统）都是一个有弹性和阻尼（指物体在运动过程受各种阻力的影响，能量逐渐衰减而运动减弱的现象）同时存在的多自由度振动系统，包装件系统所产生的振动是由运输工具振动所策动的受迫振动。一般来讲，运输工具的振动力不是很大，振动加速度在 $1 \sim 2g$ 范围内，频率在 $100Hz$ 以内。但振动力是一个多次反复作用的外力，特别是包装系统的固有频率与运输工具振动频率相等或相接近时，内装商品可能因共振而遭破坏。因此运输中的包装件，在受振作用后导致各种不同的破坏。常见的破坏有接触性破坏、疲劳性破坏和破损。接触性破坏是指商品受到机械性擦伤和表面图案、喷漆的磨损等；疲劳性破坏是指商品在多次反复外力作用下产生的强度降低、部件移位、出现微裂纹等；破损是指商品整体或附件因共振而破碎，如玻璃、陶瓷的破碎，电子产品机件损伤，金属罐头变形等。

（五）缓冲材料的特性和选择

由于缓冲材料的材质、形状、性能上的差异，它的压缩变位与负荷的关系也不同。通常分为线性弹性体和非线性弹性体。金属弹簧是典型的线性弹性体；合成缓冲材料一般为非线性弹性体。聚氨酯泡沫塑料、聚乙烯泡沫塑料、聚苯乙烯泡沫塑料、聚氯乙烯泡沫塑料等，属双曲正切曲线型弹性体，是比较理想的缓冲材料。

缓冲材料的基本特性包括：冲击能量吸收性、回弹性、吸湿性、温湿度稳定性、酸碱度（pH 值）、密度、加工性、经济性等。正确选择防震缓冲材料时，一定要把握住商品和流通环境的需要，合理地提出各种性能要求。

1. 冲击能量吸收性

即缓冲材料吸收冲击能量大小的能力。选择包装缓冲材料时，并不是说，其冲击能量吸收性越大越好。冲击能量吸收性大，指它对大的冲击力有效，而对冲击力小的场合，则宜用能发生较大变形的材料，所以常用硬的材料来吸收大的冲击力，用软的材料来吸收小的冲击力。因此所谓冲击能量吸收性合适，并不是指冲击能量吸收力大，而是指对同样大小的冲击，其吸收能量的能力大。

2. 回弹性

即指缓冲材料变形后，恢复原尺寸的能力。通俗的说，把负荷加到缓冲材料上，然后又放开时，缓冲材料能恢复到原厚度的程度即回弹性。在缓冲包装中，材料的回弹性是它以包装商品之间保持密切接触。为了使包装件防冲击、防震效果不致显著降低，应选用回弹性好的缓冲材料。如果采用回弹性差的材料，在储存或运输过程中发生永久性变形，必然会导致商品与缓冲材料之间或包装容器与缓冲材料之间产生间隙，商品就会在容器中跳动，这是不允许的。

3. 温湿度稳定性

即要求缓冲材料在一定温湿度范围内保持缓冲性能。一般先为材料中纤维素材料容易受湿度影响，而热塑性塑料易受温度影响，特别是温度降低，材料变硬，使所包装商品承受的加速度变大。

4. 吸湿性

吸湿性大的材料对包装有两个危害，一是降低缓冲防震性能，二是引起所包装的金属制品生锈和废金属制品变形变质。纸、木丝等吸湿性强的材料不宜用于金属制品的包装；开式微孔泡沫塑料也易吸水，不宜用来包装金属制品；闭式微孔泡沫塑料则适用于金属制品包装。

5. 酸碱度（pH 值）

即要求缓冲材料的水溶出物的 PH 值在 6~8 之间，最好为 7，否则在潮湿的条件下，易使包装物腐蚀。

6. 密度

对于缓冲材料，无论是成型还是块状、薄片状的材料，从其使用状态来看要求其密度尽量低，以减轻包装件的重量。

7. 加工性

它是指缓冲材料是否有易于成型、易于粘合等加工性能及易于进行包装作业的特性。

8. 经济性

合理地选择缓冲材料的目的是降低流通成本，因此缓冲包装技法应考虑其极经济性。材料自身价格固然是重要的一面，但还必须把改变包装物的容积及形态对运输储存费的影响等因素也考虑进去。

除上述特性外，在不同环境下选择缓冲材料还需要注意其振动吸收性、压缩蠕变性、磨耗、耐油性、抗霉性、耐化学腐蚀性、带电性等特性。表 7－4、7－5 列举了常见缓冲材料及其部分特性的定性比较。

表 7－4　常见缓冲材料

序号	品名	特性	主要用途
1	泡沫橡胶	乳液泡沫橡胶（海绵橡胶）。质地柔软，复原力强	电器、精密测量仪器等
2	聚乙烯泡沫塑料块	缓冲性能良好（缓冲系数为4），不吸潮性，导热率低，作业性良好	
3	聚氨脂	对载荷的柔顺性优良	
4	聚乙烯泡沫塑料垫	将高压聚乙烯发泡 10~40 倍而得。有绝热性，漂浮力	轻包装（点心）

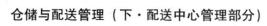

续表

序号	品名	特性	主要用途
5	楞状纸垫	用废纸作原料，做成实心状的瓦楞纸垫。其特点是缓冲性能优良，可以用来裹包商品	小盘电线、纸容器材料、隔热材料等
6	聚苯乙烯泡沫塑料	多数适用发泡50～60倍的发泡聚苯乙烯（缓冲系数为4），较木丝优良。质轻、白而美、易成型，适于局部缓冲和零件的缓冲，作业性好	各种礼品、缝纫机等小型机械类
7	气泡塑料薄膜	在两层聚乙烯薄膜中夹有一个小气泡。除富有缓冲性外，还具有良好的透明性、热塑性	制成片或袋，适于小型机电商品
8	散装聚苯乙烯泡沫塑料	材质是聚苯乙烯泡沫塑料，散装充填性良好，吸湿性小，互相缠绕能制止制品移动，富于缓冲性	电器机具商品等
9	纸浆模	按商品形状成型	蛋、水果、陶瓷器、计量仪器
10	瓦楞纸板	做成内装箱，或几层贴合使之具有弹性，或折叠成隔离板。作为缓冲主要用于瓦楞纸箱内包装	电器机具、小型机械、还广泛用于食品医药包装方面
11	毛毡	原毛、牛毛、麻毛等	商品表面保护、贴压杠上
2	绳索弹簧	在双重箱中，将内箱吊在外箱里用。悬吊包装	怕振的易损品、真空管、无线电器等

表7-5 常用缓冲材料特性比较

材料＼特性	复原性	减冲击性	相对密度	腐蚀性	吸水性	含水性	耐菌性	耐候性	柔软性	加工性		温度范围	燃烧性
										成型性	粘胶性		
聚乙烯泡沫塑料	好	优	低	无	无	无	良	良	优	良	良	大	易
聚苯乙烯泡沫塑料	差	优	低	无	无	无	良	良	差	优	良	小	易
聚氨酯软泡沫塑料	好	良	低	无	大	有	良	良	优	良	良	大	易
聚氯乙烯软泡沫塑料	差	良	低	小	无	无	良	差	优	不可	良	小	自熄

续表

材料＼特性	复原性	减冲击性	相对密度	腐蚀性	吸水性	含水性	耐菌性	耐候性	柔软性	加工性		温度范围	燃烧性
										成型性	粘胶性		
气泡塑料薄膜	差	良	低	无	无	无	良	良	优	不良	良	大	易
瓦楞纸板	差	不良	一般	无	大	小	不良	良	不良	不可	良	大	易
动物纤维填充防震胶垫	好	优	低	小	好	有	不良	差	优	优		大	易
木丝	差	不良	一般	小	大	小	不良	不良	良	—		大	良
毛毡	差	不良	一般	无	好	小	不良	良	良	不可	不可	大	易
金属弹簧	好	不良	高	无	无	无	良	良	差	不可	不可	大	不燃

（六）防震包装方法

防震包装方法一般分为全面防震包装、部分防震包装和悬浮（或悬吊）缓冲包装三大类。

1. 全面防震包装方法

全面防震包装方法是将内装物的周围全部用防震缓冲材料衬垫，对内装物全面保护的方法，见图7－4. 常见的全面防震包装方法有充填法、盒装法和现场发泡法等。

（1）充填法

充填法是采用丝状、粒状和片状的防震缓冲材料，填满内装物（或内包装容器）和外包装容器的所有空间。这种防震缓冲材料不需预先加工，适用于小批量异性的商品的包装，并有很好的分散外力，保护商品。若商品的形状复杂且有较多的凸出部分，还魁用采用双层防震方法。即处理贼内包装容器和外包装容器件充填缓冲材料外，在内装物和内包装容器之间也充填缓冲材料。

（2）盒装发

小型、轻质商品往往用聚苯乙烯泡沫塑料预制成与商品外形一样的模盒，将商品固定在其中进行包装，如各种小型电器、测量仪表等，这种全面防震包装方法称为盒装法。

（3）现场发泡法

香肠发泡法是将内装物置入直接发泡的聚氨酯泡沫塑料中进行全面防震包装的一种方法，如图7－5所示。这种方法适用性广，使用方便，但需要配置相应的设备和原料。

现场发泡所用设备主要由喷枪和盛有异氰酸以及盛有多元醇树脂的容器组成。使用时，先把两种材料的容器内的温度和压力按规定调好，然后再将两种材料混和，用单管道通向喷枪，并由喷枪喷出。约10秒后，喷出的化合物即自行发泡碰膨胀，不到40秒的时间即可发泡至原体积的100～140倍。1min后，聚氨酯变硬性或半硬性的泡沫体，将内装物全部包住，从而起到完全保护内装物的作用。现场发泡包装的程序是：用喷枪将化合物喷入包装箱底部，待其发泡膨胀至面包状，然后在面包状泡沫体上覆盖上一层聚乙烯薄膜，并将内装物放在其上，再在内装物上面覆盖一层聚乙烯薄膜。最后再喷入聚氨酯汉和进行发泡，最后装盖封口。

2. 部分防震包装法

部分防震包装法是对内装物的拐角或局部位置使用防震材料衬垫的一种防震方法，通常特别适用于对整体性好的商品或有内包装容器的商品。主要包装材料有泡沫塑料防震垫（以棱衬垫和侧衬垫较多）、充气塑料防震垫和橡胶弹簧等。该方法能够根据内装物的结构特点、重量、缓冲材料的特性以及最佳防震效果等来确定缓冲面积，因而材料花费合理，适于大批量商品的包装。设计衬垫时要标准化、积木化、尽量减少模具的数量。

部分防震可以有天地盖、左右盖、四棱衬垫、八角衬垫和侧衬垫几种。

3. 悬浮式（悬吊式）防震包装方法

对于贵重、易损是高级精密内装物，为了有效地保证在流通过程中不受损伤，可采用悬浮式防震包装方法进行包装。该方法的指先将商品置于纸盒中，商品与纸盒的各壁间用柔软的泡沫塑料衬垫妥当，盒外用帆布包缝或装入胶合板箱，然后用弹簧吊在外包装箱内，使其悬浮吊起。这样通过弹簧盒泡沫塑料同时起缓冲作用。

五、集合包装技术

集合包装是一种重包装技术，它包括集装箱、集装托盘、集装袋等。本节仅介绍物流配送中心常用的集装箱集装和托盘集装两种技术。

（一）集装箱组合包装

A. 集装箱的定义

集装箱式集合包装容器中最主要的形式，它能为铁路、公路和水路运输所通用，它能一次装入若干运输包装件、销售包装件或散装货物。

集装箱式一种包装方式、包装容器，也是一种运输工具。我国国家标准GB1992——80集装箱名词术语中对集装箱式这样定义的：集装箱是一种运输设备，它能满足下列要求：

1. 具有坚固耐久性，能反复使用。

2. 适用于在一种或几种运输方式中运输，在途中转运时，箱内货物不需换装；

3. 装有快速装卸和搬运装置，特别是便于从一种运输工具转移单另一种运输工具；

4. 便于货物装满和卸空；

5. 既有 $1m^3$ 或 $1m^3$ 以上的容积。

现代集装箱主要是用钢板、铝合金和玻璃钢制成，外部形状为一大型长方形容器。

B. 集装箱的种类及其基本结构

1. 集装箱按用途分为通用集装箱和专用集装箱

（1）通用集装箱适宜于装载对运输条件无特殊要求的各种不同贵干的干杂货，进行成箱或成件的集装运输。这类集装箱箱体一般有密封防水装置，开门形式有多种：一端开门、两端开门或两端开门再加一侧或两侧开门、部分开门和活顶等。其规格尺寸、自重与载重、容积，一般均采用国际标准或国家标准。

（2）专用集装箱是根据内装物对运输条件的要求专门设计的集装箱。一般箱内有通风或空调设备、货架等，可用来装载鲜活、易腐、怕热、怕冻等货物，以及粉状、液态状货物等。

2. 集装箱按材料分为钢质集装箱、铝合金集装箱、玻璃钢质集装箱等

（1）钢质集装箱的全部材料是由钢或不锈钢焊接而成，具有强度大、结构牢固、焊接性好、水密性好的优点。其缺点是造价较高，普通碳钢集装箱耐腐蚀性差。

（2）铝合金集装箱主要部位和部件是用铝合金铆接而成，具有重量轻、美观和能在大气中形成氧化膜而耐腐蚀的优点。

（3）玻璃钢质集装箱是由玻璃纤维和树脂混合，加适当的加强塑料后，胶附于胶合板两面而制成的集装箱。它具有高强度、刚性好、耐腐蚀和防止箱内结露等优点。其缺点是易老化。

3. 集装箱按结构分为内柱式集装箱和外柱式集装箱、折叠式集装箱和固定式集装箱、预制骨架式集装箱和薄壳式集装箱三大类

（1）侧柱和端柱设在箱壁内的为内柱式集装箱，反之为外柱式集装箱。两者各有优缺点。内柱式集装箱外表平滑，受斜向外力不易损伤。涂刷标志比较方便，同时由于外壁和内衬板之间有空隙，起隔热作用；外柱式集装箱外力可由柱来承受，外板不易损伤还有不需要内衬板等优点。

（2）折叠式集装箱主要部件能简单的折叠或分解，反复使用时可再次组合起来；固定式的各部件是永久组合在一起的，不能折叠或分解；

（3）预制骨架式如同普通集装箱那样，其主要载荷由铝或钢制的骨架来承受，外板用铆接或焊接方法接连在骨架上；薄壳式集装箱如同飞机结构那样，把所有的部件组成一个钢体。它的优点是可以减轻重量，它的整体结构可承受扭力而不引起永久变形，所以集装箱或多或少是采用薄壳结构理论来设计的。

C. 集装箱的规格标准

1. 集装箱国际规格标准

集装箱规格标准是国际标准化组织（ISO）集装箱技术委员会统一制订的。该规则标准有三个系列，是多种规格，如表7-6所示。表中1长吨=1.0160t。

表7-6　国际集装箱系列尺寸（ISO）标准

系列	箱型	外部尺寸			最大总重量	
		高	宽	长	Kg	长吨
I	1A	2438	2438	12191	30480	30
	1AA	2591	2438	12191	30480	
	1B	2438	2438	9125	25400	25
	1BB	2591	2438	9125	25400	25
	1C	2438	2438	6058	20320	20
	1CC	2501	2438	6058	20320	20
	1D	2438	2438	2991	10160	10
	1E	2438	2438	1968	7110	7
	1F	2438	2438	1460	5080	5
II	2A	2100	2300	2920	7110	7
	2B	2100	2100	2400	7110	7
	2C	2100	2100	1450	7110	7
III	3A	2400	2100	2650	5080	5
	3B	2400	2100	1325	5080	5
	3C	2400	2100	1325	2540	5

在这三个系列中，第一系列比较常用，尤以1AA和1CC两种规格的集装箱应用最多。

2. 在我国集装箱规格标准

1978年国家标准局颁布的《货物集装箱外部尺寸和重量系列》（GB1413-78）中明确规定：集装箱的重量系列采用5t、10t、20t、30t四种，相应的型号为5D、10D、1CC、1AA。5t和10t集装箱主要用于国内运输；20t（1CC）和30t（1AA）主要用于国际运输。这四种集装箱外部尺寸、重量系列以及最小内部容积见表7-7.

表7-7　日本得出的产品脆值

型号			1AA	1CC	1DD	5D
外部尺寸 （mm）	高	尺寸	2591	2501	2438	2438
		公差	0～-5	0～-5	0～-5	0～-5
	宽	尺寸	2438	2438	2438	2438
		公差	0～-5	0～-5	0～-5	0～-5
	长	尺寸	12192	6058	4012	1968
		公差	0～-16	0～-16	0～-5	0～-5

续表

型号	1AA	1CC	1DD	5D
重量（kg）	30480	20320	10000	5000
最小内部容积（m³）	65.7	32.1	19.6	9.1

注：①尺寸以温度20℃时测量的数值为准，在其他温度下测得尺寸，要相应修正。

②专用集装箱宽度长度应符合表中的规定，其高度可根据货物的比重来决定，但最高不得超过2591mm。

③上述标准适用于铁路、水路和公路运输的货物集装箱。

D. 集装箱集合包装方法

（1）采用集装箱进行的集合包装与其他包装技法不同，除集装箱本身外住，还需有车站、码头的专用设备和运输工具等配套。如起吊、搬运设备和工具，集装箱码头和集装箱船等；

（2）集装箱虽然可以重复使用，但投资大，并需要一定的维修费用。因此，对于一般货物最好采用租赁集装箱的方法，节省投资；对特殊货物，租赁专用集想装箱有困难时，可采用自备专用特殊集装箱；

（3）集装箱运输时，必须充分利用各种运输工具的底面积。为此，必须了解各种规格集装箱的长度比例关系。

（4）在集装箱内装货的方法，是预先将货物的量和集装箱的容积计算清楚，使货物能装满箱底，然后对装货的高度加以调整。最好做到货物与货物之间、货物和集装箱之间不留空隙。在不得已而产生空隙时，就需要实施有效的填堵工作。如使用木材、垫舱板、气垫、橡皮垫等，把货物和集装箱形成一体化，达到安全运输目的。集装箱包装的防护安定方法。

（二）托盘集合包装

A. 托盘概念

托盘集合包装是谋求装卸与搬运作业的机械化，把若干件货物集中在一起，堆叠在运载托盘上，构成一个搬运单元或销售单元的包装形式。

托盘集合包装是一类重要的集合包装，它区别于普通运输包装件特点，是在任何时候都处于可以转入运动的准备状态，使静态的货物转变为动态的货物。从不同的角度看，托盘集合包装既是包装方法，又是运输工具、包装容器，还是诸如仓储式商场的陈列工具。因此，托盘集合包装能在物流中发挥更大效用。

托盘式托盘集合包装的基本用具。它是方形或长方形扁平垫板，垫板下面有"脚"（几根横梁），形成插口，以供铲车、叉车进行装卸、运送和堆放。有时它也用于散装货物、半成品和产品的临时性堆垛和运输。

托盘的载重量，一般为0.5t、1t和2t等多种。为防止托盘上货物松散，需要采用安全加固措施，如用收缩薄膜、拉伸薄膜或其他捆扎方法，将货物牢固捆扎在托盘上，组成一个包装单元。它具有保护商品、减少货损、便于装卸与运输，提高劳动效率，合理堆码储存，节省包转材料，简化包装工序，推动包装标准化等优点。

B. 托盘的种类与规格

托盘的种类较多。按材质分有：木制托盘、金属托盘、塑料托盘等；按用途分有：一次性使用托盘、重复使用托盘、专用托盘和互换托盘等；按结构形式分有：两面进叉平托盘、四面进叉平托盘、立柱式托盘、箱式托盘等。

国际标准化组织规定托盘的规格有 800mm＊1000mm、800mm＊1200mm、1000mm＊1200mm 三种，此外还有 1200mm＊1600mm、1200mm＊1800mm 的大型托盘。国家标准规定的联运平托盘外部尺寸系列（GB2934－82）为 1000mm＊1200、1100＊1100 等两种。

托盘集合包装所集装的货物单元体积一般为 1m3 以上，其高度为 1100mm 或 1200mm，载重为 500～2000kg。

C. 托盘的基本结构

集合包装常用托盘为木制联运平托盘，其技术条件件 GB4995－85.

木制联运平托盘的型式与代号如表 7－8 所示。

型式		代号	说明
单面使用	a 型	D_a	两面都有铺板，只有一面是载货板
	b 型	D_b	两面都有铺板，只有一面是载货板，纵梁下部有吊槽
	四向型	D_4	两面都有铺板，只有一面是载货板，纵梁中部有叉孔
双面使用		S	两面都有铺板，且两面都是载货面

D. 托盘集合包装方法

1. 合理地选择托盘货体的尺寸

托盘货体的长、宽、高尺寸，必须与各种车辆内部尺寸和叉车的装修性能相适应，既能充分利用车辆的内容积，便于装卸和运输，又能保证托盘的安全和充分利用仓容，有利于储存。

托盘货体的长度和宽度，除了以托盘长度和宽度作为基数外，还必须考虑码盘前后和左右的超出尺度。货体的高度既要适应车辆内部的高度和叉车的最大起升高度，又要考虑作业间隙、货物重量和产品原包装的规格。交通部推广的 1250mm＊850mm 托盘，每盘宽度前后可超出 40mm，作业间隙可按 100mm 考虑。

2. 科学的选择装盘码垛方式

在托盘上放装同一形状的立体形式包装货物，可以采取各种交错咬合的办法码垛，这可以保证足够的稳定性，甚至不需要再用其他方式加固。

托盘上货体码放方式主要有重叠式、纵横交错式、旋转交错式和正反交错式四种码垛方式。

（1）重叠式。即各层码放方式相同，上下对应。这种方式的优点是，工人操作速度快，包装物四个角和边重叠垂直，承载力大。缺点是各层之间缺少咬合作用，稳定性差，容易发生塌垛。在货体底面积较大情况下，采用这种方法可有足够稳定性。一般情况下，重叠式码放在配以各种紧固方式，则不但能保持稳固而且保留了装卸操作省力的优点；

（2）从横交错式。相邻两层货物的摆放旋转90°角，一层成横向放置，另一层成纵向放置。这种方式装完一层之后，利用旋转器旋移90°角层间有一定的咬合效果，但咬合强度不高。这种方式装盘也较简单，如果配以托盘转向器，装完一层之后，利用转向器旋转90°，工人则只用同一装盘方式便可实现纵横交错装盘，劳动强度好重叠式相同。重叠式和纵横式适合自动装盘机进行装盘操作；

（3）正反交错式。同一层中，不同列的货物以90°角垂直码放，相邻两层的货物码放形式是另一层旋转180°的形式。这种方式类似于房屋建筑砖的砌筑方式，不同层间咬合强度较高，相邻层之间不重缝，因而码放后稳定性很高，但操作较为麻烦，且包装体之间不是垂直面互相承受荷载，所以下部货体易被压坏。

（4）旋转交错式。第一层相邻的两个包装体都互为90°角，两层间的码放又相差180°角，这样相邻两层之间互相咬合交叉，托盘货体稳定性较高，不易塌垛。其缺点是，码放难度较大，且中间形成空穴，会降低托盘装载能力。

3. 适宜的选择托盘货体紧固方法

托盘货体的紧固是保证货物稳定性防止塌垛的重要手段。托盘货体紧固方法有如下 n 中：

（1）捆扎。用绳索、打包带等对托盘货体进行捆扎以保证货体的稳固。其发式有水平、垂直和对角等捆扎方式。捆扎打结的方式有：方结扎、粘合、热融、加卡箍等。图7－27所示为柔性钢丝、电线、软管用绕线架或卷轴等卷起来的货物托盘集合包装捆扎的情况。顶部为框式盖板，宽度方向捆两道，长度方向捆三道，都是铅垂方向。捆扎可用于多种货物的托盘集合包装。

（2）网罩紧固。加网罩紧固，主要用于装有同类货物托盘的紧固。多见于航空运输，将航空专用托盘与网罩结合起来，就可以达到紧固的目的。将网罩套在托盘货物上，再将网罩下端的金属配件挂在托盘周围的固定金属片上（或将绳网下部缚牢在托盘的边沿上），以防止形状不争气的货物发生倒塌。为了防水，可在网罩之下用防水层加以覆，盖。网罩是用棉绳、布绢和其他纤维绳等材料制成的。绳的粗细视托盘货物的重量而定。

（3）加框架紧固。框架紧固的将墙板式的框架，加在托盘货物的相对的两面或四面以至顶部，用以增加托盘货物刚性的方法。框架的材料以木板、胶合板、瓦楞纸板、金属板等为主。安装方法有固定式和组装式两种。采用组装式需要打包带紧固，使托盘和货物结合成一体。

（4）中间夹摩擦材料。将具有防滑性的纸板、纸片或软性塑料片夹在各层容器之间，以增加摩擦力，防止水平移动（滑动），或冲击时托盘货物各层之间的移位。防滑片除纸板外，还有软质聚氨酯泡沫塑料等片状物。此外，在包装容器表面涂布二氧化硅溶液防滑剂，也有较好的防滑效果。

（5）专用金属卡固定。对某些托盘货物，最上部如可伸入金属夹卡，则可用专用夹卡将相邻的包装物卡住，以便每层货物通过金属卡具成一整体，防止个别范例滑落。

（6）粘合。粘合有两种方式。一是在下层货箱涂上胶水使上下货箱粘合，涂胶量根据货箱的大小和轻重而定。二是在每层之间贴上双面胶条，可将两层通过胶条粘合在一起。这样便可防止在物流中，托盘上货物从层面发生滑落。

（7）胶带粘扎。托盘货体用单面不干包装带粘捆，及时是胶带部分损坏，由于全部贴于货物表面，也不会出现散捆，而绳索、包装带捆扎，一旦一处断裂，全部捆扎便失去效用。

（8）平托盘周边垫高。将平托盘周边稍稍垫高，托盘上置之货物会向中心互相依靠，在物流中发生摇动、振动时，可防止层间滑动错位，防止货垛外倾，因而也会起到稳固作用。

（9）收缩薄膜加固。将热缩塑料薄膜套于托盘货体之上，然后进行热缩处理，塑料薄膜收缩后，便将托盘货体紧箍成一体。这种紧固形式属于五封面，托盘下部与大气连通。它不但起到紧固、防塌作用，而且由于塑料薄膜的不透水作用，还可起到防水、防雨作用，这有利于克服托盘货体不能露天放置，需要仓库的缺点，可大大扩展托盘的应用领域。

（10）拉伸薄膜加固。用拉伸塑料薄膜将货物与托盘一起缠绕包装，当拉伸薄膜外力撤除后收缩紧固托盘货体形成集合包装件。顶部不加塑料薄膜时，形成四面；顶部加塑料薄膜时，形成五面封。拉伸包装不能形成六面封，因此不能防潮。此外，拉伸薄膜比收缩薄膜（厚度为 $20 \sim 30 \mu m$）捆缚力差，只能用于轻量的集合包装。

（三）集合包装与物流标准化

1. 集装系统是建立物流表转化体系的基点

物流是一个庞大、复杂的系统，标准化是物流管理的重要手段，物料标准化对物流成本、效益有重大决定作用。但是，长期以来，我们所做的主要是在物流系统的各个主要环节（包装、运输、装卸搬运、储存）实现局部的标准化或与物流某一局部有关的横向标准化，未能从系统统一性、一致性和系统内部各环节的有机联系出发考虑各环节的标准化。结果，这些标准化之间缺乏配合性，不能形成物流系统纵向的标准化。因此，要形成整个物流体系的标准化，必须在这些局部中寻找一个能贯穿物流全过程、形成物流标准化工作核心的基点，这个基点的标准化应成为衡量物流全系统的基准，成为各个局部的标准化的准绳。

进入物流领域流动的商品不外乎三种形式：零星货物、散装货物和集装货物。前两种货物在物流"结点"上，例如换载、装卸时，都必然发生组合数量及包装形式的变化，要在这些"结点"上实现操作及处理的标准化比较困难。而集装货物在物流过程中始终是以一个集装体为基本单位，其包装形态在装卸、输送及储存的各个阶段都基本上不会发生变化，在"结点"上容易实现标准化处理。因此，集装系统使物流全过程贯通而形成体系，是保持物流各环节上使用的设备、装置及机械之间整体性及配合性的核心。所以，集装系统是使物流过程连贯而建立标准化体系的基点。

以集装系统为物流标准化的基点，其作用即以此为准来解决各个环节之间的配合性问题，包括如下各种配合性：

（1）集装与上产企业最后工序——包装环节的配合性，即以集装的"分割系列"来确定对包装的要求（包装材料、包装强度、包装方式、小包装尺寸等）；

（2）集装与装卸工具、装卸场所的配合性；

（3）集装与仓库的搬运机械、保管设施、仓库建筑（净高度、门高、门宽、通道宽等）的配合性；

（4）集装与保管条件、工具、操作方式的配合性；

（5）集装与运输设备（载重、有效空间尺寸）、设施的配合性，如托盘与集装箱、托盘与卡车车厢的关系就有基本单位的"倍数系列"；

（6）集装与末端物流的配合性。末端物流是送达消费者的物流，是以消费者的要求为转移的，衔接消费者的"分割系列"与衔接生产者的"分割系列"，有时是有矛盾的，因此，要考虑首尾两端都适用的"分割系列"；

（7）集装与国际物流的配合性。

2. 物流基础模数与集装单元基础模数

（1）物流基础模数

标准化的基础是物流基础模数尺寸。物流基础模数尺寸的作用和建筑模数尺寸是作用大体相同，考虑的基点主要是简单化。一旦确定，设备的制造、设施的建设、物流系统中各个环节的配合协调，物流系统与其他系统的配合就有了依据。目前 ISO 中央秘书处及欧洲各国已基本认定 600mm * 400mm 为基础模数尺寸。至于我国采用多大物流肌醇模数尺寸，目前尚在研究中。

基础模数尺寸的确定主要考虑对物流系统影响最大而又最难改变的输送设备，由输送设备的尺寸来推算最佳的基础模数，同时也考虑到现在已通行的包装模数和已使用的集装设备及人体可能操作的最大尺寸等因素。

（2）集装单元基础模数

集装单元基础模数尺寸也就是最小的集装尺寸，它可以从 600mm * 400mm 按倍数系列推导出来，也可以在满足 600mm * 400mm 的基础模数的前提下，从卡车或大型集装箱的"分割系列"推导出来。物流模数尺寸以 1200mm * 1000mm 为主，也允许 1200mm * 800mm 及 1100mm * 1100mm 等规格。

（3）以分割及组合的方法确定物流各环节的系列尺寸

物流模数作为物流系统各环节的标准化的核心，是形成系列化的基础。依据物流模数进一步确定有关系列的大小及尺寸，再从中选择全部或部分，确定为定型的生产制造尺寸，这就完成了某一环节的标准系列。图 7 - 38 为物流模数体系构成图。

根据图 7 - 38 所示关系，可确定各环节的系列尺寸。例如日本工业标准 JIS 规定的"输送包装系列尺寸"，就是以 1200mm * 1000mm 推算的最小尺寸为 200mm * 200mm 的整数分割系列尺寸确定的。

第九节　车辆积载作业

一、配送运输的一般业务程序

配送运输是指配货、包装、复核作业完成之后，将客户需要的商品通过运输工具从供应点送至客户手中的活动。配送运输通常是一种短距离、小批量、高频率的运输形式．如果单从运输的角度看，它是对干线运输的一种补充和完善，属于末端运输、支线运输。它以服务为目的，以尽可能满足用户需要为宗旨。配送运输的一般业务程序如下。

1. 划分基本配送区域

为使整个配送有一个可循的基本依据，应首先将客户所在地的具体位置做一系统统计，并将其在作业区域上进行整体划分，将每一客户囊括在不同的基本配送区域之中，以作为下一步决策的基本参考。如按行政区域或依交通条件划分不同的配送区域，在这一区域划分的基础上再作弹性调整来安排配送。

2. 车辆配载

由于配送商品品种、特性各异，为提高配送效率，确保货物质量，在接到订单后，首先，必须将商品依特性进行分类，然后分别选取不同的配送方式和运输工具，如按冷冻食品、速食食品、散装商品、箱装商品等分类配载。其次，配送商品也有轻重缓急之分，必须按照先急后缓的原则，合理组织运输配送。

3. 暂定配送先后顺序

在考虑其他影响因素，作出确定的配送方案前，应先根据客户订单要求的送货时间将配送的先后作业次序作一概括的预定，为后面车辆积载做好准备工作。计划工作的目的是保证达到既定的目标，所以，预先确定基本配送顺序可以既有效地保证送货时间，又尽可能地提高运作效率。

4. 车辆安排

车辆安排要解决的问题是安排什么类型、吨位的配送车辆进行最后的送货。一般企业拥有的车辆种类有限，车辆数量也有限，当本公司车辆无法满足要求时，可使用外雇车辆。在保证配送运输质量的前提下，是组建自营车队，还是以外雇车辆为主，则需要视经营成本而定。

5. 选择配送线路

了解了每辆车负责配送的具体客户后，如何以最快的速度完成对这些商品的配送，即如何选择配送距离短、配送时间短、配送成本低的线路，这需根据客户的具体位置、沿途的交通情况等作出优先选择和判断。除此之外，还必须考虑有些客户或其所在地的交通环境对送货时间、车型等方面的特殊要求，如有些客户不在中午或晚上收货，有些道路在高峰期实行特别的交通管制等。

6. 确定最终的配送顺序

做好车辆安排及选择最好的配送线路后，需要对客户的最终派送顺序加以明确。

7. 完成车辆积载

明确了客户的配送顺序后，接下来就是如何将商品装车，以什么次序装车的问题，即车辆的积载问题。原则上，知道了客户的配送顺序先后，只要将商品依"后送先装"的顺序装车即可．但有时为了有效利用空间，可能还要考虑商品的性质（怕震、怕压、怕淹、怕湿）、形状、体积及重量等作出弹性调整。此外，对于商品的装卸方法也必须依照商品的性质、形状、重量、体积等来做具体决定。

二、配送车辆积载技术

1. 配送积载的概念

仓储企业（或配送中心）的对象是众多的客户和各种不同的货物品种。为了降低配送运输的成本，配送需要充分利用运输配送的资源，对货物进行装车调配、优化处理，以提高车辆在容积和载货两方面的装载效率，进而提高车辆运能运力的利用率，降低配送运输成本，这就是积载。

2. 车辆积载的原则

（1）轻重搭配的原则。

车辆装货时，必须将重货置于底部，轻货置于上部，避免重货压坏轻货，并使货物重心下移，从而保证运输安全。

（2）大小搭配的原则。

货物包装的尺寸有大有小，为了充分利用车厢的内容积，可在同一层或上下层合理搭配不同尺寸的货物，以减少箱内的空隙。

（3）货物性质搭配原则。

拼装在一个车厢内的商品，其化学性质、物理属性不能互相抵触。如不能将散发臭味的货物与具有吸臭性的食品混装；不能将散发粉尘的货物与清洁货物混装。

（4）到达同一地点的适合配装的货物应尽可能一次积载。

（5）货与货之间、货与车辆之间应留有空隙并适当衬垫，防止货损。

（6）装货完毕，应在门端处采取适当的稳固措施，以防开门卸货时，货物倾倒造成货损。

（7）尽量做到"后送先装"。

3. 提高车辆装载效率的具体办法

（"研究各类车厢的装载标准，根据不同货物和不同包装体积的要求，合理安排装载顺序，努力提高装载技术和操作水平，力求装足车辆核定吨位。

（2）根据客户所需要的货物品种和数量，调派适宜的车型承运，这就要求配送中心根据经营货物的特性，配备合适的车型结构。

（3）凡是可以拼装运输的，尽可能拼装运输，但要注意防止差错。

箱式货车有确定的车厢容积，车辆的载货容积为确定值。设车厢容积为 V 车辆载重量为 W。现要装载质量体积为 R_a、R_b 的两种货物，使车辆的载重量和车厢容积均被充分利用。

设：两种货物的配装重量为 W_a、W_b。

$$W_a + W_b = W$$

$$W_a \times R_a + W_b \times R_b = V$$

$$W_a = \frac{V - W \times R_b}{R_a - R_b}$$

$$W_b = \frac{V - W \times R_a}{R_b - R_a}$$

【例题 5-1】　某仓库某次需运送水泥和玻璃两种货物，水泥的质量体积为 $0.9 \text{m}^3/\text{t}$，玻璃的质量体积为 $1.6 \text{m}^3/\text{t}$ 计划使用车辆的载重量为 11t，车厢容积为 15m^3。试问如何装载使车辆的载重量能力和车厢容积都被充分利用。

【解析】　设：水泥的装载量为 W_a；玻璃的装载量为 W_b。

其中：$V = 15 \text{m}^3$，$W = 11\text{t}$，$R_a = 0.9 \text{m}^3/\text{t}$，$R_b = 1.6 \text{m}^3/\text{t}$

$$W_a = \frac{V - W \times R_b}{R_a - R_b} = \frac{15 - 11 \times 1.6}{0.9 - 1.6} = 3.71$$

$$W_b = \frac{V - W \times R_a}{R_b - R_a} = \frac{15 - 11 \times 0.9}{1.6 - 0.9} = 7.29$$

该车装载水泥 3.71t，玻璃 7.29t 时车辆到达满载。

通过以上计算可以得出两种货物的搭配使车辆的载重能力和车厢容积都得到充分的利用。但是其前提条件必须是车厢的容积系数介于所要配载货物的容重比之间。如所需要装载的货物的质量体积都大于或小于车厢容积系数，则只能是车厢容积不满或者不能满足载重量。当存在多种货物时，可以将货物比重与车辆容积系数相近的货物先配装，剩下两种最重和最轻的货物进行搭配配装。或者对需要保证数量的货物先足量配装，再对不定量配送的货物进行配装。

三、装车堆积

装车堆积是在具体装车时，为充分利用车厢载重量、容积而采用的方法。配送货物的性质和包装来确定堆积的行、列、层数及码放的规律。

1. 堆积的方式

有行列式堆码方式和直立式堆码方式。

2. 堆积应注意的事项

（1）堆码方式要有规律、整齐。

（2）堆码高度不能太高。车辆堆装高度一是受限于道路高度限制；二是道路运输法规规定，如大型货车的高度从地面起不得超过4m；载重量1000kg以上的小型货车不得超过2.5m；载重量1000kg以下的小型货车不得超过2m。

（3）商品在横向不得超出车厢宽度，前端不得超出车身，后端不得超出车厢的长度。即大货车不超过2m；载重量1000kg以上的小型货车不得超过1m；载重量1000kg以下的小型货车不得超过50cm。

（4）堆码时应重货在下，轻货在上；包装强度差的应放在包装强度好的上面。

（5）商品应大小搭配，以利于充分利用车厢的载容积及核定载重量。

（6）按顺序堆码，先卸车的货物后码放。

（四）绑扎

绑扎是配送发车前的最后一个环节，也是非常重要的环节。它是在配送商品按客户订单全部装车完毕后，为了保证商品在配送运输过程中的完好，以及为避免车辆到达各客户点卸货开箱时发生商品倾倒，而必须进行的一道工序.

1. 绑扎时的注意事项

绑扎时应注意：（"绑扎端点要易于固定而且牢靠；（2）可根据具体情况选择绑扎形式，（3）应注意绑扎的松紧度，避免商品或其外包装损坏。

2. 绑扎的形式

绑扎的形式有：（1）单件捆绑：（2）单元化、成组化捆绑；（3）分层捆绑；（4）分行捆绑；

（5）分列捆绑。

3. 绑扎的方法

绑扎的方法有：（1）平行绑扎：（2）垂直绑扎；（3）相互交错绑扎。

第十节　车辆配送线路选择

一、线路优化设计的意义

配送运输由于配送方法的不同，其运输过程也不尽相同，影响配送运输的因素很多，如车流量的变化、道路状况、客户的分布状况和配送中心的选址、道路交通网、车辆定额载重量以及车辆运行限制等。配送线路设计就是整合影响配送运输的各种因素，适时适当地利用现有的运输工具和道路状况，及时、安全、方便、经济地将客户所需的商品准确地送达客户手中。在配送运输线路设计中，需根据不同客户群的特点和要求，选择不同的线路设计方法，最终达到节省时间、运距和降低配送运输成本的目的。

二、直送式配送运输

直送式配送运输，是指由一个供应点对一个客户的专门送货。从物流优化的角度看，直送式客户的基本条件是其需求量接近于或大于可用车辆的额定重量，需专门派一辆或多辆车一次或多次送货。因此，直送情况下，货物的配送追求的是多装快跑，选择最短配送线路，以节约时间、费用，提高配送效率。即直送问题的物流优化，主要是寻找物流网络中的最短线路问题。

目前解决最短线路问题的方法有很多，现以位势法为例，介绍如何解决物流网络中的最短线路问题。

【例题 5 - 2】 已知物流网络如图 5 - 9 所示，各结点分别表示为 A、B、C、D、E、F、G、H、I、J、K，各结点之间的距离见图，试确定各结点间的最短线路。

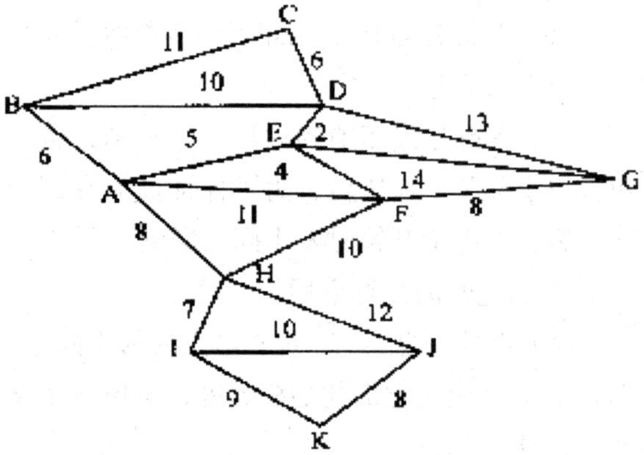

【解析】 寻找最短线路的方法步骤如下。

第一步：选择货物供应点为初始结点，并取其位势值为"零"，即 $V_1 = 0$。

图 5 - 9 物流网络示意图

第二步：考虑与 I 点直接相连的所有线路结点。设其初始结点的位势值为 V_I，则其终止结点 J 的位势值可按下式确定：

$$V_J = V_I + L_U$$

式中 L_U——I 点与 J 点之间的距离。

第三步：从所得到的所有位势值中选出最小者，此值即为从初始结点到该点的最短距离，将其标在该结点旁的方框内，并用箭头标出该连线 IJ 以此表示从 I 点到 J 点的最短线路走法。

第四步：重复以上步骤，直到物流网络中所有的结点的位势值均达到最小为止。

最终，各结点的位势值表示从初始结点到该点的最短距离。带箭头的各条连线则组成了从初始结点到其余结点的最短线路。分别以各点为初始结点，重复上述步骤，即可得出各结点之间的最短距离。

【例题 5 - 3】 在物流网络图 5 - 9 中，试寻找从供应点 A 到客户点 K 的最短线路。

【解析】 根据以上步骤，计算如下：

（1）取 $V_A = 0$；

（2）确定与 A 点直接相连的所有结点的位势值：

$$V_B = V_A + L_{AB} = 0 + 6 = 6$$
$$V_E = V_A + L_{AE} = 0 + 5 = 5$$
$$V_F = V_A + L_{AF} = 0 + 11 = 11$$
$$V_H = V_A + A_{AH} = 0 + 8 = 8$$

（3）从所得的所有位势值中选择最小值 $V：：5$，并标注在对应结点 E 旁边的方框内，并用箭头标出联线 AE。即

$$\min \{V_B, V_E, V_F, V_H\} = \min \{6, 5, 11, 8\} = V_E = 5$$

（4）以 E 为初始结点，计算与之直接相连的 D、G、F 点的位势值（如果同一结点有多个位势值，则只保留最小者）。

$$V_D = V_E + L_{ED} = 5 + 2 = 7$$
$$V_G = V_E + L_{EG} = 5 + 14 = 19$$
$$V_F = V_E + L_{EF} = 5 + 4 = 9$$

（5）从所得的所有剩余位势值中选出最小者 6，并标注在对应的结点 B 旁，同时用箭头标出连线 AB，即

$$\min \{V_B, V_H, V_D, V_G, V_F\} = \min \{6, 8, 7, 19, 9\} = V_B = 6$$

（6）以 B 点为初始结点，与之直接相连的结点有 D、C，它们的位势值分别为 16 和 170 从所得的所有剩余位势值中取最小，即

$$\min \{8, 7, 19, 9, 17\} = V_D = 7$$

将最小位势值 7 标注在与之相应的 D 旁边的方框内，并用箭头标出其连线 ED。如此继续计算，可得最优路线如图 5 - 10 所示，由供应点 A 到客户 K 的最短距离为 24。

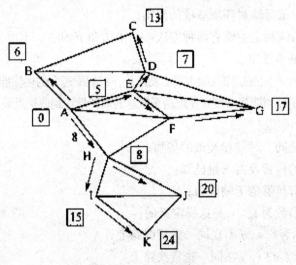

图 5 - 10　最优线路图

依照上述方法，将物流网络中的每一结点当作初始结点，并使其位势值等于"零"，然后进行计算，可得所有结点之间的最短距离，见表5-8。

表5-8 结点之间的距离

物流网结点	A	B	C	D	E	F	G	H	I	J	K
A	0	6	13	7	5	9	17	8	15	20	24
B	6	0	11	10	11	15	23	14	21	26	30
C	13	1]	0	6	8	12	19	21	28	33	37
D	7	10	6	0	2	6	13	15	22	27	31
E	5	11	8	2	0	4	12	13	20	25	29
F	9	15	12	6	4	0	8	10	17	22	26
G	17	23	19	13	12	8	0	15	22	27	31
H	8	14	21	15	13	10	15	0	7	12	16
1	15	21	28	22	20	17	22	7	0	10	9
J	20	26	33	27	25	22	27	12	10	0	8
K	24	30	37	31	29	26	31	16	9	8	0

三、送式配送运输

分送式配送是指由一个供应点对多个客户的共同送货。其基本条件是同一条线路上所有客户的需求量总和不大于一辆车的额定载重量，送货时，由这一辆车装着所有客户的货物，沿着一条精心挑选的最佳路线依次将货物送到各个客户手中，这样既保证按时按量将用户需要的货物及时送到，又节约了车辆，节省了费用，缓解了交通紧张的压力，并减少了运输对环境造成的污染。

分送式配送路线制定主要有两种方法：扫描法和节约法。本单元仅介绍节约法。

1. 节约法的基本规定

利用里程节约法确定配送路线的主要出发点是，根据配送方的运输能力及其到客户之间的距离和各客户之间的相对距离来制定使配送车辆总的周转量达到或接近最小的配送方案。

为方便介绍，假设：

（1）配送的是同一种或相类似的货物；

（2）各用户的位置及需求量已知：

（3）配送方有足够的运输能力；

（4）设状态参数为 t_{ij}。t_{ij} 是这样定义的：

$$t_{ij} = \begin{cases} 0, & \text{表示客户 } i \text{、} j \text{ 不在同一送货线路上；} \\ 1, & \text{表示客户 } i \text{、} j \text{ 在同一送货线路上} \end{cases}$$

$$t_{0j} = \{2, \text{表示由送货点 } P_0 \text{ 向客户 } j \text{ 单独派车送货}\}$$

所有状态参数应满足下式：

$$\sum_{j=1}^{j=1} t_{ij} + \sum_{i=j+1}^{n} t_{ij} = 2 \quad (j = 1, 2, \cdots, n)$$

式中 n——客户数。

利用节约法制定出的配送方案除了使总的周转量最小外，还应满足：

（1）方案能满足所有客户的到货时间要求；

（2）不使车辆超载；

（3）每辆车每天的总运行时间及里程满足规定的要求。

2. 节约法的基本思想

节约法的目标是使所有车辆行使的总里程最短，并进而使所有站点提供服务的车辆数最少。

设 P_0 为配送中心，分别向用户 P_i 和 P_j 送货。P_0 到 P_i 和 P_j 的距离分别为 d_{0i} 和 d_{0j}，两个用户 p_i 和 p_j 之间的距离为 d_{ij}，送货方案只有两种，即配送中心 p_0 向用户 p_i、p_j 分别送货和配送中心 p_0 向用户 p_i、p_j 同时送货，如图 5 – 11（a）和图 5—11（b）所示。比较两种配送方案：

方案 a 的配送路线为 $P_0 \rightarrow P_i \rightarrow P_0 \rightarrow P_j \rightarrow P_0$，配送距离为 $d_a = 2d_{0i} + 2d_{0j}$

方案 b 的配送路线为 $P_0 \rightarrow P_i \rightarrow P_j \rightarrow P_0$，配送距离为 $d_b = d_{0i} + d_{0j} + d_{ij}$

显然，d_0 不等于 d_b，用 s_{ij} 表示里程节约量，即方案 b 比方案 a 节约的配送里程为：

$$S_{ij} = d_{0i} + d_{0j} - d_{ij}$$

如果是多站点配送（3 个及其以上），除了将两个单独的站点合并在一起外，还可以将某站点并入已经包含多个站点的线路上，同样可以达到节省配送费用，缩短线路里程的作用，缩短的里程同样可以计算出来。应该注意的是，每次合并都要计算所缩短的距离，节约距离最多的站点就应该纳入现有线路；如果由于某些约束条件（如线路过长、无法满足时间窗口的限制或车辆超载等），节约距离最多的站点不能并入该线路，则考虑节约距离次多的站点，直至该线路不能加入新的站点为止。然后重复上述整个过程至所有站点的路线设计完成。

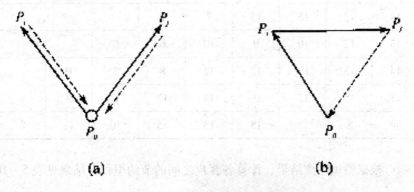

图 5 – 11　节约法某思想示意图

（a）方案 a；（b）方案 b

下面具体说明节约法的求解过程。

【题5-4】 某一配送中心 P 向 10 个客户配送货物，其配送网络如图 5—12 所示。图中括号内的数字表示客户的需求量，线路上的数字表示两结点之间的距离。配送中心有 2t 和 4t 两种车辆可供使用，试用节约法设计最佳送货路线。

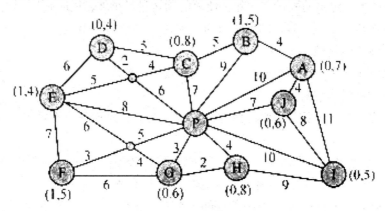

图 5－12 配送网络图

【解析】 第一步：计算最短距离。根据配送网络中的已知条件，计算配送中心与客户及客户之间的最短距离，结果见表 5—9。

表 5－9 配送中心与客户及客户之间的量短距离

P										
10	A									
9	4	B								
7	9	5	C							
8	14	10	5	D						
8	18	14	9	6	E					
8	18	17	15	13	7	F				
3	13	12	10	ll	10	6	G			
4	14	13	L1	12	12	8	2	H		
10	11	15	17	18	18	17	11	9	1	
7	4	8	13	15	15	15	10	11	8	J

第二步：根据最短距离结果，计算各客户之间的节约里程，结果见表 5-10。

表 5－10　节约里程量

A									
10	B								
9	4	C							
7	9	5	D						
8	14	10	5	E					
8	18	14	9	6	F				
8	18	17	15	13	7	G			
3	13	12	10	11	10	6	H		
4	14	13	11	12	12	8	2	1	I
10	11	15	17	18	18	17	11	9	J

第三步：将节约里程按从大到小的顺序进行排列，见表 5－11。

表 5－11　节约里程排序表

序号	路线	节约里程	序号	路线	节约里程
1	A－B	15	13	F—G	5
2	A－J	13	13	G－H	5
3	B－C	11	13	H－I	5
4	C－D	10	16	A－D	4
4	D－E	10	16	B－I	4
6	A－I	9	16	F－H	4
6	E－F	9	19	B－E	3
6	I－J	9	19	D－H	3
9	A－C	8	21	G－I	2
9	B－J	8	22	C－J	1
11	B－D	7	22	E－G	1
12	C－E	6	22	F－I	1

第四步：确定配送线路。从排序表中，按节约里程大小顺序，组成线路图。

（1）初始方案。

如图 5－13 所示，从配送中心 P 分别向各个客户进行配送，共有 10 条配送路线，总行程为 148km，需 2t 货车 10 辆（每个客户的货量均小于 2t）。

（2）修正方案 1。

按节约里程由大到小的顺序，连接 A－B、A－J、B－C，同时取消 P－A、P－B 路线，形成 P－J－A－B－C－P 配送路线 1，如图 5－14 所示。

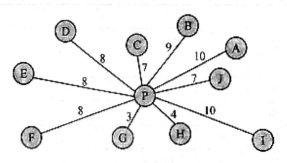

图 5－13　初始方案

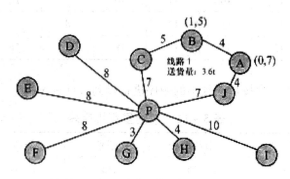

图 5－14　修正方案 1

配送线路 1 装载货物质量为 3.6t，运行距离为 27km，需 4t 车 1 辆。这时，共配送路 7 条，配送总行程为 109km，需 2t 车 6 辆，4t 车 1 辆。

（3）修正方案 2。

按节约里程大小顺序，应该是 C－D、D－E、C－D 和 D－E 都有可能并入线路 1 中，但考虑到单车载重量及线路均衡问题（如规定每次运行距离为 30kin 以内），配送线路 1 不再增加配送客户，为此连接 D－E，形成 P－D－E－P 配送路线 2，如图 5－15 所示。

配送线路 2 载重量为 1.8t，运行距离 22km，需 2t 货车 1 辆。此时，共配送线路 6 条，总行程为 99km，需要 2t 车 5 辆，4t 车 1 辆。

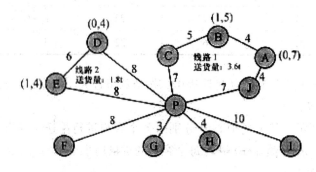

图 5－15　修正方案 2

（4）修正方案3。

接下来节约里程顺序是A－I和E－F，由于此时A已属于线路1，且该线路不再扩充客户，故不连接A－I：连接E－F并入配送线路2中，并取消P－D、P－E线路，形成P－D－E－F－P配送线路2，如图5－16所示。

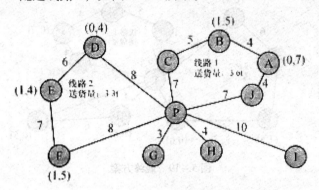

图5－16　修正方案3

配送线路2装载量为3.3t，运行距离为29km，需4t货车1辆。此时配送总线路共5条，总运行距离为90kin，需2t货车3辆，4t货车2辆。

（5）修正方案4。

按节约里程顺序由大到小排接下来应该是I小A－C、B－D和C－E，但这些连接已包含在线路1和线路2中，故不能组合成新的线路。接下来是F－G，可组合在配送线路2中，形成P－D－E－F－G－P满车的配送线路2，如图5－17所示。

配送线路2装载量为3.9t，运行距离为30km，需4t货车1辆。此时，共有4条线路，总行程为85km，需要2t货车2辆，4t货车2辆。

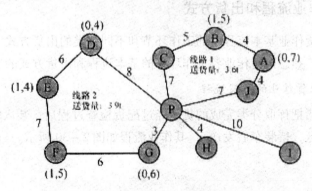

图5－17　修正方案4

（6）最终方案。

接下来剩下的是 G—H，由于受载重量的限制，不将 H 点并入到线路 2 中，而是连接 H 和 1，组成新的配送线路 3，得到最终方案，如图 5-18 所示。

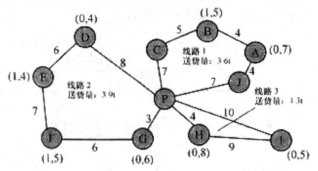

图 5-19　最终方案

配送线路 3 的装载量为 1.3t，运行距离为 23km。此时共存在 3 条配送线路，总的配送距离为 80km，需要的配送车辆为 2t 车一辆，4t 车 2 辆。

3 条配送线路分别为：

第一条配送线路 1：P-C-B-A-J-P，使用一辆 4t 货车。

第二条配送线路 2：P-D-E-F-G-P，使用一辆 4t 货车。

第三条配送线路 3：P-H-I-P，使用一辆 2〔货车。

第十一节　出货作业管理

一、出货作业流程和出货方式

知识点：出货作业基本流程中的工作环节和不同种类的出货方式

关键技能点：熟悉出货作业各工作环节的基本流程和出货方式的选择

（一）熟悉出货作业的一般流程

出货作业是指把拣取分类完成的货品经过配货检查过程后，装入容器和做好标示，再运到配货准备区，待装车后发送。）其作业流程如图 2-30 所示。

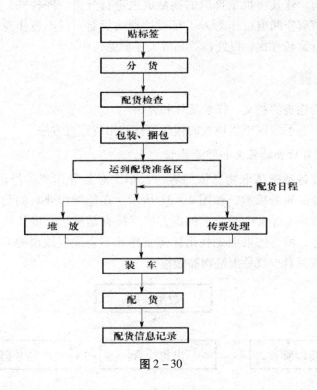

图 2 - 30

（二）熟悉出货方式的种类

1. 人工目视处理。

全由人工依订单或传票判断来进行分货，也就是不借由任何计算机或自动化的辅助设备，拣取作业后依订单或传票信息将各客户的订购货品放入已贴好各客户标签的货篮中。

2. 自动分类机。

（1）为应对多品种、小批量订货的市场趋势，有了自动分类机的兴起，且正被广泛运用。自动分类机是利用计算机及辨识系统来达成分类的目标，因而具有迅速、正确、不费力的效果，尤其在拣取数量或分类数量众多时，更有效率。

（2）自动分类机的种类非常多，且各有其特色。但依分歧滑出形式大体可分为两种：将载物部分倾斜滑落的倾倒式和水平分出处理式。

（3）以易破损物品而言，采用倾倒式会有较大的损害几率，因而适合水平处理。此外，当系统要求较大分类能力时，则需要采用较高速的自动分类机，并最好使用震荡较少的窄皮带传送方式，以免伤及货品。所以，在选择自动分类机时，最好从以下五个主要角度来衡量：物品数量、物品形状、重量分析、容器尺寸分析、易损坏品分析。

3. 旋转架分类。

为节省成本，也有取代自动分类机而使用旋转架的方式，将旋转架的每一格位当成客户的出货篮，分类时只要于计算机输入各客户的代号，旋转架即会自动将其货篮转至作业人员面前，让其将批量拣取的物品放人进行分类。同样的，即使没有动力的小型旋转架，为节省空间也可作为人工目视处理的货篮，只不过作业人员依照每格位上的客户标签自行旋转寻找，以便将货品放人正确储位中。

二、出货检查

知识点：出货检查的意义、作业流程和方法
关键技能点：熟悉掌握出货检查的作业流程和出货检查方法。

（一）了解出货检查的意义和作业流程

出货检查作业包括把拣取物品依照客户、车次对象等作产品号码及数量的核对，及实施产品状态及品质的检验，如图 2 - 31 所示。在拣货作业后的物品检查，因耗费时间及人力，在效率上经常也是个大问题，出货检查是属于要确认拣货作业是否产生了错误的处理作业，所以如果能先找出让拣货作业不会发生错误的方法，就能免除事后检查的需要，或只对少数易出错物品做检查。

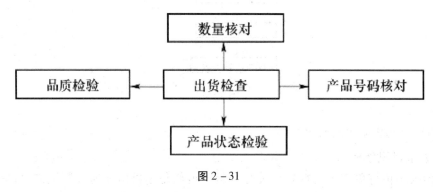

图 2 - 31

（二）熟悉出货检查的不同方法

1. 出货检查最单纯的做法即以纯人工进行，也就是将货品一个个点数并逐一核对出货单，再进而查验出货的品质水准及状态情况。以状态及品质检验而言，纯人工方式逐项或抽样检查的确有其必要性，但对于货品号码及数量核对来说，以纯人工方式就可能较无效率也较难将问题找出，即使是采取多次的检查作业，也可能是耗费了许多时间，错误却依然存在。因此，以效率及效用来考虑，如今在数量及号码检查的方式上有许多突破，包括以下几个方面：

（1）商品条码检查法即是要导入条码，让条码跟着货品跑。当进行出货检查时，只需将拣出货品的条码以扫描机读出，计算机则会自动将资料与出货单对比，来检查是否有数量或号码上的差异。

（2）声音输入检查法是一项较新的技术，是由作业人员发声读出货品的名称（或代号）及数量，之后计算机接收声音做自动判识，转成资料再与出货单进行比对。

此方式的优点在于作业员只需用嘴读取资料，手脚仍旧空着可做其他的工作，自由度较高。但需注意的是，此法声音的发音要准，且每次发音字数有限，否则计算机辨识困难，可能产生错误。

（3）重量计算检查法是先利用自动加总出货单上的货品重量，而后将拣出货品以计重器来称出总重量，再将两者互相对比的检查方式。如果能利用装有重量检核系统的拣货台车拣货，则在拣取过程中就能利用此法来做检查，拣货员每拣取一样货品，台车上的计重器则会自动显示其重量并查对，如此可完全省却事后的检查工作，在效率及正确性上的效果将更好。

三、组织出货包装

知识点：出货包装的分类、功能和技术方法
关键技能点：熟悉掌握出货包装的功能和技术方法

（一）三种出货包装

1. 个装。

个装指货品的个别包装，这是为了提高货品的商品价值及为美观或保护货品考虑，而使用适当的材料或容器对货品加以包装。个装又可称为"商业包装""销售包装"。

2. 内装。

内装指货物包装的内层，即考虑水、湿气、光热、冲击等对物品的影响，而使用适当的材料或容器对物品加以包装。

3. 外装。

外装指货物包装的外层，即将物品装入箱、袋、木桶、罐等容器，或在无容器的状态下，将货物加以捆绑、施加记号及打包符号等。在此需注意的是，外装容器的规格也是影响物流效率的重要因素，因其尺寸与栈板、搬运设备尺寸是否搭配直接关系到进出货作业的运行速率，且其荷重、耐冲、抗压能力也关系到货品损坏程度。

内装及外装又称为"运输包装""工业包装"，对于运输货物的包装，通常不求装潢美观，只求坚固耐用，以免货物经长距离辗转运输而遭受损失。

（二）认知包装的功能

1. 提供货品保护作用。

包装的保护功能须针对两大要点：

（1）包装保护的时效应超过所预期的产品时效。

（2）保护产品特有的弱点，例如化学与物理性的危害及产品被窃的可能性。

2. 便于搬运、储存及使用方便。

包装须能增进使用上的方便，如易拉罐的开启法便是包装的一大革新。此外，便于搬运及储存也是包装设计的主要考虑因素。

3. 刺激顾客的购买欲。

保护良好及使用方便的包装如果不能刺激消费者的购买欲，它还是毫无价值。所以包装不仅要能帮助厂商销售商品，最好能激起消费者重复购买的欲望。因而包装外观设计之所以重要，有下列几点：①它可当做商品宣传的工具。②它可表示商标或制造厂名称。③它能说明商品使用方法。④刺激顾客购买，增加产品销售量。

4 易于辨认。

就商业包装而言，外观宜富有吸引力及容易辨认；就工业包装而言，容易辨认也是营运的主要条件。另外，产品易于辨认也可达到更高的搬运效率及作业正确性。

（三）认知包装的社会性

包装与人类的日常生活有密切的关系，因而我们对包装所产生下列的社会问题应加以重视，见表2-29。

表 2 - 29

问题	解决办法
包装过大及包装过剩的问题	要求包装适当化
包装宣传的可靠性问题	确立包装的可靠性
包装废弃物的处理问题	提倡环保实践
包装资源的问题	包装回收的再利用
包装安全性的问题	提升顾客服务品质

（四）包装作业所采用的技术和方法

1 产品包装的一般技法：

（1）对内装物进行合理置放、固定和加固。

（2）对松泡产品进行压缩。

（3）合理选择外包装的形状尺寸。

（4）合理选择内包装（盒）的形状尺寸。

（5）包装外的捆扎。

2. 产品包装的特殊技法

（1）缓冲包装技法（或称防震包装技法）是解决包装物品免受外界的冲击力，振动力等作用，从而防止损伤的包装技术和方法。

（2）防潮包装技法就是采用防潮材料对产品进行包装，以隔绝外部空气相对湿度变化对产品的影响，使得包装内的相对湿度符合产品的要求，从而保护产品质量。

（3）防锈包装技法是运输储存金属制品与零部件时，为了防止其生锈而降低使用价值或性能所采用的包装技术和方法。

（4）防霉包装技法是为了防止因霉菌侵袭内装物长霉而影响产品质量，所采取的一定防护措施的包装技法。

3. 包装操作技术。

（1）充填技术是将商品装入包装容器的操作，分为装放、填充与灌装三种形式。

（2）封日和捆扎技术。

（3）裹包是用一层挠性材料包覆商品或包装件的操作。

（4）加标和检重：加标就是将标签粘贴或拴挂在商品或包装件上，标签是包装装横和标志，因此加标也是很重要的工作；检重是检查包装内容物的重量，目前大多采用电子检重机进行检测。

四、出货状况调查

知识点：出货状况调查表的所包含的材料

关键技能点：通过调查表的记录有效掌握出货状况

出货状况调查表

有效掌握出货状况可以掌握公司营运的效益，对于作业管理及服务客户有很大的帮助。因此，通过表2-30所列举材料，可以详细掌握货品及车辆的出货情形。

表2-30

项目		平均值	极限值
出货对象数量	一日内的出货厂数	平均：	最多：
	一日内的出货品项数	平均：	最多：
	配送车种	吨数：	最多：
	车辆台数/日	平均：	最多：
	每一车的装货（出货）时间	平均：	最多：
出货运送点数	每一方面的出货捆包数	平均：	最多：
	出货所需人员数	平均：	最多：
	一日出货的总重或总体积	总重：	总体积：
出货形式	出货距离	平均：	最远：
出货时间带：（每一时刻出货的车数调查）	车数↑ 　　　　　　　　　　　时间→		

第十二节　搬运作业管理

一、搬运作业概述

知识点：搬运作业的作用、特点及其货品移动单位

关键技能点：了解搬运作业的主要目的及其特点；熟悉搬运作业中货品移动的三种基本单位

（一）认知搬运作业的作用和目的

物流系统各个环节的先后或同一环节的不同活动之间，都必须进行搬运作业。如

运输、储存、包装等都要有装卸搬运作业配合才能进行。搬运是物料的不同运动（包括相对静止）阶段之间相互转换的桥梁，正是因为有了装卸搬运活动才能把物料运动的各个阶段连接成连续的"流"，使物流的概念名副其实。

搬运是指在同一地域范围内进行的，以改变物料的存放（支承）状态和空间位置为主要目的活动。一般来说，在强调物料存放状态的改变时，使用"装卸"一同；在强调物料空间位置的改变时，使用"搬运"这个同。

搬运与运输、储存不同，运输是解决物料空间距离的，储存是解决时间距离的，而装卸搬运没有改变物料的时间或空间价值，因而，往往引不起人们的重视。可是一旦忽略了装卸搬运，生产和流通领域轻则发生混乱，重则造成生产活动停顿。

1. 搬运活动的主要目的及内容见表 2 – 31

表 2 – 31

目　的	内　容
提高生产力	顺畅的搬运系统，能够消除瓶子颈以维持及确保生产水准，使人力有效利用，设备减少闲置
降低搬动成本	减少每位劳工及每单位货品的搬运成本，并减少延迟、损坏及浪费
提高库存高转率，以降低存货成本	有效率的搬运，可加速货品移动及缩减搬运距离，进而减少总作业时间，使得存货存置成本及其他相关成本皆得以降低
改善工作环境，增加人员、货品搬运安全	良好的搬运系统，能使工作环境大为改善，不但能保证物品搬运的安全，减少保险费率，且能提高员工的工作情绪
提高产品品质	良好的般运可以减少产品的毁损，使产品品质水准提升，减少客户抱怨
促进配销成效	良好的搬运，可增进系统作业效率，不但能缩短产品总配销时间，提高客户服务水准，亦能提高土地劳动生产力，对公司营运成效助益很大

（二）搬运作业管理的特点

1. 在生产和流通领域中装卸搬运的共性：

（1）具有伴生和起讫性的特点

装卸搬运的目的总是与物流的其他环节密不可分的（在加工业中甚至被视为其他环节的组成部分），不是为了装卸而装卸，因此与其他环节相比，它具有伴生性的特点。运输，储存、包装等环节，一般都以装卸搬运为起始点和终结点，因此它又有起讫的特点。

（2）具有提供保障和服务性的特点

装卸搬运保障了生产中其他环节活动的顺利进行，具有保障性质；装卸搬运过程不消耗原材料，不排放废弃物，不大量占用流动资金，不产生有形产品，因此具有提供劳务的性质。

（3）具有"闸门"和"咽喉"的作用

装卸搬运制约着生产与流通领域其他环节的业务活动，这个环节处理不好，整个物流系统将处于瘫痪状态。

2. 在生产和流通领域中装卸搬运的不同特性：

（1）均衡性与波动性

生产领域的装卸搬运必须与生产活动的节拍一致，而均衡性是生产的基本原则，因此物料搬运作业基本上也是均衡的、平稳的、连续的。流通领域的装卸搬运是随车船的到发和货物的出入库而进行的，作业的突击性、波动性和间歇性较多；对作业波动性的适应能力是装卸搬运系统的特点之一。

（2）稳定性与多变性

生产领域装卸搬运的作业对象是稳定的，或略有变化但又有一定规律。

而流通领域的装卸搬运的作业对象是随机的，货物品种、形状、尺寸、重量、包装、性质等千差万别，车型、船型也各不相同；对多变的作业对象的适应能力是装卸搬运系统的又一特点。

（3）局部性与社会性

生产领域的装卸搬运作业的设备、设施、工艺、管理等涉及的面基本上局限于企业内部。流通领域的装卸搬运的诸因素牵涉整个社会，如装卸搬运的收货、发货、车站、港口、货主、收货人等都在变动，因此，设备、设施、工艺、管理、作业标准等都必须相互协调，才能发挥整体效益。

（4）单纯性与复杂性

生产领域的装卸搬运大多数是单纯改变物料的存放状态和几何位置，作业比较单纯。流通领域的装卸搬运是与运输、储存紧密衔接的，为了安全和充分利用车船的装载能力与库容，基本上都要进行堆码、满载、加固、计量、检验、分拣等作业，比较复杂，而这些作业又都成为装卸搬运作业的分支或附属作业；对这些分支作业的适应能力也成了装卸搬运系统的特点之一。

由于在不同的领域装卸搬运作业具有各自的特点，因此，在进行研究、设计、运用、改进、评价时，就表现出不同的侧重面。

（三）熟悉搬运作业中货品移动的三种基本单位

1. 散装。

散装是最简单且最廉价的货品搬运方法，每次的运送量较大，但散装的搬运比较容易破坏货品或造成边缘的损坏，应特别注意。

2. 个装。

个装往往是体积很大的物品，大部分的移动需要大型搬运机或辅助设施来移运。个装也可累积到某些单元数量后再运，如栈板（托盘）、笼车、盒子与篮子等都是单元载重，单元载重的好处在于可以保护货品并降低每单位的移动成本及装卸成本，让搬运作业运行得更加完善、经济。

3. 包装。

而多数量的单元包装是标准化的形式，其大小、形态与设计都要一致，才能节省成本。

二、搬运作业管理的分类

知识点： 搬运作业管理的分类

关键技能点： 掌握按不同的要求对搬运作业管理进行分类

（一）按作业场所对搬运作业管理分类

按作业场所对搬运作业管理分类如下：

1. 铁路装卸

铁路装卸是指在铁路车站进行的装卸搬运活动。除装卸火车车厢货物外，还包括汽车的装卸、堆码、拆取、分拣、配贷、中转等作业。

2. 港口装卸

港口装卸是指在车站或仓库外的装卸站台上进行的各种装卸搬运活动。如装车、卸车、集装箱装卸、搬运等作业。

3. 场库装卸

场库装卸是指在仓库、堆场、物流中心等处的装卸搬运活动，如堆码、分拣、配货作业、装车作业等。另外，如空运机场、企业内部以及人不能进入的场所，均属此类。

4. 车间搬运

车间搬运是指在车间内部工序间进行的各种装卸搬运活动。如原材料、在制品、半成品、零部件、产成品等的取放、分拣、包装、堆码、输送等作业。

（二）按操作特点对搬运作业管理分类

按操作特点对搬运作业管理分类如下：

1. 堆码取拆作业

堆码取拆作业包括在车厢内、船舱内、仓库内的码裸和拆垛作业。

2. 分拣配货作业

分拣配货作业是指按品类、到站、去向、货主等不同特征进行分拣货物作业。

3. 挪动移位作业

挪动移位作业是指单纯地改变货物的支承状态的作业（例如，从汽车上将货物卸到站台上等）和显著（距离稍远）改变空间位置的作业。

以上作业又可分为手工操作、半自动操作和全自动操作。

（三）按作业方式对搬运作业管理分类

按作业方式对搬运作业管理分类如下：

1. 吊装吊卸法（垂直装卸法）

吊装吊卸法主要是使用各种起重机械来改变货物的铅垂方向的位置为主要特征的方法，这种方法历史最悠久、应用面最广。

2. 滚装滚卸法（水平装卸法）

滚装滚卸法是以改变货物的水平方向的位置为主要特征的方法。如各种轮式、履带式车辆通过站台、渡板开上开下装卸货物，用叉车、平移机来装卸集装箱、托盘等。

（四）掌握按作业对象对搬运作业管理分类

按作业对象对搬运作业管理分类如下：

1. 单件作业法

单件作业法是人力作业阶段的主导方法。目前对长大笨重的货物，或集装会增加危险的货物等，仍采取这种传统的单件作业法。

2. 集装作业法

集装作业法是指先将货物集零为整，再进行装卸搬运的方法。有集装箱作业法、托盘作业法、货捆作业法、滑板作业法、网装作业法及挂车作业法等。

3. 散装作业法

散装作业法是指对煤炭、矿石、粮食、化肥等块、粒、粉状物资，采用重力法（通过筒仓、溜槽、隧洞等方法）、倾翻法（铁路的翻车机）、机械法（抓、舀等）、气力输送（用风机在管道内形成气流，应用动能、压差来输送）等方法进行装卸。

（五）按作业手段和组织水平对搬运作业管理分类

按作业手段和组织水平对搬运作业管理分类如下：

1. 人工作业法

2. 机械作业法

3. 综合机械化作业

（六）按装卸设备作业特点对搬运作业管理分类

按装卸设备作业特点对搬运作业管理分类如下：

1. 间歇作业法

间歇作业法是指在装卸搬运作业过程中有重程和空程两个阶段，即在两次作业中存在一个空程准备过程的作业方法。如门式和桥式起重机作业。

2. 连续作业法

连续作业法是指在装卸搬运过程中，设备不停地作业，物资可连绵不断、持续流水般地实现装卸作业的方法，如带式输送机、链斗装车机作业。

三、搬运作业的改善

知识点：搬运作业的发生时机、原则、因素和合理措施

关键技能点：根据搬运作业的原则和重要因素掌握改善的主要措施

（一）搬运作业发生的时机

搬运作业包括自运输系统装上和卸下货物，从卸货点搬运至物流中心、物流中心内的搬运和从物流中心内取出货物等作业，物流中心的搬运活动发生时机如 图 2 － 32 所示。下述物流中心的搬运活动，不一定包括所有的搬运作业，但也可使我们了解到货品搬运除了增加成本外，无法增加产品的价值，因此我们必须尽可能地减少货品搬运次数，以降低成本。

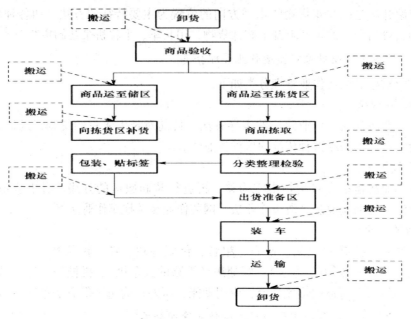

图 2 - 32

（二）改善搬运作业的基本原则

改善搬运作业的基本原则：

（1）距离的原则—距离越短，移动越经济。

（2）数量的原则—每次移动的数量越多，每单位移动成本越低

（三）掌握改善搬运作业时需考虑的 5 项因素

1. 搬运的对象

搬运的对象是指搬运物的数量、重量、形态，就是要保证在整个作业过程中各点都要能不断收到正确且适量、完好的货品，同时要使搬运设备能对应好搬运的货品量，以免徒增设备产能的耗费。

2. 搬运的距离

搬运的距离是指搬运的位移及长度，搬运的位移包括水平、垂直、倾斜方向的移动，而长度则指位移的大小。因而良好搬运即是要设法运用最低成本、最有效方法来克服搬运位移、长度，以尽速将所需物件送到指定的场所。

3. 搬运的空间

物料、搬运设备皆有其所占空间，所以在系统规划时必须预留足够适当的搬运空间，才能达到搬运目的。然而，空间的需求受搬运系统的效率影响很大（一个无效率的搬运系统为防拥塞其所需空间必定较大），因而搬运要有效才能使厂房空间愈充分利用。

4. 搬运的时间

时间的意义包括两种：搬运过程所需的总耗费时间及完成任务的预期时间。要使这两项时程控制在规划之内，就必须配合适当的机具及运作方式，才能使物件在恰好

的时间到达确实的地点，以避免"过快"（会影响后续作业效率）或"不及"（往往增加仓储成本）的发生。

5. 搬运的手段

如表2-32所示，针对搬运的对象，要使搬运达到有效的移动，利用有效的空间，掌握有效的时间，都必须要采用适当的搬运手段。而对于手段的运用，应遵循经济、效率两大原则，并在其中谋求一个平衡点，才能满足对内、对外高度的要求。

表2-32

	因素	目标	想法	改善原则	改善方法
物料搬运	搬运对象	减少总重量、总体积	减少搬动次数 减少重量体积	尽量废除搬运	调整厂房布置
					合并相关作业
				减少搬运量	减少搬运量

（四）装卸作业合理化措施

1. 防止和消除无效作业。

无效作业是指在装卸作业活动中超出必要的装卸、搬运量的作业。为了有效地防止和消除无效作业，可从以下几个方面入手：

①尽量减少装卸次数；②提高被装卸物资的纯度；③包装要适宜。

2. 选择适宜搬运路线。

搬运路线通常分为直达型、渠道型和中心型，如图2-33所示

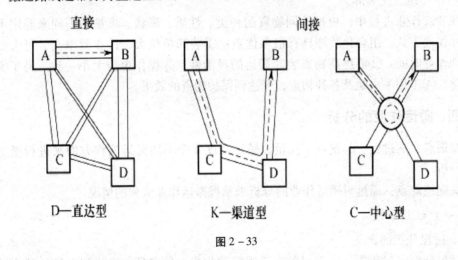

图2-33

3. 提高物资装卸搬运的灵活性。

物资装卸、搬运的灵活性是指在装卸作业中的物资，进行装卸作业的难易程度。所以，在堆放货物时，事先要考虑到物资装卸作业的方便性。物资装卸、搬运的灵活性，根据物资所处的状态，即物资装卸、搬运的难易程度，可分为不同的级别，如图2-34所示。

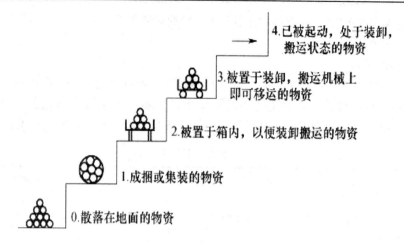

图 2－34

4. 实现装卸作业的省力化。

在物资装卸中应尽可能地消除重力的不利影响。在有条件的情况下利用重力进行装卸，可减轻劳动强度和能量的消耗。

5. 装卸作业的机械化。

机械化程度一般可分为三个阶段。第一个阶段是用简单的装卸器具的阶段。第二个阶段是使用专用高效的装卸机具阶段。第三个阶段是依靠电子计算机实现自动化阶段。

6. 推广组合化装卸。

在装卸作业过程中，根据不同物资的种类、性质、形状、重量的不同来确定不同的装卸作业方式。组合化装卸具有很多优点：①装卸单位大、作业效率高，可大量节约装卸作业时间。②能提高物资装卸搬运的灵活性。③操作单位大小一致，易于实现标准化。④不用手去触及各种物资，可达到保护物资的效果。

四、搬运作业的分析

知识点：从过程、起讫点、流量、搬运高度 4 个不同搬运流程方面来进行搬运作业的分析

关键技能点：通过对搬运作业的分析来掌握搬运作业流程的情况

（一）过程分析

1. 过程分析的含义。

过程分析（过程图）主要目的在于观察并收集一件产品由进货到出货的整个过程中有关的资料，或是一项作业进行过程中的所有相关的信息及相配合的实体资源设备。

2. 过程分析的特点。

此种方法由于须考虑整个过程，所以一次只能分析一种产品，或一类材料，或一项作业。

3. 过程分析的制作方法。

过程分析主要靠过程图的运用将作业情况表示出来，而后再针对现况进行改善，以下即为过程图的制作方法。而一般采用的过程分析可以采用"现成表格"或"作业流程图"来表达，如表2-33举例所示。

表 2-33

货品名称及单位	描述	每载重量/磅	每次运送次数	距离/米
1. 榨汁机（整栈）	进货存放于码头月台			
2. 榨汁机（整栈）	以堆高机搬运至暂存区	360	3	5
3. 榨汁机	卸栈、拆箱			
4. 榨汁机（每盒）	数量、品质检验			
5. 榨汁机（每盒）	由输送机运送至加区	2	540	20
6. 榨汁机（每盒）	流通加工			
7. 榨汁机	重包装			
8. 榨汁机（箱）	由输送机运至储区	12	90	30
9. 榨汁机（整箱）	入库储存			

（二）掌握起讫点分析

1. 起讫点分析的含义。

与过程分析不同，起讫点分析并不需观察过程中的每一状况，而是由每一次搬运的起点及终点，或是以各站固定点为记录目标，来对搬运状况作分析。

（1）路线图表示法。

每次分析一个流通路线，观察并收集每一移动的起讫点资料，及在这路线上各种不同货品流通的状况。路线图是探讨每一路线中货品移动的状况，其一般格式见表2-34。

表 2-34

从_____到_____　　　　　　　　制图员_____

编号_____　　　　日期_____　　　　页数_____

货品类别		路线情况 距离_____		流量			
序号	类别代码	起点时间	经过路线	终点时间	数量	经过时间	流量强度

（2）流入流出图表示法。

观察并收集流入或流出某一地区的各种移动状况。一旦路线较多将反而成为管理上的一项负担，因此若路线很多时，最好使用流入流出图来描绘不同货品在某一区域的流入流出情形，其格式见表2-35。

表2-35

制图员_____	编号_____	区域_____		日期_____		页数_____
	流入				流出	
货品代码	每天数量		从作业区域	到作业区域	每天数量	货品代码
	单位	数量			单位	数量	

（三）掌握货品流量分析

1. 货品流量分析的含义。

货品在部门单位间转移往往呈现极不规则的方向，为追求时效，规划管理者必须尽量使所有移转工作都能以最简捷方向、最短距离方法完成。而货品流量分析便是将整个移转路径概略绘出，来观察货品移动的流通形态。

2. 货品流量分析主要目的：

（1）计算各配送计划下可能产生的货品流量以作为设计搬运方法，选择搬运设备的参考。

（2）评定布置方式的优劣。

（3）配合货品流通形态改变布置方式。

（4）调整货品搬运路径的宽窄。

（5）掌握作业时间，进而预测各阶段时程。

3. 货品流量分析的方法。

货品流量分析的方法多半依靠分群或各组织下所设立的部门单位作为分析的基础，使用方法可分两类：

1. 部门间直线搬运法

此情况是假设各部门间直线流通无障碍，并以直线距离来作流量分析。此方法与实际状况多少有些差距。

2. 最短路径搬运法

此方法为模拟实际搬运作业的方法，通常依靠计算机来协助处理，运用此法分析可得出：各单位间的最短搬运路径、各路径的货品流通量、在各配送计划下的总搬运量，如图2-35所示，此三项结果将能协助管理者达到改善搬运的目的。

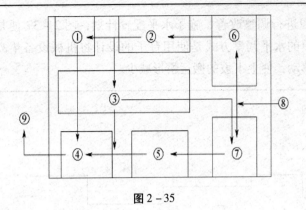

图 2 - 35

此外为求更精确的计算，在进行货品流量分析时，也可以表 2 - 36 货品流量分析表的形式来协助计算。

表 2 - 36

起讫分群	货品流量	搬运路径	各路径流量计算	
			路径代号	流量
＿＿至＿＿				
＿＿至＿＿				
＿＿至＿＿				

（四）掌握搬运高度分析—现状展开图分析法

搬运高度在上下变动时必须要有动作，如将物品提高、倾斜、拉下等，很容易导致时间与体力的消耗，因而厂房、设备等的配置，应尽可能水平地规划。因此在搬运高度分析上，我们可先依目前设备、设施、搬运用具等的配置，画出现状的展开图表，如图 2 - 36 所示。在这张展开图表里，最好能将各有关事项逐一记载，如搬运手法、人员、场所的情形、设备名称等，以包含全部的调查，尤其在高度方面。

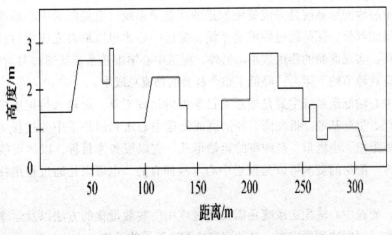

图 2 - 36

而后再由此图进行调整改善，施予水平配置计划，图2-37便是改良后的高度展开图。其中最简单的水平调整方式是使用台子的设计将机械设备垫高，让货品能依大体上一致的高度移动，使上下坡的搬运情形减少。

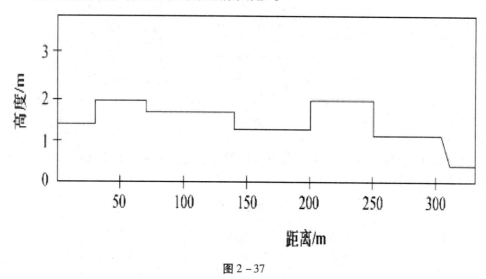

图 2-37

第十三节　输配送作业管理

一、输配送作业概述

知识点：输配送作业的含义和特点

关键技能点：熟悉输配送作业的含义和特点

（一）输配送系统的含义

配送中心输配送系统是完成货物配送的功能子系统，也是配送中心系统中一个非常重要的组成部分。正是通过输配送系统，配送中心才得以最终完成货物从生产商到用户的转移，实现商品的使用效用。另外，配送中心输配送系统还通过对货物的集中、合理配送有效地节约了运力，降低了整个社会的物流总成本。

配送中心输配送系统主要是通过自己掌握的运输工具、运输人员把用户订购的物品从制造厂、生产基地、批发商、经销商或配送中心送到用户手中的过程。输配送通常是一种短距离、小批量、高频率的运输形式。它以服务为目标，以尽可能满足客户需求为宗旨。配送的资源可以是配送中心本身拥有的，也可以是通过租用社会运输资源获得的。

另外，配送中心输配送系统还需要通过应用一些数量化的方法以及运输技术来优化配送工作，以便达到低成本、高效率完成配送工作的目的。

（二）输配送作业的特点

1. 时效性

时效性是流通领域客户最重视的因素，也就是要确保能在指定的时间内交货。输配送是从客户订货至交货各阶段中的最后一个阶段，也是最容易引起时间延误的环节。影响时效性的因素很多，除配送车辆故障外，所选择的配送路线不当、中途客户卸货不及时等均会造成时间上的延误。因此，必须在认真分析各种因素的前提下，用系统化的思想和原则，有效协调、综合管理，选择合理的配送路线、配送车辆和送货人员，使每位客户在预定的时间内收到所订购的货物。

2. 可靠性

输配送的任务就是要将货物完好无损地送到目的地。影响可靠性的因素有货物的装卸作业、运送过程中的机械振动和冲击及其他意外事故、客户地点及作业环境、送货人员的素质等。因此在配送管理中必须注意可靠性原则。

3. 沟通性

输配送作业是配送的末端服务，它通过送货上门服务直接与客户接触，是与顾客沟通最直接的桥梁，它不仅代表着公司的形象和信誉，还在沟通中起着非常重要的作用。所以。必须充分利用与客户沟通的机会，巩固与发展公司的信誉，为客户提供更优质的服务。

4. 便利性

配送以服务为目标，以最大限度地满足客户要求为宗旨。因此，应尽可能地让顾客享受到便捷的服务。通过采用高弹性的输配送系统，如采用急送货、顺道送货与退货、辅助资源回收等方式，为客户提供真正意义上的便利服务。

5. 经济性

实现一定的经济利益是企业运作的基本目标。因此，对合作双方来说，以较低的费用完成输配送作业是企业建立"双赢"机制、加强合作的基础。所以不仅要满足客户的要求，提供高质量、及时方便地配送服务，还必须提高配送效率，加强成本管理与控制。

二、输配送作业流程

知识点：输配送基本作业流程
关键技能点：熟悉输配送作业流程；了解执行输配送作业流程的注意事项

（一）输配送系统的基本作业流程

1. 输配送的基本作业流程图如图 2 – 38 所示。

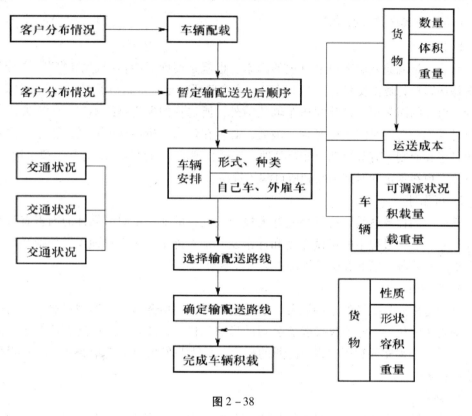

图 2 - 38

2. 输配送的基本作业流程

（1）划分基本输配送区域

首先将客户所在地的具体位置作较系统的统计，并作区域上的整体划分，再将每一客户包括在不同的基本输配送区域中，以作为配送决策的基本参考。如按行政区域或按交通条件划分不同的输配送区域，在区域划分的基础上再作弹性调整来安排输配送顺序。

（2）车辆配载

由于配送货物品种、特性各异，为提高输配送效率，确保货物质量，首先必须对特性差异大的货物进行分类。在接到订单后，将货物按特性进行分类，分别采取不同的输配送方式和运输工具，如按冷冻食品、速食品、散装货物、箱装货物等货物类别进行分类配载。其次，配送货物也有轻重缓急之分，必须初步确定哪些货物可配于同一辆车，哪些货物不能配于同一辆车，以做好车辆的初步配装工作。

（3）暂定输配送先后顺序

在考虑其他影响因素，做出确定的输配送方案前，应先根据客户订单的输配送时间将输配送的先后次序大致进行预订，为车辆积载做好准备工作，计划工作的目的是为了保证达到既定的目标。所以，预先确定基本输配送顺序可以有效地保证送货时间，提高运作效率。

（4）车辆安排

车辆安排要解决的问题是安排什么类型、多少吨位的配送车辆进行最后的输配送。一般企业拥有的车型有限，车辆数量也有限。当本公司车辆无法满足需求时，可使用外雇车辆。在保证输配送运输质量的前提下，是组建自营车队，还是以外雇车为主，则须视经营成本而定。

（5）选择送货路线

知道了每辆车负责配送的具体客户后，如何以最快的速度完成对货物的配送，即如何选择配送距离短、配送时间短、配送成本低的路线，就必须对客户的具体位置、沿途的交通情况等作出优先选择和判断。

除此之外，还必须考虑有些客户或其所在地点对送货时间、车型等方面的特殊要求，如有些客户不在中午或晚上收货；有些道路在某高峰期实行特别的交通管制等。

（6）确定最终的输配送顺序

做好车辆安排及选择好最佳的配送线路后，依据各车负责配送的先后顺序，即可将客户的最终送货顺序加以确定。

（7）完成车辆积载

明确客户的输配送顺序后，接下来就是如何将货物装车，按什么次序装车的问题，即车辆的积载问题。原则上，知道了客户的配送顺序之后，只要将货物依"后送先装"的顺序装车即可。但有时为了有效利用空间，可能还要考虑货物的性质（怕振、怕压、怕撞、怕潮）、形状、体积及重量等作出弹性调整。此外，对于货物的装卸方法也必须考虑货物的性质、形状、重量、体积等因素后再作具体决定。

3. 执行流程的注意事项

在以上各阶段的操作过程中，需注意以下几点：

（1）明确订单内容。

（2）了解货物的性质。

（3）明确具体送货地点。

（4）适当选择配送车辆。

（5）选择最优的配送线路。

（6）充分考虑各作业点的装卸货时间。

三、输配送作业管理

知识点：收货管理、存货管理、发货管理、信息管理、财务管理

关键技能点：熟悉输配送作业管理中的各个工作环节

（一）熟悉输配送作业管理中的各个工作环节

1. 收货管理。

这是配送中心物流管理的第一个环节，其核心任务是将总部订购的来自各个生产厂家的货物汇集到配送中心，经过一系列的收货流程，按照规定的储存方法将货置于合适的地点。

2. 存货管理。

这是指对货物的存储管理。商品在仓库里的存放系统有两种模式：一是商品群系

统，二是货位系统。前者是指将同类商品集中放于一处；后者包括货位的编号、商品编号。两种存放系统各具优缺点，商品群系统定位容易，但搬运困难；货位系统定位复杂，但方便调运。无论采用哪一种商品储存方法，其核心目标都是减少储存费用。

3. 发货管理。

这是配送中心物流管理的最后一个环节，目标是把商品准确而又及时地输配送到各个客户。这就要求采用经济科学的配货方法和配货流程，在现代信息管理设备的辅助下，顺利完成这一管理职能。

4. 信息管理。

信息流系统和配送系统是结合在一起发生作用的，是支撑物流企业的两个车轮。可以说，信息流系统流畅与否直接决定着配送系统的流畅程度。

主要表现在三个方面：一是提高订货与收货的精确性；二是及时掌握各处分店的信息；三是缓解人力不足等问题。因此，做好配送中心信息管理工作，对物流企业的发展至关重要。

5. 财务管理。

配送中心因类型不同承担着不同的财务职能，特别是总部授权进货或参与进货的配送中心，财务管理是其内部职能之一。随着配送中心由自营型向共营型等社会化形态转变，财务职能将日益独立。

第十四节　商品退货管理

一、退货管理概述

（一）配送中心商品退货的含义

商品退货，是指配送中心按配送合同将货物发出后，由于某种原因，客户将商品退回公司。商品退货会即时减少公司的营业额，降低利润，因此企业要检讨商品竞争力，了解导致商品退货的原因，加强营业管理，提高营运绩效。

（二）退货或换货的原因

通常发生退货或换货的原因主要有：

1. 依照协议退货

对超市与配送中心订有特别协议的季节性商品、试销商品、代销商品等，协议期满后，剩余商品配送中心将给予退回。

2. 有质量问题的退货

对鲜度不佳、数量不足等项瑕疵的商品，配送中心也将给予退换。

3. 搬运途中损坏退货

由于包装不良，货物在搬运中受到剧烈振动，造成产品破损或包装污损的商品，配送中心将给予退回。

4. 商品过期退回

一般的食品或药品都有相应的有效期限，如面包、卤味、速食类以及加工肉食等。通常配送中心与供应商定有协约，商品的有效期一过，就予以退货或换货。在消费者的质量意识高涨的今天，过期的货品，绝对要从货架上卸下，不可再卖。过期商品的处理，要花费大量的时间、费用和人力，无形中增加了营运成本。为此，配送中心必须做到适量订货，事前通过准确分析商品的需求，实施多次少量配送，从而减少过期商品的产生，同时要特别注意进货时商品上的生产日期，做到先进先出。

5. 次品回收

产品在设计、制造过程中存有问题，但通常在销售后，才由消费者或厂商自行发现。存有重大缺失的商品，必须立即部分或全部回收。此种情况虽不常发生，但却是不可避免的。

6. 商品送错退回

凡是有效斯已超过三分之一以上的商品，以及商品条码、品项、规格、细数、重量、数量与订单不符，都必须换货或退回。

（三）做好配送中心商品退货的意义

实施商品的退换货服务，是配送中心售后服务中的一项基本任务。现代企业的竞争手段多种多样，竞争的基础已不仅是产品本身，更是产品的外延——售后服务。做好商品的退换货工作是配送中心扩大市场份额、维系老客户、吸引新客户的有效手，对搞好配送中心的工作有着积极的推进意义。

1. 做好商品的退换货工作，可以满足客户需要，吸引大量订单

现代消费者的购买能力较强，需求多变性的特征表现明显，准确地洞悉市场变化、了解消费倾向，对经营者来说越来越困难。预测市场不准确导致进货量失误，产品开发时间过短导致产品缺陷等种种对经营者不利的现象屡屡发生，为维护自身利益，经营者往往希望上述问题能够得到妥善解决。配送中心对配送的货物若能做到及时调换，就能为经营者解决后顾之忧，从而吸引大量的配送订单。

2. 做好商品的退换货工作，可以建立良好的企业形象配送中心的工作主要是提供服务，服务的无形性决定了人们在感知它时具有不确定性、无标准性。服务的内容能否被需要它的人接受，要看其满足需要的程度。配送中心对所发出的有问题商品进行及时的退换货处理，可保证广大客户的利益，进而增强自己与客户的亲和力，建立起良好的企业形象。

3. 做好商品的退换货工作，可以提高资源的利用率

配送中心进行退换的商品并不都属于有问题商品。退换下来的商品有时是某一地区销售季节已过，但商品本身并不存在任何问题，可在另一地区继续销售的商品；有时是因某一经营者的经营范围有限，无法在商品保质期内全部销售完毕，若适当调配，可在其他地区短期内销售殆尽的商品。对于此类商品，配送中心可利用自己的商品信息系统，将其适时地调配到合适的经营地点，充分发挥这些商品的效用，提高社会资源利用率。

（四）商品退货管理的原则

配送中心在处理客户的退货时，不管是"经销商的退货"，还是"使用者的退货"，都必须遵循一定的原则。

1. 责任原则

商品发生退换货问题，配送中心首先要界定产生问题的责任人，即它是配送中心在配送时产生的问题，还是客户在使用时产生的问题。与此同时，配送中心还要鉴别产生问题的商品是否由己方送出，从而作出最佳的解决方案。

2. 费用原则

进行商品的退换货要消耗企业大量的人力、物力和财力。配送中心在实施退换商品时，除了由配送中心自身原因导致的商品退换外，通常需要对要求进行商品退换的客户加收一定的费用。

3. 条件原则

配送中心应当事先决定接受何种程度的退货，或者在何种情况下接受退货，并且规定相应的时间作为退换期限。例如，决定仅在"不良品或商品损伤的情况接受退货"；或是"销售额的10%以内的退货"；"7天之内，保证退货还钱"等。

4. 凭证原则

配送中心应规定客户以何种凭证作为退换商品的证明，并说明该凭证得以有效使用的方法。

5. 计价原则

退换货的计价原则与购物价格不同。配送中心应将退换货的作价方法进行说明，通常是取客户购进价与现行价的最低价进行结算。

二、退货作业流程

为规范商品的退换货工作，配送中心要制定一套符合企业标准流程作业的退货作业流程，以保证退货业务的顺利进行。

（一）接受退货

配送中心的销售部门接到客户传来销货退回的信息后，要尽快将销货退回信息通知质量管理及市场部门，并主动会同质量管理部门人员确认退货的原因。若客户退货原因明显为公司的责任，如货号不符、包装损坏、产品品质不良等，应迅速整理好相关的退货资料并及时帮助客户处理退货，不允许压件不处理。若销货退回的责任在客户，则销售人员应会同质量管理部门人员向客户说明判定责任的依据、原委及处理方式，如果客户接受，则请客户取消退货要求，并将客户销退的相关资料由质量管理部门储存管理；如果客户仍坚持退货，销售、质量管理部门人员须委婉向客户做进一步的说明，若客户仍无法接受时，再会同市场部门做深层次的协商，以"降低公司损失至最小，且不损及客户关系"为原则加以处理。

配送中心接受客户退货时，销售部门要主动告知客户有关销货退回的受理相关资料，并主动协助客户将货品退回销售部门。若该批退货商品经销售部门与客户协商需补货时，销售人员要将补货订单及时传递给采购或库存部门，迅速拟定补交货计划，以提供相应货号、数量的商品给客户，避免客户因停工而效益受到影响。如果客户的生产、经销需求比较迫切时，销售部门要依据客户的书面需求或电话记录 并经主管同意后，由相关部门安排进行商品更换，不得私下换货。

（二）重新入库

对于客户退回的货品，配送中心的销售部门要进行初步的审核。通常配送中心受理客户提出退货的要求后，企业的信息系统根据相关信息即生成销货退回单。销货退回单上将记载货品编号、货品名称、货品规格型号、货主编号、货主名称、仓库编号、区域、储位、批次、数量、单位、单价及金额等信息，销售人员接到退货后，即将退货商品的名称和数量与 销货退回单进行初步核对，在确保退货的基本信息没有出现误差后，由企业的库存部门将退 货商品重新入库。

（三）重验货物品质

配送中心将客户退回的商品重新入库时，要通知质量管理部门按照新品入库验收标准对 退回的商品进行新一轮的律查，以确认退货品的品质状况。对符合标准的商品进行储存备用或分拣配送；对于客户退货的有问题商品，在清点数量与"销货退回单"标识相符后，将其 以"拒收标签"标识后隔离存放。

质量管理部门在确认销货退回品的品质状况后，应通知储存部门安排拣货人员进行重新 挑选，或降级使用，或报废处理，使公司减少库存呆滞品的压力；储存部门要进行重新挑选 并确保有问题商品不再流入客户的生产线及经营之中，并于重新挑选后询质量管理部门申请 库存重验；质量管理部门需依据出货"抽样计划"加严检验方式重验有问题商品的品质，合 格产品可经由合格标识后重新安排到正品仓库内储存，并视客户需求再出货，凡未经质量管 理部门确认的商品一律不得再出货。

（四）退款估算

实施商品退换货虽然能满足客户的各种需要，但对配送中心的日常配送工作却带来不便。例如，退换货打乱了已经制定完毕的购销计划，增加了配送车辆的安排，变更了分拣、备货等工作的具体环节，给配送中心的工作添加了许多变量。同时，由于销货和退货的时间不同，同一货物价格可能出现差异，同质不同价、同款不同价的问题时有发生，故配送中心 的财务部门在退货发生时要进行退回商品货款的估价，将退货商品的数量、销货时的商品单价及退货时的商品单价信息输入企业的信息系统，并依据销货退回单办理扣款业务。

（五）质量管理部门的追踪处理

商品退货时，客户常常出现抱怨。质量管理部门应追踪销货退回的处理情况及成效，并将追查结果予以记录，并及时通知客户。与此同时，质量管理部门应冷静地接荣客户抱怨，并抓住抱怨的重点，分析事情发生的原因，找出解决方案。在问题解决后，还要对客户加强 后续服务，使客户对企业拥有良好的印象。最后，质量管理部门还要对客户抱怨以及销货退 回处理状况进行存储，作为今后配送工作改善及查核的参考。

三、商品退货的清点

配送中心接到客户退货后，必须重新查点退回商品的数量与品质，确认所退货的种类、项目、名称是否与客户发货单的记载相同。

（一）数量清点

退货商品到达配送中心后，接货入库的验货人员首先要查验退货商品的数量。由于配送中心的收货工作非常繁忙，通常会有几辆卡车同时到达，逐车验收很费时间，且送货卡车又不愿久等，所以一般采取"先卸后验"的方法，即电卡车送货人员按不同的商品分别堆码托盘，验货员接过随货同行单据，用移动式计算机终端或其他相应方法查阅核对实达数量与预报数量是否相符。几辆卡车同时卸车，先卸毕先验收，交叉进行，既可节省人力，又可加快验收速度；既可便利点验，又可防止出现差错。

验货人员在清点退货商品数量时，首先，要注意商品的计量单位和"细数"，正确统计退货商品数量。"细数"是指商品包装内部的数量。例如，1盒与箱虽只差一字，因一箱有24盒，故实际数量相差24倍。其次，要大体确定退货物品有无损伤，是否为商品的正常状态，若有异常，贴上标识，暂时隔离，等待进一步的品质清点。对易碎流质商品卸车时，应采取"边卸边验"的方式，通过"听声音、看异状"等手段，发现问题，分清责任。同时，配送中心在进行数量验收时，除了验收大件外，还需对散装、畸形、零星等各种商品实施清点验收。

另外，进行退货商品数量验收时，还要同步进行商品规格验收，即根据单据核对退回商品的品名、规格和数量。例如，对退回的洗衣粉核对牌名，同一牌名却不同规格的还要核对每小包的克数及包装区别。

（二）品质清点

分清退回商品的品质，并合理分配使用退回商品，是配送中心处理销货退回的重要内容。

1. 收货点验

在收货点验时，由于交货时间短和现场工作条件的限制，一般只能用"看"、"闻"、
"听"、"摇"、"拍"、"摸"等感官检验方法，检验范围也只能是商品的包装外表。

2. 质量部门检验

企业质量检验部门在实验室里，利用各种仪器、器具和试剂做手段，运用物理、化学及生物学的方法，可对退回商品做进一步的品质检验。

3. 调整库存量

销货退回的商品经清点后，配送中心要迅速调整库存量。在正常情况下，配送中心通过相应的库存管理，可以科学合理地控制库存的订购点、订购量和库存基准。但当发生销货退'回问题时，配送中心的库存有时会超出货品库存数量的最高界限，若配送中心不及时调整库存安排，将会冲击购销计划，增加库存成本，减低企业效益。因此，销货退回后，销售部门要尽快制作退货受理报告书，以作为商品入库和冲消销

货额、应收账款的基础资料；财务人员据此报告书调整账面上的"应收账款余额"与"存货余额"；备货人员据此报告书，重新调整购货计划及订购量，或暂时少进，或差额补缺，以保证库存商品数量科学合理，达到既能满足客户需求，又能保持合理库存的目标。

四、商品退货的会计流程

当客户将商品退回时，企业内部必须通过会计流程，运用表格式的管理制度，以多联式"验收单"在各部门流动，对客户所退的商品加以控制，并在账款管理上予以调整。商品退货管理过程中牵涉到的部门分别有"商品验收部门"、"信用部门"、"开单部门"、"编制应收账款明细账的部门"、"编制总账的部门"。若公司人员少，部门不多，可将上述部门的工作加以归纳，分摊到相关部门的工作职责中。

（一）验收部门验收填单

客户退回货品后，销售部门将"销货退回单"送至配送中心的商品验收部门。验收部门据此进行退回商品的数量和质量清点验收后，填制验收单二联，第二联依验收单号码顺序存档，第一联送交信用部门核准销货退回。

（二）信用部门核销退货

信用部门收到验收单后，根据验收部门的报告核准销货退回，并在验收单上签名，以示负责［同时将核准后的验收单送至开单部门。

利用信用部门核销退货的主要目的是为了防止有关人员不按退货作业流程处理退货，私自退换货，造成退换货品的数量和质量出现严重问题，导致以后的配送供应中少发商品或误发质量缺失的退货商品，对企业产生负面作用。

配送中心的信用部门可以是一个组织，也可由某级主管担任。其主要任务是：

第一，验明货物的销货地点、销货单据；

第二，向提出退货的客户概要说明本企业的商品退货规定；

第三，协调企业与客户的关系；

第四，核单签名，承担责任。

（三）开单部门编制通知单

开单部门接到信用部门转来的验收单后，编制"贷项通知单"一式三份，第一联连同核准后的验收单送至财务会计部门，编制应收账款明细账，贷记应收账款；第二联送达客户，通知客户销货退回已核准并已记入账册；第三联依"贷项通知单"号码顺序存档。

"贷项通知单"的内容主要包括：货品编号、货品名称、货品规格型号、货主编号、货主名称、数量、单位、单价及金额等信息。

（四）财务会计部门记账存档

配送中心的财务会计部门，在收到开单部门转来的"贷项通知单"第一联及已核准的验收单后，经核对其正确无误，于"应收账款明细账"中贷入客户明细，于"存货明细账"中贷入退货数量，以保证"应收账款余额"和"存货余额"正确无误，并将贷项通知单及核准 后验收单存档。

（五）月底计入总分类账

配送中心由于流通品种繁杂，客户需求变幻不定，故退换货现象十分普遍。为了加强退换货的账目管理，配送中心的财务部门每月月底记录总账的人员都要从开单部门取出存档的 贷项通知单，核对其编号顺序无误后，加总一笔计入总分类账。

五、经销商的理赔退返

对于一次购货数量较少但购物次数较多的商品配送业务，配送中心并不是直接面对 客户实施配送，而是通过各种经销商实现商品的再分配，经销商是连接配送中心和各类 客户的中间企业。在经销商处购买商品的客户，通常会将退换货问题直接反映到经销商 处。当配送中心配送的商品经由经销商销售时，配送中心必须做好对经销商理赔退返工 作的管理。

（一）理赔费用

对于易发生退换货的商品，配送中心的销售人员在执行销售合同过程中，往往根据经营 商品的具体情况，统一给予经销商某一额度的理赔费用或补偿金，用以支付日常发生的商品 退换损失。

理赔费用额度的确定，通常根据经销商的性质、规模，经营商品的性质、种类，经营风 险的大小等因素来决定。对于区域代理商或大型零售商来说，由于其经营的商品数量大、品 种多，配送中心通常会提供较大额度的理赔费用，以支持该类经销商的市场铺货力度，并以 此来吸引大型经销商与本中心的合作密度，从而利用其广泛的销售通道为企业带来大量供货 订单；对于规模较小、经营范围有限的中小型经销商，配送中心可以提供适当额度的理赔费 用，保证该经销商在经营本中心配送的商品时利益不会受到损失，以巩固该类经销商与企业 的关系；对于经销有一定风险商品的经销商，如新品介绍、流行品、季节性商品等，配送中 心则要适时变化理赔费用的额度，既降低经销商的经营风险，又激励经销商的后续经营 活动。

（二）理赔原则

配送中心面对经销商退回的商品进行处理时，要遵循一定的原则。

1. 及时原则

对于客户提出的退货要求，不管合理与否，配送中心一定要及时给予处理，及时了解情 况，及时分析原因，及时提出解决方案，争取在最短的时间里达到客户的满意。

2. 效益原则

退货对交易双方来说都存在效益的损失。为了将损失降低到最小程度，配送中心要积极、主动地提出解决问题的方法，缩短处理问题的时间，通过对问题的妥善解决，加强双方 的进一步合作，从而推动双方获得更大的经济效益。

3. 关系原则

配送中心在处理退货问题时一要本着与客户进行密切合作的态度，一切从维系交易双方 的合作关系出发，利用关系营销的思想与手段，树立以客户为中心的经营理念，重承诺，守信用，与客户建立良好的交易关系。

（三）验收和退赔

对于经销商因商品质量缺损提出退回的商品，配送中心要经过验收，视不同情况区别对待。

1. 故障机器的处理

对经销商退返的故障机器，配送中心应立即通知机器的生产厂家进行修复处理，修复后退还经销商，原则上不予更换，不予退货。

2. 故障货品的处理

接收经销商退返故障货品后，配送中心应组织服务人员立即对其进行开箱检验，并在"接收清单"上详细记录检验结果。配送中心与经销商代表在"接收清单"上签字确认后，由经销商留存"接收清单"商家保管联的提货凭证，配送中心将故障品交由生产厂家处理。

（1）对保修期内的故障货品，予以免费维修，不收维修费和故障元件费；

（2）对超出保修期的故障货品，按公司标准规定收取维修费和元件费用；

〔3〕所有非生产质量问题引起的损坏以及附件（如接线、遥控器等）遗失，材料、配件补充费用，由经销商承担。

故障货品修复后，经销商凭"接收清单"保管联提回商品，并在备注栏注明"已归还"字样并签名。同时，配送中心还应计算出经销商应付的修理费用，并列出清单，由经销商支付费用。

（四）对退赔商品的处理

若经销商提出退赔的商品无法修复，配送中心的销售部门要会同市场部门、财务部门及生产厂家进行审核，确认无误后，经有关审批人员签名和财务核实，按"商品退货作业流程"实施商品退换。仓管人员凭已审批同意的"商品退换货申请表"，办理货物验收入库手续，同时填写"商品退换货验收情况表"。凡未经公司有关审批人员审批，擅自办理退换货手续者，按退换货金额的50%扣罚财务人员，按10%扣罚具体责任人。（五）结算理赔费用

配送中心实施配送供应的经销商越多，发生的理赔问题就越多，须核准、结算的理赔项目和费用亦越繁杂。在执行销售合同时，虽然销售人员已将统一的理赔费用给予经销商，但出于意料之外而需要理赔的项目依然较多，为了更好地与经销商合作，配送中心要定期与各经销商进行理赔费用的结算。

结算理赔费用时，配送中心要与经销商依据相应的指标进行。结算理赔费用的指标主要有：

1. 退赔数量

退赔数量即一定时期内实际发生的商品理赔退返数量。它包括：在计算期内免费维修的商品数量，超出保修期而维修的商品数量，无法维修全部或部分退货的商品数量。

2. 退赔品种

退赔品种即一定时期内实际发生理赔退返的商品品种类别。不同类别的商品。理赔额度 不同。例如，工业品生产资料单件品的理赔额度远高于一般日用品。

3. 退赔期限

配送中心和经销商还要确定合理的退赔期限。既不要过长，以免理赔金额过大，影响经 销商的资金周转，也不要过短，以免使交易双方频繁结算，占用大量时间，影响日常工作 进度。

 案例分析

飞利浦：　重整逆向物流　"供应链"

1998 年，飞利浦公司面临相当高的退货率，由此引起的后果也极为严重，公司每年都有数千万美元的 损失，长此下去，飞利浦家电必将声名扫地，淡出市场。在这种沉重的压力之下，公司急需建立一种退货 管理的有效机制，应付面临的内外问题。

当时，飞利浦家电公司没有设立退货管理部门，而退货物流管理也还未列入绝大多数生产商的议事日 程。通常，退货问题交给信用、财务部门或其他专业的服务公司来管理。管理层认为，应尽快建立一个专 门的部门，由专门的主管负责并领导下属人员完成退货目标。高尼斯认为，退货实际上一种"逆向销售"，它常常会影响产品营销决策活动。

飞利浦首先对退货数量进行分析，研究其规模和对公司造成的总的损失。同时，了解消费者和零售环 境，对消费者退货原因特别是无缺限退货现象进行研究。最后，采取预选的措施，加强内部沟通和外部合 作，共同铲除产生退货的根源。

要真正认识有关退货的各种情况，不仅要知道处理了多少退货，而且还要清楚这些产品是为什么被退回的。那么，造成消费者退货，尤其是对无缺陷退货的原因是什么呢？

调查发现，造成消费者退货，尤其是无缺陷退货的原因主要是：消费者的文化习惯、公司对退货管理 不善和公司产品标识不清。针对上述调查结果，飞利浦采取了以下系列措施：

一是统一退货衡量标准。飞利浦公司成立了跨部门的工作小组，负责制定统一的衡量标准。这个 小组决定，将有缺陷产品退货和其他原因的退货（比如承运商损坏、库存平衡失误以及订单失误等原 因造成的退货）区别开来，并提供最为现实的经销商退货情况，将总的销售额、退货趋向以及整个公司的销售率等数据和退货信息由退货管理部门向销售、服务、财务和产品部门以及高级管理层进行 传达。

二是简化产品操作。他们对生产、零售以及服务供应链各环节中可能引起高退货率的因素进行逐一分 析，发现并非产品质量问题导致了退货现象的滋长，而是飞利浦产品使用的复杂性所致。为了降低产品使 用的复杂性，飞利浦公司采取了很多措施；首先，努力改善产品的售后服务，增加了网上的服务支持，改 善电话咨询中心的服务水平，如常见问题解答（？八尸）、连线下载以及或其他数字产品的免费升级 等。其次，在产品的包装盒内填加"阻止性"说明书。这些说明书都印有显眼的"阻止"符

号，引导消费者在把商品拿回到零售商店之前应先和制造商联系。同时，公司还增加了地区或是中央维修中心，为消费者提供易交换服务项目。

三是强化退货规定。一些零售商现在都把有关的退货规定张贴在商场里显眼的位置，强化实施"退货必须携带发票且必须在规定的退货期限内退货"的规定。

四是改善销售系统。这些系统为零售商提供了强有力的证明材料，使得他们可以拒绝那些不合理的或具有欺骗性的退货。

五是改善售后服务。飞利浦公司把服务商"拉拢"进了阻击无缺陷产品退货的统一战线。服务商通过对服务网络进行改造，为飞利浦公司提一些额外的服务。例如，退货产品的试验，为零售商进行程序调试，等等。

飞利浦公司通过强化实施退货管理规定等措施，使退货率达到了行业平均水平。通过对逆向物流的有效调整，飞利浦转危为安，以其优质的产品再次树立了家电行业卓越的形象。在2003年，飞利浦公司又采取了几项退货管理措施，其退货率已低于家电产品的行业水平。从1998年到至今，飞利浦公司平均每年减少退货达50万件，价值超过1亿美元。

思考题：

飞利浦公司产生大量退货的原因有哪些？他们是怎样解决的？

小　结

配送中心的作业流程本质上属于物流作业流程，是规划配送中心的基础。高效完善的配送中心作业管理可以使整个物流运营更合理，从而可以最佳服务、最低的成本，达到最高质量的服务。

本章围绕配送中心的基本作业流程进行了阐述。分别从认知每个作业流程中各环节的含义、作用、特点、分类和操作步骤，了解每个作业的设计原则、规划目标和流程管理，掌握配送中心各作业的效率评估及其改善措施等方面阐述了配送中心的作业管理。

作　业

一、名词解释：

进货作业　储存作业　订单处理作业　掉货作业　补货作业　出货作业

二、简答题：

1. 简述配送中心的基本作业流程

2. 简述如何建立客户主档

第四章　配送中心效益管理

素质目标：熟悉配送成本的构成与控制的方法、治安管理、绩效评估指标的管理

知识目标：掌握配送的标准成本控制、安全作业管理、绩效评估指标制定的原则

技能目标：掌握配送中心效益的来源、虫害的防治、防雨湿管理、绩效评估指标的量化体系

能力目标：理解配送成本降低的策略与体制变革的方向、消防安全管理、绩效评估指标的分析

黑龙江分公司大庆配送中心抓管理降成本增效益创佳绩

黑龙江分公司大庆配送中心成立于 2006 年 8 月，坐落于大庆市龙凤区凤阳路，现有成品油配送车辆 39 辆，总吨位 612 吨。成品油配送区域覆盖大庆市五区（萨尔图区、让胡路区、龙凤区、红岗区、大同区）四县（肇源县、肇州县、林甸县、杜尔伯特蒙古自治县）和绥化地区肇东市、安达市、望奎县、明水县，配送面积 4 万平方千米。目前，承担黑龙江省销售公司系统内 128 座加油站的成品油配送任务，年配送能力约36 万吨。2010 年第一季度，大庆配送中心货运量完成计划的 106，成为九个配送中心中的佼佼者。

打造企业文化建设。2006 年年底，大庆配送中心先后对办公场所、职工食堂、会议室、员工宿舍进行装修和改造，在办公楼前后增加了企业文化提示语，调度室将《配送网络图》《中心车辆动态牌》，新出台的《服务质量风险识别图》分别上墙，现已对外县车辆实行集中管理。

扎实抓好安全管理。大庆配送中心发挥 GPS 监控系统多项功能，畅通了员工之间的沟通渠道，每个驾驶室内挂上了安全亲情卡，人性化的管理尊重了员工的主体意识，使员工实现了由被动执行制度到自觉养成良好行为习惯的跨越。2007 年年初，大庆配送中心用一个多月的时间，行程数千千米，详细调查了每条路段的状况，制作了安全风险识别图。

今年春耕期间，大庆配送中心加强了春耕生产的组织管理，做到了安全生产。加强了公司"五大禁令"、集团公司反违章"六条禁令"的执行力，强化了出车前的"三交代"和车辆归场后的检查工作，加大了对路检路查、跟车上路、质量回访的工作力度，实现了"三零"标准，达到了安全生产的目的。

加强车辆组织管理。2010 年第一季度，大庆配送中心克服了严寒与节假日多、时间紧、任务重等诸多困难，全力组织生产，科学合理地调配车辆，加强了组织管理，最大限度地提高了生产效率。科学合理地调配车辆，在春耕时节本着"先近后远、先急后缓、小近大远"的配送原则，梳理油品配送业务流程，科学组织油品配送，满足销售公司油品销售需要。

在认真组织春耕生产，努力完成本单位生产任务的同时，抽出部分车辆支援兄弟单位。加强成本控制。大庆配送中心从材料成本和修理费着手，对于防冻液、机油、车辆零部件等专用材料，指派专人管理，使用时履行专人出库，使用人签字等手续，落实好责任，将材料切实用于生产。坚持车辆用油的限额与定额相结合，依据不同吨位的车辆与行程的远近，对其用油给予严格的控制，降低了油料的消耗成本。加强了对轮胎的有效利用，可再用轮胎通过翻新，提高了使用价值，共翻新轮胎犯个，节约资金 3.04 万元。对于修理费用，中心严格控制车辆委外修理，

凡修理车间能修的绝不委外，减少了修理费用的支出。同时，加强了设备的管理，严格落实设备定检、定保、定修制度，保证了车辆以良好的性能行驶于成品油运输线上。

分析提示

1. 大庆配送中心出台的《服务质量风险识别图》应具有哪些内容？

2. 大庆配送中心在扎实抓好安全管理方面做了哪些工作？

3. 大庆配送中心是如何加强成本控制的？

当今物流行业面临的一个突出问题是如何降低商品在流通环节中的物流成本。由于商品在从制造商传送到顾客手中的整个物流过程中，配送中心口益成为一个重要环节，其运营成本在整个物流成本中所占的比例越来越大。因此，降低配送中心的经营成本，提高配送中心的经营效益，就显得尤为重要。

第一节　成本管理

一、配送中心效益的来源

知识点：配送中心可以产生效益的原因

关键技能点：掌握配送中心效益的具体来源

（一）配送中心可以产生效益的原因

1. 规模效益。

配送中心对多家厂商和客户起到了中介作用，减少了供求之间的交易次数，相应地增加了交易批量。因此在批量进货时，配送中心可以获得价格折扣及功能折扣，并与客户分享这部分利益，实现双赢甚至多赢。

2. 发挥专业化的分工优势。

建立配送中心后可以充分发挥物流领域、销售领域的专业化优势，可以有效防止

缺货和库存过多；同时，对商品的维护和保养效果也强于分散管理商品的其他企业。

3. 有效控制商品质量。

配送中心与多家厂商建立了业务联系，对商品质量控制和质量信息反馈相对有效和迅速。

4. 减少客户的库存。

由于配送中心特定的服务内容，各个客户均可以减少库存持有量，甚至实现"零库存"，这样可以为客户节约大量的库存资金，而配送中心也可以与客户共享利润。

5. 有效降低物流成本。

配送中心的出现以及进一步发展的共同配送，对于物流成本的降低，可以起到显著的作用。配送中心通过对批量货物的专业管理，有效地降低了物流成本。

（二）配送中心效益的具体来源

1. 从运输的角度看，配送中心使商流和物流分离，物流线路缩短，减少了运输次数，提高了车辆装卸利用效率，能保证客户最佳的订货量；同时，共同配送有利于降低运输费用；再者，配送中心可以选择最佳的运输手段和工具。

2. 从保管的角度来看，配送中心减少了货物储存的仓库数量，降低了人力、物力和财力的投放；商品统一在库管理，提高了保管质量；充分利用仓储空间，增强了保管效益。

3. 从包装的角度来看，配送中心降低了包装材料费用，提高了材料利用率；包装工艺简洁化、流水化，提高了作业效率；同时，包装作业机械化，降低了人力成本。

4. 从装卸的角度来看，

降低了人力成本，减少了货物损失；配送中心使交易次数、装卸次数明显减少，另外，采用集装单元化可以提高作业效率、提高货物周转效率及保护效果。

二、配送中心成本的构成

知识点： 配送中心成本构成不同的分类

关键技能点： 掌握配送中心成本构成分类的标准，熟悉其细分内容

（一）按照支付形态分类

按支付形态不同对配送中心成本的分类主要是以财务会计中发生的费用为基础，通过乘以一定比率来核算。此时配送中心成本可分为以下几方面，见表3-1。

表3-1

成本项目	说　明
材料费	材料费是指因物料消耗而发生的费用。由物资材料费、燃料费、消耗性工具购买费用、低值易耗品摊销及其他物料消耗费组成
人工费	人工费是指因人力劳务的消耗而发生的费用，包括工资、奖金、福利、医药费、劳保费、职工教育培训费及其他一切用于职工的费用

续表

成本项目	说　明
公益费	公益费是指向电力、煤气、自来水等提供公益服务部门支付的费用
维护费	维护费是指土地、建筑物、机械设备、车辆、搬运工具等固定资产的使用、运转和维修保养所生的费用，包括维修保养费、折扣费、房产税、土地使用费、车船使用税、租凭费、保险费等
一般经费	一般经费是指差旅费、交通费、资料费、零星购进费、邮电费、城建税、能源建设税及其他税款，还包括商品损耗费，事故处理费及其他杂费等一切的一般性支出
特别经费	特别经费是指采用不同于财务会计的计算方法计算出来的配送费用，包括按实际不使用年限计处的折旧费和企业内部利息等
对外委托	对外委托费是指企业对外支付的包装费、运费、保管费、出入库装卸费、手续费等业务费用
其他支付费用	如商品购进采用送货制时包含在购买价格中的运费，和商品销售采用提货同制时因顾客自己取货而从销售价格中扣除的运费。在这些情况下，虽然实际上本企业内并未发生配送活动，但却发生了相关费用，故也应把其作为配送成本计算在内

（二）按照物流的功能分类

按照配送中心功能进行分类，配送中心成本大体可分为物品流通费、信息流通费和配送管理费三大类，见表3－2。

表3－2

成本项目		说　明
物品流通费	商品检验费	商品检验费是指在商品入库过程中物流中心因进行商品检验活动而发生的费用
	储存保管费	储存保管费是指物资在储存、保管过程中所发生的费用，主要由仓储费、进出库费、代运费、机修费、验收费、代办费、装卸费及管理费组成、其中仓储费专指物资储存、保管业务所发生的费用，主要包括仓库管理人员的工资，物资在保管保养过程中的毡垫、防腐、倒垛等维护保养费，固定资产折旧费以及低值易耗品的摊销、修理费，劳动保护费、动力照明费等
	装卸搬运费	装卸搬运费是指伴随商品包装、运输、保管、流通加工等业务而发的，商品在一定范围内进行水平或垂直移动所需要的费用

成本项目			说　明
物品流通费	流通加工费	设备费用	流通加工设备因流通加工的形式不同而不同。比如剪板加工需要剪板机，木材加工需要电锯等。购置这些设备所支出的费用，以流通加工费的形式转移到被加工的产品中去
		材料费用	在流通加工过程中，投入到加工过程中的一些材料消耗所需要的昆曲用。即流通加工材料费用
		劳务费用	在流通加工过程中从事加工活动的管理人员、工人及有关人员工资、资金等费用总和，即流通加工劳务费用。应当说明，流通加工劳务费用的大小与加工的机械化程度和加工形式存在若密切关系。一般来说，加工机械化程度越高，而劳务费越低，反之则劳务费用越高
		其他费用	除上述费用外，在流通加工中耗用的电力、燃料、油料等费用，也应加到流通加工费之中去
	包装费（即运输包装费）	材料费	常见的包装材料有木材、纸、金属、自然纤维和合成纤维、玻璃塑料等。这些包装材料功能不同，成本相差也很大。物资包装花费在材料上的费用称为包装材料费用
		机械费用	现代包装发展的重要标志之一是包装机械的广泛应用。包装机械不仅可以极大地提高包装的劳动生率，也大幅度地提高了包装的水平。然而，包装机械的广泛使用，也使得包装费用明显提高。

（三）按照服务对象分类

在计算物流成本时，可以根据配送中心的服务对象分别进行计算。即使相同的物流作业，服务对象不同，成本也不一样。通过针对适用对象来计算成本，可以对比发现服务成本与质量之间的关系，从而可以针具体的服务对象，制定特定的服务策略。

1. 按门店或营业所计算配送成本

按门店或营业所计算配送成本就是要算出各营业单位配送成本与销售金额或毛收入的对比，用来了解各营业单位配送中存在的问题，以便加强管理。

2. 按顾客计算配送成本

按顾客计算配送成本可分为按标准单价计算和按实际单价计算两种计算方式。按顾客计算配送成本可以用来作为确定目标顾客以及服务水平等营销战略的参考。

3. 按商品计算配送成本

把按功能计算出来的成本，以各自不同的基准，分配给各类商品，以此计算配送成本。这种方法可用来分析各类商品的盈亏，进而为确定企业的产品策略提供参考。在实际应用当中，要考虑进出货差额的毛收入与商品周转率之间的交叉比率。

交叉比率是从提高综合赢利能力的角度，来考查库存的合理性，计算方法为交叉比例系数＝库存周转率毛利率＝毛利÷库存金额。

三、配送中心成本的控制

知识点：成本的控制

关键技能点：掌握配送中心成本的分类，熟悉改善的对策

（一）商品损失成本的控制

在配送中心的运作管理中，信息出错、操作失误会导致商品的损失，因此而形成的成本是配送中心成本控制的一个重要内容。

（二）采购成本的控制

1. 采购成本的内容。承担采购职能的配送中心，采购成本的控制是其成本控制的一个主要内容。采购成本主要包括：进货价格，货物的运输费、包装费，各种手续费及采购人员的差旅费用等。

2. 采购成本的控制措施。

（1）加强对市场采购信息的收集和分析。在目前我国市场经济尚不发达、信息不够畅通的情况下，采购信息掌握的充分与否直接影响着物流企业配送中心的进货成本。市场采购信息是多方面的，主要包括：货源信息，如货源的分布、结构、供应能力等；流通渠道信息，如供应商的相关情报；价格信息，如市场价格的变动情况；运输信息以及管理信息等。配送中心只有全面掌握上述信息，通过比较研究才能选择合适的货源，以最优惠的价格开展进货，并顺利地完成运输。

（2）与供应商建立融洽的关系。配送中心进货量大，销售快，商品结构、品种较为固定，对运作和管理要求较高。因此，有必要与供应厂商特别是大型供应厂商建立融洽的关系，从而获得合作紧密、供应稳定的渠道伙伴。同时在价格上尽可能得到较大的优惠即价格折扣，从而在更好地保证商品质量的同时降低采购成本。

（3）制订适宜的采购计划与合理的采购批量。采购时机与采购批量的合理确定，就是要使采购成本与储存成本最低。即当库存量达到订货点时即为采购时机，采购批量为经济订货批量。订货期的确定要考虑前置时间。

（4）此外，配送中心还要有一个安全存货，以防止出现运输延误、制造商不能及时交货、天气变化等情况，影响及时配送货物。安全存货水平取决于影响运输交货的因素有多少。上述这种定量订货方法，适用于常年销售且销售量比较稳定的商品。对于零星销售且销售量不稳定的商品，可采用定期订货的方法。即事先确定一个相对固定的订货周期，预测下一个周期内的需求量，然后根据库存量来确定订货数量。

（三）库存管理成本的控制

1. 库存管理成本的衡量及改进。

库存管理成本的衡量主要是通过库存管理费率这一指标进行的，它衡量的是公司每单位存货的库存管理费用。计算方法为

库存管理费率＝库存管理费用÷平均库存量

如果库存管理费率的值过高，则表示库存管理费用没有得到良好的控制，配送中

心应积极寻找改善对策。主要是通过审核以下库存管理费用，以发现改进的机会。

（1）仓库管理费：入出库验收、盘点调查及整理等人工费、警卫费、仓库照明费、空调费、调温费、建筑物及其附属设备和器具的维修费用。

（2）损耗费：货物品质恶化、破损损失、盘点损失等费用。

（3）资金费用：货物变价、机会成本损失和库存价值损失。

（4）商品淘汰费用：促销商品、季节商品过时退化费用。

（5）税收与折旧：仓库建筑物、升降机等附属设备的固定资产税、贷款资产税、折旧费。

（6）保险费、仓库租金等。

2. 库存损失的衡量及改进。

库存损失的衡量是用呆滞货品报损率指标来进行的，它是用来测定货品耗损造成资金积压的状况。

呆滞货品报损率的计算方法主要有：呆滞商品件数除以平均库存量、呆滞商品销售金额除以库存成本、呆滞商品成本金额除以库存成本、呆滞商品销售金额除以库存金额等。

一般来说，若货物停滞仓库时间超出其周转天数，则可视为呆滞货品。其改善对策主要有：

1）验收严格把关，防止不合格品混入。

2）加强保管期管理。

3）推行标准化与简单化，减少商品品种改变的损失。

（四）配送成本的控制

1. 加强配送的计划性。

加强配送的计划性的意义在于可以避免临时配送、紧急配送或无计划的随时配送带来的配送成本增加现象，这就需要制定健全的分店配送申报制度或完善门店的 POS（销售时点系统）和 EOS（电子订货系统），以便配送中心及时掌握各门店的存货情况，并及早安排配货计划。

对于鲜活商品，应实行定量申请、定时定量配送制度。对于普通商品，则应根据各个门店的实际情况，确定一个合适的存货量，然后一次确定一个合理的订货周期，由配送中心综合考虑协调，建立一个定期申请、定期配送制度。对于装备了 POS，EOS 的连锁门店，在订货处理上则相对主动，各门店根据自身的实际情况确定出订货点（需订货时的存货水平）。一般来说：

订货点存货量＝门店从订货到收货期间的销售量＋

安全存货量＋货架上的基础存货量

2. 确定合理的配送路线。

配送路线合理与否，直接影响着配送的速度与成本。因此，采用科学合理的方法确定配送路线，是配送活动中一项非常重要的工作。

确定配送路线的方法主要有综合评价法、线性规划法、网络图法和节约里程法等。无沦采取哪一种方法，都必须满足以下几点：①满足门店的配货要求（如品种、规格、数量、时间等）；②在配送中心配货能力范围之内；③配货路线、配货量不超过车载容限；④最大限度地节约配送时间。

就配送路线选择而言，要努力实现：最大限度的里程节约、合理的车辆配载和配送时效。

3. 进行合理的车辆配载。

在车辆配载时除了考虑门店里程及配货吨数，还应考虑商品品种因素。不同品种的商品在包装形态、储运性能、物流密度上差别较大。例如，应重视实重商品同轻泡商品的组合搭配，既充分利用车辆的载重能力，又充分利用车辆的有效体积。

四、配送的标准成本控制

知识点：成本控制的一般程序

关键技能点：掌握标准成本差异分析；熟悉标准成本的制定

（一）成本控制的一般程序

1. 制定控制标准。

成本控制标准是控制成本费用的重要依据，配送成本标准的制定，应该按照实际的配送环节进行分项制定，其控制标准的项目和业务量标准由技术部门研究确定；费用标准由财务部门和有关责任部门研究确定。

2. 揭示成本差异。

成本的控制标准制定后要与实际费用进行比较，差异的计算与分析要与所制定的成本项目进行比较。

3. 成本反馈。

要将成本差异的情况及时反馈到有关部门，以便及时控制与纠正。

（二）标准成本控制法

1. 标准成本的制定。

标准成本的制定要充分考虑各环节的实际情况。在发挥技术部门和财务部门职能的同时，还应尽可能吸收负责执行标准的职工参加各项标准的制定，从而使所制定的标准符合实际配送的要求。

配送各环节标准成本可按直接材料、直接人工、制造费用等项目制定，用"标准消耗量 X 标准价格"的公式来确定，即从数量和价格两个角度来分析"量差"和"价差"。

（1）直接材料的标准成本的制定

配送各环节直接材料标准成本 = ∑（直接材料标准数量×直接材料标准价格）

（2）直接人工的标准成本的制定

配送某环节直接人工标准成本 = 直接人工标准数量×直接人工标准价格

（3）制造费用标准成本的制定

制造费用标准成本要考虑数量成本与费用率标准两个因素，制造费用分为固定性制造费用标准和变动性制造费用标准。费用率标准的计算公式如下：

固定性制造费用标准分配率＝固定性制造费用预算×标准总工时

变动性制造费用标准分配率＝变动性制造费用预算×标准总工时

根据制造费用用量与费用率标准，制造费用标准成本公式如下：

固定性制造费用标准成本＝固定性制造费用分配率×标准工时

变动性制造费用标准成本＝变动性制造费用分配率×标准工时

2. 标准成本差异分析

标准成本差异是实际成本与标准成本之间的差额。实际成本低于标准成本的差异为节约差异，实际成本高于标准成本的差异为超支差异。

（1）直接材料的成本差异分析

直接材料的标准成本差异分为直接数量差异和直接材料价格差异。

直接材料数量差异＝（实际用量－标准数量）×标准价格

直接材料价格差异＝（实际价格－标准价格）×实际用量

出现差异后要进行差异分析，并及时采取纠偏措施，找出事故责任人和原因，进行调整。

（2）直接人工差异分析

直接人工差异分析分为直接人工效率差异和直接人工工资率差异分析。

直接人工效率差异＝（实际工时－标准工时）×标准工资率

直接人工工资率差异＝（实际工资率－标准工资率）×实际工时

（3）制造费用差异分析

制造费用差异是指制造费用的实际发生额与标准发生额之间的差异。可分为固定制造成本差异分析和变动制造成本差异分析。

（4）变动成本差异分析

变动性制造费用耗用差异＝（实际分配率－标准分配率）×实际工时

变动性制造费用效率差异＝（实际工时－标准工时）×标准分配率

（5）固定性制造费用差异分析

固定性制造费用效率差异＝（实际工时－标准工时）×标准分配率

固定性制造费用能力差异＝固定性制造费用预算数－（实际工时×标准工时）

固定性制造费用耗用差异＝固定性制造费用实际发生额－固定性制造费用预算数

五、配送成本降低的策略

知识点：配送成本降低的策略

关键技能点：掌握合并策略；熟悉延迟策略

（一）认知混合策略

混合策略是指配送业务中只有一部分由企业自身完成。尽管采用单一策略（即配送活动要么全部由企业自身完成，要么完全外包给第三方物流完成）容易形成一定的规模经济，简化管理。但由于产品品种多变、规格不一、销量不等等情况，采用单一配送策略的方式一旦超出一定范围不仅不能取得规模效益，反而还会造成规模不经济。

而采用混合策略，即合理安排企业自身完成的配送和外包给第三方物流完成的配送，则能最高限度利用企业和社会的配送资源，使配送成本实现最小化。

（二）差异化策略

差异化策略的指导思想是根据不同产品特征，提供差异化的顾客服务水平。当企业拥有多条产品线时，不能对所有产品都按同一标准的顾客服务水平进行配送，而应按照产品的特点、销售水平，来设置不同的库存、运输方式以及储存地点，为顾客提供差异化的服务。

（三）合并策略

1. 配送方法上的合并。

企业在安排车辆的配送任务时，充分利用车辆的容积和载重量，做到满载满装，是降低成本的重要途径。由于产品品种繁多，不仅包装形态、储运性能不一，在重量方面，也往往相差甚远。一辆运输车上如果只装重量大的货物，往往是达到了载重量，但容积空余很多；只装重量小的货物则相反，看起来车装得满满的，实际上并未达到车辆载重量。这两种情况实际上都造成了浪费。实行合理的轻重配装，容积大小不同的货物搭配装车，不但可以在载重方面达到满载，而且也能充分利用车辆的有效容积，取得最优效果。

2. 共同配送。

共同配送是一种产权层次上的共享，也称集中协作配送。它是几个企业联合集小批量为大批量，共同利用同一配送设施的配送方式。共同配送的标准运作形式是：在中心机构的统一指挥和调度下，各配送主体以经营活动（或以资产）为纽带联合行动，在较大的地域内协调运作，共同对某一个或某几个客户提供系列化的配送服务。这种配送有两种情况：一是中小型生产企业、零售企业之间分工合作实行共同配送。即同一行业或在同一地区的中小型生产、零售企业在单独进行配送的运输量少、效率低的情况下，进行联合配送，这样不仅可减少企业的配送费用，使配送能力得到互补，而且有利于缓解城市交通拥挤的情况，提高配送车辆的利用率；

第二种是几个中小型配送中心之间的联合。即针对某一地区的用户，由于各配送中心所配物资数量少、车辆利用率低等原因，几个配送中心将用户所需物资集中起来，共同配送。

我国的共同配送有横向和纵向两种类型。横向共同配送在商业企业内进行，是指由批发、零售企业、连锁总部向同一地区（一般是同一商业中心或商业街）的众多连锁店铺、零售店铺进行的共同配送。纵向共同配送在厂家与批发商或供应商与连锁总店之间进行，它又可以分为两种：一是将不同厂家的不同批发商按区域进行共同配送。共同配送前，每个批发商的配送范围都覆盖各个区域，只配送它所负责的批发商的商品。

共同配送后，根据协议，每个批发商只负责特定区域的商品配送，它除了在这些区域配送自己负责的批发商的商品之外，还负责在这些区域配送其他批发商的商品。在其他区域，别的批发商同时也在为它提供同样服务。每个批发商都分工负责在特定区域配送所有商品，这样使用同样的配送资源可以提高配送服务水平，还可以减少配送资源的占用。二是众多厂商通过配送中心的共同配送向众多连锁总店配送商品。共同配送前，每个厂商都要对每个连锁店直接配送商品，共同配送后，每个厂商都将要配送给各连锁店的商品先配送到配送中心，再由配送中心为各连锁店进行共同配送。这样可以减少大量的交叉送货，大大减少送货车辆的送货次数。

（四）延迟策略

1. 延迟策略：传统的配送计划安排中，大多数的库存是按照对未来市场需求的预测量来设置的，这样就存在着预测风险，即当预测量与实际需求量不符时，就会出现库存过多或过少的情况，从而增加配送成本。延迟策略的基本思想就是对产品的外观、形状及其生产、组装、配送应尽可能推迟到接到顾客订单后再确定。一旦接到订单就要快速反应，因此采用延迟策略的一个基本前提是信息传递要非常快。

2. 实施的基本条件：

（1）产品特征：模块化程度高，产品价值密度大，有特定的外形，产品特征易于表述，定制后可改变产品的容积或重量。

（2）生产技术特征：模块化产品设计、设备智能化程度高、定制工艺与基本工艺差别不大。

（3）市场特征：产品生命周期短、销售波动性大、价格竞争激烈、市场变化大、产品的提前期短。

3. 实施延迟策略经常采用的方式。

配送中心经常采用的延迟策略可分为生产延迟（或称形成延迟）和物流延迟（或称时间延迟）两种。

因为配送中往往存在着流通加工活动，所以实施配送延迟策略既可采用形成延迟方式，也可采用时间延迟方式。具体操作时，常常发生在诸如贴标签（形成延迟）、包装（形成延迟）、装配（形成延迟）和发送（时间延迟）等领域。

（五）标准化策略

标准化策略就是尽量减少因品种多变而导致附加配送成本，尽可能多地采用标准零部件、模块化产品。例如，服装制造商按统一规格生产服装，直到顾客购买时才按顾客的身材调整尺寸大小。采用标准化策略要求厂家从产品设计开始就要站在消费者的立场去考虑怎样节省配送成本，而不要等到产品定型生产出来了才考虑采用了什么技巧降低配送成本。

六、配送成本降低的体制变革

知识点： 配送成本降低的体制变革

关键技能点： 了解配送成本降低的体制变革的对策

（一）对物流成本进行控制会计制度建立的意义

会计制度没有跟上现代物流发展的步伐，也是物流成本控制的有效性受到影响的一个非常重要的因素。传统的会计制度，主要通过确认人、财、物的资源消耗来计算成本，这对于企业总体成本的判断可能是简明而又准确的，但是，人、财、物的消耗是综合性的指标，很难精确到每一项相关的工作中去，据此无法实现对物流成本的有效控制。

因此，为了实现对物流成本的有效控制，建立物流成本的指标体系和进行相应的会计制度改革是非常必要的，也就是要建立一套物流成本的核算体系。这个体系的建立，能够使领导者、决策者对物流成本一目了然、心中有数，同时为物流成本控制提供重要手段。

（二）消除多余的、无效的、不合理的物流活动的必要性

消除多余的、无效的、不合理的物流活动，是物流成本控制的重要思路，尤其对于传统企业，这是有很大潜力可挖的领域。

一个企业中，尤其是大规模的企业，无沦是实行事业部制还是实行职能制，物流活动往往是零星、分散地存在于不同的领域之中，这就经常会发生超储备问题、对流问题、迂回问题以及多次装卸搬运和多次停顿等种种不合理的问题。消除这些不合理，不但解决了流程效率低的问题，而且可有效地控制物流成本。

（三）物流成本上升"背反"现象可能引起的必然性

物流领域广泛存在"效益背反"的现象，尤其在信息化水平不高的企业，由于信息的壁垒和流动的迟缓，使得管理者无法看到这种"背反"现象，从而使这种现象可能成为长期存在的问题。

有时候，企业的体制（例如事业部制的企业）由于分权的缘故和各个领域微观效益的作用，往往出现一方效益增加而致使另外几方效益降低的问题。最简单的例子是供应部门以大量的库存有效地防止了供应方供应短缺的风险，制造部门对此给予高度评价，是对于供应部门工作成绩的肯定，但是这种做法却增加了物流成本。解决了这种背反的现象，才能有效地控制物流成本。

（四）提倡有利于控制物流成本的创新

物流成本的降低，我们可以采用一些创新的手段来实现，诸如共同配送、联合运输、流通加工等都是控制物流成本的创新思路。

第二节　安全管理

一、配送中心安全作业管理

知识点：安全管理的特征
关键技能点：熟悉安全作业管理，掌握安全操作基本要求

（一）安全管理的特征

1. 作业对象的多样性。

除了少数专业配送中心从事单一的货物作业外，绝大多数存储的货物都种类众多、规格繁多，配送中心需面对多种多样的货物作业。为了降低物流成本，货物的包装都

向着大型化、成组化、托盘化、集装化方向发展。但由于我们的包装标准化普及程度较低，各种货物的包装尺度、单量差别很大。

2. 作业场地的多样性。

除了部分配送中心、危险品仓库在确定的收发货区进行装卸外，大多数配送中心都是直接在企业门口或仓内、货场货位进行装卸作业，而搬运作业则延伸至整个配送中心的每一个位置，因而作业的环境极不确定。

3. 机械作业和人力作业并重。

仓库作业的多样和多变使得人力作业不可缺少，同时，机械作业主要是采用通用的机械设备，也需要一定的人力协助，通用机械作业的稳定性较差，而人力作业容易直接造成人身伤害。

4. 突发性和不均衡。

配送中心作业因货物出入库而定。货物到库，仓库组织卸车搬运、堆垛作业；客户提货则进行拆垛、搬运装车作业。由于货物出入库的不均衡，配送中心作业也就具有阶段性和突发性的特点，闲忙不均。

5. 任务的紧迫性。

为了缩短送提货运输工具的停运时间，应迅速将货物归类储藏，仓库作业不能间断，每次作业都要完成阶段性作业，方可停止。

6. 货物的不规范。

随着配送中心兴起提供增值服务热潮，越来越多的货物以未包装、内包装、散件、混件的形式入库，极易发生货物损坏的情况。

（二）安全作业管理

1. 安全作业管理。作业安全涉及货物的安全、作业人员的人身安全、作业设备和仓库设备的安全。这些安全事项都是配送中心的责任范围，所造成的损失都是100%由企业承担，因而说配送中心作业安全管理就是经济效益管理的组成部分，需要注意作业安全管理，特别是重视作业安全的预防管理，以避免发生作业安全事故。

正确认识生产效率与安全作业的关系，应将生产效率的提高建立在安全作业的基础上。作业安全管理从作业设备和场所、作业人员两方面进行管理，一方面消除安全隐患，减少不安全的系统风险；另一方面提高作业人员的安全责任心和安全防范意识。

2. 安全作业管理措施。

（1）安全操作管理制度化

安全操作管理应成为配送中心日常管理的重要项目，通过制度化的管理保证管理的效果，制定科学合理的各种作业安全制度、操作规程和安全责任制度，并通过严格的监督，确保管理制度得以有效和充分地执行。

（2）加强劳动安全保护

劳动安全保护包括直接和间接施行于员工人身的保护措施。配送中心要遵守《劳动法》的劳动时间和休息规定，每日8小时、每周不超过40小时的工作时制，依法安排加班，保证员工有足够的休息时间，包括适当的工间休息。提供合适和足够的劳动防护用品，如高强度工作鞋、安全帽、手套、工作服等，并督促作业人员使用和穿戴。

采用具有较高安全系数的工作设备、作业机械，作业工具应适合作业要求，作业场地必须具有合适的通风、照明、防滑、保暖等合适作业条件。不进行冒险作业和不安全环境作业，在大风、雨雪天气影响作业时暂缓进行。避免人员带伤、病作业。

（3）重视作业人员资质管理和业务培训、安全教育

新参加工作和转岗的员工，应进行作业安全教育，对所从事的作业进行安全作业和操作培训，确保熟练掌握岗位的安全作业技能和规范。从事特种作业的员工必须经过专门培训并取得特种作业资格，方可进行作业，且仅能从事其资格证书限定的作业项目操作，不能混岗作业。

安全作业宣传和教育是仓库的长期性工作，作业安全检查是仓库安全作业管理的日常性工作，通过不断的宣传、严格的检查、严厉的对违章和忽视安全行为的惩罚，强化作业人员的安全责任心。

（三）安全操作基本要求

1. 人力操作的基本要求。

（1）人力作业仅限在轻负荷作业。男工人力搬举货物每件不超过80千克，距离不大于60米；集体搬运时每个人负荷不超过40千克；女工不超过25千克。

（2）尽可能采用人力机械作业。人力机械承重也应在限定的范围，如人力绞车、滑车、拖车、手推车等不超过500千克。

（3）只在适合作业的安全环境进行作业。作业前应使作业员工清楚作业要求，让员工了解作业环境，指明危险因素和危险位置。

（4）作业人员按要求穿戴相应的安全保护用具，使用合适的作业工具进行作业。采用安全的作业方法，不采用自然滑动和滚动、推倒垛、挖角、挖井、超高等不安全作业方法。人员在滚动货物的侧面作业，应注意人员与操作机械的配合，在机械移动作业时人员须避开。

（5）适当安排工间休息。每作业2小时至少有10分钟休息时间，每4小时有1小时休息时间，并合理安排生理需要时间。

（6）必须有专人在现场指挥和安全指导，严格按照安全规范进行作业指挥。人员避开不稳定货堆的正面和会塌陷、散落的位置以及运行设备的下方等不安全位置；在作业设备调位时人工暂停作业；发现安全隐患时人工及时停止作业，消除安全隐患后人工方可恢复作业。

2. 机械作业的基本要求：

（1）使用合适的机械、设备进行作业。尽可能采用专用设备进行作业，或者使用专用工具。使用通用设备，必须满足作业需要，并进行必要的保护，如货物绑扎、限位等。

（2）所使用的设备要有良好的工况。设备不得带"病"作业，特别是设备的承重机件，更应无损坏，符合使用的要求。应在设备的许可负荷范围内进行作业，绝不超负荷运作。危险品作业时还需要减低25%负荷作业量。

（3）设备作业要有专人进行指挥。采用规定的指挥信号，按作业规范进行作业指挥。

（4）汽车装卸时，注意保持安全间距。汽车与堆物的距离不小于 2 米，与滚动物品的距离不小于 3 米。多辆汽车同时进行装卸时，直线停放的前后车距不得小于 2 米，并排停放的两车侧板距离不得小于 1.5 米。汽车装载应固定妥当，绑扎牢固。

（5）移动吊车必须在停放稳定后方可作业。叉车不得直接叉运压力容器和未包装货物。移动设备在载货时需控制行驶速度，不进行高速行驶。货物不能超出车辆两侧 0.2 米，禁止两车共载一物。

（6）载货移动设备上不得载人运行。除了连续运转设备外，如自动输送线，其他设备需停止稳定后方可作业，不得在运行中作业。

二、治安管理

知识点：治安保卫管理的范畴

关键技能点：熟悉治安保卫管理，掌握货物管理的要求

（一）治安保卫管理的内容

配送中心治安保卫管理是为了防范、制止恶性侵权行为、意外事故对仓库及仓储财产的侵害和破坏，维护配送中心环境的稳定，保证生产经营的顺利开展所进行的管理工作。治安保卫工作的具体内容就是执行国家的治安保卫规章制度，防盗、防抢、防骗、防破坏、防火、防止财产侵害、维护配送中心内交通秩序、防止交通意外等治安灾难事故，协调与外部的治安保卫关系，维持配送中心内的安定局面和员工人身安全。

（二）治安保卫管理的实施

1. 组织机构。配送中心除了要明确一位主要领导负责治安保卫工作外，还应该建立各级治安保卫组织机构。一般来说，应根据配送中心规模的大小、人员的多少、任务的繁简程度，适当地设置专职的保卫科、组或警卫队、警卫员等专职机构或人员，专门负责货物的安全工作。各级组织都要明确负责人，明确职责范围和权限，严格执行"谁主管谁负责"的原则。除此之外，还可以建立维护内部治安秩序的群众性治安组织。具体的治安保卫管理措施主要是人员管理。

2. 在安全问题上的人员管理，包括对单位内部人员的管理和对单位外部人员的管理两个方面。

（三）货物管理的要求

1. 一般货物安全管理。

货物储存要分区分类，原则上要求不同类型的货物不能混存。货物在库存储，要由专人负责，保管员要经常检查。

2. 特殊货物安全管理。

特殊货物是指稀有贵重金属材料及其成品、珠宝玉器及其他贵重工艺品、贵重药品、仪器、设备、化工危险品、特需物品等。储存此类物品除了要遵循一般货物的管理制度和公安部门的管理规定外，还要根据这些货物的性质和特点制定专门的存储管理办法，其主要内容是：

（1）设专库（柜）储存。储存场所必须要符合防盗、防火、防爆、防破坏等条件。根据情况可以安装防盗门、监视器、报警器等装置。外部人员严禁进入库房。

（2）保管特殊货物要由有业务技术专长的人员负责，并必须是两人以上，一人无收发货物的权力。

（3）要坚持严格的审批、收发、退货、交货、登账制度，预防在存储、运输、装卸、堆码、出入库等流转过程中发生丢失或错发错收事故。

（4）特殊货物要有特殊的保管措施，要经常进行盘点和检查，绝对保证账物相符。

（四）仓库治安检查制度

治安检查通常与防火安全检查同步进行。一般大型配送中心企业要求执行四级安全检查制度，而一般中小型配送中心企业应该执行三级安全检查制度。

配送中心检查的形式有内部自查、上级检查下级、外部抽查（公安部门、消防部门、街道联防等对企业检查）、内外部联合检查等多种形式。

配送中心检查时间有经常性检查、定期检查、临时抽查（上级对下级、外部对内部临时确定的检查）、节假日检查（指在国庆节、春节、新年、"五一"等节假日到来之前进行检查）。

凡是安全检查都要做好记录，发现问题和隐患要及时向上级报告，并要认真研究，积极采取措施解决，预防事态扩大和事故的发生。

（五）治安防范责任制

根据单位治安工作的需要，各级部门和人员都应建立治安防范责任制，并进行相应的考核。各级治安防范责任制的内容大致包括以下几个方面：治安工作防范、职责任务、工作标准、规范要求、工作程序、考核办法、奖惩规定等。

三、消防安全管理

知识点：消防安全的基本知识

关键技能点：熟悉配送中心仓储过程中的常见火险隐患；掌握基本的灭火方法与特殊货物大火的扑救

（一）燃烧发生的条件

火的发生，必须同时具备三个条件，即可燃物质、助燃物质以及火源。可燃物质包括火柴、草料、棉花、纸张、油品等；助燃物质，一般指空气中的氧和氧化剂；而火源是指能引起可燃物质燃烧的热能源，如明火、电器或摩擦冲击产生的火花、静电产生的火花、雷电产生的火花、化学反应（包括商品本身的自燃、遇水燃烧和与性能相抵触的物质接触起火）等。

以上三个条件必须同时具备，并互相结合、互相作用，燃烧才能发生。因此，防火和灭火的基本原理和一切防火措施都是为了破坏已经产生的条件，即主要采取隔离、窒息、冷却的办法，除掉造成燃烧的三个条件中的任何一个条件，使火熄灭。

（二）引起火灾的火源

1. 火源。火源实际上是具有一定温度的热能源，在一定的温度条件下，它可以引起可燃物质的燃烧，造成火灾。

2. 火源的种类。

在配送中心，能引起火灾的火源很多，一般来说可以分为直接火源和间接火源两大类。

（1）直接火源的种类：

（a）明火，指生产、生活用的炉火、灯火、焊接火以及火柴、打火机的火焰和未灭的香烟头等。

（b）电火花，指电器设备产生的火花，它能引起可燃物质起火。

（c）雷电，指瞬间的高压放电，能引起任何可燃物质的燃烧。

（2）间接火源的种类：

（a）加热引燃起火。如棉布、纸张靠近灯泡，木板、木器靠近火炉、烟道容易起火等。

（b）商品本身自燃起火。它指在既无明火又无外来热源的条件下，商品本身自行发热，燃烧起火。

（三）常见火险隐患

1. 电器设备方面常见火险隐患：

（1）电焊、气焊违章作业，没有消防措施。

（2）电力超负荷。

（3）违章使用电炉、电烙铁、电热器等。

（4）使用不符合规格的保险丝和电线。

（5）电线陈旧，绝缘层破裂。

2. 储存方面常见火险隐患：

（1）不执行物品分区分类，易燃易爆等危险物品存入一般库房。

（2）储存场所温度超过了物品规定的极限。

（3）库区内的物品的间距不符合要求。

（4）易燃液体挥发、渗漏。

（5）可自燃物品堆码过实，通风、散热、散潮不好。

3. 机具方面常见火险隐患：

（1）无防护罩的汽车、叉车、吊车进入库区或库房。

（2）使用易产生火花的工具。

（3）库内停放、修理汽车。

（4）用汽油擦洗零部件。

（5）叉车内部皮线破露、油管老化漏油。

4. 火种管理方面常见火险隐患：

（1）外来火种和易燃品因检查不严带入库区。

（2）在库区内抽烟。

（3）在库区内擅自使用明火。

（4）易燃物未及时清理。

（四）灭火方法

1. 冷却法。

在灭火过程中，把燃烧物的温度降低到其燃烧点之下，使之不能燃烧。如水、酸碱灭火法、二氧化碳灭火器等均有一定的冷却作用，同时还能隔绝空气。

2. 窒息法。

此法主要是使燃烧物周围立即减少氧气含量，使火熄灭。在灭火过程中，除了用水使燃烧物窒息外，还可以使用黄沙、湿棉被、四氯化碳灭火器、泡沫灭火器等，这些都是使用窒息方法灭火的工具。

3. 隔绝法。

此法主要是隔离或疏散可燃物质。在灭火过程中，为避免火势蔓延和扩大，可以拆除部分建筑物或及时疏散火场周围的可燃物，使火熄灭。在大面积的配送中心中建立防火隔断墙依据的就是这一道理。

4. 遮断法。

此法是将浸湿的麻袋、旧棉被等遮盖在火场附近的其他易燃物和未燃物体上，防止火势的蔓延。

5. 分散法。

此法是将集中的货物迅速分散，孤立火源，一般用于露天仓库，库内也可以采用。

（五）配送中心消防管理措施

1. 消防管理的方针是"预防为主、防消结合"，重视预防火灾的管理，以不存在火灾隐患为管理目标。

2. 配送中心的消防管理工作包括仓库建设时的消防规划、消防管理组织、岗位消防责任、消防工作计划、消防设备配置和管理、消防检查和监督、消防日常管理、消防应急、消防演习等。严格布置仓库建筑和配置消防设备，并通过当地消防管理部门验收。在任何情况下消防场地和设施都不得改做其他用途使用。配送中心要与当地消防管理部门商定消防管理的责任区域，确定保持联系的方法。

3. 配送中心的消防管理是安全管理的重要组成部分，由配送中心的法定代表人或者最高领导人担任管理责任人，各部门、各组织的主要领导人担任部门防火管理责任人，每一员工都是其工作岗位的防火责任人，形成企业领导、中层领导、基层员工构成的消防组织体系，实行专职和兼职相结合的制度，使消防管理工作覆盖到仓库的每一个角落。

4. 配送中心根据需要可以组织专职消防机构和消防队伍，承担消防工作的管理支持，检查和监督，应急消防，员工进行消防培训，消防值班，公共场所的消防管理，消防设备管理和维护工作。同时，还可以组建兼职消防队伍，承担各工作部门的消防工作，检查所在部门的消防工作，及时发现消防隐患。

5. 消防工作采用严格的责任制，采取"谁主管谁负责，谁在岗谁负责"的制度。每个岗位、每个员工的消防责任明确确定，并采取有效的措施督促执行。配送中心需订立严格的、科学的消防规章制度，制定电源、火源、易燃易爆物品的安全管理和值班巡逻制度，确保各项规章制度被严格执行。制定合适的奖惩制度，激励员工做好消防工作。

6. 配送中心的工作人员需要经过消防培训，考核合格方可上岗。配送中心还需要定期组织员工进行消防培训，并进行消防演习，确保每一位员工熟悉岗位消防职责。经常性地开展防火宣传，保持员工的高度防火警惕性。

7. 配送中心的消防设备要有专人负责管理，坚决制止挪用或损坏消防设备。根据各类消防设备的特性，定期保养和检查、充装。定期检查防雷系统，保证其处于有效的状态。

（六）特殊货物大火的扑救

爆炸物品引起的火灾主要用水扑救，氧化剂引起的大火多数可用雾状水扑救，也可以用二氧化碳灭火器、泡沫灭火器和沙进行扑救。

易燃液体起火，用泡沫灭火器最有效，也可用干粉灭火器、沙土、二氧化碳灭火器扑救。由于绝大多数易燃液体都比水轻，且不溶于水，故不能用水扑救。

易燃固体起火，一般用水、沙土、泡沫灭火器、二氧化碳灭火器扑救。但如氯化物着火，就不能使用酸碱灭火器和泡沫灭火器，因为酸与氯化物作用能产生毒性极强的氯化氢气体，危害性极大。

腐蚀性商品起火，碱类或酸类的水溶液着火可用雾状水扑救，但遇水分解的多卤化合物、氯磺酸、发烟硫酸等，绝不能用水扑救，只能用二氧化碳灭火器扑救，有的也可用干沙进行灭火。

遇水燃烧商品起火，只能使用干沙土和二氧化碳灭火器灭火。

自燃性商品起火，可使用大量水或其他灭火器材。

压缩气体起火，可用沙土、二氧化碳灭火器、泡沫灭火器扑灭。放射性物品起火，可用大量水或其他灭火剂扑灭。

四、虫害防治

知识点：虫害防治的基本知识

关键技能点：了解害虫的特性；熟悉害虫的来源；掌握害虫防治

（一）害虫的来源

害虫来源主要有以下几方面：

（1）货物入库前已有害虫潜伏在货物之中。

（2）货物包装材料中隐藏害虫。

（3）运输工具带有潜伏的害虫。

（4）仓库内隐藏有害虫。

（5）邻近仓库感染害虫。

（6）仓储地的外界环境中的害虫等。

（二）害虫的特性

害虫一般具有以下特性：

（1）具有较强的抗干能力。仓库内大多数害虫能生活于含水量很少的物品中。

（2）杂食性与耐饥力。仓库内大多数害虫能耐长时期的饥饿不死，而且多为多食或杂食性。

（3）较强的耐热、耐寒。适宜仓库害虫生长繁殖的温度范围一般为18摄氏度到35摄氏度，但是大多数害虫在高达38摄氏度到45摄氏度高温或者。摄氏度低温时，只是停止生长，并不死亡。

（4）较强繁殖能力。仓库害虫环境变化小，天敌少，食物丰富，雌雄相遇的机会多等原因，因此害虫繁殖能力特别强。

（三）害虫防治

防治害虫的几种方法：

（1）卫生防治。

（2）物理机械防治。

（3）化学药剂防治（驱避法、喷液法、熏蒸法）。

另外，还有高低温杀虫，电离辐射、灯光杀虫、微波、远红外线杀虫等方法。

五、防雨湿管理

知识点：防雨湿管理

关键技能点：熟悉排水补漏、防雨湿；了解防洪

（一）排水管理

1. 配送中心仓库排水。配送中心仓库排水是指库房建筑、露天货场以及道路上雨水和雪水的排除以及库房周围积水的排除。排水和防潮关系极为密切，通过排除积水或渗漏水，可以保证空气干燥，达到防潮的目的。

2. 排水管理。

（1）库房建筑物排水

单层库房建筑物排水主要应考虑两个因素，一是库内地面的坡度，二是库外地面排水方式的选择。前者应根据地面的防水构造与防水材料而定。如卷材防水地面，坡度宜平缓，以免气温升高时卷材下滑或沥青流淌，一般坡度为1/15～1/5；

如系列构件自防水地面，则要求排水快，坡度可为1/4，不宜平缓。后者可分为自由落水和有组织排水两种排水方式。配送中心应根据自身库房的平面和刘面形状、面积、用途以及当地的气候条件等因素，综合考虑选择哪一种排水方式。

（2）地下仓库的排水补漏

地下仓库的排水补漏是为了保证地下仓库内湿度条件最大限度地不受地下水的影响以及仓库被覆层外的积水或渗漏进库内的地下水能及时排出库外，所进行的混凝土排水和修补工程及其管理。对于地下仓库的防水管理应贯彻"以排为主，排堵结合"。为此，地下仓库的排水补漏管理，应根据仓库的具体情况、地下水的渗漏程度和渗漏部位，采取不同的措施加以处理。

（a）地下仓库的排水。在设计建筑地下仓库时，应考虑设置完善的排水和防水系统。除了可根据历史水文资料设计系统排水量外，还应根据地理或地貌条件设置必要

的排水动力系统。日常管理中要密切注意被覆层外积水情况，监视库内渗漏情况，尤其雨季更应密切注意观测，并对地下水和库内渗漏情况详细记录建档。

（b）地下仓库裂缝漏水的处理。被覆层裂缝漏水是地下仓库漏水的一种主要情况，应及时采取措施进行补漏。常用的方式有：一是引水排漏，即将漏进来的水引入排水沟，集中排出；二是堵缝排漏方式，即堵住裂缝，防止水沿裂缝漏入仓库内。

（二）防雨湿

防雨湿措施：

（1）检查所有仓库库顶、装卸雨篷以往的漏雨点是否已经被有效密封。

（2）检查仓库门窗关闭后密封是否完整。

（3）检查仓库通风设备运行是否正常。

（4）做好货垛衬垫与及时苫盖货物，货场堆放货物、低洼地的仓库或者地面较低的仓库室内，雨季时仓库入库口的货位，都要采用防水湿衬垫，垫垛要有一定的高度。在货场存放需防湿的货物，在入库作业开始就要在现场准备好苫盖物料。无沦天气怎样，怕水湿货物都不能露天过夜。

（5）检查仓库抹布、拖把、除湿材料、防雨薄膜等工具准备是否齐全。

（6）对仓库全体人员进行防雨防潮动员大会，并进行仓库防雨防潮措施方法的培训。

（7）仓库负责人根据仓库具体情况制定有针对性的《仓库防雨防潮检查表》，每日定时安排人员检查。

（8）仓库负责人必须向员工通报紧急行动预案，明确分工。

（9）仓库负责人必须关注电台、电视台发布的最新天气预报，并通报给全体员工，做好应对措施。

（10）出现较严重水湿、潮湿现象时必须及时上报。

（三）防洪

防洪措施：

1）健全防洪组织，实行责任制。

2）防洪设施的检查与维修。

3）关注天气预报。

4）准备防洪物资器材。

5）汛期管理。

6）制定制度，检查评比。

第三节　绩效管理

一、配送绩效考核的指标管理

知识点：配送绩效考核的指标管理

关键技能点：了解指标制订的遵循原则；认知配送绩效考核的指标管理

（一）配送绩效指标制订的原则

制订指标应遵循以下原则：

（1）科学性原则。科学性原则要求所设计的指标体系能够客观、如实地反映配送的所有环节和活动要素。

（2）可行性原则。可行性原则要求所设计的指标便于工作人员掌握和运用，数据容易获得，便于统计计算，便于分析比较。

（3）协调性原则。协调性原则要求各项指标之间相互联系互相制约，但是不能相互矛盾和重复。

（4）可比性原则。在对指标的分析过程中很重要的是对指标进行比较，如实际完成与计划相比，现在与过去相比，与同行相比等，所以可比性原则要求指标在期间、内容等方面要一致，使指标具有可比性。

（5）稳定性原则。稳定性原则要求指标一旦确定，应在一定时期内保持相对稳定，不宜经常变动、频繁修改。在执行一段时间后，经过总结再进行改进和完善。

（二）配送绩效考核的指标管理

在制定出配送绩效考核指标之后，为了充分发挥指标在配送管理中的作用，配送中心各级管理者和作业人员应进行指标的归口、分级和考核。

（1）实行指标的归口管理。指标制订的目标能否完成，与配送中心每个员工的工作有直接联系，其中管理者对指标的重视程度和管理方法更为关键。将各项指标按职能机构进行归口管理，分工负责，使每项指标从上到下层层有人负责，可以充分发挥各职能机构的积极作用，形成一个完整的指标管理系统。

（2）分解指标落实到人。这一系列的配送绩效考核指标需要分解、分级落实到各个部门、各个班组，直至每个员工，使每级部门、每个班组、每个员工明确自己的责任和目标。

（3）开展指标分析，实施奖惩。定期进行指标执行情况的分析，是改善配送中心工作，提高配送经济效益的重要手段。只有通过指标分析，找出差距，分析原因，才能对配送中心的生产经营活动作出全面的评估，才能促进配送工作水平不断提高。

二、配送绩效考核指标体系

知识点：配送绩效考核指标体系

关键技能点：熟悉配送绩效考核指标类别，掌握配送绩效考核具体指标的训算公式。

（一）配送绩效考核指标类别和配送绩效考核具体指标的计算公式

配送的绩效如何，需要用绩效评价指标来评价分析，配送绩效考核指标体系是反映企业成果及仓库经营状况各项指标的总和。配送绩效考核的指标是由多方面的指标所构成的指标体系（见表3-3），主要包括资源利用程度方面的指标、服务水平方面的指标、能力与质量方面的指标、库存效率方面的指标等。

表 3 - 2

指标类别	具体指标的计算公式	备　注
资源利用程度方面的指标	仓库面积利用率 = 仓库可利用面积÷仓库建筑面积×100%	仓库面积利用率是衡量和考核仓库利用程度的指标。仓库面积利用率越大，表明仓库面积的有效使用情况越好。 仓库面积利用率和仓容利用率是反映配送中心仓库管理工作水平的主要经济指标。考核这两项指标，可以反映货物储存面积与仓库实际面积的对比关系及仓库面积的利用是否合理，也可以为挖潜多储，提高仓库面积的有效利用率提供依据
	仓容利用率 = 库存商品实际数量或容积÷仓库应存数量或容积×100%	仓容利用率是衡量和考核仓库利用程度的另一项指标。仓容利用率越大，表明仓库的利用效率越高。 为提高仓容利用率，可采用两种改进方法：①通过变更通道与保管的布局设计。各通道的宽度扩大到 2.5 米。确保叉车能够通过；使用托盘货架；指定高、低频率商品的不同货位。②通过改变货物存放方式，使用托盘货架，实行货物上下两段存放
资源利用程度方面的指标	设备完好率 = 期内设备完好台目数÷同期设备总台目数×100%	设备完好率是指处于良好状态、随时能投入使用的设备占全部设备的百分比。 期内设备完好台目数是指设备处于良好状态的累计台目数，其中不包括正在修理或待修理设备的台目数
	设备利用率 = 全部设备实际工作时数÷同期设备日历工作时数×100%	设备利用率是考核运输、装卸搬运、加工、分拣等设备利用程度的指相当规模。设备利用率越大，说明设备的利用程度越高。设备是企业的重要资源、设备利用率高表明配送企业进出业务量大，是经营绩效良好的表现。它不仅可更好地反映设备利用状况。还可用设备工作日利用率、工时利用率批标加以详细计算
	设备作业能力利用率 = 计划期内设备实际作业能力÷计划期内设备技术作业能力×100%	设备作业能力利用率是指计划期内设备实际作业能力与技术作业能力的比值。根据不同的性能特点来确定作业能力的单位。如起重设备表示为单位时间内的起重量；设备技术作业能力可根据其标记作业能力并参考设备服役年数核定。该指标反映设备的技术作业能力被利用的程度

续表

指标类别	具体指标的计算公式	备　注
资源利用程度方面的指标	装卸设备起重量利用率＝计划期内设备每次平均起重量÷设备定额起重量100%	装卸设备起重量利用率指标各种起重机、叉车、堆垛机等的额定起重量被利用程度，也反映了装卸设备与仓库装卸作业量的适配程度
	资金利润率＝利润总额÷（固定资产平均占用额÷流动资金平均占用额）×100%	资金利润率是指配送中心所得利润与全部资金占用之比，它可以用来反映配送的资金利用效果
	全员劳动生产率＝利润总额÷同期平均全员人数×100%	劳动生产率是指劳动投入与收益的比值，通常以平均每人所完成的工作量或创造的利润额来表示
服务水平方面的指标	客户满意程度＝满足客户要求的数量÷客户要求的数量×100%	客户满意程度是衡量企业竞争力的重要指标，客户满意与否不仅影响企业经营业绩，而且影响企业的形象。考核这项指标不仅反映出企业服务水平的高低，同时衡量出企业竞争力的大小
	缺货率＝缺货的次数÷客户订货的次数×100%	缺货率是对配送商品可得性的衡量尺度。将全部商品所发生的缺货次数汇总起来与客户订货次数进行比较，就可以反映一个企业实现其服务承诺的状况
	准时交货率＝准时交货的次数÷总交货的次数×100%	准时交货是满足客户需求的考核指标
	货损货差赔偿费率＝货损货差赔偿费总额÷同期营收总额×100%	货损货差赔偿费率反映仓库在整个收发保管作业过程中作业质量的综合指标
能力与质量方面的指标	计划期货物吞吐量＝计划期货物总进库量÷计划期货物总出库量÷计划期货物直拨量	货物吞吐量是指计划期内进出库货物的总量，一般以吨表示。计划指标通常以年吞吐量计算计划期货物总进库量是验收后入库的货物数量，计划期货物出库是指按调拨计划、销售计划发出的货物数量，计划期货物直拨量是指从港口、车站直接拨给用户或货到专用线未经卸车直拨给用户的货物数量。吞吐量是反映配送中心工作的数量指标，是配送工作考核中的主要指标，也是计算其他指标的基础和依据
	账货相符率＝账货相符的笔数÷库存货物的总笔数×100%	账货相符率是指配送账册上的货物存含量与实际仓库中保存的货物数量之间的相符各程度。一般在对货物盘点时，逐笔与账面数字核对。账货相符率指标反央出企业的管理水平，是避免企业账产损失的主要考核指标

续表

指标类别	具体指标的计算公式	备　注
能力与质量方面的指标	商品缺损率＝期内商品缺损率÷期内库存商品总量×100%	商品缺损主要由两种原因造成：一是保管损失，即因保管养护不善造成的损失；二是自然损耗，品缺损率反映商品保管与养护的实际状况，考核这一项指标是为了促进商品保管与养护水平的提高，从而使商品缺损率降到最低
	平均储存费用＝每月储存费用总额÷月平均储存量×100%	平均储存费用是指保管每吨货物每月平均所需的费用开支。货物保管过程中水泵的一定数量的活劳动和物化劳动的货币形式即为各项储存费用。这些费用包括在货物出入库、验收、存储和搬运过程中的消耗的材料、燃料、人工工资和福利费、固定资产折旧、修理费、照明费以及应分摊的管理费等。这些费用的总和构成仓库总的费用。 　平均储存费用是仓库经济核算的主要经济指标之一。它可以综合地反映仓库的经济成果、劳动生产率、技术设备利用率、材料和燃料节约情况和管理水平等

三、绩效考核指标的分析

知识点：绩效考核指标的分析
关键技能点：熟悉绩效考核指标的分析方法

（一）绩效考核指标分析的意义

现代配送企业的各项考核指标是从不同角度反映某一方面的情况，如果仅凭某一项指标很难反映事物的总体情况，也不容易发现问题，更难找到产生问题的原因。因此，要全面、准确地认识配送企业的现状和规律，把握其发展的趋势，必须对各个指标进行系统而周密的分析，以便发现问题，并透过现象认识内在的规律，采取相应的措施，使配送企业各项工作水平得到提高，从而提高企业的经济效益。

（二）对比分析法

1. 对比分析法是将两个或两个以上有内在联系的、可比的指标（或数量）进行对比分析，从而认识配送企业的现状及其规律性。对比分析法是绩效考核指标分析法中使用最普遍、最简单和最有效的方法。

2. 对比的内容。

运用对比分析法对指标进行对比分析时，一般都应首先选定对比标志来衡量指标的完成程度。应用对比分析法进行对比分析时，首先要注意所对比的指标或现象之间的可比性。其次，要结合使用各种对比分析方法，把有联系的对比指标结合运用，有利于全面、深入地研究分析问题。最后，还需要正确选择对比的基数，所选择的对比基数应具有代表性。

（1）计划完成情况的对比分析

计划完成情况的对比分析是将同类指标的实际完成数或预计完成数与计划数进行对比分析，从而反映计划完成的绝对数和程度，分析计划完成或未完成的具体原因，肯定成绩、总结经验、找出差距、提出措施。

（2）纵向动态对比分析

纵向动态对比分析是将配送企业的同类有关指标在不同时间上的对比，如本期与基期（或上期）比、与历史平均水平比、与历史最高水平比等。这种对比反映事物的发展方向和速度，说明当前状态的纵向动态，分析增长或降低的原因并提出建议。

（3）横向类比分析

横向类比分析是将配送企业的有关指标在同一时期相同类型的不同空间条件下的对比分析。类比单位的选择一般是同类企业中的先进企业，通过横向对比，往往能起到"清醒剂"的作用，更能够找出差距，采取措施，赶超先进。

（4）结构对比分析

结构对比分析是将总体分为不同性质的各部分，然后以部分数值与总体数值之比来反映事物内部构成的情况，一般用百分数表示。通过指标的结构对比，可以研究各组成部分的比重及变化情况，从而加深认识配送企业工作中各个部分的问题及其对总体的影响。

3. 库存绩效考核指标的分析。

（1）库存周转率的评价方法：

（a）和同行业比较评价法：在与同行业相互比较时有必要将计算公式的内容统一起来，调整到同一基础进行计算才有真正的比较价值。

（b）参考以往绩效的评价方法：参考自己公司以往的绩效，不是随便取之，而是用周转率较大（周转时间较短）的绩效值进行比较分析。

（c）期间比较评价法：根据统计资料计算的周转率仅能用来当做一个概略的标准，应将重点放在本公司内各期间的比较来评价优差，这才是较为正确的方法。

（2）库存周转率的分析。

我们一般认为周转率高了就必然好，周转率低了就不好，事实上不能这么单纯地下结论，因为周转率表面上所显示的数值中，背后往往隐藏着下述几种内情：

（a）周转率高时，经济效益好。此时销售额增加并且远超过存货资产，使得企业获得较好的利润；或者是企业决策合理而缩短了周转期。

（b）配送周转率虽高，经济效益却不佳。当销售额超过标准库存的拥有量，会产生缺货现象，若缺货情形远远超过允许缺货率而丧失销售机会时，将带来损失，因而使经济效益不高；

当库存调整过分彻底，而超过销售额降低的估计，也会产生缺货，进而减少收益；还有可能的是结算时，将其粉饰而在账簿上把不良库存都卖掉了，以此来提高销售数额而压低库存。

（c）周转率虽低，但经济效益好。这种情况主要是指：对不久的将来，确实能够预测大幅度涨价的商品，有了估计库存，使库存量增大；或者是对于有缺货危险的商品，有计划地增加了适当的库存，或是对将来销售额的增加已有正确的估计，而在周密计划之下持有储藏较多的存货；还有可能的是企业有计划地储备季节性物品，以备旺季的需要，因此使某一期间的库存暂时增加（如啤酒、空调机等）。

（d）周转率低，经济效益也低。具体表现为销售额明显减少而未作库存调整，或库存中不良品、长期保管品、品质低下品或过时品等的不断增加。

总之，周转率是很灵活的，当我们通过周转来观察经营状况时，应该先参照上述原则，然后结合实际情况做出正确判断。

（三）因素分析法

1. 因素分析法的定义。因素分析法是用来分析影响指标变化的各个因素以及它们对指标各自的影响程度。

因素分析法的基本做法是，假定影响指标变化的诸因素之中，在分析某一因素变动对总指标变动的影响时，假定只有这一个因素在变动，而其余因素都必须是同度量因素（即固定因素），然后逐个进行替代某一项因素单独变化，从而得到每项因素对该指标的影响程度。

2. 采用因素分析法应注意的问题。在采用因素分析法时，应注意各因素按合理的顺序排列，并注意前后因素按合乎逻辑的衔接原则处理。如果顺序改变，各因素变动影响程度之积（或之和）虽仍等于总指标的变动数，但各因素的影响值就会发生变化，得出不同的答案。

在进行两因素分析时，一般是数量因素在前，质量因素在后。在分析数量指标时，另一质量指标的同度量因素要固定在基期（或计划）指标；在分析质量指标时，另一数量指标的同度量因素要固定在报告期（或实际）指标。在进行多因素分析时，同度量因素的选择要按顺序依次进行，即当分析第一个因素时，其他因素均以基期（或计划）指标作为同度量因素，而在分析第二个因素时，则是在第一个因素已经改变的基础上进行，即第一个因素以报告期（或实际）指标作为同度量因素，其他类推。

（四）价值分析法

1. 价值分析的定义。在各种经济活动中，不沦是制订计划还是生产制造，不沦是销售工作，还是购买工作或是设备的选用，都期望以最低的价格实现最大价值，即为了实现最佳价值要进行各种探讨和分析，这个过程称为价值分析。采用价值分析的方法主要是通过对功能和成本的分析，力图以最低的寿命周期成本可靠地实现系统的必要功能。

2. 价值分析大体按下列顺序进行：

（1）使用此物品是否必要（必要性）。

（2）研究所使用的这些物品，其价值与效用是否相当（效用）。

（3）为满足这种用途，是否还有其他方法或代用品（替代性）。

（4）物品所有的性能是否都必要（物品性能的必要性）。

（5）质量要求是否过高（质量的浪费）。

（6）形状、尺寸是否浪费（形状、尺寸的浪费）。

（7）重量是否浪费（重量的浪费）。

（8）能否使用标准件和通用件（标准件适用性）。

（9）物品的成本相对于用途是否必要或是否适宜（成本的适宜性）。

（10）能否采用更适宜、更经济的方法进行生产（生产的适宜性）。

小　　结

效益管理是企业经营管理追求的目标之一，本章从成本管理、安全管理、绩效评估三个问题进行了阐述。

围绕成本管理，有配送中心效益的来源、成本的构成、成本的控制、标准成本控制、成本降低的策略、成本降低的体制变革。

围绕安全管理，有安全作业管理、治安管理、消防安全管理、虫害防治、防雨湿管理。

绩效评估分别从了解指标制订应遵循的原则、认知配送绩效考核的指标管理、熟悉配送绩效考核指标类别，掌握配送绩效考核具体指标的计算公式、熟悉绩效考核指标的分析方法等方面进行了阐述。

作　　业

一、名词解释：

合并策略　延迟策略　库存周转率

二、简答题：

1. 简述配送中心降低成本的策略

2. 简述配送中心成本的构成

第五章　配送中心的质量管理

素质目标： 质量改善原则、"5S" 活动的开展与检查、内部控制与内部审计
知识目标： 物流配送质量管理规范、配送的5S活动、内部管理控制制度
技能目标： 配送中心5S执行技巧—整理、整顿、清扫、清洁、修养
能力目标： 配送中心人员岗位职责、配送中心管理制度、一般管理控制

电子商务物流配送

　　每一个成功的零售企业背后都有一个完善的配送系统支撑，在美国电影新片《火拼时速且》（RushHour Ⅱ）中，唠叨鬼詹姆斯？卡特有一个绰号叫7-11，意思是他能从早上7点钟起床开始一刻不停地唠叨到晚上11点钟睡觉。其实7-11这个名字来自于遍布全球的便利名店7-11，名字的来源是这家便利店在建立初期的营业时间是从早上7点到晚上11点，后来这家70多年前发源于美国的商店是全球最大的便利连锁店，在全球20多个国家拥有2.1万家左右的连锁店。到今年一月底，光在中国台湾地区就有2 690家7-11店，美国5 756家，泰国1 521家，日本是最多，有8 478家。

　　一家成功的便利店背后一定有一个高效的物流配送系统，7-11从一开始采用的就是在特定区域高密度集中开店的策略，在物流管理上也采用集中的物流配送方案，这一方案每年大概能为7-11节约相当于商品原价10%的费用。

　　配送系统的演进

　　一间普通的7-11连锁店一般只有100-200平方米大小，却要提供约3 000种食品，不同的食品有可能来自不同的供应商，运送和保存的要求也各有不同，每一种食品又不能短缺或过剩，而且还要根据顾客的不同需要随时能调整货物的品种，种种要求给连锁店的物流配送提出了很高的要求。一家便利店的成功，很大程度上取决于配送系统的成功。

　　7-11的物流管理模式先后经历了三个阶段三种方式的变革。起初，7-11并没有自己的配送中心，它的货物配送依靠的是批发商。以日本的7-11为例，早期日本7-11的供应商都有自己特定的批发商，而且每个批发商一般都只代理一家生产商，这个批发商就是联系7-11和其供应商间的纽带，也是7-11和供应商间传递货物、信息和资金的通道。供应商把自己的产品交给批发商以后，对产品的销售就不再过问，所有的配送和销售都会由批发商来完成。对于7-11而言，批发商就相当于自己的配送中心，它所要做的就是把供应商生产的产品迅速有效地运送到7－11手中。为了自身的发展，批发商需要最大限度地扩大自己的经营，尽力向更多的便利店送货，并且要对整个配送和订货系统做出规划，以满足7－11的需要。

渐渐地，这种分散化的由各个批发商分别送货的方式无法再满足规模日渐扩大的7－11便利店的需要，7－11开始和批发商及合作生产商构建统一的集约化的配送和进货系统。在这种系统下，7－11改变了以往由多家批发商分别向各个便利点送货的方式，改由一家在一定区域内的特定批发商统一管理该区域内的同类供应商，然后向7－11统一配货，这种方式称为集约化配送。集约化配送有效地降低了批发商的数量，减少了配送环节，为7－11节省了物流费用。

配送中心的好处

特定批发商（又称为窗口批发商）提醒了7－11，何不自己建一个配送中心？与其让别人掌控自己的经脉，不如自己依靠自己。7－11的物流共同配送系统就这样浮出水面，共同配送中心代替了特定批发商，分别在不同的区域统一集货、统一配送。配送中心有一个计算机网络配送系统，分别与供应商及7－11店铺相连。为了保证不断货，配送中心一般会根据以往的经验保留4天左右的库存，同时，中心的计算机系统每天都会定期收到各个店铺发来的库存报告和要货报告，配送中心把这些报告集中分析，最后形成一张张向不同供应商发出的订单，由计算机网络传给供应商，而供应商则会在预定时间之内向中心派送货物。7－11配送中心在收到所有货物后，对各个店铺所需要的货物分别打包，等待发送。第二天一早，派送车就会从配送中心出发，择路向自己区域内的店铺送货。整个配送过程就这样每天循环往复，为7－11连锁店的顺利运行修石铺路。

配送中心的优点还在于7－11从批发商手上夺回了配送的主动权，7－11能随时掌握在途商品、库存货物等数据，对财务信息和供应商的其他信息也能握于股掌之中，对于一个零售企业来说，这些数据都是至关重要的。

有了自己的配送中心，7－11就能和供应商谈价格了。7－11和供应商之间定期会有一次定价谈判，以确定未来一定时间内大部分商品的价格，其中包括供应商的运费和其他费用。一旦确定价格，7－11就省下了每次和供应商讨价还价这一环节，少了口舌之争，多了平稳运行，7－11为自己节省了时间也节省了费用。

配送的细化

随着店铺的扩大和商品的增多，7－11的物流配送越来越复杂，配送时间和配送种类的细分势在必行。以中国台湾省的7－11为例，全省的物流配送就细分为出版物、常温食品、低温食品和鲜食食品四个类别的配送，各区域的配送中心需要根据不同商品的特征和需求量每天作出不同频率的配送，以确保食品的新鲜度，以此来吸引更多的顾客。新鲜、即时、便利和不缺货是7－11的配送管理的最大特点，也是各家7－11店铺的最大卖点。

和中国台湾省的配送方式一样，日本7－11也是根据食品的保存温度来建立配送体系的。日本7－11对食品的分类是：冷冻型（零下20摄氏度），如冰激凌等；微冷型（5摄氏度），如牛奶、生菜等；恒温型，如罐头、饮料等；暖温型（20摄氏度），如面包、饭食等。不同类型的食品会用不同的方法和设备配送，如各种保温车和冷藏车。由于冷藏车在上下货时经常开关门，容易引起车厢温度的变化和冷藏食品的变质，7-11还专门用一种两仓式货运车来解决这个问题，一个仓中温度的变化不会影响到另一个仓，需冷藏的食品就始终能在需要的低温下配送了。

除了配送设备，不同食品对配送时间和频率也会有不同要求。对于有特殊要求的食品如冰激凌，7-11会绕过配送中心，由配送车早中晚三次直接从生产商门口拉到各个店铺。对于一般的商品，7-11实行的是一日三次的配送制度，早上3点到7点配送前一天晚上生产的一般食品，早上8点到11点配送前一天晚上生产的特殊食品如牛奶，新鲜蔬菜也属于其中，下午3点到6点配送当天上午生产的食品，这样一日三次的配送频率在保证了商店不缺货的同时，也保证了食品的新鲜度。为了确保各店铺供货的万无一失，配送中心还有一个特别配送制度来和一日三次的配送相搭配。每个店铺都会随时碰到一些特殊情况造成缺货，这时只能向配送中心打电话告急，配送中心则会用安全库存对店铺紧急配送，如果安全库存也已告罄，中心就转而向供应商紧急要货，并且在第一时间送到缺货的店铺手中。

分析提示

1. 7-11开办物流配送系统的背景是什么？

2. 配送中心的好处体现在哪些方面？

第一节　质量管理概述

一、质量管理的发展

质量管理形成并发展为一门科学，是随着社会化大工业的发展，随着科学技术的进步以及管理理论和实践的发展而逐渐形成和发展的。它大致经历了3个阶段，3个阶段对比情况见表13-1。

1. 产品质量的检验阶段（20世纪20~30年代）

20世纪初，美国和西欧的一些发达资本主义国家，生产力高度发展，产品增多。为了占领产品市场，必须保证出厂产品质量，开始了对产品质量的检验，并发展成为产品质量检验的专门工序。质量检验就是对生产的产品进行检验，看其是否符合质量标准的过程。

这一阶段的出现源自美国工程师泰勒提出的把计划职能和执行职能分开的观点，为了保证该环节的进行，泰勒强调产品检验职能应从制造过程中分离出来，由专职的检验人员按照标准逐个进行测量或检验，区分为合格品、不合格品或废品，以达到质量检验、保证产品质量的目的。这阶段质量管理的特点就是通过严格检验来保证出产的产品质量和转入下工序零部件的质量。缺点是事后把关不能预防废品的产生，不能减少废品，不能避免损失。

所以，这种采用事后检验方法所进行的质量管理方法，是产品质量管理的初级阶段。

表 13 - 1 质量管理发展的 3 个阶段情况对比表

阶段\\项目	质量检验阶段	统计质量管理阶段	全面质量管理阶段
方针	对标准负责、限于保证已定标准	基本按已定质量标准进行	把满足用户需要放在第一位，以协定标准为基础，以用户需要为方向，不仅保证或维持质量，而且还着眼于提高
管理特点	以事后把关为主	从把关发展到监控，生产过程重在预防控制	防检结合，以预防为主，重在控制影响产品质量的各项因素
管理特点	限于生产制造过程	从生产制造发展到设计	实行设计、生产、销售、使用全过程管理
管理方法	仍靠少数技术检验人员	依靠少数技术、检验等管理部门和统计专家	实行全员、全面、全过程管理
管理方法	主要用技术检验方法	增加了统计方法	实行改善管理技术与专业技术统计方法相结合的综合管理
管理对象	限于产品对象	包括产品质量和工序质量	广义的质量
标准化的应用	缺乏标准化	限于控制部门的标准	严格实行标准化，不仅贯彻成套的技术标准，而且要求管理业务技术、管理方法的标准化

2. 统计质量管理阶段（20 世纪 40～50 年代）

1924 年，美国贝尔电话研究所的统计学博士休哈特运用概率论与数理统计的原理提出了"预防缺陷"的概念。他认为，质量管理除了应进行质量检验外，还应做到质量预防，解决的办法就是采用他所提出的"工序质量"控制图。同时，他的同事道奇和罗米格联合提出了在破坏性检验情况下采用"抽样检验表"的方法，这就使质量管理的方法得以发展。

这种利用数理统计原理在生产工序间进行质量控制的方法，是一种有效的预防不合格品产生的工具。但限于当时条件，该方法在实践中没有得到普及和应用。后来，第二次世界大战期间，由于对大量产品尤其是军需品生产的需要，质量检验方法显示出其弱点，因而对这种方法有了迫切需要。这种质量控制方法的关键在于通过使用从生产过程中取得的统计数据所绘制的控制图，分析产生不合格品的原因，从而对生产过程进行动态控制，这就是所谓的统计质量管理（statistical quality control，SQC）。但由于该方法过分强调数理统计方法，忽视了组织管理工作和生产者的能动作用，质量管理被认为是少数数学家和学者的事，因而对统计质量管理产生了一种高不可攀、望而生畏的感觉，也就阻碍了这种方法的推广。

3. 全面质量管理阶段（20 世纪 60 年代至今）

从 20 世纪 60 年代开始，随着生产和科学技术的发展，产品寿命周期迅速缩短，对产品质量的要求越来越高，特别是对产品的安全性、可靠性要求越来越高。面对激烈的市场竞争和日益高涨的保护消费者利益的呼声，美国通用电器公司的费根鲍姆和质量专家朱兰提出了"全面质量管理"（total quality control，TQC）的概念，将质量管理发展到一个崭新的阶段。后来许多日本专家和学者也为此作出了贡献。全面质量管理阶段的标志是把企业的经营管理、数理统计等管理手段和现代科学技术密切地结合起来，建立一套质量管理体系，以保证经济地生产出满足用户要求的产品。这个时期的质量管理，无论在深度上还是广度上均有所发展。近年，随着质量管理的国际化，质量管理的思想和体系不断深化，目前，许多运输企业已严格按 ISO 9000 标准开展质量管理活动。

二、质量和质量管理基本术语

术语是指对某一专业领域内所应用的概念做准确和统一的描述，以便使人们在该领域中对某些概念具有共同的认识，并奠定相互交流和理解的基础。国际标准化组织为澄清通用质量术语的用法，使其科学化和规划化，以利于国际间的交流活动，于1986 年经过 ISO/TC176/SCI 研究制定了 ISO 8402 质量术语标准，2000 年进行了修订。下面介绍版 ISO 9000 – 2000 标准中几个通用术语的概念。

1. 产品

产品是指活动或过程的结果。

（1）产品一般有 4 种通用的类别：服务、软件、硬件、流程性材料。

①服务：为满足顾客的需要，供方和顾客之间在接触时的活动以及供方内部活动所产生的结果。特性：如等待时间、卫生、安全性、保密性、礼貌、舒适、环境美化、信用、有效的沟通联络等。组织：餐饮、娱乐、旅游、交通、通信、修理、贸易、金融、医疗、教育、咨询等。

②软件：通过支持媒体表达的信息所构成的一种智力创作，形式多样，如概念、信息、程序、规则、记录、计算机程序等。

③硬件：不连续的具有特定形状的产品，如制造的零件、元件、组件及成品、建筑等。

④流程性材料：将原料转化成某一预定状态的有形产品，状态可能是流体、气体、粒状、块状、线状或板状的。交付方式可以是桶、袋、罐、瓶、卷筒、管道等。

⑤任何一个组织通常都提供两种或两种以上产品。

（2）质量保证主要关注预期的产品，该产品定义的概念是广义的，既可以是交付给顾客的最终产品，也可以是生产过程中的半成品和外购件。其究竟是哪一类别产品，主要取决于其主导成分。如航空公司主要为乘客提供空运服务，但在飞行中也提供点心、饮料等硬件。

2. 质量

质量是指一组固有特性满足要求的程度。

（1）质量不仅是指产品质量，也可以是某种活动或过程的工作质量，还可以是质量管理体系运行的质量。

（2）要求不是固定不变的。随着技术的发展、生活水平的提高，人们对产品、过程或体系会提出新的质量要求。因此，应定期评定质量要求，修订规范，不断开发新产品、改进老产品，以满足已变化的质量要求。同时，质量具有"相对性能"，不同国家、地区因自然环境条件、技术发达程度、消费水平、风俗习惯等不同，会对产品提出不同的要求。

（3）在相对比较两个产品或体系质量的优劣时，应注意在同一"等级"的基础上进行比较。等级高并不意味着质量一定好，反之亦然。

（4）质量要求具体反映为一组固有的"特性"，如性能、寿命、可靠性、安全性、经济性、服务态度、舒适、美观等。

3. 质量管理

质量管理是指确定质量方针、目标和职责并在质量体系中通过诸如质量策划、质量控制、质量保证和质量改进使其实施的全部管理职能的所有活动。所以，质量管理也是指在质量方面指挥和控制组织协调的活动。它是企业围绕着使产品能满足不断更新的质量要求而开展的策划、组织、计划、实施、检查和监督、审核等所有管理活动的总和。它是企业各级职能部门领导的职责，由企业最高领导负全责。

4. 质量策划

质量策划是质量管理的一部分，是指致力于制定质量目标并规定必要的运行过程和相关资源以实现质量目标。组织在规定了质量目标后，就要考虑为达到质量目标应采取什么措施（必要的作业过程）和提供必要条件（包括人员和设备等资源），并把相应活动的职责落实到部门或岗位。这些活动都是质量策划活动。

5. 质量控制

质量控制是为达到质量要求所采取的作业技术和活动。其目的在于监视过程并排除质量环中各阶段中导致不满意的原因，即找出问题及时纠正，以取得经济效益。质量控制的对象是过程，如：设计过程、采购过程、生产过程等，控制的结果是应能使被控制对象达到规定的质量要求。由于质量要求随着时间的进展而不断变化，所以为了满足新的质量要求，对质量控制又提出了新的任务。因此，质量控制是动态的。

6. 质量保证

质量保证是质量管理的一部分，它是为了提供足够的信任来表明实体能够满足质量要求，而在质量体系中实施并根据需要进行证实的全部有计划有系统的活动。

（1）关键在于对达到预期质量要求的能力提供足够的"信任"。

（2）信任的依据是质量体系的建立和运行，质量体系具有持续稳定地满足规定质量要求的能力。

（3）供方规定的质量要求，包括产品的过程的和质量体系的要求，必须完全反映顾客的需求，才能给顾客以足够的信任。

（4）质量保证要求（质量体系）往往需要证实，方法包括：供方的合格声明；由第三方进行审核；提供经国家认可的认证机构出具的认证证据等。

（5）质量保证总是在有两方的情况下才存在，由一方向另一方提供信任。

7. 质量管理体系

质量管理体系是指在质量方面指挥和控制组织的管理体系。质量体系是为实施质量管理所需的组织结构、程序、过程和资源。质量体系和质量管理的关系是，质量管理需通过质量体系来运作，一个组织所建立的质量体系应既能满足本组织管理和质量目标的需要，又能满足顾客对本组织的质量体系的要求，但主要目的应是满足本组织内部管理的需要。

顾客只仅仅评价组织质量体系中与顾客订购产品有关的部分，而不是组织质量体系的全部。

8. 质量改进

质量改进是质量管理的一部分，致力于增强满足质量要求的能力。技术在不断发展，顾客和外部相关方的需求也在不断变化，组织要在市场竞争的环境中求生存和发展，必须不断开发新产品，改进老产品，提高管理水平，通过实施持续的质量改进，来提高各项质量活动的有效性和效率。

第二节　物流质量管理

一、物流质量管理的基础工作

1. 质量教育工作

质量教育是质量管理一项重要的基础工作。在项目质量管理中，人是最为重要的要素，人的素质是有效进行项目质量管理的根本保证。通过质量教育，不断增强项目参与者的质量意识，提高其思想觉悟和科学、文化、技术水平，才有可能高效、优质的完成项目。所以，质量教育的基本内容包括 3 个方面：质量意识教育、质量管理知识教育与专业技术教育。

2. 物流标准化工作

标准化工作主要指制定标准、组织实施标准和对标准的实施过程进行监督检查。物流标准化是指在运输、保管、配送、包装、装卸、流通加工、资源回收及信息管理等环节中，对重复性事物和概念通过制定、发布和实施各类标准，以达到协调统一，获得最佳秩序和社会效益。物流标准化工作的内容主要包括：物流设备标准化、物流管理标准化、物流技术方法标准化、物流服务标准化、物流信息标准化。

3. 物流计量工作

物流质量管理的实现过程是严格按照规定的技术要求进行的，在质量管理实现过程中要求得到各种技术参数，这些技术参数大多数是计量数据，如应力、比重、面积、高度、强度、含水量等。所以，做好计量工作，保证计量的量值准确和统一，确保技术标准能够贯彻执行，是质量管理的一项重要基础工作。没有准确可靠的计量数据信息，生产指挥要失误、成本核算要失真，质量检验更无法进行。因此企业应建立健全计量机构和配备计量人员，建立必要的计量管理制度，以充分发挥其在质量管理中的作用。

4. 物流质量信息

质量信息是质量管理的耳目，也是一种重要的资源。物流系统中的相互衔接是通过信息予以沟通的，基本资源的调度也是通过信息共享来实现的。因此，组织物流活动必须以信息为基础。为了使物流活动正常有序地进行，必须保证物流信息通畅。要使质量信息工作在质量管理中发挥其应有的作用，首先，应建立物流企业信息管理系统；其次，质量信息要实行分级管理，而且要有专人负责，特别要抓好基层的信息管理，认真做好原始记录并及时上报；最后，要有一定的考核制度，才能保证信息系统的正常运行。

5. 现代物流企业质量文化

所谓质量文化，就是企业以及社会在长期的生产经营过程中自然形成的涉及质量空间的意识、规范、价值取向、思维方式、道德水平、行为标准、法律观念，以及风俗习惯和传统惯例等"软件"的总和。质量文化不仅直接显现为产品质量、服务质量、管理和工作质量，而且还延伸表现为消费质量、生活质量和环境质量，并且集中体现为整个民族素质的高低。

二、物流质量管理的方法

1. 全面质量管理方法（TQM）

TQM 是一个以质量为中心，以全员参与为基础，目的在于通过让顾客满意和企业所有成员及社会受益而达到长期成功的管理途径。

TQM 是新的观念和方法的总和，代表了质量管理发展的一个新阶段，其中心思想是扩大质量职能范围，突破传统的把质量管理限于少数专职人员、局部职能部门和生产现场的狭隘观念。在国家公布的《工业企业个面质量管理暂行办法》中的第二条就明确指出："全面质量管理是现代工业生产中一种科学的质量管理方法，是企业管理的中心环节……"从而肯定了全面质量管理的中心位置。TQM 正是通过组织以满足顾客不断提高的要求为宗旨，以最高管理者为龙头，以全员参与为基础，以系统方法为主要手段，以定量方法为工具，以持续提升质量为目标，从而实现高效的质量管理。

TQM 的基本观点如下。

（1）为用户服务的观点。社会主义基本经济规律要求企业必须生产出市场需要、用户满意的产品，这样企业才能生存和发展。仓储与配送类企业应以存货单位、收货单位和供货单位的需求为首要需求，真心诚意地为顾客服务，并作到保管物资好、收费合理、供应及时和准确、资料完整；同时愿在技术指导、业务咨询及其他代理项目中提供优质服务。

（2）预防为主的观点。把质量的事后检验转移到事前控制，做到防患于未然，从而避免付出更高的代价。在物流企业生产全过程中，环节之间和工序之间均施以严格的质量控制，事先有预见地消除在人员、设备、方法、材料及环境诸方面各种不利因素，保证产品及服务质量。

（3）上一道工序为下一道工序服务的观点。上一道工序为下一道工序服务是一切为了用户观点的扩大。全面质量管理的精髓要求把下一道工序当作是用户，在下一道工序认为质量符合标准之后，工序才能下移。如此，在部门之间、环节之间以及人与人之间都有着严格的质量要求和质量责任，工序在严肃认真、一丝不苟地互相检验中步步延续，产品质量从而得到保证。

2. 基本方法——PDCA 循环法（4 个阶段 8 个步骤）

质量保证体系运转的基本方法是："计划（Plan）—实施（Do）—检查（Check）—处理（Action）"四个环节的不断循环，简称 PDCA 循环，也叫戴明循环法。

1）PDCA 循环法的 4 个阶段

第一阶段，计划阶段（P），就是通过对物流质量问题的现状了解和掌握，制定经济技术指标和质量管理目标，以及达到这些目标的具体措施和方法。

第二阶段，实施阶段（D），就是将制定的计划和措施，具体组织实施。

第三阶段，检查阶段（C），就是检查计划的执行情况，并将执行结果与事先制定的目标进行对比，发现问题。

第四阶段，处理阶段（A），就是对检查得到的计划执行结果及问题进行处理和总结。

2）PDCA 循环法的步骤

上述 4 个阶段的内容可进一步具体化为以下几个步骤。

第一，分析现状，查找质量问题。

第二，分析产生质量问题的原因或影响因素。

第三，针对影响质量的主要因素及目标，制订计划，并根据具体条件，落实到执行者。

第四，执行计划，这是"实施"阶段的内容。

第五，检查计划执行情况，分析实施效果，这是"检查"阶段的内容。

第六，以标准化的方法进行总结，肯定成功的经验，并加以标准化或制度化，作为今后工作的指南。失败的教训应加以处理、总结，并记录在案作为借鉴，以防止再度发生。

第七，把没有解决的遗留问题转入下一轮循环。

以上第一、第二、第三 3 个步骤是"计划阶段"的具体内容，第六、第七两项是"处理阶段"的内容。"计划阶段"应明确 6 个问题，即为何干、干什么、何时干、何地干、何人干、如何干。

3）PDCA 循环的特点

PDCA 循环的 4 个阶段揭示了质量管理必须遵循的基本规律，具有以下 3 个特点。

（1）4个阶段互相衔接，共同构成了一个完整的、循环前进的循环系统，是一个不可缺少的整体。

（2）大环套小环，互相促进。整个仓库构成PDCA大循环，各作业班组或其他部门构成中循环、小循环，形成大环套小环的格局。整个仓库的大循环是各部门、各班组中循环、小循环的基础和前提，每个中循环或小循环是大循环得以顺利运转的保证，整个循环系统互相推动，促进质量的不断提高。

（3）爬楼梯，步步登高。PDCA循环周而复始，每一次循环，都有新的目标和内容；每完成一次循环，质量水平就提高到一个新的阶段，然后在新的水平上进入下一轮循环，如图13.1所示。

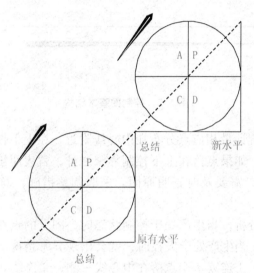

图5.1 步步登高图

3. 物流质量控制方法

1）物流质量控制图

控制图又叫管理图，它是工序质量控制的主要手段，是一种动态的质量分析与控制方法。控制图不仅对判别质量稳定性，评定作业过程质量状态以及发现和消除作业过程的失控现象，预防废品产生有着重要作用，而且可以为质量评比提供依据。控制图的基本结构形式，如图13.2所示。

从图13.2中可以看出，纵坐标是质量特性值，横坐标为取样时间或子样号。图上有5条线，上面一条实线表示公差上限；最下面一条实线表示公差下限；上面一条虚线叫控制上限，用UCL表示，下面一条虚线叫控制下限，用LCL表示；中间一条实线叫中心线，用CL表示。控制上限与控制下限、中心线是通过收集过去一段时间生产处于稳定状态下的数据计算出来的。控制线的范围应比技术标准（公差）的范围窄。在作业过程进行中，按规定的时间抽取子样，测量质量特性值，将测得的数据用点描在控制图上，并将点连接起来就得到控制图。

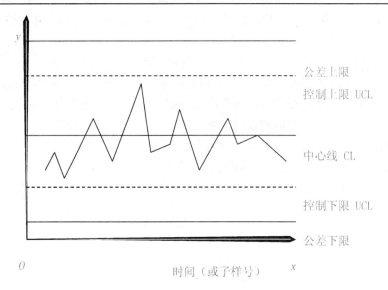

图 5.2 控制图基本结构

在正常情况下，统计量相应点分布在中心线附近，在上下控制界限之内，表明生产过程处于稳定状态。如果点落在上下控制界限之外，就表明出现了异常现象，生产过程处于不稳定状态，需要及时查明原因，采取调整措施，确保生产过程处于稳定状态。

控制图的观察与分析，当生产处于控制状态时，图上的点在控制界限范围内和在中心线两侧附近活动；当生产处于失控时，就会出现异常情况。判别异常情况，根据实践归纳为以下几点：①连续 7 个点落在中心线一侧；②连续 3 个点中有两个点接近控制线；③点发生倾向性变化，连续上升或下降；④点出现周期变化，例如，从上到下，再由下而上，周而复始。总之，凡出现上述情况，就应引起注意，查明原因。

2）因果图分析法

（1）因果图的概念。因果图是描述、整理、分析质量问题（结果）与影响质量的因素（原因）之间关系的图。它又称为特性要因图、鱼刺图、树枝图、石川图等。通过对影响质量的因素进行全面系统的整理和分析，可以弄清影响质量的因素与质量问题之间的因果关系，最终找出解决问题的途径，并且为质量改善和控制提供帮助。

质量问题的产生，常常是多种复杂因素综合作用的结果。要从这些错综复杂的因素中理出头绪，找出其中真正起作用的关键因素并非易事。因果分析法是从质量问题这个结果出发，在分析其原因时，顺藤摸瓜，步步深入，将原因与结果、原因与原因之间的关系用一个个箭头清晰地表示出来，以便使管理人员能正确地抓住质量问题的症结，对症下药。

（2）因果图的类型。因果图按其在物流质量控制中表示的体系不同而分为以下几种类型。

第一，物流质量结果分解型。就是沿着产生物流质量问题的原因的思路查找各种可能的影响因素，一般在物流质量控制中应用该类型的因果图常按作业人员、物流设备、作业方法、作业对象特性、管理与环境等因素分成大枝，再对各大枝进一步查找影响因素并细分为相应的中枝、小枝和细枝。

第二，物流作业分类型。就是将物流运作过程作为因果图的大枝，然后把各作业环节中对质量结果有影响的因素细分为结果，该类型的优点就是比较方便；其缺点是某一相同的原因可能出现多次，这样就很难表现不同原因共同对质量结果的作用情况。

第三，物流原因罗列型。即先把所有影响质量结果的因素尽可能多的罗列出来，然后经过整理并根据因果关系的层次做出因果图。该类型的优点是能找出多种可能原因，从而不易漏掉主要原因，又由于原因众多可形成许多分支，使因果图内容更加充实；其缺点也正是由于原因众多而使分支难于连接，不易作图。

3）直方图

在质量管理中，直方图也称质量分布图，它是由很多直方形连起来的，表示质量数据离散程度的一种图形。

在任何相同工艺条件下，加工出来的产品质量是不会完全相同的，总在某个范围内变动。做直方图的目的，就是把其变动的实际情况，用图形反映出来，通过观察图形的形状，与公差要求相比较，来判断生产过程是否处于稳定状态，从而预测生产过程的不合格品率。

因此，直方图是用来整理质量数据，找出规律，判断和预测作业过程中质量好坏，估算作业过程不合格率的较常用的一种工具，其基本的图形如图 13.3 所示。

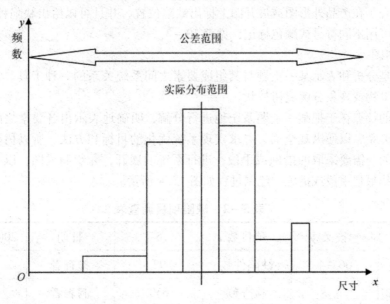

图 5.3　直方图基本形式

4. 物流质量改进方法

质量改进方法是实现质量改进的途径、手段和工具。人们为了达到质量改进的目的，广泛采用了各种行之有效的逻辑分析方法、数理统计方法、工程技术管理方法，以及其他方法。运用这些方法，能帮助寻求改进的机会和对象。本节简要介绍排列图、调查表、树图和亲和图等常用方法，因果图、直方图也属于物流质量改进方法，前面已经介绍，这里就不再赘述。

1）排列图

排列图也称为帕累托图（Pareto Diagram），因为它是基于19世纪经济学家维尔弗雷多·\u24085X 累托（Vilfredo Pareto）的工作而形成的。帕累托图法虽然简单，却能找到问题并发现解决的途径。由于质量问题常可用质量损失的形式表现出来，大多数损失往往是由少数质量问题引起的，而这些质量问题又由少数原因所引起。因此，明确了"关键的少数"，就可集中资源解决这些少数关键问题，避免由此所引起的损失。帕累托图的具体应用详见第2章内容。

2）调查表

调查表又叫检查表、统计分析表，它是用来系统地收集资料、确认事实，并对资料进行粗略整理和分析的图表。

常用调查表形式有以下几种。

（1）缺陷项目调查表。为了减少生产中出现的各种缺陷情况，需要调查各种缺陷项目的比率大小，为此可采用缺陷项目调查表，见表13-2。

（2）缺陷位置调查表。外伤、油漆脱缺、脏污以及铸锻件等表面缺陷在产品中常常作为检验的重要项目。为了减少这种缺陷，采用缺陷位置调查表具有很好的效果。这种调查表是在产品外形图或展开图上标出缺陷位置，并且可以给出缺陷种类和数量，不同缺陷可用不同符号或颜色标记，见表13-3。

3）树图

树图是分析和表示某一主题与其组成要素之间系统关系的一种工具。它所使用的图，能将事物或现象分解成树枝状。

树图的特点在于把某一主题系统地进行分解，明确地表示出各要素之间的包含关系或并列关系，以便纵观全局，寻求实现系统优化的目标和方法。所以树图就是把要实现的目的与需要采取的措施或手段，进行系统的展开，并绘制成图，以明确问题的重点，寻找最佳手段或措施。绘制过程如图13.4所示。

表5-2 缺陷项目调查表

名称	拔叉	项目数	6	日期	2006年9月
代号	06-4	缺陷件数	92	检查者	
工序名称		检查数	650	制表者	
缺陷项目		缺陷频数		小计	
表面疵病				28	
砂眼				17	
形状不良				8	

续表

缺陷项目	缺陷频数	小计
加工超差		29
变形		4
其他		6
总计		92

表 13 - 3　缺陷位置调查表

名称	150	调查项目	尘粒	日期	2006 年 9 月
代号			流漆	检查者	XXX
工序名称	喷漆		色斑	制表者	XXX

尘粒　　　流漆　　色斑

在计划与决策过程中，为了达到某种目的，就需要选择和考虑某一种手段；而为了采取这一手段，又需要考虑它下一级的相应手段，上一级手段成为下一级手段的行动目的。

如此把要达到的目的和所需的手段按顺序层层展开，直到可以来采取措施为止，并绘制成树图，就能对问题有一个全貌的认识，然后从图形中找出问题的重点，提出实现预定目标的最理想途径。

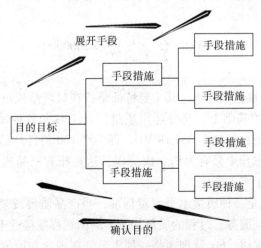

图 13.4　树图绘制过程示意图

4）亲和图——KJ 法

亲和图是就某一问题，充分收集各种经验、知识、想法和意见等语言、文字资料，利用其相互的内在思想联系，加以整理归类，从复杂的现象中整理出思路，以便抓住实质，找出解决问题的关键的一种方法。亲和图适合解决那些需要时间慢慢解决、不容易解决而又非解决不可的问题，不适用于简单、需迅速解决的问题。

应用程序如下。

（1）确定课题。

（2）收集语言资料。收集的方法有：直接观察法、面谈、查阅资料、头脑风暴法等。

（3）将语言资料制成卡片。注意不要用抽象化的语言表述，而应尽量采用形象生动的、让大家都能理解的语言表达。

5.6σ 管理

6σ 管理是 20 世纪 80 年代美国摩托罗拉（Motorola）公司创立的一种在提高顾客满意度的同时降低经营成本的过程革新方法。十几年来，6σ 管理不仅在像摩托罗拉（Motorola）、通用电气（GE）等生产性企业中得到了成功的应用，而且也得到了许多物流企业的广泛重视和成功应用。

1）6σ 的统计学含义

在质量统计中，希腊字母 σ 代表总体的标准差，表示质量参数分布的离散程度。

在控制图理论和方法中，±3σ 是控制界限，是区分和判断过程数据中是否存在由系统因素导致的质量波动的一个标准。

在 6σ 管理中，6σ 是一个过程性能目标，表示每 100 万次活动或每 100 万件产品中有 3.4 次（件）不合格。在统计学意义上，一个过程如果具有 6σ 的能力，就意味着过程平均值与其规格上下限的距离为 6 倍标准差。这时，过程具有非常好的质量保证能力，每 100 万个过程数据仅有 3.4 个落在规格上下限以外。

6σ 管理中的一个重要指标是百万次机会不合格数（defects per million opportunities，DPMO），即

$$DPMO = \frac{\sum 不合格数}{\sum 机会数} \times 1000000$$

2）6σ 管理

6σ 管理是一种质量管理方法，其主要特征是：在对产品或过程的质量特性值有详细完整的测量和记录的基础上，充分运用质量统计工具和各种质量控制及改进方法，使产品或过程的不合格数控制在 3.4 DPMO，即生产 100 万件产品中只有大约 3 件不良品，或进行 100 万次操作中只有大约 3 次失误，这意味着产品或过程的质量达到了极其严格的程度，趋近于零不合格。

同时，6σ 管理也是一种质量水平测量标准，当产品质量或过程质量达到 6σ 水平时，一个企业的产品、服务、过程的质量和顾客的满意程度接近于完美。

从质量文化的角度讲，6σ 管理还是一种质量管理理念和价值观，其核心内容是追求卓越，包括产品质量的卓越，过程质量的卓越，质量成本的卓越，员工素质的卓越，

顾客满意的卓越，市场竞争的卓越，企业发展的卓越。这种质量管理理念和价值观，对企业持续地进行质量创新，不断提高产品质量和过程质量，具有极其重要的作用。

　　3）6σ 的组织结构

　　6σ 管理作为一种管理方式、一项系统的改进活动，必须依靠组织体系的可靠保证和各管理职能的大力推动。因此，导入 6σ 管理时应建立健全组织结构，将经过系统培训的优秀人才安排在 6σ 管理活动的各相应岗位上，规定并赋予明确的职责和权限，从而构建高效的组织体系，为 6σ 管理的实施提供基本条件和必备资源。

　　以黑带团队为基础的 6σ 组织是实施 6σ 突破性改进的成功保证。图 13.5 所示为 6σ 组织结构示意图。

　　第一，执行领导。高层执行领导是推行 6σ 获得成功的核心。成功推行 6σ 管理并取得丰硕成果的企业都拥有来自高层的高度意识与卓越领导。通用电气公司推行 6σ 的卓越成就，完全印证了这个说法。

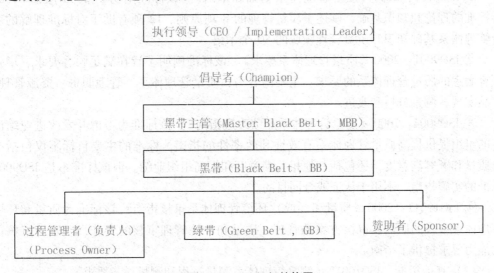

图 13.5　6σ 组织结构图

　　第二，倡导者。倡导者是 6σ 管理的关键角色，由他发起和支持（负责）黑带项目。一般由公司的中、高层领导担任。

　　第三，黑带主管。黑带主管又称黑带大师。黑带主管的职责是为参加项目的黑带提供指导和咨询。在绝大多数情况下，黑带主管是 6σ 专家，是 6σ 管理工具的高手。一般在企业刚开始推行 6σ 管理时，黑带大师来自专门的咨询或培训机构，有着丰富的 6σ 管理的背景和经验，也可以聘用具备相当资格的专家作为企业的 6σ 黑带主管。经过相当的时间，有些黑带大师会从专业的黑带中产生。

　　第四，黑带。黑带是 6σ 管理中最关键的一个职位。黑带专职从事 6σ 改进项目，负责组织、管理、激励、指导一支特定的 6σ 项目团队开展工作，并最终使项目获得成功。

第五，绿带。参与 6σ 项目但不独立完成 6σ 项目的第一线员工成为绿带。一般为兼职人员，他们通常为企业各基层部门的业务骨干，侧重于 6σ 在实际工作中的应用。绿带在黑带的指导下或协助黑带承担以下任务：收集数据资料，寻找、分析原因，实施项目改进，完成黑带分配的工作。绿带是 6σ 活动中人数最多、也是最基本的力量。

除了选择和培养好项目负责人——黑带之外，成功的 6σ 管理还需要过程管理（部门负责人）的支持和配合。没有他们的协调和帮助，要取得丰硕的成果是十分困难的。

三、物流质量管理体系

1）ISO9000：2000 版标准概述

2000 版 ISO9000 族标准由 4 个核心标准、其他标准、技术报告、小册子组成。

（1）核心标准。核心标准有如下 4 个。

① ISO9000：2000《质量管理体系基础和术语》。该标准阐明了 2000 版 ISO9000 族标准的理论和知识基础，阐述了质量管理的 8 项原则、12 项有助于对标准理解的质量管理体系基础知识和质量管理领域的 80 个术语。

② ISO9001：2000《质量管理体系要求》。该标准阐明了旨在满足顾客要求、增强顾客满意的质量管理体系的要求。主要内容为：质量管理体系、管理职责、资源管理、产品实现、测量分析和改进。

③ ISO9004：2000《质量管理体系业绩改进指南》。该标准为考虑开发改进业绩潜能的组织提供提高质量管理体系有效性和效率性的指南。标准的主要目标不仅包括产品质量和顾客满意度，还包括其他相关满意度和提高组织业绩。但该标准不是 ISO9001 标准的实施指南，不用于认证或合同目的。

④ ISO19011：2000《质量和（或）环境管理体系审核指南》该标准为质量和环境管理体系审核的原则、审核方案的管理、质量和环境管理审核的实施，以及对审核员的能力要求提供了指南。

（2）其他标准。ISO10012《测量管理体系测量过程和测量设备要求》。

（3）技术报告如下。

ISO/TR10005《质量管理质量计划指南》；

ISO/TR10006《质量管理项目管理质量指南》；

ISO/TR10007《质量管理技术状态管理指南》；

ISO/TR10013《质量手册编制指南》；

ISO/TR10014《质量经济性管理指南》；

ISO/TR10015《质量管理培训指南》；

ISO/TR10017《统计技术指南》。

（4）小册子如下。

《质量管理原理》；

《选择和使用指南》；

《小型组织实施指南》。

2）现代物流企业质量管理体系的建立

（1）质量管理体系的总体设计。质量管理体系总体设计是按 ISO9000 族标准在建立质量管理体系之初对组织所进行的统筹规划、系统分析、整体设计，并提出设计方案的过程。

质量管理体系总体设计的内容如下。

第一，领导决策，统一认识。建立和实施质量管理体系的关键是组织领导要高度重视，将其纳入领导的议事日程，在教育培训的基础上进行正确的决策，并亲自参与。

第二，组织落实，成立机构。首先，最高管理者要任命一名管理者代表，负责建立、实施和改进公司质量管理体系。然后，根据组织的规模、产品及组织结构，建立不同形式、不同层次的贯标机构。

第三，教育培训，指定计划。除了对领导者的培训外，还必须对贯标骨干人员（各职能部门领导和体系设计、体系文件编写人员）及全体员工分层次进行教育培训。

第四，质量管理体系策划。质量管理体系策划是组织最高管理者的职责，通过策划确定质量管理体系的适宜性、充分性和完整性，以保证体系运行结果有效。

（2）物流企业质量管理体系建立的程序。物流企业进行全面质量管理是一项极为复杂的过程，它要求企业领导者和全体员工都必须在合理的组织下开展质量管理活动。

物流企业质量管理的程序遵循以下几个步骤。

第一，统一认识和落实组织。当高层管理者决定在本组织中贯彻 TQM 后，首先要解决的问题是建立并落实一个精干的领导班子，来发动、组织、协调、控制和管理本组织的贯标工作。

第二，选择要素和开展活动。深入组织进行现状调查，对照 ISO9000 列出的要素，分析差异，找出差距和不足，选择组织中有关部门和人员集思广益，根据实际需要来确定要素。要素的实现是通过许多活动或过程来完成的，通过这些活动来保证支持这些要素。

第三，分解职责和配置资源。当质量体系要素已经确定并把每个要素展开为若干个活动后，就要考虑怎样把这些活动落实下去。通过健全本组织的组织结构，然后把开展的各项活动的职责分解到组织机构中去。但要注意质量职责的分解与资源的合理配置是紧密联系在一起的，资源的配置应首先考虑到整体的利益，有时应在组织内部进行必要的调整。这时，局部应服从于整体。

第四，编制质量体系文件。质量体系文件包括质量手册、质量计划、程序和质量记录。

3）现代物流企业质量管理体系的运行

（1）物流企业质量管理体系的实施。物流企业质量管理工作成败的关键在于实施的过程，企业制定了质量方针，就应在方针的指引下安排企业的质量管理工作，因此企业应密切关注质量管理体系的实施过程。

第一，加强统一领导，建立全面质量管理网络，严格贯彻质量责任制。

第二，运用 PDCA 循环法，推动整个质量工作系统持续健康运转。

第三，推行质量管理业务标准化、管理流程程序化，加快物流标准化体系的建设。

第四，树立物流企业整体质量管理思想。

（2）质量管理体系评价。质量管理体系评价包括内部审核、管理评审、自我评价。

第一，内部审核。内部审核是指以组织自己的名义所进行的自我审核，又称为第一方审核。ISO9000 标准 8.2.2 条款对内部审核的要求是通过定期审核，确定组织的质量管理体系活动及其有关结果是否符合计划安排，以及确定质量管理体系的符合性和有效性。

第二，管理评审。管理评审是为了确保质量管理体系的适宜性、充分性、有效性和高效率，以达到规定的目标所开展的活动，是由最高管理者就质量方针和目标，对质量管理体系的适宜性、充分性和有效性所进行的正式评价。管理评审可以包括对质量方针和质量目标的评审，审核还包括评价质量管理体系改进的机会和变更的需要。管理评审定期进行，最长的间隔时限不得超过 12 个月。

第三，自我评价。ISO9004：2000 标准中明确指出，自我评定是一种仔细认真的评价。评价的目的是确定组织改进的资金投向，测量组织实现目标的进展；评价的实施者是组织的最高管理者；评价的结论是对组织有效性和效率以及质量管理体系成熟程度方面的意见或判断。

4）现代物流企业质量管理体系的改进

进行持续改进是组织永恒的目标，它有两条基本的途径。

（1）开展突破性改进项目。突破性改进项目对现有过程进行改进，或实施新过程，突破性项目通常由日常运作之外的跨职能小组来实施，而且突破性改进项目通常包含对现有过程进行重大的再设计。

（2）开展渐进性持续改进项目。渐进性持续改进项目是由组织内人员对现有过程进行步幅较小的持续改进活动，持续改进项目由组织的员工通过参与工作小组来实施改进。

5）现代物流企业质量认证

质量认证是指第三方依据程序对产品、过程或服务符合规定的要求给予书面保证（合格证书）。质量认证包括两部分：产品质量认证和质量管理体系认证。而且质量认证是国家宏观管理的重要手段。

物流企业质量认证的程序为：①供方提出认证申请；②认证机构初访；③供方选定质量保证模式；④认证机构估算费用；⑤供方提供体系文件；⑥认证机构评定体系文件；⑦供方准备迎接检查；⑧现场检查和评价；⑨供方修改完善体系；⑩认证管理机构批准注册；⑪认证机构监督性检查；⑫期满重新评定。

四、物流质量的持续改进

坚持不断的质量改进是质量管理的基本特点，"质量改进永无止境"是质量管理的基本信念。为了指导企业做好质量改进工作，国际标准化组织于 1993 年发布了有关标准，即 ISO9004 -4 质量管理和质量体系要素第四部分——质量改进指南。企业的所有管理职能和所有层次的恒定目标都应是致力于不断追求顾客满意和质量改进的。

1）物流质量持续改进的主要对象

物流质量持续改进的主要对象包括 3 个方面。

第一，对物流企业本身的改进。这种改进可能会使企业的管理质量得以提高，也可能会使企业管理成本下降，甚至可以促进物流质量的创新。

第二，对物流实施过程的改进。这是对物流实施方案、实施环节及实施过程中各种生产要素等方面的改进，这种改进可能会使物流服务质量提高，也可能会使成本下降，还可能提高实施过程的有效性。

第三，对物流质量管理过程的改进。这是质量持续改进的最主要方面，它包括对质量目标、质量方针、组织机构、管理制度、管理方法等各方面的改进，这种改进会使项目质量保证能力得到增强，从而能使项目质量得以提高，而且可以提高质量管理效率，增强组织的活力。对管理过程的改进往往能起到事半功倍的效果。

2）物流质量持续改进的主体

一项物流服务涉及业主、物流服务承包方、供应单位等各方组织，这些组织构成了物流质量持续改进的主体。而这些组织的领导和管理人员是物流质量持续改进最直接，也是最主要的主体。这是因为任何一项改进活动都是由领导决策的，只有领导意识到改进并决定改进，改进才能实施并取得成功。当然，这些组织中的员工在物流质量持续改进中的重要地位和作用也是不可忽视的。无论是对物流本身的改进，还是对物流实施过程的改进或是对管理过程的改进，特别是涉及需要员工执行的，从改进的策划、准备、论证，到实施、测量、认可和保持，都需要与员工协商，征求其意见，否则就可能会使质量改进脱离实际，甚至受到员工的抵制。因此，为了使物流质量持续改进有效，必须发挥各方组织、各类人员的作用，任何一方组织、任何一个人的作用都是不可忽视的。

第三节　配送质量管理

一、配送质量

配送质量是指配送经营、作业、调配和服务等一系列活动的完成程度，检查其是否已满足了客户的各种需要。物流配送质量管理即是指以全面质量管理的思想为基础，运用科学的管理方法和手段，对物流配送过程的质量及其影响因素进行计划、管理、协调和控制，使物流配送质量得到持续改善和提高的过程。这与 ISO 9000 的管理思想是一致的。所以，物流配送质量管理的内容和仓储质量管理类似，可以说配送质量管理是仓储质量管理的一种延续和扩展。

二、配送质量管理的内容

配送作业由备货、仓储、流通加工和送达服务 4 个环节构成。所以配送质量管理的主要内容体现为这 4 个环节的质量管理内容。

1. 备货质量

备货是配送的准备工作或基础工作，备货工作包括筹集货源、订货或购货、集货、进货及有关的质量检查、结算、交接等。配送的优势之一就是可以集中用户的需求开展一定规模的备货活动。备货是决定配送成败的初期工作，如果备货成本太高，会大大降低配送的效益。所以，备货时不但要保证客户货物质量，还要充分合理利用配送资源，降低备货成本。

2. 仓储质量

前面内容已对此部分进行了讲解，这里就不再叙述。

3. 流通加工质量

流通加工则是为了弥补生产过程的加工不足，更有效地满足用户或本企业的需要，使产需双方更好的衔接，将这些加工活动放在物流过程中完成，而成为物流的一个组成部分。流通加工是生产加工在流通领域中的延伸。同时，流通加工可以成为高附加价值的活动。这种高附加价值的形成，主要着眼于满足用户的需要，提高服务功能而取得的，是贯彻物流战略思想的表现，是一种低投入、高产出的加工形式。所以，流通加工质量即是指以最低的成本，高效率的满足客户需求，达到客户满意。通过提高流通加工质量和效率，可以使用户对物资的品质进一步得到保障，并且有助于提高运输效率，减少流通费用。

4. 送达服务质量

送达服务质量是指安全、及时、经济地将物资完整无损地运达目的地。

安全性表现在：

运输车辆在运行、停放、站台作业等工作中，不发生行车安全事故，力争减少或消除物资在各运输环节上的损坏、灭失、被盗、短少、变质、错运、漏运等现象，尽量消除危险货物的危险性发生。及时性表现在：使物资正点始发、快速运行、及时到达。

经济性表现在：挖掘潜力，最大限度地节省运输生产活动中物化劳动和活化劳动的消耗，降低运输成本，为社会提供质优价廉的运输服务。

三、配送服务质量管理

1. 服务质量管理概述

1）服务质量概念

服务质量可理解为一组服务特性满足要求的程度。相对于产品来说，服务的质量特性具有一定的特殊性。有些服务质量特性顾客可以观察到或感觉到，如服务等待时间的长短、服务设施的好坏等。还有一些顾客不能观察到，但又直接影响服务业绩的特性。有的服务质量特性可以定量考察，而有些则只能定性描述。前者如等待时间，后者如卫生、保密性、礼貌等。服务质量特性一般包括以下几个方面。

（1）功能性。功能性是指某项服务所发挥的效能和作用，它是服务质量中最基本的特性。

（2）时间性。时间性是服务在时间上能够满足顾客需要的能力。如及时、准时和省时等。

（3）安全性。安全性是指服务过程中顾客的生命和财产不受伤害和损失等。

（4）经济性。经济性是指顾客为了得到不同服务所需费用的合理程度。

（5）舒适性。舒适性是指服务过程的舒适程度。它包括服务设施的完备和适用、方便和舒服、环境的整洁、美观和有秩序等。

（6）文明性。文明性是指顾客在接受服务过程中满足精神需要的程度。顾客期望得到一个自由、亲切、尊重、友好、自然和谅解的气氛。

2. 配送服务的概念及配送服务质量管理的目的

1）配送服务的概念

众所周知，配送服务以顾客满意为第一目标，在企业经营战略中首先确立为顾客服务的目标，然后通过为顾客服务实行差别化战略。本文认为，配送服务是对客户所需物资利用可能性的一种保证，它包含 3 个方面。

（1）拥有客户所期望的物资品（备货保证）。它的主要内容是在库服务率。

（2）在客户所期望的时间内传递物资（输送保证）。它的主要内容是订货截止时间、进货周期、订货单位、订货频度、时间指定、紧急出货。

（3）符合客户期望的质量（品质保证）。它的主要内容是物理损伤、保管中损坏、运输中损坏、错误输送、数量差错等。

配送服务就是围绕上述 3 点展开的。

2）配送服务质量管理的目的

配送服务质量管理的目的是以适当的成本实现高质量的客户服务。

（1）在配送服务水准一定的情况下，降低配送成本，即在实现既定服务水准的条件下，通过不断降低成本来追求配送系统的改善。

（2）要提高配送服务水准，不得不牺牲低水平的成本，任其上升。这是大多数企业所认为的服务与成本的关系。

（3）在配送成本一定的情况下，实现配送服务水准的提高。这种状况是灵活、有效利用配送成本，追求成本绩效的一种做法。

（4）在降低配送成本的同时，实现较高的配送服务。

四、配送质量指标

配送环节的质量要求标准主要体现在保证客户货物质量、充分合理利用配送资源、配送时间、地点准确无误等方面。而配送质量管理标准是根据物流配送的最终目标确定的，所以，衡量配送质量的指标主要有以下几个方面。

（1）货损货差率，其公式如下。

$$货损货差率 = \frac{货损货差件（吨数）}{同期配送货物总件（吨数）} \times 100\%$$

（2）准时配送率，其公式如下。

$$准时配送率 = \frac{准时配送次数}{配送总次数} \times 100\%$$

（3）损失率，其公式如下。

$$损失率 = \frac{经济损失之和}{配送业务总收入} \times 100\%$$

（4）事故频率，其公式如下。

$$事故频率（次/万千米）= \frac{报告期内事故次数}{报告期内总行驶千米数 / 10000}$$

（5）安全间隔里程，其公式如下。

$$安全间隔里程（万千米/次）= \frac{报告期内总行驶里程 \times 100\%}{10000 / 报告期内事故次数}$$

（6）车船完好率，其公式如下。

车船完好率＝报告期内运营车船完好总天数×报告期内车船总天数

（7）车船满载率，其公式如下。

$$（8）车船满载率 = \frac{车船实际装载能力}{车船装载能力} \times 100\%$$

第四节　配送质量管理规范

一、质量改善原则

知识点：质量改善原则

关键技能点：掌握包装质量的合理化；熟悉订单处理过程的质量改善；了解备货作业质量改善；熟悉储存作业质量改善；了解拣货作业质量改善；掌握送货作业质量改善

（一）包装质量的合理化

包装质量的合理化是物流合理化的组成部分，从物流的角度看，包装合理化不仅仅是包装本身合理化与否的问题，而且是在整个物流大环境下的包装合理化。

1. 包装质量合理化的概念及要点。

包装质量合理化包括两方面的内容：一是包装总体的合理化，这种合理化往往用整体物流效益与微观包装效益统一来衡量；二是包装材料、包装技术、包装方式的合理组合及运用。

2. 在进行包装合理化的过程中应注意以下几个方面的问题：

（1）包装应妥善保护内装商品，使其质量不受损伤。这就要制定相应的适宜标准，使包装物的强度恰到好处地保护商品质量免受损伤。除了要在运输装卸时经得住冲击、震动之外，还要具有防潮、防水、防霉、防锈等功能。

（2）包装材料和包装容器应当安全无害。包装材料要避免有聚氯联苯之类的有害物质，包装容器的造型要避免对人引起伤害。

（3）包装容量要适当，便于装卸。不同的装卸方式决定着包装的容量。当然，衡量包装是否先进，也不能够脱离物流的其他环节而孤立地进行。

（4）对包装容器的内装物要有贴切的标志或说明。商品包装物上关于商品质量、规格的标志或说明，要能贴切地表示内装物的形状，尽可能采用条码，便于出入库管理、保管期间盘点及销售统计。

（5）包装内商品外围空闲容积不应过大。

（6）包装要便于回收利用或废弃物的治理。包装应设法减少其废弃物数量，在制造和销售商品时，就应注意包装容器的回收利用或成为废弃物后的治理工作。近年来广泛采用一次性使用的包装和轻型塑料包装材料，从方便生活和节约人力角度来看，这是现代包装的发展方向，但又同时生产了大量难以处理的垃圾，带来了环境污染及资源浪费等社会问题。运用可循环使用的包装，有利于减少污染及浪费。但由于该方式的包装材料成本高、空包装回收困难，至目前为止，还没得到广泛的应用。

（7）包装费用要与内装商品相适应。

（二）订单处理过程的质量改善

1. 影响订单处理效率的关键因素

（1）时间。

订单处理过程的时间耗用，在企业看来通常可以理解为订单处理周期，顾客通常将之定义为订货提前期。改善的目标是在保证时间耗用的稳定性的前提下，努力减少时间耗费。

（2）准确性。

要求按照顾客订单的内容提供准确品种、数量、质量的产品，并运送到正确的交货地点。当需要延期供货或分批送货时，应与顾客充分协调与沟通，取得顾客的同意。

（3）成本。

影响订单处理成本的因素包括库存设置的地点和数量、运输批量和运输路线的调控等。

（4）信息。

通过完善的物流信息系统，向顾客以及企业内部的仓储、运输及财务等部门提供准确、完备、快速的信息服务。

2. 改善订单处理的方法

采用网络结构图改善订单处理过程的方法是一种比较常用的方法。该方法对于缩短订单处理周期时间的效果较为显著。其步骤如下：

（1）调查当前的订单处理流程，绘制流程图。

（2）调查现有订单处理流程各环节的时间耗用。

（3）绘制订单配送过程的网络结构图。

（4）根据流程改善原则改善订单处理过程。流程改善通常遵循的原则主要有：并行处理、分批处理、交叉处理、删除不增值工序、减少等待、在"瓶颈"处添加额外资源等。

（三）备货作业质量改善

备货作业质量改善措施：

1. 合理选择订货方式

在采购时应考虑供应商的信用及其商品质量，以防进货发生延迟、短缺，造成整个后续作业的困难。

2. 减少备货的手续费

集中采购的方式，可以因一次采购量大而获得数量折扣，还可以减少采购的手续费。对于单价比较高的货品，其采购次数较多时费用较省；而单价较低的货品，则可以通过一次大规模采购来实现规模效益。

（四）储存作业质量改善

配送过程中的储存作业的主要责任在于把将来要使用或者要出货的产品做妥善保存。这不仅要善于利用空间，有效地利用配送中心的每一平方米储存面积，而且要加强对库内存货的管理，在保证降低商品缺货率的同时，避免因过多库存而造成的呆、废料的产生。

1. 库存周转率的提高

周转率越高，库存周转期越短，意味着用较少的库存完成同样的工作，使积压、占用在库存上的资金减少。提高库存周转率可以提高资金的使用率，进而增加企业的经营利润。

通常可采取下列做法来提高库存周转率：①缩减库存量，通过配送中心自行决定采购、补货的时机及存货量；②建立预测系统；③增加出货量。

2. 库存管理费用的降低

要降低配送过程中的库存管理费用，应对库存管理费用的内容逐一分析，寻找问题予以改进。可以通过少量、频繁的订货，来减少库存管理费用。

一般库存管理费用包括以下几种：

（1）仓库租金。

仓库管理费用（如出库验收、盘点等人事费、警卫费、仓库照明费、温调温控费、建筑物、设备及器具的维修费）。

（2）保险费。

（3）损耗费，包括因变质、破损、盘损等造成的费用。

（4）货品淘汰费用，如因为流行商品过时、季节性商品换季等造成的费用损失。

（5）资金费用，如货品变价损失、机会成本损失等。

3. 呆、废货品率的减少

呆、废货品的减少可以通过下列途径来实现：

（1）相关人员在验收所订购货物时，应严格把关，防止不合格货品混入。

（2）检查储存方法、设备与养护条件，防止货品变质。特别是对货品的有效期管理更要重视。

（3）随时掌握库存水平，特别是滞销品的处置，减少呆、废货品积压资金和占用库存。

（五）拣货作业质量改善

1. 改进的基本思路。

拣货作业的基本思路是先分析拣货作业中各个环节所需要的时间，然后尽量缩短这些时间的占用。通常一项拣货作业花费的时间包括行走时间、寻找时间、取出货物的时间及将货物搬运到指定地点的时间。

2. 改进方法：

（1）应用信息技术。通过应用条码、射频等信息技术、分区技术以及自动拣货系统等，可以降低寻找时间。

（2）采用有利于拣取作业的货物存放方法。如将一些单品货物直接放在平台上存储，将拣取频率高的货物存放在靠近拣货区及通道的货位上等。

（3）借助一些机械及自动化设备。如应用台车、叉车、传送带、旋转货架、自动拣货系统等，可以减少行走或货物搬运时间；应用重力式货架比较容易取出货物，可缩短货物取出时间。

（六）送货作业质量改善

1. 熟悉车辆装载合理化

（1）含义。车辆装载合理化就是在既定的车辆形式和载重量下，使货品装载的综合利用率最高。综合利用率不是指单纯的货品重量，也不是单纯的货品体积，而是两者的综合结果。从车辆成本组成中我们很容易发现，车辆的成本与车辆的额定载重量有直接的关系，当车辆吨位选定之后，

运输成本基本和行驶距离按比例变化，而与车辆装载量关系不大。所以车辆装载率越高，单位货品的运输成本越低。

（2）要使车辆装载合理化一般采用以下方法：

（a）数学计算法。在运输批量大或运输方式变动不大的情况下，采用数学计算的方法，根据货物数量、体积、重量、车辆参数等数据求出满意解。

（b）计算机系统优化法。装配了运输管理及优化系统的物流中心，采用计算机系统进行优化。系统优化的结果比人工计算方法有更多的优点，结果更准确，速度更快。

（c）经验法。一般运输任务时间较紧，常常按照实际经验对车辆进行安排。

2. 运输合理化

（1）选择最佳的运输路线。

由于配送中心每次配送活动一般都面对多个非固定用户，并且这些用户可能坐落在不同的地点，配送时间和配送数量也都不尽相同，因此，在送货之前需要对运输路线进行有效的选择，以免出现不合理的运输现象，而造成运输成本的上升。同时，选择最佳的运输路线可以缩短运输里程，提高运输效率，降低运输成本。

（2）在不增加机车情况下增加运输量。

（a）在货运紧张时可以采取加长列车、多挂车皮的办法，在不增加机车情况下增加运输量，也可采用水运拖排和拖带法、顶推法、汽车挂车等方式。

（b）水运拖排和拖带法：竹、木等物资的运输，利用竹、木本身浮力，不用运输工具载运，采取拖带法运输，可节约运输工具本身的动力消耗从而求得合理，将无动力驳船编成一定队形，一般是"纵列"，用拖轮拖带行驶，有比船舶载乘运输运量大的优点，可以求得合理化。

（c）顶推法：是将内河驳船编成一定队形，由机动船顶推前进的方法。其优点是航行阻力小，顶推量大，速度较快，运输成本很低。

（d）汽车挂车：汽车挂车的原理和船舶拖带、火车加挂基本相同，都是在充分利用动力能力的基础上，增加运输能力。

（3）采取直达运输。

直达运输是追求运输合理化的重要形式，其对合理化的追求要点是通过减少中转过载换载，从而提高运输速度，节省装卸费用，降低中转货损。直达的优势，尤其是在一次运输批量和用户一次需求量达到了一整车时表现最为突出。此外，在生产资料、生活资料的运输中，通过直达来建立稳定的产销关系和运输系统，也有利于提高运输的计划水平，从而大大提高运输效率。

然而，直达运输的合理性要在一定条件下才会有所表现，不能绝对认定直达一定优于中转。这要根据用户的要求，从物流总体出发做综合判断。

（4）配载运输。

这是充分利用运输工具载重量和容积，合理安排装载的货物及载运方法以求得合理化的一种运输方式。配载运输也是提高运输工具实载率的一种有效形式。配载运输往往是轻重商品的混合配载，在以重货运输为主的情况下，同时搭载一些轻泡货物，在基本不增加运力投入、不减少重货运输情况下，解决了轻泡货物的搭运，因而效果显著。

二、配送中心人员岗位职责

知识点： 人员岗位职责

关键技能点： 人员岗位职责

（一）配送中心经理岗位职责

（1）负责合理安排配送中心人员的工作，制定配送中心的日常工作制度。

（2）定期组织对库存货物的盘点，发现问题及时上报处理。

（3）依据企业制度及有关规定，负责执行商品进出库的工作流程。

（4）合理调配运输车辆，保障商品流转的正常进行。

（5）加强对残次商品的管理，将每日产生的残次商品及时上报业务部，请示解决。

（二）配送中心传单员岗位职责

（1）在配送中心主管的领导下，做好本职工作。

（2）负责单据的接收、传递、登记、分类、保管。

（3）跟踪单据处理，保证其时效性。

（4）确保单据的保密性。

（5）按时完成上级主管交办的其他任务。

（三）接单员岗位职责

（1）负责接收相关的订单资料。

（2）在规定的时间内，将客户的订单进行确认和分类，并由此判断与确定所要配送货物的种类、规格、数量及送达时间。

（3）建立用户订单档案。

（4）对订货进行存货查询，并根据查询结果进行库存分配。

（5）将处理结果打印输出，如拣货单、出货单等。

（6）根据输出单据进行出货物流作业。

（7）按时完成上级主管交办的其他任务。

（四）进货员岗位职责

（1）负责组织人员卸货。

（2）检验商品条码，核对商品件数以及商品包装上的品名、规格等，对于件数不符的商品，查明原因，按照实际情况纠正差错。

（3）签盖回单。

（4）按时完成上级主管交办的其他任务。

（五）仓库管理员岗位职责

（1）在上级主管的领导下，做好本职工作。

（2）熟悉物料品种、规格、型号、产地及性能，对物料标明标记，分类排列。

（3）按规定做好出库验收、记账、发放手续，及时搞好清仓工作，做到账账相符、账物相符。

（4）随时掌握库存动态，保持材料及时供应，充分发挥周转效率。

（5）搞好安全管理工作，检查防火、防窃、防爆设施，及时纠正不安全因素。

（六）盘点员岗位职责

（1）在配送中心盘点主管的带领下，做好本岗位的工作。

（2）通过点数计数查明商品在库的实际数量，核对库存账面资料与实际库存数量是否一致。

（3）检查在库商品质量有无变化、有无超过有效期和保质期、有无长期积压等现象，必要时还必须对商品进行技术检验。

（4）检查保管条件是否与各种商品的保管要求相符合。

（5）负责检查堆码是否合理稳固、库内温湿度是否符合要求、各类计量器具是否准确等。

（6）检查各种安全措施和消防设备、器材是否符合安全要求，建筑物和设备是否处于安全状态。

（7）按时完成上级主管交办的其他任务。

（七）拣货员岗位职责

（1）在上级主管的领导下，做好本职工作。

（2）根据客户的订单要求，从储存的商品中将用户所需的商品分拣出来，放到发货场指定的位置，以备发货。

（3）熟练操作拣货作业，认真完成每日的拣货作业任务。

（4）做出拣货出库实绩总结和报告。

（5）做好拣货设备的定期检查，在设备出现不良状况时及时向保养人员报告。

（6）按时完成上级主管交办的其他任务。

（八）补货员岗位职责

（1）在上级主管的带领下，做好本职工作。

（2）根据以往的经验，或者相关的统计技术方法，或者计算机系统的帮助确定最优库存水平和最优订购量。

（3）根据所确定的最优库存水平和最优订购量，在库存低于最优库存水平时发出存货再订购指令，以确保存货中的每一种产品都在目标服务水平下达到最优库存水平。

（九）现场包装人员岗位职责

（1）在上级主管的带领下，做好本职工作。

（2）根据要求对选定的物品进行包装。

（3）填写清单，贴标签。

（4）按时完成上级主管交办的其他任务。

（十）录入员岗位职责

（1）在上级主管的带领下，做好本职工作。

（2）直接对配送中心主管负责。

（3）负责对配送中心相关单据的录入、审核、确认及传递等。

（4）录入员录入单据要求规范、准确。

（5）录入人员要将单据归类存放，保持办公环境的整洁。

（6）录入人员按时打印业务单据。

（7）按时完成上级主管交办的其他任务。

（十一）验收员岗位职责

（1）在上级主管的带领下，做好本职工作。

（2）要根据国家有关规定及物流中心的商品验收标准，认真对商品进行验收。

（3）对配送中心商品的安全负责。

（4）验收员应配合供应商卸货，并按规定对商品进行摆放。

（5）验收员要根据供应商的预送货量做好货位调整。

（6）验收员要对所验收商品的数量和质量负责。

（7）负责商品退换工作。

（8）按时完成上级主管交办的其他任务。

（十二）库管员岗位职责

（1）在上级主管的带领下，做好本职工作。

（2）建立健全库房商品账目，严把出入库手续。

（3）依据流程规定，负责对商品进行验收、组织装卸、清点数量、核对型号并办理一切入账手续。

（4）妥善管理残次商品，及时向上级主管汇报。

（5）负责库存商品的码放工作。

（6）做好库区的防火、防盗工作，保证库存商品的安全。

（7）负责安排库工的日常工作。

（8）按时完成上级主管交办的其他任务。

三、配送中心管理制度

知识点：配送中心管理制度

关键技能点：了解管理员的工作制度；熟悉库管员的工作制度；掌握配送技术控制制度；熟悉商品调拨单的流转制度、发货管理制度

（一）配送中心管理员的工作制度

1）建立健全货物的账目，按类别分账管理，认真填全账上项目。

（2）库存货物按类别分区码放，标志货区，便于货物查找，提高工作效率。

（3）所有货物入库时均要求检验、核对、登记。

（4）库存货物分类别由专人负责，责任落实到人。

（5）库房保持整洁卫生，地面无杂物、库区无垃圾。

（6）不断完善防火、防盗工作，库区严禁烟火，保证货物的安全。

（二）配送中心库管员的工作制度

1. 入库制度：

（1）组织库房人员卸货。

（2）清点货物数量，认清货物型号。

（3）安排库房人员检验外观及包装。

（4）依据进货批单，按价格、数量收货。

（5）将入库单交财务部输入计算机，并收回计算机仓库联。

（6）货物入库。

2. 提货制度：

（1）提货人经开票员开出销售小票。

（2）财务人员用计算机打出销售票。

（3）提货人将仓库联交库管理。

（4）库管与提货人共同验货。

（5）合格品由库房人员依照销售票数量发货。

（三）配送技术控制制度

1. 卸载技术。

如果是由公司以外的卡车送货到配送中心，卸载作业由送货司机负责完成，而本公司的员工负责集装箱掏箱，铁路送货车及本公司卡车带回的回程货物的卸载。

2. 收货技术。

此项作业的目的在于确保所送货物数量、质量、时间等与本公司订单相吻合。

（1）100％接收方式。如果送货商过去的送货表现与公司的要求完全相符就可免于检验，但还需要定期或不定期抽检，以促使送货商始终如一地供货。

（2）随机抽样验收方式。一般抽样率为7％—10％，如果所抽样品都符合要求，则整批送货均通过验收。

（3）100％检验方式。如果送货商以前没有送过货，或以前送过货但数量有误、品项不符时，就采取单品逐件点数检验的方式进行验收。

（4）手工清点方式，即利用人工单品逐件清点计数。此种方法容易出错，且使用人工多、效率低，要求有较大的场地。

（5）机械清点方式。是用称量器具对单件货物、箱装或托盘货物乃至整卡车货物的重量进行称重以决定单品数量的方法。

（6）自动清点方式。前提条件是送来的所有单品都具有标示的规格，每一包装内装货物数量及重量等预先确定好，并且在包装箱外面贴有该单品标签。

（四）商品调拨单的流转制度

（1）配送中心发货部门根据收货单位要求调拨的货物品名和数量，填制一式四联的商品调拨单，交负责人同意签名后，转交收货部门负责人。

（2）收货部门负责人签名后，交提货员到发货部门仓库提货。

（3）发货部门仓库验单后，核单发货并经复核无误后加盖"货物付讫"章，仓库联留存记账，记账联转柜台做账转交核算员，其余两联退提货人随货同行。

（4）收货方经验收无误后加盖"货物收讫"章，收货方仓库联留存记账，记账联转营业部门做账。

（五）发货管理制度

1. 交运期限。

遇到计划产品接获客户的订货通知单时的交货日期时，物料管理科应于一口前办妥成品交运单，并于一口内交运。

2. 发货规定。

物料管理部门接到订货通知单时，经办人员应依产品规格及订货通知单的编号顺序归档，内容不明确应即时反映到业务部门确认，成品交运单填好后，须于订货通知单上填注日期、成品交运单编号及数量等以了解交运情况，若已交接则依流水号顺序整理归档。

3. 车辆的调派与控制。

（1）物料管理部门应指定人员负责承运车辆与发货人员的调派。

（2）物料管理部门应于每日下午四点以前备好第二天应交运的成品交运单，并通知承运公司调派车辆。

（3）如承运车辆可能于营业时间之外抵达客户交货地址者，成品交运前，应将预定抵达时间通知业务部门转告客户准备收货。

4. 成品交运。

（1）成品交运时，应依订制通知单开立成品交运单，由业务部门填开票据，客户联发票核对无误后寄交客户，存根联与未用的发票于下月二日前汇送会训部门。

（2）订货通知单上注明有预收款的，在开列成品交运单时，应于"预收款"栏内注明预收款的金额及发票号码；分批交运的，其收款以最后一批交货时为原则。

（3）承运车辆装载成品后，发货人及承运人应在成品交运单上签章，第一、第二联经送业务部核对后，第一联由业务部存，第二联交会计核对人账，第三、第四、第五联交由承运商在出货前核点无误后才能放行。经客户签收后第三联送交客户，第四、第五联交由承运商送回配送中心，把第四联送回业务部门依实际需要寄交给客户，第五联承运商拿回，据以中请运费，第六联由配送中心自存。

5. 客户自运。

（1）客户要求自运时，配送中心应先联络业务部门确认。

（2）成品装载后，承运人于成品交运单上签认，依相关规定办理。

6. 成品交运单签收回联的审核。

配送中心收到成品交运单签收回联有下列情况者，应即附有关单据送相关部门转客户补签：未盖"收货章""收货章"模糊不清难以辨认，或非公司名称全称、其他用途章。

7. 运费审核管理制度：

（1）配送中心每月接到承运公司送回的成品交运单签收回联、运费明细及发票存根，应于 5 日内审核完毕，送回会计科整理付款。

（2）配送中心审核运费时，应检查开单出库及客户签收等日期，若有逾期送达或违反合同规定者，依合同规定罚扣运费。

（3）若成品交运单签收回联当中有相关条文的签收异常者，除依规定办理外，其运费也应该暂缓支付。

第五节　配送的 5S 活动

一、5S 基本概述

知识点：5S 基本概述

关键技能点：了解 5S 的概念、来源；熟悉 5S 之间的关系；认知 5S 活动推进层次、了解 5S 活动的重点；掌握推行 5S 的目的及作用；理解推行 5S 前的基本认知；了解推行 5S 成功的条件；掌握 5S 与企业改善的关系、熟悉 5S 与 ISO9001 质量管理标准的对比、5S 活动的推行步骤

（一）5S 的概念

了解 5S 的概念的概念见表 3 – 5。

表 3 – 5

项　目	要　诀	细　则
整理	要与不要，一留一弃	工作现场，区别要与不要的东西，只保留有用的东西，撤除不需的东西
整顿	科学布局，取用快捷	把要用的东西，按规定位置摆放整齐，并做好标识进行管理
清扫	清除垃圾，关化环境	将不需要的东西清除掉，保持工作现场无垃圾，无污秽状态
清洁	洁净环境，贯彻到底	维持以上整理、整互联网、清扫后的局面，使工作人员觉得整洁、卫生
修养	形成制度，养成习惯	通过进行上述 4S 的活动，让每个员工都自觉遵守各项规章制度，养成良好的工作习惯，做到"以厂为家，以厂为荣"的地步

（二）5S 的来源

5S 管理源于日本，指的是在生产现场，对材料，设备人员等生产要素开展相应的整理、整顿、清扫、清洁、修养等活动，为其他管理活动奠定良好的基础，是日本产品品质得以迅猛提高行销全球的成功之处。整理、整顿、清扫、清洁、修养的口语外来同汇的罗马文拼写时，它们的第一个字母都为 S，所以日本人又称之为 5S，近年来，随着人们对这一活动的不断深入认识，有人又添加了"坚持""习惯"两项内容，分别称为 6S 或 7S 活动，也有人进一步添加了"节约""安全"两项内容，分别称为 8S 或 9S 活动。

（三）熟悉 5S 之间的关系

5S 之间的关系如图 3 – 1 所示。

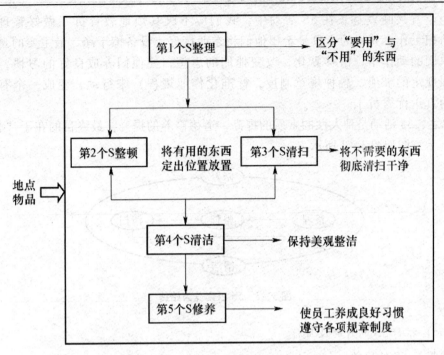

图 3 - 1　5S 之间的关系

（四）5S 活动推进层次

5S 活动推进层次见如图 3 - 2 所示。

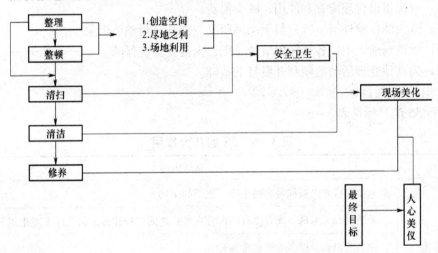

图 3 - 2　5S 活动推进层次

（五）5S 活动的重点—修养

从推进层次图中可以看出，整理、整顿、清扫、清洁的对象是"场地""物品"。修养的对象则是人，而"人"是企业最重要的资源，我们可以从"企业"的"企"字中分析人在企业中的重要，所谓"企"字是由"人"和"止"组成，"人"走了企业也就停"止"，所以在企业经营中，人的问题处置得好，人心稳定，企业就兴旺发达。在5S活动中，我们应不厌其烦地教育员工做好整理、整顿、洁扫工作．其目的不只是希望他们将东西摆好．设备擦干净．最主要的是通过细琐单调的动作中，潜移默化，改变他们的思想，使他们养成良好的习惯，进而能依照规定的事项（各种规章制度，标准化作业规程）来行动，变成一个有高尚情操的真正优秀员工。

总之，5S活动是种人性的素质的提高，道德修养的提升，最终目的在于"教育""人"，示意图如图3-3所示。

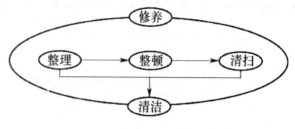

图3-3　5S以素养为始终

（六）推行5S的目的及目标

1. 推行5S的目的：

（1）员工作业出错机会减少，不良品下降，品质上升。

（2）提高士气。

（3）避免不必要的等待和查找，提高了工作效率。

（4）资源得以合理配置和使用，减少浪费。

（5）整洁的作业环境给客户留下深刻印象，提高公司整体形象。

（6）通道畅通无阻，各种标识清楚显眼，人身安全有保障。

（7）为其他管理活动的顺利开展打下基础。

2. 推行5S的目标。

推行5S的目标见表3-6。

表3-6　5S的八大作用

目标	具体内容
亏损为零（5S为最佳的推销员）	至少在行业内被称赞为最干净、整洁的工场
	无缺陷、无不良、配合度好的声誉在客户之间口碑相传，踏实顾客越来越多
	知名度很高，很多人慕名来参观
	大家争着来这家公司工作
	人们都以购买这家公司的产品为荣
	整理、整顿、清扫、清洁和修养维持良好，并且成为习惯，以整洁为基础的工厂有很大的发展空间

续表

目标	具体内容
不良为零（5S是品质零缺陷的护航者）	产品按标准要求生产
	检测仪器正确地使用和保养，是确保品质的前提
	环境整洁有序，异常一眼就可以发现
	干净整洁的生产现场，可以提高员工品质意识
	机械设备正常使用保养，减少次品产生
	员工知道要预防问题的发生而非公是处理问题
浪费为零（5S是节约能手）	5S能减少库存最，排除过剩生产，避免零件、半成品，成品在库过多
	避免库房、货架、天棚过剩
	避免卡板、台车、叉车等搬运工具过剩
	避免购置不必要的机器、设备
	避免"寻找""等待""避让"等动作引起的浪费
	消除"拿起""放下""清点""搬运"等无附加价值动作
	避免出现多作的文具、桌、椅等办公设备
故障为零（5S是交货期的保证）	工厂无尘化
	无碎悄、碎块和漏油，经常擦试和保养，机械开动率高
	模具、工装夹具管理良，调试、寻找时间减少
	设备产能、人员效率稳定，综合效率可把握性高
	每日进行使用点检，防患于未然
切换产品时间为零（5S是高效率的前提）	模具、夹具、工具经过整顿，不需要过多的寻找时间
	整洁规范的工厂机器正常运转，作业效率大幅上升
	彻底的5S，让初学者和新人一看就懂，快速上岗
事故为零（5S是安全的软件设备）	整理、整顿后，通道和休息场所等不会被占用
	物品旋置、搬运方法和积载高度考虑了安全因素
	工作场所宽敞、明亮，使物流一目了然
	人车分流，道路通畅
	"危险""注意"等警示明确
	员工正确使用保护器具，不会违规作业
	所有的设备都进行清洁、检修，能预先发现存在的问题，从而消除安全隐患
	消防设施齐备，灭火器放置位置、选生路线明确，万一发生火灾或地震时，员工生命安全有保障

续表

目标	具体内容
投诉为零（5S是标准化的推动者）	人们能正确地执行各项规章制度
	去任何岗位都能立即上岗作业
	谁都明白工作该怎么做，怎么样才算做好了
	工作方便又舒适
	每天都有所发送，有所进步
缺勤率为零（5S可以创造出快乐的工作岗位）	一目了然的工作场所，没有浪费、勉强、不均衡等弊端
	岗位明亮、干净，无灰尘、无垃圾的工作场所让人心情愉快，不会让人厌倦和烦恼
	工作已成为一种乐趣，员工不会无故缺勤、旷工
	5S能给人"只要大家努力，什么都能做到"的信念，让大家都亲自动手进行改善
	在有活动的一流工场工作，员工都由衷感到自豪和骄傲

3.5S活动达到四个满意：

（1）投资者满意：通过5S，使企业达到更高的生产及管理境界，投资者可以获得更大的利润和回报。

（2）客户满意：表现为高质量、低成本、纳期准、技术水平高、生产弹性高等特点。

（3）雇员满意：效益好，员工生活富裕，人性化管理使每个员工可获得安全、尊重和成就感。

（4）社会满意：企业对区域有杰出的贡献，热心公益事业，支持环境保护，这样的企业有良好的社会形象。

（七）推行5S前的基本认知

5S活动没有速成班，任何想以"3分钟"的热情来推动5S活动者，最后必须面临失败，因此，要以"长期抗战"的心理准备来做好5S活动；5S活动没有模型法，别人成功的5S模式，如果原封不动地应用，最后也会搞得四不像。因为人、事、时、地、物完全不一样，故必须因地制宜，考虑本公司的企业文化与员工心态，经过吸收、消化之后，再"发明"出适合本公司的5S架构，才是正确的道路。

（八）推行5S成功的条件

5S成功的条件包括：企业主或高级主管的支持；全员能彻底了解5S的精神和重要性；以团队方式来推动5S；制订明确的5S活动目标；建立合理的考核制度；以渐进的方式来逐步推动5S；灵活地运用各种5S技巧与手法；设计令人心动的宣传配合活动；借用外力，缩短时间，追求效果；持续不断地开展活动。

（九）5S 与企业改善的关系

5S 与企业改善的关系见表 3 - 7。

表 3 - 7

5S	对象	意义	目的	实施检查方法	使用工具	目标
整理	物品空间	1. 区分要与不要东西 2. 德育或处理不要的东西 3. 保管要的东西	1. 有效利用空间 2. 消除死角	1. 分类 2. 红牌作战 3. 定点照相	1. 照相机、录影机 2. 定点照相、红色标识	创造一个"清清爽爽"的工作场所
整顿	时间空间	1. 物有定位 2. 空间标识 3. 易于归位	1. 缩短换线时间 2. 提高工作效率	1. 定位、定品、定量 2. 看板管理 3. 目标管理	1. 各类看板 2. 照相机、录影机	创造一个"井然有序"的工作场所
清扫	设备空间	1. 扫除异常现象 2. 实施设备自主保养	1. 维持责任区的整洁 2. 降低机器设备故障率	1. 责任区域 2. 定检管理	1. 定检表 2. 照相机、录影机	创造一个"零故障"的工作场所
清洁	环境	永远保持前 3S 的结果	1. 提高产品吕位 2. 提升公司形象	1. 关化作战 2. 三要：要常用、要干净、要整齐	照相机、录影机	创造一个"干干净净"的工作场所
修养	人员	养成人员守纪律、守标准的习惯	1. 消除管理上的突发状况 2. 养成人员的自主管理 3. 情操高尚	1. 礼仪活动 2. 5S 实施展览 3. 5S 表扬大会 4. 教育训练	1. 照相机、录影机 2. 点检表 3. 评核表	创造一个"自主管理"的工作场所

（十）5S 与 ISO 9001 质量管理标准的对比

5S 与 ISO 9001 质量管理标准的对比见表 3 - 8 所示。

表 3 - 8　5S 与 ISO 9001 质量管理标准的对比

5S	ISO 9001
通过整理整顿，标识出不合格品，防止误用	不合格控制程序，防止不合格品误用
通过整理整顿，提高生产效率、减少库存，提升工作效率，提升现场管理水平	产品标识与可追溯性控制，防止产品混淆必要时实现追溯，稳定质量。提升现场质量管理水平

续表

5S	ISO 9001
通过清扫，扫除污染源，机器设备得到维护和保养，设备故障率降低	设施维护管理制度的建立与执行，确保设施运转正常
清洁的工作环境有利于质量的提升	维护好工作环境，确保质量
对文件、档案的整理整顿，提升文件的作业效率	对质量文件进行控制，确保现场得到适用版本的文件
目标：提升企业管理水平；改善工作环境，提升工作效率，养成守标准的习惯	目标：提升企业质量管理水平，养成遵守标准的习惯

（十一）5S 活动的推行步骤

5S 活动的推行步骤如图 3 - 4 所示。

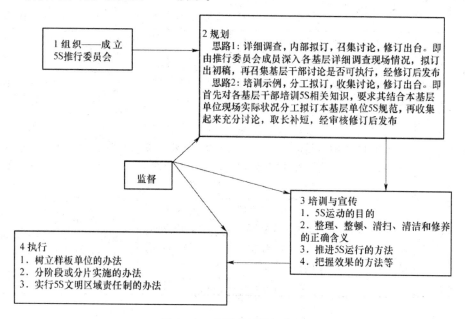

图 3 - 4　5S 活动的推行步骤

二、配送中心 5S 执行技巧

知识点：配送中心 5S 执行技巧

关键技能点：掌握整理、整顿、清扫、清洁、修养

（一）5S 执行技巧—整理（Seiri）

整理活动的开展见表 3 - 9。

表 3 - 9　整理活动的开展

定义	工作现场，区别要与不要的东西，只保留有用的东西，撤除不需要的东西	
对象	主要在清理现场被占有而无效用的"空间"	
目的	清除零乱根源，腾出"空间"，防止材料的误用、误送，创造一个清晰的工作场所	零乱的根源，主要来源于： a) 未及时舍弃无用的物品 b) 未将物品分类 c) 未规定物品分类标准 d) 未规定放置区域、方法 e) 未对各类物品进行正确标识 f) 不好的工作习惯 g) 未定期整顿、清扫
		腾出空间整理地方和对象主要表现在： a) 存物间、框、架 b) 文件资料及桌箱柜 c) 零组部件、产品 d) 工装设备 e) 仓库、车间、办公场所、公共场所 f) 室外 g) 室内外通道 h) 门面、墙面、广告栏等
实施方法	深刻领会开展的目的，建立共同认识	具体要求： a) 确认不需要的东西，多余的库存会造成浪费 b) 向全体员工宣讲，取得共识 c) 下发整理的措施 d) 规定整理要求
	对工作现场进行全面检查，检出哪些东西是不需要和多余的	a) 办公场地（包括现场办公桌区域）检查内容：办公室抽屉、文件柜的文件、书籍、档案、图表、办公桌上的物品、测试品、样品、公共栏、看板、境况上的标语、月历等 b) 地面（特别注意内部、死角）检查内容：机器设备大型工模类具，不良品、半成品、油桶、油漆、溶剂、黏结剂，垃圾筒，纸屑、竹签、小部件 c) 室外检查内容：场在场外的生锈材料、料架、垫板上之未处理品、废品、杂草、扫把、拖把、纸箱 d) 工装架上检查内容：不用的工装、损坏的工装、其他非工装之物品，破布、手套、酒精等消耗品、工装（箱）是否合用 e) 仓库检查内容：原材料、导料、废料、储存架、柜、箱子、标识牌、标签、垫板 f) 天花板检查内容：导线及配件、蜘蛛网/尘网、单位部门指标牌、照明器具

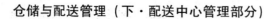
续表

制定标准	工作现场全面盘点，就现场盘点的现场物品逐一确认，判明哪些是"要"哪些是"不要的"。根据上面的确认，订出整理"需要"与"不需要"标准表，员工根据标准表实施"大扫除"
处理	不需品的处理，依分类的种类，该报废丢弃的一定丢掉，该集中保存的由专人保管
切忌事项	a）虽然现在不用，但是以后要用，搬来搬去怪麻烦的，因而不搬又留在现场 b）好不容易才弄到手，就算没有，放着也不碍事 c）一下子处理报废这么多，管理者有意见怎么办，谁来承担这个责任 d）为什么别人可以留下来，而我不行，太不公平了

（二）5S 执行技巧—整顿（ Seiton）

整顿活动的开展见表 3–10。

表 3–10　整顿活动的开展

定义	把要用的东西，按规定位置摆放整齐，并做好标识进行管理	
对象	主要在减少工作场所任意浪费时间的场所	
目的	定置存放，实现随时方便取用	不方便取用的情况举例说明： a）多种物品混放，未分类，难以寻找 b）物品存放未定位，不知道何处去找 c）不知道物品的名称，盲目寻找 d）不知道物品的标识规则，须查对 e）物品无标识，视而不见 f）存放地太远，存取费时 g）不知道物品去问，反复寻找 h）存放不当，难以取用 i）无适当的搬运工具，搬运困难 j）无状态标识，取用了不适用的物品等
实施方法	整顿的主要对象在"场所"而工作场所最大的时间浪费是在"准务工作时间"，要消除在工作中"选择"和"寻找"所浪费的时间	落实整顿工作，根据"整理"的重点进行
		决定放置场所：a）经整理所留下的需要东西，物品要定位存放 b）依使用频率，来决定放置场所和位置 c）用标志漆颜色（建议黄色）划分通道与作业区域 d）不许堵塞通道 e）限定高度堆高 f）不合格品隔离工作现场 g）不明物撤离工作现场 h）看板要置于显目的地方，且不妨碍现场的视线 i）危险物、有机物、溶剂应放在特定的地方 j）无法避免将物品放于定置区域时，可悬挂"暂放"牌，并注明理由时间

续表

实施方法	决定放置方法	a）置放的方法有框架、箱柜、塑料篮、袋子等方式 b）在放置时，尽可能安排物品的先进先出 c）昼利用框架，经立体发展，提高收容率 d）同类物品集中放置 e）框架、箱柜内部要明显易见 f）必要时设定标识注明物"管理者"及"每日点检表" g）清扫器具以悬挂方式放置
	定位的方法	见表 3-11
切忌事项	a）刚开始大家摆放很整齐，可是不知从谁，从什么时候开始，慢慢又乱了 b）识别的手法只有自己看得懂，别人看不懂，识别手法不统一，有和没有过一样 c）摆放位置转移，今天换一个地方，明天又换一个地方，很多人来不及知道 d）一次搬入现场的物品太多，再摆放的地方都没有	

（三）5S 执行技巧—清扫（Seiso）

清扫活动的开展见表 3-12。

表 3-12　清扫活动的开展

定义	将不需要的东西清除掉，保持工作现场无垃圾，无污秽状态	
对象	主要在消除工作现场各处所发生的"脏污"	
目的	a）保持工作环境的整洁干净 b）保持整理，整顿成果 c）稳定设备，设施、环境质量、提高产品或服务质量 d）防止环境污染	
推行方法	例行扫除、清理污秽	a）规定例行扫除时间与时段 b）全员拿着扫把、拖把等依规定彻底清扫 c）管理者要亲自参与清扫，以身作则 d）要清扫到很细微的地方，不要只做表面工作
	调查脏的来源，彻底根除	确认脏污与灰尘对生产质量的影响，如： a）在产品无防扩层的外表面上造成腐独斑点，使外观不娘胎 b）在通电体造成开路或短路或接触不良 c）造成产品成形时表面损伤，影响外装质量 d）对光、电精密产品造成特性不稳会发生变化 e）对精细化工产品性能变化

续表

推行方法	废弃物放置的区规划、定位	如在室内外规划与定位设置垃圾桶或垃圾箱
	废弃物的处置	不需要之物品作废品处理清除掉
	建立清扫准则共同执行	a）规定组别或个人"清扫责任区"并公布说明 b）责任区域的划分定期进行轮流更换，以示公平 c）建立"清扫准则"供清扫人员遵守
切忌事项		a）只在规定的时间内清扫，平时见到脏物也不当一回事 b）清洁保持是清洁工或值日人员的事，与自己和其他人无关 c）不把所有废弃东本立即清扫掉，扫干净这个地方，会弄脏另一个地方 d）清扫对象高度过高、过远，手不容易够着的地方，于是就不清扫 e）清扫工具太简单，许多脏物无法除去

（四）5S 执行技巧—清洁（Seiketsu）

清洁活动的开展见表 3 - 13。

表 3 - 13　清洁活动的开展

定义		维持以上整理、整顿、清扫后的局面，使工作人员觉得整洁、卫生
对象		透过整洁美化的工作区与环境，而使人们的精力充沛
目的		养成持久有效的清洁习惯
		维持和巩固整理、整顿、清扫的成果
实施方法	清洁注重"行为的结果"	a）在工作现场彻底执行整理、整顿、清扫之后，所呈现的状态便是"清洁" b）清洁，在清扫方面呈现"清净整洁"，感觉上是"美化优雅"，在维持前 3S 效果的同时，通过目视化的措施来进行检查，使"异常"现象能立刻消除，使工作现场一直保持在正常状态 e）清洁的维持与工作场也环境的新旧没有关系，一个新工作场地如果 5S 没有做好，也只能算是三流的工作场所，反之一个二三十年的老场地，如果 5S 持续彻底执行，虽然并不起眼，但是内部却是干净清爽，一尘不染，则属一流工作场所，其间的区别，只在有无"决心"与"持续"而已 d）一个按制度规定清扫的厂房设施，除了可使员工感觉干净卫生，精力充沛之外，更可以此提高产品质量与公司形象。因此，企业的经营者和主管部门应特加以重视
	落实前 3S 执行情况	a）彻底执行前 3S 各种动作 b）如果前 3S 实施半途而中止，则原先设定划线标示与废弃物盛桶，势必成为新的污染而造成困扰

续表

实施方法	设法养成"整洁"的习惯	a）没有"整洁"的习惯，则地上纸屑、机器污物就自然地视若无睹，不去清扫擦拭 b）环境设备，不去清拭，也就懒得去做点检 c）懒得做点检，"异常"发生了，也无法察觉，当然现场经常产生毛病和问题 d）整洁是清洁之母，也是零异常的基础 e）高潮通过教育培训，参观5S做得好的现场等方式使员工因"看不惯脏污"而养成"整洁" f）3S意识的维持，有助于整洁的习惯养成
	建立视觉变化的管理方式	a）物品整顿之定位、划线、标示，彻底塑造一个场地、物品明朗化现场，而达到目视管理的要求 b）如一个被定为存放"半成品"的地方，放了"不合格品"或是一个被定为放置垃圾筒的地方，而放了产品箱都可以视为异常 c）除了场地、物品的目视化管理之外，对于设备，设施则同样要加强目视管理，以避免产生异常
	配合每日清扫做设备清洁点检表	a）建立"设备清洁点检表"（根据不同设备制订） b）将点检表直接悬挂于"责任者"旁边 c）作业人员或现任者，必须认真执行，逐一点检，不随便、不作假 d）主管必须不定期复查签字，以示重视
切忌事项		a）为了应符检查评比搞突击，当时效果不错，过后谁都不愿意继续维持，称"一阵风" b）简单停留在扫干净的认识上，以为只要扫干净就是清洁化，结果除了干净之外，并无其他改善 c）清洁化对象只考虑现场的材料和设备方面

（五）5S执行技巧—修养（Shitsuke）

修养活动的开展见表3－14。

表3－14　修养活动的开展

定义	通过进行上述4S的活动，让每个员工都自觉遵守各项规章制度，养成良好的工作习惯，做到"以厂为家、以厂为荣"的地步
对象	主要在通过持续不断的4S活动中，改造人性、提升道德品质
目的	a）养成良好习惯：加强审美观的培训，遵守厂纪厂规，提高个人修养，培养良好兴趣、爱好 b）塑造守纪律的工作场所；并然有序 c）营造团队精神，注重集体的力量、智慧

续表

实施方法	修养是 5S 的重心。因此，修养不但是 5S，更是企业经营者的各级主管所期待，因此，如果企业里每一位员工都有良好的习惯，并且都能遵守规章制度。那么，身为经营者或主管一定非常轻松，工作命令，现场工艺、各项管理工作都将很容易地贯彻落实下去，并取得成效	继续推动前 4S 活动	a）前4S 是基本动作，也是手段。主要借此基本动作或手段，来使员工在无形当中养成一种保持整洁的习惯 b）通过前 4S 的持续实践，可以使员工实际体验"整洁"的作业场所的感受，从而养成爱整洁的习惯 e）前 4S 没有落实，则第 5S（修养）亦无法达成 d）一般而言，5S 活动推动 6 ~ 8 个月即可达到"定型化"的地步，但必须认真落实 e）5S 活动经过一段时间的运作，必须进行检查总结
		建立共同遵守的规章制度	a）共同遵守的规章制度：厂规厂纪，各项现场作业准则、操作规程、岗位责任、生产过程工序控制要点和重点、工艺参数，安全卫生守则、服装仪容规定 b）各种规则或约束在制订时，要满足的条件：对公司或管理有帮助，员工乐于接受
		将各种规章制度目视化	a）目视化的目的，在于让这些规章制度用眼睛一看就能了解 b）规章制目视化的做法如下：订成管理手册、制成图表、做成标语、看板、卡片 c）目视化场所地点应选择在明显且容易被看见的地点
		实施各种教育培训	a）新进人员的教育培训：讲解各种规章制度 b）对老员工进行新订规章的讲解 c）各部门利用班前会、班后会时间进行 5S 教育 d）依靠以上各种教育培训做思想动员，建立共同的认识
		违反规章制度的要及时给予纠正	a）身为主管，见到部属有违反事项，要当场予以指正，否则部属因没有纪正，而一错再错或把错误当做"可以做"而再做下去 b）在纠正指责时，切忌客气，客气处理不了事情去 c）强调因事纠正，而非对人有偏见而指责
		受批评指责者立即改正	a）要被纠正者，立即改正或限时改正 b）杜绝任何借口 c）要求改正之后，主管必须再做检查，直到完全改正为止
		推动各种精神向上的活动	a）班前会、班后会 b）推动方针政策和目标管理 c）推行礼貌活动 d）实施员工自主改善活动

切忌事项	a）只培训作业上具体操作，对"规章制度"不加任何说明或只是把《规章制度》贴在墙上，看得懂的人看，看不懂的人拉倒 b）急于求成，以为两三天的培训教育就能改变人的思想认识 c）没有鲜明的奖励制度，或执行过程中因人情因素而大打折扣，人们对《规章制度》视而不见，好坏不分 d）以为教育的责任在于学校，家庭和社会与工厂不相干，工厂只管生产

三、开展"5S"活动的检查表

知识点："5S"活动开展的检查表

关键技能点：整理和整顿活动检查表、清扫、清洁活动检查表、修养效果检查表

（一）使用整理和整顿活动检查表

整理和整顿活动检查表见表3－15。

表3－15

序号	检查内容	检查标准	检查方法	检查结果	纠正跟踪
1	物品分类及存弃规则	未建立物品分类及存弃规则（1分） 物品分类及存弃规则不太完善（2分） 物品分类及存弃规则基本完善（3分） 物品分类及存弃规则较完善（4分） 物品分类及存弃规则完善（5分）	审阅文件核对现场		
2	整理	尚未对身边物品进行整理（1分） 已整理、但不太彻底（2分） 整理基本彻底（3分） 整理较彻底（4分） 整理彻底（5分）	查看现场询问		
3	整顿	物品尚未分类放置和标识（1分） 部分物品尚未分类放置和标识（2分） 物品已基本分类放置并标识，但取用不便（3分） 物品已分类放置和标识，取用较方便（4分） 物品已分类放置和标识，取用方便（5分）	查看现场观察取用的方法和时间		

（二）使用清扫、清洁活动检查表

清扫、清洁活动检查表见表3－16。

表 3-16　清扫、清洁活动检查表

序号	检查内容	检查标准	检查方法	检查结果	纠正跟踪
1	计划和职责	无计划、也未落实职责（1分） 计划和职责规定不明确、不完善（2分） 计划和职责规定基本完善（3分） 计划和职责规定较完善（4分） 计划和职责规定完善（5分）	查阅文件		
2	清扫	未按计划和职责规定实施清扫（1分） 未严格按计划和职责规定实施清扫（2分） 基本按计划和职责规定实施了清扫（3分） 偶尔未按计划和职责规定实施清扫（4分） 已按计划和职责规定实施了清扫（5分）	查阅记录观察跟踪询问		
3	清洁	未养成清洁习惯、环境脏乱（1分） 清洁坚持不好，效果差（2分） 基本养成了清洁习惯，环境尚整洁（3分） 已养成清洁习惯，环境比较整洁（4分） 已养成清洁习惯（5分）	观察现场检查记录询问		

（三）使用修养效果检查表

修养效果检查表见表 3-17。

表 3-17　修养效果检查表

序号	检查内容	检查标准	检查方法	检查结果	纠正跟踪
1	日常"5S"活动	无日常"5S"活动（1分） 偶尔活动（2分） 基本按计划活动（3分） 按计划活动，效果较好（4分） 按计划活动，参与积极，效果好（5分）	查阅记录观察座谈		
2	观察	较多员工对"5S"无认识（1分） 认识肤浅（2分） 有基本认识（3分） 认识较好（4分） 观念正确，行动积极（5分）	交谈考察		

续表

序号	检查内容	检查标准	检查方法	检查结果	纠正跟踪
3	行为规范	举行粗鲁，语言不美，不讲礼貌（1分） 部分员工不讲卫生，不讲礼貌（2分） 个人表现较好，团队精神较差（3分） 团精神好，个人表现好（5分）	观察 抽查 座谈		
4	服装	不按规定着装、衣冠不整（1分） 常不按规定着装，乱戴标卡（2分） 基本按规定着装、佩戴标卡（3分） 执行着装、戴卡规定较好（4分） 坚持按规定着装、戴卡（5分）	观察		
5	仪容	不修边幅、又脏又乱（1分） 部分员工不修边幅、脏乱、但无纠正（2分） 基本整洁、精神（3分） 比较注重仪容，观念较好（4分） 重视仪容，观念良好（5分）	观察		

第六节　内部管理控制制度

一、内部控制

知识点：内部控制

关键技能点：内部控制定义、目的、结构、实施条件、结构要素、制度的设计、管理控制与会计控制的差别、计算机作业内部控制、财务融资循环、采购循环

（一）内部控制定义

内部控制为企业所采取的一种制度，用以确保各管理功能能够确实发挥。由于各种管理程序、办法、规章、手册分散于企业内各部门，须借内部控制制度加以贯穿，形成一个整体，以界定各单位及部门的职责范围，结合群体力量，达成企业经营目标。内部控制是将各种管理规则、办法加以整合，它不等同于各管理办法，也无法由其他管理办法取代。

（二）内部控制目的

内部控制基本目的在于"促进企业组织的有效营运"，其主要任务有四方面：确保公司的决策及规定被确实遵行；避免资产浪费、失窃与使用的低效率；确保会计与营业数据的正确性；评估各部门绩效，作为奖惩依据。

（三）内部控制结构

依照美国杜德威委员会赞助单位所组成的研究小组的研究报告：内部控制是一种过程，受到董事会、管理阶层及其他人员的影响，保证达成用于下列合理目的：营运活动的效果及效率，财务报告的可靠性，遵循相关的法律。

（四）内部控制的实施

（1）内部控制的实施是一项持续性作业，经过对经营与管理作业的不断检查，发觉与公司决策、作业程序、既定目标或预期标准偏离事实，凭借回馈系统反应至适当管理阶层，并针对问题采取必要修正行动，以确保企业经营遵循原规划的方向进行。

（2）凭借内部牵制手段达到审计目的，以防止作业弊端的发生。其责任不属于某一特定单位或部门，也不限于管理阶层，而是应当由全体员工来不断推动与执行的工作。

（五）实施内部控制条件

内部控制为整合企业内各项管理活动而成，其实施的成败，要依赖下列各因素配合：合理的组织规划与管理结构、最高主管的重视与支持、健全的内部审计功能、高度热诚与训练成熟的员工。

六）内部控制结构的要素

美国杜德威委员会赞助单位所组成的研究小组的研究报告提出内部控制结构的要素包括下列五项：控制环境，管理阶层风险评估，信息与沟通，控制活动，监控。内部控制结构要素见表 3 – 18。

表 3 – 18　内部控制结构要素表

结构要素	说　明	影响、构成因素
控制环境	控制环境塑组织文化、影响员工控制意识的综合因素，是其他组成要素基础	它包括员工操守、价值观及能力；管理阶层的管理哲学、经营风格及聘雇、培训、员工组织与权现的界定；董事会的关注及指导等
风险评估	风险评估是指公司首府其目标不能达成的内、外在因素，并评估其影响程度及可能性的过程。其评估结果，可协助公司设计必要的控制作业	
控制作业	控制作业是指帮助管理阶层确保其指令已被执行的决策及程序	它包括核准、验证、调节、复核、定期盘点、记录核对、职能分工、保障资产实体安全，及与计划、预算或前期绩效的比较等
信息及沟通	信息是指信息系统辨认、衡量、处理及报道的标的	它包括与营运、财务报导或遵循法律等目标有关的财务或非财务信息
	沟通是指把信息告知相关人员	它包括公司内、外部沟通

续表

结构要素	说　明	影响、构成因素
监督	持续性监督：营业过程中的例行监督	它是指评估内部控制质量的过程，包括评估控制环境是否良好，风险评估是否及时、确实，控制作业是否适当、确实，信息及沟通系统是否良好等
	个别评估：由内部审计或管理阶层在内的其他人员进行评估	

（七）内部控制制度的设计

内部控制制度须针各企业特定情况而设计。参与设计人员应包含各企业最高主管、各部门主管、企划部门、审计人员以及所涉及的相关人员。

设计的工作包含：编组内部控制制度设计作业小组、制定各交易循环的范围与流程、选定控制点、设计使用的文件、颁布施行、并不断地检讨修正。

内部控制制度设计的原则包含：依照各项业务实际需要规划作业流程；采取分段作业在每一流程或循环中，设定若干关键点；负责检查处理过程中有关业务有无错误、是否符合规定等；应以具体数据或文字表达，并予以签认；

各项作业应视其性质由不同单位或部门进行处理，不应由一个单位或个人全程包办；办理资金出纳者，不应兼办会计，以达到相互牵制的效果；应与内部审计作业配合，各关键点的作业内容应力求表格化，以便于审计或追踪及考评。

（八）管理控制与会计控制的差别

1. 管理控制把焦点放在营运层面，与会计记录没有直接关联。一个最常被引述的管理控制要求销货人员提出在一定期间内和多少客户接触的报告，虽然就提供客户适当服务与努力增加销售量的营业目的而言，是属于一个很有效果的控制，但其结果却对所报道的会计数字无直接的控制效果，管理控制与会计控制的差别见表 3 – 19。

表 3 – 19　管理控制表

项　目	会计控制	管理控制
态度	消极、被动	积极、主动
执行者	第三者、会计人员	当事者、主管人员
实施对象	针对企业整体业务	
规划	其活动可事先予以规则	其活动较无法事先予以规划
相互关系	YES/NO 的关系	程度的关系
基本科学	分类统计分析	社会心理学
架构基础	簿记账务	企业组织与制度
信息的时间性	事后、定期性、周期较长	事前、事中或事后、周期较短
信息的性质	资料求精确，财务性质	数据大约数即可，管理性质
结果	引起注意，属于会计制度	采取行动，属于管理制度

续表

项　目	会计控制	管理控制
绩效考评	科目类别，衡量较容易	行为类别、衡量较不易
成败关键	会计作业制度的完善，财务资料的完整掌握	在于管理者个人的条件，如判断、知识、及影响力

2. 会计控制正确性的三项条件：有效性（是否只记录实际已经发生的交易）、完整性（是否所有的交易均涵盖在会计系统内）、授权（是否所有交易的执行均经过适当的授权）。

（九）计算机作业内部控制

计算机作业内部控制包含以下几方面：

（1）计算机部门权责划分：系统设计及程序功能与职务，应与计算机操作分开；程序设计人员应不参与例行的计算机操作；应限制计算机操作人员接触与计算机操作无关数据与计算机程序；计算机部门人员不应主动产生交易事项或要求更改计算机主文件。

（2）管理控制：系统及设备更新，应有完整书面计划；每一系统在核准使用前，应评估其成本及效益；每一系统在核准使用前，计算机部门人员应与使用单位密切沟通，确定系统无问题后，开始正式使用；各项系统的设计及执行情形，应列表进行管理。

（3）使用单位：一是执行与负责单位：业务、财务、采购、审计单位；二是修订与核准单位：总经理、董事长、审计与采购。

（4）输入与输出控制：使用部门应核对拟输入计算机数据的正确性；使用部门对拟送往计算机部门输入数据，应有控制设计；计算机部门应有专人控制各部门传送的输入数据，并记录控制方式；所产生的各种文件，应列单管理；所产生的文件，应在分发给有关部门前，审核其正确性与合理性；所产生报表的分发，应有适当控制程序，重要数据，应限制分发部门；慎防病毒与黑客或不良员工盗取或破坏数据。

（5）档案安全：重要的计算机程序、凭证、记录及档案等，应放置于防火安全处所，并备份放置于计算机部门以外的防火安全处；计算机档案、磁盘、磁带等，均应贴卷标、保护装置并有专人负责收发管理。

二、内部审计

知识点：内部审计

关键技能点：内部审计的功能、内部审计的执行准则、审计人员的条件、内部审计的工作范围、审计工作的执行、内部审计部门的管理

（一）内部审计的功能

内部审计是一种评估的服务，其目的在于检查公司各项营运活动，以确保管理信息的及时可靠，资产免于遭受浪费、舞弊，经营具有效率，及公司决策的严格遵行。作为管理当局监视公司营运的有效工具，对公司内的组织及各项作业提出改善的建议，防止资产的浪费舞弊，以及信息的虚伪不实。

（二）传统观点与现代观点的内部审计

传统的内部审计功能着重于防弊，而其工作范围则多限于财务及会计的检查。随着企业的发展及经营理念的改变，内部审计的功能也产生以下变化：消极防弊—积极兴利；局部的财务审计—全面的营运审计—管理审计。

（三）内部审计的执行准则

内部审计的执行准则：

（1）超然独立：内部审计对其所审计的活动，应维持超然独立。

（2）组织地位：内部审计部门在公司组织内的地位，应足够使其顺利完成其审计的责任。

（3）客观性：内部审计人员执行审计时，应保持客观。

（四）审计人员的条件

审计人员必须是管理控制的专家；查核过程必须能确定各营运阶层确实执行情形，而非靠与主管会谈的结果；审计人员必须有能力以管理者的立场去思考如何控制、如何得知营运成果。

（五）内部审计的工作范围

信息的可靠；政策、计划、程序及法令的遵守；资产的保障；资源的经济及有效使用；营运或项目目标的达成。

（六）审计工作的执行

执行审计工作的一般程序：

（1）审计的规划：内部审计人员对各项审计工作均应做好规划。

（2）信息的检查与评估：内部审计人员应搜集、分析、解释信息并写成文件，以支持其审计结果。

（3）结果的沟通：内部审计人员应对其审计工作的结果提出报告。

（4）事后的追踪：内部审计人员对于提出报告的审计发现，应追踪各有关单位是否已采取改善行动。

（七）内部审计部门的管理

内部审计主管的管理职责：

（1）内部审计主管对该部门的目的、权力与责任，应有明确的书面声明。

（2）内部审计主管应制订计划，以便内部审计部门履行其责任。

（3）内部审计主管应制定书面的制度及程序，以便其所属人员遵循。

（4）内部审计主管应制定办法，以便该部门人员的选用及培训。

（5）内部审计主管应协调内部审计与外部审计的工作。

（6）内部审计主管应制定质量保证办法，以评估内部审计部门的作业绩效。

三、一般管理控制问卷表

知识点：一般管理控制问卷表
关键技能点：一般管理控制问卷表

（一）使用一般管理控制问卷表

一般管理控制问卷表的格式见表 3 – 20。

表 3 – 20　一般管理控制问卷表

一级项目	二级项目	你的答案	备注
部门或功能职责	部门职责是否以书面加以界定？		
	你对此部门整体绩效是否满意？		
	此部门是否有一些你认为应加以复核的特定领域或问题？		
部门目的	部门目的是否已拟订？		
	是否是书面方式？		
	是否依照重要性订有优先级？		
	是否对于作业绩效定期提出报告？		
	管理阶层对于未达成作业是否加以检讨？		
规划	此部门是否有月度营运计划？		
	此部门是否有年度营运计划？		
	此部门是否有长远营运计划？		
组织	是否有任何人事问题？		
	对于部门人员工作质量是否满意？		
	此部门是否有正式在职培训计划？		
控制	制度及程序是否有？		
	此部门是否有书面的制度？		
	是否以手册的方式编制？		
	是否定期更新？		
	是否切实执行？		
	是否分发给部门每一位员工？		
	格式是否标准化？		
	是否有绩效标准？		
	是否有预算？		

小 结

配送质量管理规范有三个内容。质量改善原则分别介绍了掌握包装质量的合理化、熟悉订单处理过程的质量改善、了解备货作业质量改善、熟悉储存作业质量改善、了解拣货作业质量改善、熟悉送货作业质量改善；配送中心人员岗位职责分别介绍了配送中心经理岗位职责、配送中心传单员、接单员、进货员、仓库管理员、盘点员、拣货员、补货员、现场包装人员、录入员、验收员、库管员岗位职责；配送中心管理制度分别介绍了配送中心管理员工作制度、配送中心库管员工作制度、配送技术控制制度、商品调拨单的流转制度、发货管理制度。

配送的5S活动有三个内容。5S基本概述分别介绍了5S的概念、来源、5S之间的关系、5S活动推进层次、5S活动的重点、推行5S的目的及作用、推行5S前的基本认知、推行5S成功的条件、5S与企业改善的关系、5S与ISO9001质量管理标准的对比、5S活动的推行步骤；配送中心5S执行技巧分别介绍了整理、整顿、清扫、清洁、修养；开展"5S"活动的检查表分别介绍了整理和整顿活动检查表、清扫、清洁活动检查表、修养效果检查表。

内部管理控制制度有三个内容。内部控制分别介绍了内部控制定义、目的、结构、实施条件、结构要素、制度的设计、管理控制与会计控制的差别、计算机作业内部控制、财务融资循环、采购循环；内部审计分别介绍了内部审计的功能、传统观点与现代观点的内部审计、内部审计的执行准则、内部审计部门的专业、内部审计人员的专业、审计人员的条件、内部审计的工作范围、审计工作的执行、内部审计部门的管理；一般管理控制问卷表介绍了控制问卷表。

第六章　配送中心服务管理

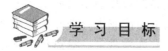

知识目标： 配送中心要素的管理、配送计划的组织与实施、增值服务项目设计、合同管理

技能目标： 配送计划制定的步骤、配送计划的实施、配送的增值服务、配送合同的概述

能力目标： 配送计划的内容、增值服务的功能、配送合同的种类

台湾的超市物流配送

根据台湾 11 家超市的调查情况，生鲜物流的配送多是由生鲜中心接手操作，如顶好惠康、台北农产运销公司、惠阳超市、远东百货超市、兴农生鲜超市、美村生鲜超市、九九生鲜超市等；只有少数几家是由厂商负责配送，如善美的、裕毛屋生鲜超市、大统超

至于在干货和低温的配送方面，除了有物流中心、统仓、生鲜中心在做配送外，厂商配送扮演了举足轻重的角色；尤其是低温物流配送，除了惠康以外，几乎少不了厂商的配送。由此可看出，生鲜中心在超市业态里，占有相当重要的地位。

在配送频率方面，生鲜全都是 1 周配送 7 天，甚至于有 1 日配送 3 ~4 次的情形。而干货部分，多则 1 周配送 7 天，少则 1 周 1 配，平均大概 1 周配送 3 ~4 次。再谈到低温配送，1 周配送 1 ~4 次的业者皆有，但仍以 1 周 7 配的比例最高，至于牛奶属于鲜度要求严格商品，几乎是天天配送。

在配送时间方面，大致上，生鲜出车的时间都比干货、低温来得早，而且多在中午以前就出完车。

超市的面积虽说比便利商店大，但其连锁体系却没有便利商店的连锁店数来得庞大，所以超市业者拥有自属的专业物流中心之比例也较低。

虽然调查的 11 家超市业者里，在生鲜配送方面，有 7 家超市拥有自属的生鲜中心在做配送，但在干货部分，由自己的物流中心在做配送的，就减少到 4 家；而自己拥有低温物流中心在做低温冷冻、冷藏配送的，就只有拥有 96 家店的顶好惠康一家超市了。

上述这种现象，也许是因为超市的连锁店数较少的缘故。这种情形，证明了超市连锁店数要达到相当规模时，业者才有可能发展完整的超市物流配送体系，包括自属专业的生鲜中心、干货物流中心、低温物流中心。反观店数呈现个位数的超市业者，正由于规模较小，较难整合物流配送，所以由厂商来配送的几率就大了很多。

由此可见，超市物流配送与便利商店物流配送最大的差别，在于超市业者就其所需地发展较健全的生鲜中心，但在干货与物流配送体系，脚步还是比便利商店来得缓慢些。但话又说回来，经营一家自属的专业物流中心，其硬件设备、资信系统、土地取得等之巨额投资，自然不在话下，而人事的管理、车队的配送素质要求，也是经营者必需绞尽脑汁、投入相当心力之处。所以，超市业者采用何种渠道配送，其成本的评估是不得不谨慎考虑的。

分析提示

1. 台湾的超市物流配送是如何组织与实施的？
2. 怎样从增值服务的角度来发展完整的超市物流配送体系？

第一节 配送中心要素的管理

一、配送中心的管理涉及的要素

知识点：配送中心的管理涉及的要素

关键技能点：认识商品储存管理；了解商品储存量、送货时间；熟悉商品功能配置

（一）配送中心的商品储存管理

配送中心有商品储存功能，但不可能备足市场上所有的商品，即使储备的商品品种十分丰富，也会不断有新商品出现，这就容易出现需求品种与配送中心供应品种之间的矛盾。如果市场上有多少种商品就储备多少种商品，就会使配送中心的成本极大地提高，同时还会出现商品的呆滞、积压直至损耗，减少配送中心乃至整个企业的利润。

但如果因此而减少商品品种储备，又会使消费者缺少商品的挑选余地，影响商品的销售。

（二）配送中心的商品储存量

配送中心可以掌握商品进、销、存的各种信息，计算出商品的最高、最低库存量，但不可能使商品库存数保持最合理，使储存商品的成本达到最低。市场需求量在不断地变化，配送中心如果将商品储存量无限放大，以不变应万变，将极大提高商品的储存成本；各商店商品销售量、商品备货量、要货提前天数决定了配送中心的商品存量；配送中心商品采购、运输入库、商品配送等时间也决定商品存量的大小。如果过分小心谨慎，减少商品储存量，将无法适应配送经营需求，出现商品脱销，二者均会激化商流、物流之间的矛盾，导致企业利润下降。

（三）配送中心的送货时间

1. 在适当的时间将商品配送到经营商店是配送中心的基本运作要求。延迟送货，会出现商品脱销，影响销售；提早送货会使经营现场存量增大，占用库位或堆积店面、影响店容；运送力量不够，交通状况不好会影响商品及时到位；采取应急送货，会使商品运输成本提高；相对集中组织送货，又会使个别商品脱销。

2. 要货时间或到货时间的时间差异、商店存量与可供销售的时间差异、配送中心内部车辆、人力安排是否合理、路面交通状况好坏等均会影响商品到货时间，以至影响商品的销售和利润。

3. 配送中心提供无限的物流服务，将会把配送成本提高到更大，只考虑成本又会降低服务水平，二者均会影响配送企业利益。只有按市场情况和企业实际状况，确定自身服务水平和目标，最大限度降低成本费用，在二者之间找到平衡点，妥善处理二者之间的关系，才能使商流、物流都得以正常进行，成为有机统一的整体。

（四）配送中心的功能配置

配送中心的目的是为了节约成本、提高经济效益。配送中心在很大程度上会以效益为工作的主要出发点，在完善功能上，会偏重自身效益；这就要求配送中心摆正位置，正确处理好效益与服务的关系。

正因为配送中心承担了商品的储存保管、加工包装等多种功能，要完成这些功能，便要消耗大量的人力、物力和财力去精心组织与安排，另外各功能之间环节的安排与协调也十分烦琐，某一方面操作不当，就会影响配送中心的整体运作。配送中心通过合理科学的组配方式，创造更大商品价值的功能。如重新包装、规格重组、花色重组、品种搭配、拆零配送等。使商品配送直接为商品销售创造更多的机会。

第二节　配送计划的组织与实施

一、配送计划的种类与意义

知识点：配送计划的种类与意义
关键技能点：配送计划的种类与意义

（一）配送计划的种类

1. 配送主计划：是指针对未来一定时期内，对已知客户需求进行前期的配送规划，便于对车辆、人员、支出等作统筹安排，以满足客户的需要。

2. 每日配送计划：是针对上述配送主计划，逐日进行实际配送作业的调度计划。例如订单增减、取消、配送任务细分、时间安排、车辆调度等。制定每日配送计划的目的是，使配送作业有章可循，成为例行事务，做到忙中有序。

3. 特殊配送计划：是指针对突发事件或者不在主计划规划范围内的配送业务，或者不影响正常性每日配送业务所作的计划。它是配送主计划和每日配送计划的必要补充。例如空调在特定商场进行促销活动，可能会导致配送需求量突然增加，或者配送时效性增高，这都需要制订特殊配送计划，增强配送业务的柔性，提高服务水平。

（二）配送计划制订的意义

制订一个高效的配送计划不仅仅是为了满足客户的要求，而且应该能够对客户的各项业务起到有效的支撑作用，起到帮助客户创造利润的目的，也就是我们所说的发掘"第三利润源泉"，最终使客户和物流企业同时受益，达到"双赢"的效果.

二、配送计划制订的步骤

知识点：配送计划制订的步骤

关键技能点：确定配送计划的目的、收集相关数据资料、配送七要素的整理、配送计划的初步制订、与客户协调沟通、配送计划的确定

（一）确定配送计划的目的

物流业务的经营运作是以满足客户需求为导向的，并且需要与企业自身拥有的资源、运作能力相匹配。但是，往往由于企业受到自身的能力和资源的限制，对满足客户需求的多变性、复杂性有一定难度。这就要求企业在制订配送计划时必须考虑制订配送计划的目的。

例如，配送业务是为了满足短期实效性要求还是长期稳定性要求；配送业务是服务于临时性特定顾客还是服务于长期固定客户。不同的配送目的，需要有不同的配送计划作支撑。

（二）收集相关数据资料

1. 不了解客户的需求，就无法满足客户需求，因此收集整理服务对象的相关数据资料是提高配送服务水平的关键。配送活动的主要标的是货物，如原材料、零部件、半成品、产成品等。就长期固定客户而言，对该货物近年来的需求量以及淡季、旺季的需求量变化等相关统计数据，是制订配送计划时必不可少的第一手数据资料。

2. 了解当年销售计划、生产计划、流通渠道的规模以及变化情况、配送中心的数量、规模、运输费用、仓储费用、管理费用等数据，也是十分必要的。因此，对相关数据资料的收集并作相应的分析是制订配送计划的关键，也是提高配送服务质量的关键。

（三）配送七要素

知识窗：配送这七要素是指货物、客户、车辆、人员、路线、地点、时间这七项内容，也称作配送的功能要素。在制定配送计划时应对这七项内容作深入了解并加以分析整理。

（1）货物：指配送标的物的种类、形状、重量、包装、材质、装运要求等。

（2）客户：指委托人、收货人。

（3）车辆：指配送工具，需根据货物的特征、数量、配送地点以及车辆容积、载重量等来决定选用了什么样的车辆配送。

（4）人员：指司机或者配送业务员。由于需面对不同的客户以及环境，因此对人员配置也有一定的要求。例如，某些产品需要在送达目的地之后安装并调试，就需要司机或者配送人员具有一定的技能。

（5）路线：指配送路线。可以根据一定的原则指定配送路线，例如，配送线路最短原则、送货量最大原则、订单时间顺序原则等，并要求司机或者配送人员执行，但是由于配送地点复杂和交通拥堵、交通管制等原因也可根据司机经验适当调整。

（6）地点：指配送的起点和终点。主要了解这些地点的数目、距离、周边环境、停车卸货空间大小以及相关附属设施，例如有无卸货月台、叉车等。

（7）时间：包括在途时间、装卸搬运时间。由于不一定所有的业务都在自有配送

中心进行，所以需要了解配送起点和终点的装货和收货的时间限制以及要求，提前做好安排，避免不必要的装卸等候，避免由于超过客户要求的时间范围造成的货物拒收。

（四）配送计划的初步制订

在完成上述三个步骤之后，结合自身能力以及客户需求，便可以初步确定配送计划。初步配送计划应该包括：配送线路的确定原则、每日最大配送量、配送业务的起止时间、使用车辆的种类等，并且可以有针对性地解决客户现存的问题，如果客户需要甚至可以精确到到达每一个配送地点的时间、具体路线的选择、货运量发生突然变化时的应急办法等方面。

（五）与客户协调沟通

给客户制订配送计划的主要目的，就是要让客户了解在充分利用有限资源的前提下，客户所能得到的服务水平。因此，在制订了初步的配送计划之后，一定要与客户进行沟通，请客户充分参与发表意见，共同完善配送计划。并且应该让客户了解其现有的各项作业环节在未来操作时可能出现的各种变化情况，以免客户的期望与具体操作产生重大落差。在具体业务的操作上，要取得良好的配送服务质量，是需要客户与配送公司密切配合的，并不是单纯某一方的责任。

（六）配送计划的确定

经过与客户几次协调沟通之后，初步配送计划经过反复修改最终确定。已经确定的配送计划应该成为配送合同中的重要组成部分，并且应该让执行此配送计划的双方或者多方人员全面了解，确保具体配送业务的顺利操作，确保酉己送服务质量。

三、配送计划的内容

知识点： 配送计划的内容

关键技能点： 熟悉配送分配地点、数量与配送任务、车辆数量的确定；车队的构成与车辆组合的确定、了解控制车辆的最长行驶里程；掌握车辆容积与载重的限制、路网结构的选择；了解时间范围的确定；熟悉与客户作业层面的衔接、达到最佳化目标

（一）分配地点、数量与配送任务

在配送作业中，地点、数量与配送服务水平有密切关系。地点是指配送的起点和终点。由于每一个地点配送量的不同，周边环境、自有资源的不同，应有针对性的，综合考虑车辆数量、地点的特征、距离、线路，将配送任务合理分配，并且逐步摸索规律，使配送业务达到配送路线最短，所用车辆最少，总成本最低，服务水平最高。

（二）车辆数量的确定

车辆数量很大程度上影响配送时效。拥有较多的配送车辆可以同时进行不同线路的配送，提高配送时效性，配送车辆数量不足，往往会造成不断往返装运，造成配送延迟。但是，数量庞大的车队，会增加购置费用、养护费用、人工费用、管理费用等项支出，这与提高客户服务水平之间存在很大的矛盾。如何能在客户制定的时间内送达，与合理经济的车辆数量配置有十分密切的关系。如何能在有限的资源能力范围内最大限度地满足客户需求，是在配送计划中应该注意的问题。

（三）车队的构成与车辆组合的确定

配送车队要根据配送量、货物特征、配送路线选择、成本分析等方面进行自有车辆的组合；必要时也可考虑通过适当的选用外来车辆组建配送车队，适当的自有车辆与外来车辆的比例，可以适应客户需求变化，有效地调度自有车辆，降低运营成本。

（四）控制车辆的最长行驶里程

在制订配送计划的人员配置计划时，应尽量避免由于司机疲劳驾驶而造成的交通隐患，全面保证人员以及货物安全。通常可以通过核定行驶里程和行驶时间来评估工作量，有效避免超负荷作业。

（五）车辆容积与载重的限制

根据车辆本身的容积、载重限制，结合货物自身的体积、重量等情况之后，选定配送车辆需要考虑最大装载量，以便车辆的有限空间不被浪费，从而降低配送成本。

（六）路网结构的选择

通常情况下，配送中心的辐射范围为 60 千米；也就是说以配送中心所在地为圆心，半径 60 千米以内的配送地点，均属于配送中心服务范围。这些配送地点之间可以形成很多区域网络，所有的配送方案都应该满足这些区域网络内的各个配送地点的要求。配送路网中设计直线式往返配送路线较为简单，通常只需要考虑路线上的流量。

（七）时间范围的确定

客户通常根据自身需要指定配送时间，这些特定的时间段往往在特定路段与上下班高峰期重合，因此在制定配送计划时应对交通流量等影响因素予以充分考虑，或者与客户协商，尽量选择夜间配送、凌晨配送、假日配送等方式。

（八）与客户作业层面的衔接

配送计划应该对客户作业层面有所考虑，如货物装卸搬运作业是否托盘标准化、一贯化，是否容器化，有无装卸搬运辅助设备，客户方面是否有作业配合，是否提供随到随装条件，是否需要搬运装卸等候，停车地点距离货物存放地点的远近等。

（九）达到最佳化目标

物流配送的最佳化目标是指按"四最"的标准，在客户指定的时间内，准确无误地按客户需求将货物送达指定地点。"四最"是指：配送路线最短、所用车辆最少、作业总成本最低、服务水平最高。

四、配送计划的实施

知识点： 配送计划的实施

关键技能点： 了解下达配送计划；掌握按计划给配送点进行配货；了解装车发运

（一）下达配送计划

配送计划确定后，将到货的品种、规格、数量分别通知用户和配送点，以便用户做好接货准备，配送点做好配送准备。

（二）按计划给配送点进行配货

各配送点按配送计划审定库存物品的保有程度，若有缺货情况应立即组织进货。

同时配送点各职能部门按配送计划进行配货、分货包装、配装等工作。

（三）装车发运

各理货部门按计划将各用户所需的各种货物进行配货后，将各用户货物组合装车，发货车辆按指定线路送达用户，并通知财务结算。

第三章 增值服务项目设计

一、配送的增值服务

知识点：配送的增值服务

关键技能点：了解增值服务的内容；熟悉增值服务的种类

（一）配送增值服务的内容

1. 创新、超常规满足客户需要是增值性物流服务的本质特征。增值服务主要是借助完善的信息系统和网络，通过发挥专业物流管理人才的经验和技能来实现的，依托的主要是配送企业的软件基础，因此是技术和知识密集型的服务，可以提供信息效用和风险效用。这样的服务融入了更多的精神劳动，能够创造出新的价值，因而是增值的物流服务。

2. 增值服务涉及的范围很广，一般可归纳为以顾客为核心的服务、以促销为核心的服务、以制造为核心的服务和以时间为核心的服务。配送增值服务的内容包括集货、分拣包装、配套装配、条码生成、贴标签、自动补货、配料、消费品二级包装方案、挂价签，再包装、标签印刷、产品标识等。

3. 增值服务需要有协调和利用其他物流企业资源的能力，以确保企业所承担的货物交付任务能以最合理的方式、尽可能小的成本来完成。

（二）配送增值服务的种类

1. 以顾客为核心的增值服务。

这种增值服务向买卖双方提供利用第三方专业人员来配送产品的各种可供选择的方式，指的是处理客户向供应商的订货、直接送货到商店或客户，以及按照零售店货架储备所需的明细货品规格持续提供配送服务。

2. 以促销为核心的增值服务。

以促销为核心的增值服务旨在为用户提供有利于用户营销活动的服务。物流提供者服务的对象通常是生产企业或经销商，配送增值服务是在为他们提供配送服务的同时，增加更多有利于促销的物流支持。

例如，为配送商品贴标、为储存的产品样品提供特别的介绍、为促销活动中的礼品和奖励商品设置专门的系统进行处理和托运等。

3. 以制造为核心的增值服务。

以制造为核心的增值服务旨在为用户提供有利于生产制造的特殊服务。以制造为核心的增值服务实际是生产过程的后向或前向延伸，使通过配送为生产企业提供的原材料、燃料、零部件在进入生产消耗过程时，尽可能减少准备活动和准备时间。例如，玻璃套裁、金属剪切、木材初加工等均属这类增值服务。

4. 以时间为核心的增值服务。

以时间为核心的增值服务是以对顾客的反应为基础，运用延迟技术，使配送作业在收到用户订单时才开始启动，并将物品直接配送到生产线上或零售店的货架上，目的是尽可能降低预计库存和生产现场的搬运、检验等作业，使生产效率达到最高程度。对于采用准时制生产方式的企业实施生产"零库存"配送就是典型的以时间为核心的增值服务。

二、增值服务的功能

知识点： 增值服务的功能

关键技能点： 增值服务的功能

（一）便利性的增加

一切能够简化手续、简化操作的服务都是增值性服务。简化是相对于消费者自我服务而言的，并不是说服务的内容简化了，而是指消费者为了获得某种服务，以前需要消费者自己做的一些事情，现在由物流提供商以各种方式代替消费者做了，从而使消费者获得这种服务后感到简单，而且更加方便，从而增加了商品或服务的价值。

（二）反应速度的加快

快速反应已经成为物流发展的动力之一。现代物流的做法是优化配送系统结构和重组业务流程，重新设计适合客户的流通渠道，以此来减少物流环节、简化物流过程，提高物流系统的快速反应能力。

（三）物流成本的降低

通过配送增值物流服务，可以寻找能够降低物流成本的物流解决方案。考虑的方案包括：采取共同配送；提高规模效益；实施准时制配送，降低库存费用；进行原材料、零部件与产成品的双向配送；提高运输工具的利用率等。

（四）业务的延伸

业务延伸是向配送或物流以外的功能延伸。向上可以延伸到市场调查与预测、采购及订单处理；向下可以延伸到物流咨询与物流系统设计（第三方物流服务商要充当客户的物流专家，为客户设计物流系统，代替他们选择和评价运输网、仓储网及其他物流服务供应商）、物流方案的规划与选择、库存控制决策建议、货款回收与结算（不仅仅只是物流费用的结算，还包括替货主向收货人结算货款）、教育与培训（通过向客户提供物流培训服务，可以培养其与物流中心经营管理者的认同感，可以提高客户的物流管理水平，并将配送中心经营管理者的要求传达给客户，也便于确立物流作业标准）等。

第四节 合同管理

一、配送合同的概述

知识点： 配送合同

关键技能点： 认知配送合同的概念；熟悉配送合同的性质；了解配送合同的订立

（一）配送合同的概念

配送合同是配送经营人与配送委托人确定配送服务的权利和义务的协议；或者说，是配送经营人收取费用，将委托人委托的配送物品，在约定的时间和地点交付给收货人而订立的合同。委托人可以是收货人、发货人、贸易经营人、商品出售人、商品购买人、物流经营人、生产企业等配送的所有人或占有人，可以是企业、组织或者个人。

（二）配送合同的性质

1. 无名合同。

配送合同不是《合同法》分则中的有名合同，它不能直接引用《合同法》分则有名合同的规范。因而配送合同需要依据合同法总则的规范，并参照运输合同、仓储合同、保管合同的有关规范，通过当事人签订的完整的合同调整双方的权利和义务关系。

2. 有偿合同。

配送是一种服务，配送经营人需要投入相应的物化成本和劳动才能实现产品的生产。独立的配送经营是为了赢利，需要在配送经营中获得利益回报。配送经营的营利性决定了配送合同是有偿合同。委托人需要对接收的配送产品支付报酬。配送经营人收取报酬是其合同的权利之一。

3. 诺成合同。

诺成合同表示合同成立即可生效。当事人对配送关系达成一致意见时配送合同就成立，合同也就生效。配送合同成立后，配送方需要为履行合同组织力量，安排人力、物力，甚至要投入较多的资源，购置设备、聘请人员，

如果说合同还不能生效，显然对配送经营人极度不公平。因而配送合同必须是诺成合同。当事人在合同订立后没有依据合同履行义务，就构成违约。当然，当事人可以在合同中确定合同开始履行的时间或条件，时间未到或条件未成熟时虽然合同未开始履行，但并不等同于合同未生效。

4. 长期合同。

配送活动具有相对时间长的特性，配送过程都需要持续一段时期，以便开展有计划、小批量、不间断的配送，以实现配送的经济目的。如果只是一次性的送货，则是运输关系而非配送关系。因而配送合同一般是期限合同，确定一段时期的配送关系，或者是一定数量的产品的配送，需要持续较长的时间。

（三）配送合同的订立

1. 配送合同是双方对委托配送经协商达成一致意见的结果，经过要约和承诺的过程，当承诺生效，则合同成立。在实务中，配送合同的订立往往需要配送经营人首先要约，向客户提出配送的整体方案，指明配送业务对客户产生的利益和配送将实施的方法，以便客户选择接受配送服务并订立合同。

2. 配送合同的要约和承诺可以用口头形式、书面形式或其他形式。同样地，配送合同也可以采用口头形式、书面形式或其他形式，为不要式合同。

但由于配送时间延续较长，配送所涉及的计划管理性强，及时性配送所产生的后果可大可小，甚至会发生如生产线停工，客户流失等重大损失，配送过程受环境因素的影响较大，如交通事故等，所以为了便于双方履行合同、利用合同解决争议，签订完整的书面合同最为必要。

二、配送合同的种类

知识点： 配送合同的种类
关键技能点： 掌握配送合同的内容

（一）配送合同的种类

掌握配送合同的种类，见表3－21。

表 3－21

分类标准	合同的种类	说　明
独立性	独立配送合同	独立配送合同是指由独立经营配送业务的配送企业、个人或兼营配送业务的组织与配送委托人订立的仅涉及配送服务的独立合同。该合同仅仅用于调整双方的配送过程中的权利和义务关系，以配送行为为合同标的
	附属配送合同	附属配送合同是指在加工、贸易、运输、仓储或者其他物质经营活动的合同中，附带地订立配送活动的权利和义务关系，配送活动没有单独订立合同。附属配送合同主要包括仓储经营人与保管人在他储合同中附属配送协议、运输合同中附带本送协议、销售合同中附带配送协议、物流合同中附带配送协议，生产加工合同中附属配送协议
合同履行的期限	定期配送合同	定期配送合同是指双方约定在某一期间，由配送人完成委托人的某些配送业务而订立的合同
	定量配送合同	定量配送合同则是配送人按照委托人的要求，对一定量的物品进行配送，直到该数量的物品配送完毕，合同终止
委托人的身份	批发配送合同	
	零售配送合同	
	工厂配送合同	
配送的物品	普通商品配送合同	
	食品配送合同	
	水果蔬菜配送合同	
	汽车配送合同	
	电器配送合同	
	原料配送合同	
	零部件配送合同	
	市内配送合同	
	零部件配送合同	

续表

配送的 地理范围	市内配送合同
	地区本送合同
	全国配送合同
	跨国配送合同
	全球配送合同

三、配送合同的内容

知识点：配送合同的内容

关键技能点：掌握配送合同的主要内容、合同当事人的权利和义务

（一）配送合同的主要内容

配送合同要对当事人的权利和义务进行协商，达到意见一致，并通过合同条款进行准确的表达。配送合同的主要内容见表 3 – 22 所示。

表 3 – 22　配送合同的主要内容

合同主要内容	合同内容的说明
合同当事人	合同当事人是合同的现任主体，是所有合同都必须明确表达的项目
配送合同的标准的	配送合同的标的就是将配送物品有计划地在确定的时间和地点交付收货人、配送合同的标的是一种行为，因而配送合同是行为合同
配送方法	配送方法或者称为配送要求，是双方协商同意本送所要达到的标准，是合同标的的完整细致的表达，根据委托方的需要和配送方的能力协商确定。有定量配送、定时配送、定时定量配送、及时配送、多点配送等多种方法。需要在合同中明确时间及其间隔、发货地点或送达地点、数量等。配送方法还包括配送人对配送物品进行处理的行为约定，如配装、分类、装箱。配送方法的变更有订单调整等
标的物	标的物即被配送的对象。可以为生产资料或生活资料，但必须是动产，有形的财产、配送物品的种类（品名）、包装、单重、尺寸体积、性质等决定了配送的操作方法和难易程度，所以必须在合同中明确
当事人权利与义务	在合同中明确的双方当事人需要履行的行为或者不为的约定
违约责任	违约责任是指比方约定任何一违反合同约定时需向对方承担的责任。违约责任包括约定违约行为需支付的违约金数量，违约造成对方损失的赔偿责任及赔偿方法，违约方继续履行合同的条件等
补救措施	补救措施本身是违约责任的一种，但由于未履行配送合同可能产生极其严重的后果，为了避免损失的扩大，合同约定发生一些可能产生严重后果的违约补救方法，如采取紧急送货，就地采购等措施

（二）配送合同当事人的权利和义务

配送合同双方应该严格履行合同，任意一方不得擅自改变合同的约定，这是双方的基本义务。此外依据合同的目的，确定合同中没有约定的双方当事人分别还需要承担的一些责任。

1. 配送委托人保证配送物品进行适宜配送

配送委托人需要保证由其本人或者其他人提交的配送物品适宜于配送和配送作业。对配送物品进行必要的包装或定型；标注明显的标识并保证能与其他商品相区别；保证配送物品可以按配送要求进行分拆、组合；配送物品能用约定的或者常规的作业方法进行装卸、搬运等作业；配送物品不是法规禁止运输和仓储的禁品。

2. 配送经营人选择合适的方法

配送经营人所使用的配送中心具有合适的库场，适宜于配送物品的仓储、保管、分拣等作业；采用合适的运输工具、搬运工具、作业工具；在运输工具上进行妥善积载，使用必要的装载衬垫、绑扎、遮盖；选择合理的配送运输线路；使用公认的或者习惯的理货计量方法，保证理货计量准确。

3. 配送经营人提供配送单证

配送经营人在送货时必须向收货人提供配送单证、配送清单。配送清单为一式两联，详细列明配送物品的品名、等级、数量等信息，经收货人签署后收货人和配送人各持一联，以备核查和汇总。配送人需在一定期间间隔向收货人提供配送汇总表。

4. 收货人收货

委托人保证收货人正常地接收货物，不会无故拒收；收货人提供合适的收货场所和作业条件。收货人对接收的配送物品有义务进行理货查验，并签收配送单和注明收货时间。

5. 配送人向委托人提供存货信息和配送报表

配送人需在约定的期间如每天向委托人提供存货信息，并随时接受委托人的存货查询。定期向委托人提交配送报表。

6. 配送经营人接收配送物品并承担仓储和保管义务

配送经营人需按合同的约定接收委托人送达的货物，承担查验、清点、交接、入库登记、编制报表的义务；安排合适的地点存放货物，妥善堆积或上架；对库存货物进行妥善的保管、照料，防止存货受损。

7. 配送人返还配送剩余物，委托人处理残料

配送期满或者配送合同履行完毕，配送经营人需要将剩余的物品返还给委托人，或者按委托人的要求交付给其指定人。配送人不得无偿占有配送剩余物。同样委托人有义务处理配送残余物或残损废品、回收物品、加工废料等。

小　结

本章包括配送中心要素的管理、配送计划的组织与实施、增值服务项目设计、合同管理。

配送中心要素的管理主要从配送中心的商品储存管理、商品储存量、送货时间、功能配置等方面介绍了配送中心的管理所涉及的要素。

　　配送计划的组织与实施主要从配送计划的种类、配送计划制定的意义、确定配送计划的目的、收集相关数据资料、配送一七要素的整理、配送计划的初步制定、与客户协调沟通、配送计划的确定、配送分配地点、配送分配数量与配送任务、车辆数量的确定、车队的构成与车辆组合的确定、控制车辆的最长行驶里程、车辆容积与载重的限制、路网结构的选择、

　　时间范围的确定、与客户作业层面的衔接、达到最佳化目标、下达配送计划、按计划给配送点进行配货、装车发运角度等进行了阐述。

　　增值服务项目设计有两个实际场景，分别阐述了配送增值服务的内容、配送增值服务的种类与增值服务的四个具体功能。

　　合同管理有三个内容，主要介绍了配送合同的概念、性质、订立、配送合同的种类、配送合同的主要内容、合同当事人的权利和义务

第七章　配送中心的设备与技术管理

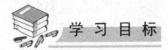 **学习目标**

素质目标： 熟悉常见的装卸搬运和货架设备

知识目标： 掌握装卸搬运设备、托盘、货架、集装单元化和条码、射频技术和 EDI 技术的基本概念

技能目标： 掌握各种装卸搬运设备和货架的基本特征和适应范围，了解集装单元化的基本要求和配送技术的基本特征

能力目标： 能比较各种设备的优缺点，并能根据已有条件进行选择

 引 例

装卸搬运系统的改造

某医药公司是上海医药集团部署在华南地区的一艘战舰，是一个以市场为核心，现代医药科技为先导，金融支持为框架的新型公司，是华南地区医药行业的佼佼者。虽然该公司已形成规模化的产品生产和网络化的市场销售，但其流通过程中物流管理严重滞后，造成物流成本居高不下，不能形成价格优势。这严重阻碍了物流服务的开拓与发展，成为公司业务发展的"瓶颈"。装卸搬运活动是衔接物流各环节活动正常进行的关键，而该公司恰好忽视了这一点，由于搬运设备的现代化程度低，只有几个小型货架和手推车，大多数作业仍处于人工作业为主的原始状态，工作效率低，且易损坏物品。

另外仓库设计不合理，造成长距离的搬运。并且库内作业流程混乱，形成重复搬运，大约有70%的无效搬运，这种过多的搬运次数，损坏了商品，也浪费了时间。

分析提示

1. 搬运装卸环节对企业发展的作用。

2. 您认为该医药公司应该添置哪些设备，并简要说明理由。

3. 针对医药行业的特点，请对该医药公司的搬运系统的改造提出建议和方法。

随着社会分工的发展和客户需求的日益多样化，作为物流重要功能之一的配送的作用日益显现，已成为物流顺利进行的关键。为满足日益多样化的客户要求，提高配送效益，人们在配送管理的设备和技术上做了许多努力，开发了诸多配送设备与技术，并迅速投入配送运行中，有效地促进了配送的发展。

第一节　装卸搬运设备

一、装卸搬运设备概述

知识点：装卸搬运设备的概念

关键技能点：熟悉装卸搬运设备的作用

（一）装卸搬运设备概念

装卸搬运是指同一地域范围内，以改变货物的存在状态和空间位置，使货物发生垂直位移或水平位移的活动。社会经济的迅速发展，需要装卸搬运的货物品种日益增多，来源越来越广，货物的外形、性质也差异较大，而且对安全程度要求各异，使得装卸搬运的难度越来越大，装卸搬运工作日趋复杂。为提高装卸搬运效率，适应不同货物的需要，装卸搬运设备应运而生。

（二）装卸搬运设备的作用

知识窗：装卸搬运设备的作用：

（1）装卸搬运设备是装卸搬运作业的重要技术设备，对于提高装卸搬运效率、提高物流经济效益、促进物流现代化有重要作用。

（2）提高装卸效率，节约劳动力，减轻劳动强度，改善劳动条件，减少劳动成本支出。

（3）提高装卸质量，减少货损货差。

（4）缩短作业时间，加速车辆周转，加快货物的周转，提高装卸搬运效率。

（5）采用机械化作业，货物堆码度高，装卸搬运速度快，腾出货位及时，减少货物堆码的场地面积，提高货位利用率。

（三）装卸搬运设备分类

1. 按照主要用途分类。

装卸装运设备按主要用途不同分为：起重设备、连续输送设备、装卸搬运设备、专用装卸搬运设备。专用装卸搬运设备是指带专用取物装置的装卸搬运设备，如托盘装卸搬运设备、集装箱专用装卸搬运设备等。

2. 按照作业方向不同分类。

按照不同的作业方向，装卸搬运设备可分为：

（1）水平方向作业的装卸搬运设备。沿着地面平行方向实现物质的空间位移，如皮带式、手动搬运车等。

（2）垂直方向作业装卸搬运设备。沿着地面垂直方向实现物质的空间位移，如各种堆垛机等。

（3）混合方向作业的装卸搬运设备。这种设备既可以实现物质的空间位移，又可实现垂直方向的位移。如桥式起重机、龙门式起重机、叉车等。

二、叉车

知识点：叉车的概念和特征、常见的叉车

关键技能点：熟悉常见的叉车

（一）叉车的概念和特征

1. 叉车的概念。

叉车是一种用来装卸、搬运和堆码单元货物的车辆，是能把水平运输和垂直运输相结合的装卸机械，具有工作效率高、机动灵活等特点。

叉车不仅可以将货物叉起进行水平方向搬运，也可以进行垂直方向作业，其标准化和通用性程度也很高，在叉车货叉上配备不同的叉车属具，还可进一步扩大它的使用范围。因而在物流领域中被广泛使用。

2. 叉车的特点：

（1）机动灵活性好。叉车外形尺寸小、重量轻、轮距小、转弯半径小，能在作业区域内自由流动，对货物的数量和流向有很强的适应性，而且可以配合其他机械作业。

（2）叉车通用性强。叉车的应用范围广泛，并且可以根据货物的性质、外形等不同，配合不同的装卸属具。配合托盘以后，应用范围更广。

（3）机械化程度高。叉车具有装卸搬运双层功能，作业效率高，在配合使用各种货物装置后，可以适应不同货物的要求，完全实现机械化。

（4）叉车还有一些其他特点，如能有效提高仓容利用率，提高堆码高度，有利于开展集装运输，有利于减少货损货差等。同时，叉车的成本较低，投资较少，员工培训难度低。

（二）叉车的分类

叉车分类方法很多，主要按动力装置、结构特点和用途分类。

（1）按动力装置不同，可分为内燃动力叉车、电动叉车、步行操作叉车。

（2）按用途不同，可分为通用叉车和专用叉车。

（3）按结构特点的不同，可分为平衡重式叉车、前移式叉车、插腿式叉车、侧面式叉车、辊道式叉车以及其他种类的叉车，如图 4 - 1 所示。

（a）

（b）

（c）　　　　　　　　　　　　　　（d）

图 4－1　常见的叉车

（a）平衡重式叉车；（b）前移式叉车；（c）插腿式叉车；（d）侧面式叉车

（三）常见的叉车

1. 平衡重式叉车。

平衡重式叉车的特点是叉车的前端拥有工作装置，货物载于前端货叉上，由于车体自身较重，因此能使其与前方货叉装置相平衡，防止货叉向后倾翻。平衡重式叉车具有机动性强、效率高、操作简便、动力大、对地面适应性强等特点。因此，这种叉车应用广泛，约占叉车总数的 80% 以上。

由于平衡重式叉车没有支撑臂，就需要有较长的轴距和平衡重来平衡载荷，这样叉车的重量和尺寸较大，操作过程中，需要有较大的作业空间。

2. 前移式叉车。

这种叉车有两条前伸的支腿，叉车的货叉也可纵向前后移动，但由于其前轮大、支腿较高，作业时支腿不能插入货物的底部。前移式叉车可分为门架前移式和货架前移式两种。取货时，货叉和门架一起前移，插入托盘或货物底部，当货叉高出支腿时，货叉带着货物与门架一起后退，使货物重心位于前后车轮所决定的平面内，再进行搬运，因此，前移式叉车的稳定性较好，并且体积与自重不会增加，对作业空间要求较低。

3. 插腿式叉车。

插腿式叉车的结构简单，操作时，叉车前方带有小轮子的支腿与货叉一起伸入货垛叉货，然后由货叉提升货物。插腿式叉车一般用蓄电池作能源，起重量在 2 吨以下。插腿式叉车结构简单，货叉的稳定性好，自重和外形尺寸小，适合在狭窄的通道和室内堆垛、搬运，但由于前端轮子小，运行速度低，行走轮直径小，对地面要求高。

4. 侧面式叉车。

侧面式叉车的门架、货叉和货物平台均在车体的侧面。取货时，货叉沿门架上升到高于货物平台的高度后，门架退回，降下货叉，货物便放在货物平台上。然后收取支腿，即可行车。侧面式叉车主要运用于搬运长大件货物，如钢材、木材等。由于货物沿叉车纵向放置，对道路宽度的要求较低。由于货物重心位于车轮支承底面内，叉车行驶时稳定性好，速度快。

三、起重机械设备

知识点： 起重机械设备的概念和特点

关键技能点： 熟悉常见的装卸搬运设备

（一）起重械设备的概念和特点

1. 起重机械设备的概念。

起重设备是用来垂直升降货物或兼作货物水平移动，以满足货物的装卸、转载等作业要求的机械设备，是一种循环、间歇运动的机械，如图4-2所示。起重设备能有效提高物流作业的机械化和自动化，能改善搬运条件，减轻劳动强度，提高劳动生产率，因此，在港口、仓库、车站等领域运用广泛。

2. 起重机械设备的特点：

起重机械是一种重复循环工作的搬运机械，一个完整的作业循环一般包括取物、起升、平移、下降、卸载，然后返回原处，直至下一次取物开始等环节。起重机械的工作范围大，对安全要求程度高。其特点如下：

（1）有庞大而复杂的结构

为适用不同重量、形状和要求的货物，而起重的货物大都重量较重或形状不规则，这就要求起重机械设备通常有庞大的金属结构。

（2）要求较宽的操作空间

大多数起重机械，需要在较大范围内运行，有的要装设轨道和车轮，有的要装设轮胎或履带在地面上行走，还有的需要在钢丝绳上运行，活动空间较大。

（3）对安全要求程度高

由于操作过程中，暴露的、活动的零部件较多，且常与吊运人员直接接触；而且工作环境复杂，货物重量大，操作所涉及的空间范围大，这就增加了许多潜在的不安全因素，因此起重机械对安全要求程度高。

（4）对货物适应性强

不同的货物有不同的特点，如有的货物重大几百吨甚至上千吨，有的货物长达几十米，形状很不规则；还有散粒、热熔状态的货物等。为适应不同货物的起重要求，起重机械设备的种类、型号各异，同种类型的设备也可以配备不同的属具。

（二）常见的起重机械设备

图4-2　常见的起重机

（a）门式起重机；（b）桥式起重机；（c）门座起重机；（d）汽车起重机；（e）轮胎起重机；（f）履带起重机

1. 门式起重机。

门式起重机又称为龙门起重机，通常采用单梁或双梁结构，由主梁、左右两条支腿和下部横梁组成。支腿由大车运行机构驱动，沿铺设在地面上的轨道运行。吊货的起重小车装有起升机构和小车运行机构，小车沿主梁上的小车轨道移动。门式起重机有很多类型，按悬臂情况分为无悬臂、单悬臂和双悬臂；按主梁数目分为单梁和双梁；按支腿外形分为 L 形、U 形和 O 形等。

2. 桥式起重机。

桥式起重机不带支腿，由桥梁、起重小车、起升机构和司机室等组成。起升机构用来垂直升降物品，起重小车用来做横向移动，桥梁和大车运行机构用来将起重小车和物品作纵向移动。这样，物品在规定的跨度和高度范围的三维空间里移动。

3. 悬臂式起重机。

悬臂式起重机利用悬架的变幅（俯仰）绕垂直轴线回转配合升降货物，灵活性强。

（1）悬臂式起重机的形式主要包括固定式、移动式、浮式三种，其工作机构主要包括起升机构、变幅机构、旋转机构和运行机构四个部分。

（a）固定式悬臂式起重机直接安装在码头或库场的墩座上，只能原地工作。有的只能俯仰不能回转，有的即可俯仰又可以回转。

（b）移动式悬臂式起重机沿着轨道或在地面上运行，主要有轮胎起重机、门座起重机、汽车起重机等。由于这种类型的起重机有一定的灵活性，因此被广泛运用。

（c）浮式悬臂式起重机是安装在专用平底船上的悬臂式起重机，广泛运用于海、河港口。

（2）悬臂式起重机又可分为以下几种：

a. 门座起重机

门座起重机又称门机，是具有沿地面轨道运行的可回转悬臂型起重机。门座起重机的额定起重范围宽，运行速度快，使用效率高。由于它的结构是立体的，不多占用码头、货场的面积，具有较大的起升高度和工作幅度，能满足港口、码头船舶和车辆的机械化装卸、装载以及充分使用场地的要求；该种起重机还具有高速灵活、安全可靠的卸载能力。门座起重机的主要机构由工作机构、控制系统、安全装置等组成。这类起重机由固定部分和回转部分组成，固定部分通过台架支撑在运行轨道上，回转部分通过回转支承装置安装在门架上。门座起重机应用范围很广泛，在港口、码头和车站库场，门座起重机主要用于散货、件杂货、集装箱、机电设备的装卸作业。

a. 汽车起重机

汽车起重机一般安装在标准或专用的载货汽车底盘上，车轮多采用弹性悬挂。一般来说，起重部分和底盘部分各有驾驶室，运行速度快，适应于长距离迅速转换作业场地，机动性好。但不能带载行驶，车身长，转弯半径大，通过性能差，所以在使用上受到一定的限制。

c. 轮胎起重机

轮胎起重机是装在特制轮胎底盘上的全回转悬臂起重机。轮胎起重机的稳定性好，不受轨道的限制，机动灵活，适用性强，服务范围大，因此在码头、港站和库场中被广泛应用。但这种起重机运行速度比较慢，受到一定的限制。

4. 履带起重机。

履带起重机是以履带及其支承驱动装置为运行部分的流动式起重机。履带起重机爬坡能力强，转弯半径小，接地面积大，能在松软路面上行走。但履带起重机行驶速度慢，对路面损坏大，维修复杂，在使用中受到一定的限制。

四、连续输送机械设备

知识点： 连续输送机械设备的特征和分类

关键技能点： 熟悉常见的连续输送机械设备

（一）连续输送机械设备的概念和特征

1. 连续输送机械的基本概念。

连续输送机械，是以连续的方式沿着一定的路线均匀输送货物的机械。作业时，被输送的货物连续分布在承载构件上，按一定的路线、一定的次序以连续的方式从装货点到卸货点移动。

2. 连续输送机械的特征。

连续输送机械速度快且稳定，因此有较高的生产率，货损货差较少，对机械零部件本身的冲击也较小，也便于自动化控制。外形小且结构紧凑，这就占用较少的操作空间。但由于运输线路固定，因此，一旦安装，就难以改变；每种机型也只适应于一定类型的货物，通用性不强。

连续输送设备的主要技术参数有生产率、输送速度、充填系数、输送长度和提升高度五个方面。

（二）连续输送机械设备的分类

知识窗：连续输送机械设备的分类：

（1）按照安装方式不同，可分为固定式输送机和移动式输送机。

（2）按照机械结构不同，可分为具有挠性牵引构件的输送机械和无挠性牵引构件的输送设备。

（3）按照输送货物种类，可分为件货输送机和散货输送机。

（4）按照输送货物力的形式，可分为机械式、惯性式、气力式和液力式。

（5）常用的连续输送机械有带式输送机、斗式提升机、链式输送机、螺旋式输送机和气力式输送机等，如图4-3所示。

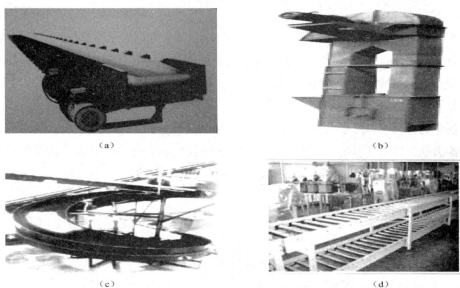

图 4 - 3　常见的输送机

（a）带式输送机；（b）斗式提升机；（c）螺旋式输送机；（d）辊道式输送机

（三）几种常见的连续输送机械

1. 带式输送机。

带式输送机主要用于水平方向和坡度不大的倾斜方向连续输送散粒货物以及重量较轻的大宗货物。其特点是生产率高，输送能力强，输送距离长；结构简单，基础建设投资少，营运费用低；操作简单，容易实现制动，安全可靠；受地形影响限制小，工作平稳可靠。

但这种机械不能自动取货，当货流发生变化时，需重新布置输送线路，输送角度不大。带式输送机系统便于联网作业，特别是大型库房，更能充分利用，有效减轻人力作业强度，提高作业效率。新型带式输送机主要包括：压带式输送机、中间带驱动的带式输送机、气垫式输送机。

2. 斗式提升机。

斗式提升机是连续垂直或大倾角提升货物的输送机械。它的主要优点：结构比较简单、外形尺寸小、占地面积少、提升高度和输送能力大、有较好的封闭性能、耗用动力小、有利于保护物品、粉尘飞扬少、有利于环保。但斗式提升机运输速度慢，作业效率低。

3. 螺旋式输送机。

螺旋式输送机是利用带有螺旋叶片的螺旋转，由于摩擦力的作用，使物料产生沿旋面的相对运动，从而将物料沿轴向前推进，实现物料输送的机械。螺旋式输送机结构简单、成本较低、尺寸较紧、占地面积小、工作可靠、维护方便，能实现封闭输送。

4. 气力式输送机。

气力式输送机是利用鼓风机在管道内形成气流来输送物品的机械，其必要条件是管道内必须有气压差。按压力差的不同，气力输送机可分为吸送式、压送式、混合式三种。

5. 辊道式输送机。

辊道式输送机是由以一定间距排列的辊子组成的用于输送成件货物或托盘货物的输送机械。这种输送机械的优点是：结构简单，运转可靠，输送平稳，使用方便、经济和节能，特别是它与生产过程和装卸搬运系统能很好地衔接和布置，易于组成流水线作业，并可组成大宽度的输送机，以运送大型成件物品，因而在仓库、港口和货场中被广泛应用。

辊道式输送机主要包括：无动力式辊道式输送机、动力式辊道式输送机、限力式辊道式输送机、超越式辊道式输送机等。

五、堆垛设备

知识点：堆垛设备的特征和分类

关键技能点：熟悉堆垛设备的分类

（一）熟悉堆垛设备的分类

1. 堆垛设备的概念。

堆垛机是立体仓库的主要运输设备，也是立体仓库的标志，堆垛机主要用于立体仓库的巷道间来回运行，将位于巷道口的货物存入货格，或将货格中的货物取出运送到巷道口。堆垛机具有平稳、快速而准确，需要一系列连锁保护措施等特点。

2. 堆垛设备的分类。

堆垛机有以下几种分类方式，见表 4 – 1。

表 4 –1

分类依据	类别及说明	
高度	高层型堆垛机	起升高度在 15 米以上
	中层型堆垛机	起升高度在 5 米至 15 米之间
	低层型堆垛机	起升主度在 5 米以下，主要用于分体式高层货架仓库和简易立体仓库中
自动化程度	手动堆垛机	带有司机室、主要是人为控制作业过程
	半自动堆垛机	
	自动堆垛机	由计算机控制整个过程
用途	桥式、巷道式堆垛机	
有无轨道	有轨堆垛机	带着巷道内的轨道运行，工作范围受轨道限制
	无轨堆垛机	又称高架叉下，不受轨道限制，工作范围大

第二节　集装单元

一、集装单元概述

知识点：集装单元化的概念和特征
关键技能点：掌握集装单元化的特征

（一）集装单元化概念

集装单元化是指在货物储运过程中，为便于装卸、存放、搬运以及机械化操作，用集装器械和捆扎方法将货物组织成标准规格的单元货件，即以集装单元为基础组织的装卸、搬运、储存和运输等物流活动。集装单元化的实质就是要形成以货物单元、集装器具、装卸搬运设备和输送设备等组成的集装单元化系统。集装单元化中，集装器具必须满足两个基本条件：

一是能使货物装成一个完整、统一的重量或体积单元；二是具备便于装卸搬运的结构集装器具。集装单元化的基本原则包括标准化、通用化和系统化。

（二）集装单元化的特征

集装单元化能有效地减少重复搬运次数，衔接物流各个功能，缩短作业时间和提高移动效率，增强装卸机械的机动性，实现物流功能作业的机械化和自动化；有利于保护商品，节省包装费用，减少货损货差；有利于改善劳动条件，降低劳动强度，提高劳动生产率。但集装箱和托盘管理比较烦琐，且作业有间歇，对路面要求比较高。

二、集装箱

知识点：集装箱的概念和特征
关键技能点：掌握集装箱的基本要求

（一）集装箱的基本要求

集装箱是一种运输设备，集装箱应满足以下要求：

（1）具有持久性，其坚固强度足以反复使用。

（2）便于商品运送而专门设计的，在使用一种或多种运输方式时无需中途换装。

（3）设有便于装卸搬运的装置，特别便于从一种运输方式转移到另一种运输方式。

（4）设计时应注意到便于货物装满或卸出。

（5）内容积为 1 立方米或 1 立方米以上。

（二）集装箱的特征和分类

1. 集装箱的主要特征。

集装箱具有强度高，保护能力强，货损小；可重叠堆放，提高仓库使用率；使用效率高，集装数量大；本身可作为储藏仓库，不需另外配置仓库等优点。因此，集装箱在物流领域中被广泛应用。但集装箱具有本身造价高、空箱返空浪费大、无效运输和无效装卸的比重大等缺点。

2. 集装箱的分类。

集装箱种类繁多，其分类方法见表 4 - 2。

表 4 - 2　集装箱分类方法

分类方法		类别及说明
用途	通用集装箱	适应于无特殊要求的物品，其规格一般采用国际或国家标准
	专用集装箱	适用于对运输条件有特殊要求的物品
材料	钢集装箱；玻璃钢集装箱；不锈钢集装箱	

三、托盘

知识点：托盘的概念和特征

关键技能点：熟悉托盘标准化

（一）托盘的概念

托盘是指为了使物品能有效地装卸、运输与保管，将其按一定数量组合放置于一定形状的台面上，这种台面有供叉车从下部叉入并将台板托起的叉入口，以这种结构为基本结构的平板台面和在这种基本结构基础上形成的各种形式的集装器具都可统称为托盘。

托盘最初应用于装卸领域，并随着装卸领域的发展而发展，已成为重要的集装器具。使用过程中，配合叉车进行作业，能有效地提高工作效率，减少货损货差，减轻劳动强度，改善作业条件。

（二）托盘的特点

托盘以简单、方便的特点在集装领域中颇受青睐。实际应用中，托盘和集装箱往往能互补，托盘的主要特点有：

（1）自重量小，用于装卸、运输时托盘本身所消耗的劳动较小，无效运输及装卸比较少。

（2）返空容易，由于自重较小，返空时占用运力较少，并且可以互相代用，互相以对方托盘抵补。

（3）装盘容易，装盘和使用方便，且能集中到一定量的货物。

（4）主要缺点是保护性能差，露天存放困难，需要仓库配套设施等。

（三）托盘的分类和标准化

1. 托盘的分类，见表 4 - 3。

表 4-3 托盘的分类

托盘种类	类别及特征	
平托盘	按台面分：单面型、单面使用型、双面使用型、翼型等	是一种最常用的通用型托盘
	按叉车叉入方式划分：单向叉入型、双向叉入型、四向叉入型三种	
	按制造材料分：木制平托盘、钢制平托盘、塑料制平托盘等	
柱式托盘	其特点是四个角有固定或可卸式的立柱，适宜于装载袋装物品	
箱式托盘	其特点是托盘上面带有箱式容器，主要包括固定式、折叠式和可卸式三种	
轮式托盘	其特点是托盘下部带有小轮子，可兼做作业车辆	

2. 托盘标准化。

托盘标准化是实现托盘联运的前提，也是实现物流机械和设施标准化的基础，同时也是产品包装标准化的依据。不同的国家所制定的托盘标准有所不同，ISO 制定了 4 种托盘国家规格：

1 200 mm × 800 mm，欧洲规格；

1 200 mm × 1 000 mm，欧洲一部分、加拿大、墨西哥规格；

1 219 mm × 1 016 mm，美国规格；

1 100 mm × 1 100 mm，亚洲规格。

第三节　货架储存

一、货架储存概述

知识点： 货架储存的特征

关键技能点： 掌握货架的基本特征

（一）认知货架

由于不同货物的外形、尺寸、性质等常常有较大差异，加之墙距、顶距以及固定设备等的存在，往往存在大量的"蜂窝"，仓容使用效率较低，也不利于保护商品。为减少"蜂窝"，充分利用仓容，加强商品的保护，减少货损货差，人们根据实际需要配备适应的货架。

（二）货架的特征

货架的特征有如下几方面：

1）有利于充分利用仓库的高度，提高库容利用率，减少蜂窝率，扩大仓库存储能力。

2）有利于完整保证货物本身的功能，减少货损货差。

3）有利于货架中货物的存取方便，便于清点和计量，可做到先进先出。

4）有利于实现仓库作业的机械化和自动化，提高仓储作业的现代化水平。

5）设备投资效率高，机动灵活性较差。

6）货架之间必须留有相关的通道，且必须配备相应的装卸设施和托盘等。

二、几种常见的货架

知识点：常见货架的特征

关键技能点：熟悉常见货架的特征

（一）常见的货架

1. 托盘货架，如图 4 - 4（a）所示。

托盘货架是使用最广泛的一种托盘。托盘的捡取效率较高，但使用效率较低。其特点如下：托盘的独立性较强，相互之间干扰较少；货架高度受限，一般是 6 米以下；货架适应性较强，能任意组合；配套设备简单，成本低。

图 4 - 4（a）

2. 驶入、驶出式货架，如图 4 - 4（b）所示。

图 4 - 4（b）

使用驶入、驶出式货架时，托盘的存放由里向外逐一存放。货物从货架同一侧进出，"先进后取，后存先取"，不易做到先进先出。其特点如下：储存密度高、存取性差，适宜于存储少品种大批量货物；能充分利用仓库的高度，达到 10 米。

3 阁楼式货架，如图 4 - 4（c）所示。

图 4 - 4（c）

阁楼式货架是利用钢架、楼板等将存储空间做上下两层规划，充分利用空间。适用于五金、电子器材、机械零配件等物品的小包装散件储存。其特点如下：提高仓储高度、增加空间使用效率；上层仅限轻量物品储放，不适于重型搬运设备行走；搬运至上层的物品必须加装垂直输送设备。

　　4. 悬臂式货架，如图4-4（d）所示。

图4-4（d）

　　悬臂式货架又称悬臂架，是开放式货架中的一种，适合存储长、大件货物和不规则货物。其特点如下：适用于长条状或长卷状货品存放，如钢材、塑料型材等；高度比较低，一般在6米以下；空间利用率较低，并且需配备相应的配套设备。

　　5. 移动式货架，如图4-4（e）所示。

图4-4（e）

移动式货架又称动力式货架，底部安装有车轮，可在地面上运行。按驱动方式的不同，可分为人力推动式、摇把驱动式和电动式三种类型。其特点如下：可直接存储货物，不受先进先出的影响；使用高度达 12 米，能充分使用库容；地面使用率高，达到 80%；但需要安装较多的机电设备，维护困难且建造成本较高。

第四节　先进的配送技术

一、条码技术

知识点：条码的特征、分类

关键技能点：掌握条码的分类

（一）条码的概念

条码是由按照一定的编码规则，宽度和反射率不同的条和空组成，以表达一定信息的图形标示符。条码能详细表示商品的信息，如生产国、制造厂家、商品名称、生产日期、图书分类号、邮件起止地点等，又具有输入速度快、可靠性高、误差率低、信息量大、灵活实用、经济实用等优点，因而受到广泛应用。

（二）条码的结构原则与分类

1. 条码的结构和编码原则。

一个完整的条码符号是由两侧静区、起始字符、数据字符、校验字符和终止字符组成。

编制条码时，必须满足三个原则：唯一性：一个商品代码代表一种规格的商品，不同的商品用不同的代码表示；永久性：代码一经分配，便终身使用，不再改变；无含义：条码不代表任何含义，只表示商品信息。

2. 条码的分类，如表 4－4 所示。

表 2－1

分类方法		类　别	常见的条码
一维条码	按长度分	定长和非定长条码	ENA 码、UCC 码、25 码、交叉 25 码、39 码、库德巴条码
	按排列方式分	连续性和非连续性条码	
	按校验方式分	自校验和非自校验条码	
二维条码	按结构划分	行排式二维条码和矩阵式二维条码	PDF47 码、QR 码、CODE49 码

二、EDI 技术

知识点：EDI 技术的概念和特点

关键技能点：掌握 EDI 技术的概念和特点

（一）EDI 技术的基本概念

1. 根据国际标准化组织（ISO）的定义：EDI 是商业或行政事务处理，按照一个公认的标准，形成结构化的事务处理或信息数据结构，从计算机到计算机的数据传输。

2. 从定义得知：EDI 是一个电子交易平台，它利用计算机的数据处理和通信功能，将交易双方的文档转换成标准格式，并通过通信网络传输给对方。

（二）EDI 技术的特点和效益

1．EDI 作为自动化管理的重要工具，具有以下特点：

（1）EDI 是在不同的计算机系统之间传输业务文件资料。

（2）EDI 传输的文件数据都采用共同的标准和格式。

（3）EDI 数据的传输尽量避免人工操作，实现从计算机到计算机的自动传输。

2．EDI 的效益来源：

（1）降低纸张成本，节省人力成本。

（2）减少库存费用。

（3）减少差错率，从而较少纠错处理工作。

（4）提高工作效率。

（5）改善客户服务。

三、射频技术

知识点：射频技术的基本概念和工作原理

关键技能点：熟悉射频技术的工作原理。

（一）RFID（射频技术）的基本构成

RFID（射频技术）是在 20 世纪 90 年代开始兴起的一种自动识别技术。目前，射频技术广泛应用于各个领域，

常见的有：交通运输管理、生产线的自动化和过程控制、仓储管理、物品的跟踪和管理等。射频技术是由射频标签、识读器和计算机网络系统组成的，利用射频信号通过空间耦合（交变磁场和电磁场）实现无接触信息传递并通过所传递的信息达到识别目的的技术。根据完成的功能不同，RFID 技术可以分成四种类型：EAS 系统、便携式数据采集系统、网络系统、定位系统。

（二）RFID（射频技术）的工作原理

RFID 的工作原理是电磁理论：工作时，识读器在一个区域内发射能量形成磁场，标签进入磁场后，如果接收到阅读器发出的特殊射频信号，就能凭借感应电流所获得的能量发送出存储在芯片中的产品信息，或者主动发送某一射频信号，阅读器阅读并解码后，送至中央信息系统进行有关数据处理。

小　　结

　　配送管理的设备和技术是配送顺利进行和发展的重要保证，本章从装卸搬运设备、集装单元、货架储存、先进的配送技术四个学习情境进行阐述。

　　围绕装卸搬运设备阐述了主要装卸搬运设备的基本概念、作用、分类以及叉车、起重机械设备、连续输送设备和堆垛设备等相关知识。

　　围绕集装单元阐述了集装单元的概念和特征以及集装箱与托盘的概念、特征、分类以及作用等相关知识。

　　围绕货架储存阐述了货架的特征以及托盘货架，驶入、驶出式货架，阁楼式货架，悬臂式货架和移动式货架的基本特征等相关知识。

　　围绕先进的配送技术阐述了条码技术、EDI 技术、射频技术的概念和基本特征等相关知识。

第八章　配送的发展趋势

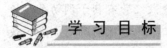 学习目标

素质目标：熟悉快递配送的分类、了解快速消费品及其物流的特点、熟悉电子商务配送的特征

知识目标：掌握快速消费品配送、电子商务配送的概念

技能目标：掌握快递配送、快速消费品配送与电子商务配送的发展趋势

能力目标：能把握配送发展的基本方向，并提高相应的操作能力

 引例

黑猫宅急便　"户到户特快递送"　系统

以日本大和运输株式会社开发的宅急便系统，即"户到户特快递送"为例。该系统成功运作的关键技术是电子信息技术。自主计算机、分组计算机、工作站（计算机）等组成的"黑猫"综合信息系统，是宅急便系统运作所依托的计算机信息网络。其中，便携式终端机（P. P. 机）以及集成线路卡（IC）的开发与应用形成了"大和"技术创新的特色内容，成为该企业的专有技术。

从"户到户特快递送"的系统剖析可以看到，该系统突出了这样几个特点：

（1）用户至上、方便用户的经营观念—观念创新。从营业所受理托运货物的程序来看，用户可直接与营业所联系，也可就近交给代理店办理托运。由于代理店通常是与日常生活密切相关的商店：米店、酒店、百货店、杂货店等，与居民个人居住点很近，分布点也很多，仅1995年在日本，就有283 253家代理店。这样，既方便了用户又节约了集货成本，这也是"大和"为什么能占有日本包裹递送业最大市场份额的原因之一。

（2）"站""店"联网、信息集成的经营控制—运作创新。从顾客、代理店、营业所到中转站，不仅在物流业务上，而且在信息沟通上均连成一体。正是由于以电子信息技术作为物流系统运作的核心技术，形成宅急便物流信息集成基拙上的全程控制，才能使得28.3万多个代理店、1 740多个营业所，与59个中转站形成"形散而神不散"的有机整体。

（3）以少聚多、"点""面"转换的经营方式—组织创新。产量法则告诉我们只有

达到一定的业务量才能够降低单位业务量成本。包裹重量虽轻，但其件数却很多，由少积多就可创造可观的经济效益。将甲地行政区域的"面"上的物流量集中到"点"上，从而形成点（中转站）与点（中转站）间的长途运输，又将乙地"点"上的量分散到乙地所处的行政区域的"面"，这样便于采用成组化、集装化作业或实行共同配送，使得现代化物流设施、设备的优越性能够充分发挥，提高物流效率及服务质量。

?? （4）分散经营、集中控制的管理模式—管理创新。分散经营有利于调动个人的积极性，集中控制又使得整个系统有条不紊地运行，随时掌握特定货物所处地点、状态等情况，确保一流的物流服务水平的基拙是计算机在线经营信息系统。利用"黑猫"综合信息系统的集成信息进行集中控制的范围，信息可以有效地达到每一个直接受理货物的代理店和司机，可以避免任何货物丢失、营收流失、经营失控等现象。

可见，从主计算机（3 台）、分组计算机（59 台）到工作站计算机（800 台左右）都是商业化技术的应用，重要的是便携式终端站（1 500 多台设备）和便携式终端机（约 3.2 万只）构成了其技术创新的核心内容。而这一核心内容奠定了"大和"市场领先者的地位。

分析提示

1. "户到户特快递送"有哪些创新？

2. "户到户特快递送"体现了哪些配送发展趋势？

目前，配送正随着社会经济的发展而迅速发展，学习配送的发展趋势尤其是快递配送、快速消费品配送、电子商务配送的发展趋势，对于把握配送发展的命脉、做出科学的配送决策有重要作用。

第一节　快递配送

一、快递配送概述

知识点：快递配送的分类

关键技能点：熟悉快递配送的分类

（一）快递配送的分类

快递配送是社会化分工的产物，也是电子商务与配送发展相结合的成果。按照经营形式不同，快递配送可以分成以下几类：

1. 销售快递配送

快递配送是销售性，或作为销售战略环节进行的促销型快递配送。这种快递配送的配送对象往往是不固定的，用户也往往是不固定的，快递配送对象和用户依据对市场的占有情况而定，快递配送的经营状况业取决于市场状况，快递配送的随机性较强而计划性较差，各种类型的商店快递配送一般多属于销售快递配送。用快递配送方式进行销售是扩大销售数量、扩大市场占有率、更多获得销售收益的重要方式，由于是在送货服务前提下进行活动，所以受到用户的欢迎。

2. 供应快递配送

用户为了自己的供应需要所采取的快递配送形式，用户或用户集团组建快递配送据点，集中组织大批量进货，然后向本集团若干快递配送，这种以快递配送形式组织的供应在大型或集团或联合公司采用较多，用快递配送方式进行供应，是保证供应水平、提高供应能力、降低供应成本的重要方式。

3. 销售供应一体化快递配送

产品可以在自己销售的同时承担用户有计划供应者的职能，既是销售者同时也成为用户的供应代理人，起到用户供应代理人的作用，对某些用户来讲，这就可以减除自己的供应机构，而委托销售者代理，对销售者来讲，能获得稳定的用户和销售渠道，有利于本身的持续稳定发展，有利于扩大销售数量，对于用户来讲，能获得稳定的供应，可大大节约本身为组织供应所耗用的人力、物力、财力，销售者能有效控制进货渠道，这是任何供应机构难以做到的，因而对供应保证程度可望大大提高。

4. 代存代供快递配送

用户将属于自己的货物委托快递配送代存、代供，有时还委托代订，然后组织对本身的快递配送。这种快递配送，在实施时不发生商品所有权的转移，快递配送只是用户的委托代理人，商品所有权在快递配送前后都属于用户所有，所发生的仅是商品物理位置的转移。

二、快递配送的发展趋势

知识点：快递配送的发展趋势

关键技能点：掌握快递配送的发展趋势

（一）快递配送的发展趋势

1. 信息化。

信息化是快递配送发展的重要保障，主要表现在：①快递信息的商品化、信息收集的数据库化和代码化；②快递信息传递的标准化和适时化；③快递信息处理的电子化和计算机化；④快递信息储存的数字化。

信息已经成为"三流"（商流、物流、资金流）流通的重要媒体，也是物流服务的重要组成部分，以及企业间、企业与客户间相互沟通的平台，成为提高客户满意度、降低物流成本的重要工具。

2. 智能化。

智能化的核心是实现机电一体化，表现为操作机械化程度以及计算机自动化控制水平迅速提高。智能化可以减轻劳动强度，提高作业效率，减少货损货差，改善作业条件，提高客户满意度，提高经济效益。因此，在快递配送中，业者常在力所能及的范围内，购买各种装卸搬运设备、集装单元设备、存储设备和计算机控制设备，并取得了良好的效果。

3. 集约化和网络化。

由于配送的商品大都是小批量、大批次的商品，且商品的性质和配送要求往往有较大差异，为提高车辆使用效率，获得规模效益，业者常对服务的区域选择适当的地点，建立配送网点。网点工作人员负责在所处区域发展客户，获得货源，以及配合公司要求，将配送网点所处区域的商品送达客户手中，公司将各区域所收集的货物进行归类、包装和配装，再将货物送达配送网点。

4. 个性化。

为扩大客户源，满足客户个性化的需求，业者在提供传统配送业务的基础上，借助已有的配送网络，提供个性化的增值服务，如物流方案设计、快件的安全性包装、代办商务手续、单件专递、代购代修等。

第二节　快速消费品配送

一、快速消费品配送概述

知识点：快速消费品以及快速消费品配送的概念和特点

关键技能点：掌握快速消费品配送的特点

（一）快速消费品的特点

快速消费品是消费频率高、使用时限短、拥有广泛消费群体的日用产品。快速消费品主要包括个人护理品、家庭护理品、品牌包装食品饮料、烟酒四大类产品。快速消费品属于冲动购买产品，即兴的采购决策，主要取决于个人偏好，对周围众多人的建议不敏感。产品的品牌知名度、外观、包装、广告促销、价格、便利性等对销售起着重要作用。

（二）快速消费品配送的基本特点

快速消费品配送是经济合理区域范围内，根据用户的要求，对快速消费品进行拣选、加工、包装、分割、组配等作业，并按时送达指定地点的物流活动。快速消费品配送具有如下特点：配送对象种类多，作业复杂；与销售紧密联结；配送量波动大，订单频繁；涉及领域多，作业环节多；配送质量要求高，库存周期短。

二、快速消费品配送现状与发展趋势

知识点：快速消费品配送的发展现状与趋势

关键技能点：熟悉快速消费品配送的发展现状与趋势

虽然我国配送业发展迅速，但仍然无法满足快速消费品配送的需要，主要体现在供给和需求两方面。供给方面，我国的配送企业管理理念比较传统，管理水平低，软件硬件技术水平低，服务范围小，竞争力比较弱。需求方面，由于客户需求的多样化和商品性质的差异，客户需求日益复杂。

从发达国家的物流配送模式发展过程可以看出，社会化、专业化的第三方物流配送模式是未来发展的总体趋势。目前我国正处在传统物流向现代化、社会化物流转变的过渡时期。快速消费品行业由于自身的特点，外包物流配送将是其最佳的选择。随着社会经济的发展，快速消费品物流配送也将逐步向专业化、社会化的第三方物流配送模式过渡。

第三节 电子商务配送

一、电子商务配送概述

知识点：电子商务配送概念和特征

关键技能点：掌握电子商务配送概念，熟悉电子商务配送的特征

（一）电子商务配送概念

电子商务配送是指配送企业利用先进的计算机和网络技术以及先进的管理手段，根据用户的订货要求，进行一系列配货作业，按照约定的时间和地点将确定数量和规格要求的商品传递到用户的活动和过程。

（二）电子商务配送的特征

1. 虚拟性。

通过借助现代计算机技术，配送活动已由过去的实体空间拓展到了虚拟网络空间，实体作业节点以虚拟信息节点的形式表现出来；实体配送活动的各项职能和功能可在计算机上进行仿真模拟，通过虚拟配送，找到实体配送中存在的不合理现象，从而进行组合优化，最终实现实体配送过程效率最高、费用最少、距离最短、时间最少的目标。

2. 实时性。

实时性的特性不仅有助于辅助决策，让决策者获得高效的决策信息支持，还可以实现对配送过程实时管理。配送要素数字化、代码化之后，突破了时空制约，配送业

务运营商与客户均可通过共享信息平台获取相应配送信息，从而最大程度地减少各方之间的信息不对称，有效地缩小了配送活动过程中的运作不确定性与环节间的衔接不确定性，打破以往配送途中的"失控"状态，做到全程的"监控配送"。

3. 个性化。

个性化配送是电子商务物流配送的重要特性之一。作为"末端运输"的配送服务，所面对的市场需求是"多品种、少批量、多批次、短周期"的，小规模的频繁配送将导致配送企业的成本增加，这就必须寻求新的利润增长点，而个性化配送正是这样一个开采不尽的"利润源泉"。电子商务物流配送的个性化体现为"配"的个性化和"送"的个性化。"配"的个性化主要指通过配送企业在流通节点，根据客户的指令对配送对象进行个性化流通加工，从而增加产品的附加价值；"送"的个性化主要是指依据客户要求的配送习惯、喜好的配送方式等为每一位客户制定量体裁衣式的配送方案。

4. 增值性。

除了传统的分拣、备货、配货、加工、包装、送货等作业以外，电子商务配送的功能还向上游延伸到市场调研与预测、采购及订单处理，向下延伸到配送咨询、酉己送方案的选择和规划，库存控制决策等附加功能，从而为客户提供更多增值性的服务

二、电子商务配送的发展趋势

知识点： 电子商务配送的现状与发展趋势

关键技能点： 了解电子商务配送的现状，熟悉电子商务配送的发展趋势。

（一）电子商务配送的现状

从总体上看，我国的电子商务还处于初期发展阶段，其功能主要局限于信息的交流，电子商务与物流之间的相互依赖、相互促进的关系还没有得到企业的普遍认可。因此，人们在重视电子商务的同时，却对面向电子商务的配送系统重视不够，从而出现配送系统建设落后，与电子商务结合不够紧密，这在很大程度上限制了电子商务高效、快速、便捷优势的发挥。具体说来，主要有以下几个方面的制约因素：与电子商务相协调的配送基础落后；电子商务配送的相关政策法规不完善；配送的电子化、集成化管理程度不高；熟悉电子商务配送的人才匮乏。

（二）电子商务配送的发展趋势

1. 多功能化。

在电子商务时代，物流发展到集约化阶段，一体化的配送中心不单单提供仓储和运输服务，还必须开展配货、配送和各种提高附加值的流通加工服务项目，也可按客户的需要提供其他服务。企业追求全面的系统的综合效果，而不是单一的、孤立的片面观点。

2. 一流的服务。

电子商务环境下，配送企业以服务作为第一宗旨。由于客户需求的多样性，如何提供高质量的配送服务成为配送企业管理的中心课题。在观念上，配送中心更多的是考虑"客户要我提供哪些服务"，而不是仅仅考虑"我能为客户提供哪些服务"。配送企业不仅为货主提供优质的服务，而且要具备运输、仓储、进出口贸易等一系列知识，深入研究货主企业的生产经营发展流程设计和全方位系统服务。优质和系统的服务使配送企业与货主企业结成战略伙伴关系（或称策略联盟），一方面有助于货主企业的产品迅速进入市场，提高竞争力；另一方面则使配送企业有稳定的资源，对配送企业而言，服务质量和服务水平正逐渐成为比价格更为重要的选择因素。

3. 信息化。

随着社会经济的发展，商品与生产要素以空前的速度自由流动。EDI 与 In-ternet 的应用，使配送效率的提高更多地取决于信息管理技术，电子计算机的普遍应用提供了更多的需求和库存信息，提高了信息管理科学化水平，使产品流动更加容易和迅速。提高信息化水平，已成为配送企业提高竞争能力的重要措施。

第四节 其他配送

一、直接上架全球配送概述

知识点： 直接上架全球配送概念、特征优势、流程和价值

关键技能点： 掌握直接上架全球配送的概念、特征优势、流程

（一）直接上架全球配送的概念和特征优势

直接上架全球配送模式是家乐福集团于 2003 年年底开始运作的全球配送模式，其核心内容是家乐福全球采购在中国采购的商品由供应商运到家乐福指定的上海出口物流平台，由第三方物流公司进行流通加工、直接上架增值服
务。

家乐福全球采购亚洲中心按照通常的运营模式在中国国内采购并进行全球配送时，每个供应商都需要开具自己产品的发票，安排海运到家乐福全球各个分店，家乐福全球各个分店需要与不同的国内供应商进行沟通，确保海运、发票等事宜，由于供应商众多，使得业务往来极其频繁，造成资源浪费，效率低下。所以家乐福采用了欧元模式，在供应商和家乐福全球分店之间设立一个第三方物流公司提供直接上架服务以及一个进出口公司负责单证、海关通关、文档准备等事宜，极大地减轻了国内供应商及家乐福全球分店的工作负荷，提高了工作效率，节约了各种资源。

举例来说这种运营模式的优点：如果有 65 个国内供应商需要送货给家乐福新加坡分店，此时就需要有至少 65 张发票，65 张装箱单，安排 66 次运输，采用欧元模式后，

这 65 个供应商只需要把自己的产品送到第三方物流仓库进行重新组合、包装，变成 10 个托盘的产品，再出口到新加坡，这时整个手续简化到只需要 10 张发票，10 张装箱单，安排 10 次运输，工作量只有原来的 15.4%，工作效率显著提高。

（二）直接上架全球配送的流程

第三方物流公司根据家乐福全球各个分店的订单，与供应商联系进行规模化采购、进货、保管；随后进行流通加工业务，以提高商品的附加值，然后按客户订单所需商品及其数量，在规定的时间准时送达家乐福全球各个分店。在第三方物流公司的出口平台从中国供应商接受货物，家乐福与进出口服务商之间的协议规定当国内供应商把货物送达第三方物流公司出口平台后，货物的归属权转移给家乐福。根据出口平台货物的收货记录银行付款给进出口服务商，进出口服务商在收到银行支票一周内支付供应商。

第三方物流公司出口平台根据家乐福的需求进行直接上架工作：制作包装箱，贴标签，组合，再包装，制作成托盘，准备出口。第三方物流公司出口平台出具出口所需的发票和装箱单以作为海关报关需要，以满负荷集装箱（FCL；Full Container Load）安排全球各个港口的运输

根据出口平台货物的收货记录，银行付款给进出口服务商，进出口服务商在收到银行支票一周内支付给供应商，当直接上架工作结束后，进出口服务商要准备出口发票，此发票必须反映每批货的具体内容以及直接上架工作费用、所有相关物流成本、进出口公司工作费用。海关报关根据第三方物流公司出口平台出具船运单据，进出口服务商负责申请产品增值税退税，并且在六个月内支付给供应商。

（三）直接上架全球配送的价值

选择第三方物流公司为其提供流通加工及全球配送服务是因为物流系统是企业的核心竞争力之一。提高物流系统的运作效率，是提高整个零售连锁系统响应速度的根本措施，是企业可持续发展的重要基石，是降低企业总体运营成本，提高竞争力和赢利能力的根本要求。从专业化分工和产业化协作的角度看，零售连锁企业物流外包是其物流系统重要的发展趋势之一。

第三方物流的产生是零售业物流复杂化、专业化分工的必然结果。经济全球化的进程大大延伸了供应链在空间的分布，全球采购、全球销售、全球服务、多基地协同生产等，将供应链延伸到全球范围，相应的物流配送也要在全球开展，物流在空间的复杂性日益增加。物流系统的大大延伸，物流系统策划的复杂性使其成为一个只有专家才能涉足的领域。因此，伴随着零售企业的高速发展，产生了对利用专业化、个性化物流服务，以提高物流服务的质量和效率的需求。正是有这样一个需求大环境，为第三方物流企业切入连锁零售业提供了一个机遇。

零售企业从单独向销售要利润，转向整条供应链要利润。零售业竞争的加剧，使

其销售毛利大幅度下降。于是，零售企业在努力实现从单独向销售要利润，转向整条供应链要利润，特别重视物流体系的改善，朝能以低成本、高效率的物流配送运作模式提高物流服务质量，以满足消费者个性化、多样化的需求目标而努力，从而向这"第三利润源"挖掘潜在利润。向物流配送环节发掘新的利润，就意味着要对在原有物流配送模式下所存在的居高不下的成本进行压缩，提高配送效率和效益。由于第三方物流比起自营物流和把物流费用转移给供应商，有着诸多比较优势（如成本、专业化水平、服务的个性化和"一站式"的全程服务、有传统物流无法比拟的整合社会资源能力等）。

行业发展的战略考虑。零售业使用第三方物流服务，除了能获得专业服务能力、技术和成本优势外，还可以获得战略层面的好处。首先，能集中核心业务；其次，使用第三方物流服务能减少投资，降低风险。现代物流领域的设施、设备、信息系统等的投入是相当大的，而且由于物流需求的不确定性和复杂性，导致投资存在巨大的风险。而采用第三方物流，却能避免这些风险。

三、国内"入仓退税"政策下的全球配送概述

知识点："入仓退税"政策下的全球配送概念和特征优势

关键技能点：熟悉并掌握"入仓退税"政策下的全球配送概念和特征优势

（一）"入仓退税"政策下的全球配送概念和特征优势

自2005年在深圳海关试行"入仓退税"新政策以来，不但更好地适应了国际采购商全球配送的发展需求，深圳出口监管仓业务也发展迅猛。深圳海关负责人透露，深圳出口监管仓去年入仓货值36.59亿美元，出仓货值36.05亿美元，同比均有4成左右的增长，合计进出仓的货值突破70亿美元，创历史新高。深圳出口监管仓储区是国内最大的出口监管仓储基地，辐射珠三角及内地数千家出口企业。深圳现有出口监管仓库企业近30家，分布于盐田港区、蛇口港区后方仓储物流区域、笋岗仓储区等物流集中地带，云集了一批全球物流企业。这些企业把在国内采购的商品通过园区仓库进行国际配送。经海关总署、国家税务总局的批准，深圳关区去年初成为出口监管仓库"货物入仓即退税"的首批试点。这一政策破解了企业的出口难题：企业出口货物进入试点出口监管仓库，即视同实际出口，海关可立即向企业签发出口报关单退税证明联，入仓的出口货物可及时办理出口退税手续。经深圳海关与市税务部门沟通协商，制定了实施细则，这项

政策自去年7月起在深圳出口监管仓执行，确定12家试点出口监管仓库。盐田港出口监管仓库负责人称，新政策实施后，吸引了更多出口货物利用监管仓库拼柜出口，带动了深圳出口监管仓的出口值大幅上涨。沃尔玛、反斗城等国际知名采购商，纷纷将原来在境外的拼箱业务改在深圳出口监管仓进行，大量采购鞋类、电器、电子、玩

具、服装、家具、圣诞用品等，直接配送到欧美大型超市。

三、绿色配送概述

知识点：绿色配送的理沦和重要性及其主要环节

关键技能点：了解绿色配送的理沦和重要性；掌握绿色配送的主要环节

（一）绿色配送的理论和重要性

随着物流的发展，造成的环境问题越来越严重，尤其在运输系统中存在着许多非绿色的因素。为了社会经济的可持续发展，为了物流自身的可持续发展，必须改变传统的配送发展模式，建立社会经济发展需要的绿色配送体系。人类可持续发展的需要使得人们越来越重视环保问题。物流配送既是经济发展的支柱，同时物流配送的发展会对城市环境带来不利影响，如运输和配送工具的噪声污染、排放污染、对交通堵塞的不利影响、环境污染等。另外，物流配送所产生的废弃物品如不及时处理也会对环境造成污染。为此，新世纪对物流配送提出新的发展要求，即绿色配送。它包括两个方面：一方面是对物流配送污染进行控制，在物流配送系统和物流活动的规划和决策中尽量采用对环境污染小的方案，如采用排污量小的货车车型，近距离配送，夜间货运等。发达国家政府倡导绿色物流的对策是在污染发生源、交通量、交通流三方面制定了相关政策。1989年日本中央公害对策协议会提出了10年内三项绿色物流配送推进目标。1992年日本政府公布了汽车二氧化碳限制法。绿色配送的另一方面就是建立工业和废料处理的物流系统。

（二）绿色配送的主要环节

绿色配送主要有绿色交通和绿色配送中心（含绿色包装、绿色装卸和搬运、绿色库存保管和绿色流通加工等子系统）两大重要环节。

配送中心的面貌在未来将有很大的变化。诸如太阳能、风力发电、燃料电池等"绿色"因素已经广泛引入仓库的设计之中，今天的配送中心已经具备了很多的创新色彩。未来10年的仓库与过去的仓库相比将会完全不同。按照仓储工程建设专家的估计，节能的概念也将应用到停车场等方面，未来停车场和建筑物的屋顶将不再是传统的黑色，将变成浅色，以降低能源的消耗。绿色配送中心将更多地保持天然地貌，采用地面沟渠排水，减少地下排水沟的建设，节约建设和维护费用，也减少了水的再利用成本。"生态型"建筑支持和鼓励人们接触大自然，而"零净耗能"建筑使得从能源网吸取的净能耗为零，而且产生的净排放也为零。

绿色包装是绿色物流的子范畴之一。它是指节约资源，保护环境的包装。绿色包装的途径主要包括：促进生产部门采用简化的及由可降解材料制成的包装，商品流通过程中采用可重复使用单元式包装，实现流通部门自身经营活动用包装的减量化，主动协助生产部门进行包装材料的回收及再利用。

小 结

　　配送的发展趋势是配送发展的重要内容，本章从快递配送、快速消费品配送、电子商务配送及其他配送的多个学习情境分别进行了阐述。

　　围绕快递配送介绍了快递配送分类和快递配送的发展趋势。

　　围绕快速消费品配送介绍了快速消费品配送概述和快速消费品现状与发展趋势。

　　围绕电子商务配送介绍了电子商务配送概述和电子商务配送的发展趋势。

　　围绕其他配送介绍了直接上架全球配送、国内"入仓退税"政策下的全球配送和绿色配送发展趋势。

实训部分

实训一　配送企业现状调研

为了使学生更深入的了解仓储企业的功能、布局、组织结构以及仓储业的发展趋势，

需要培养学生具有调研本地区仓储业发展状况、制定仓储企业平面布局以及建立合理的企业组织结构的技能。为此，本模块中围绕预备知识中的3个单元对应设计了3个任务。

任务1　地区配送企业现状调研

一、任务目标

1. 使学生能运用自己设计的调查表格进行市场调研。
2. 培养学生具有人际沟通和团队合作协调能力。

二、案例引入

本地贸易局为了不断完善仓储业发展规划，探索仓储业合理布局以获得明显的社会效益和经济效益，有必要开展市区仓储业现状调查。特委托某专业物流咨询公司，请他们进行本地区仓储业现状调查，并提供调查报告。请以该咨询公司名义完成此任务。

三、任务完成

（一）完成步骤

1. 将学生分为5—6组，每组5~10人。
2. 将本地区划分为为5~6个区域，每一组分配一个区域。
3. 制定调查方案。小组成员通过实地考察了解该区域仓储企业设置情况，制定出调查方案初稿，内容包括调查目的、调查对象、内容、方式、组织安排、调研过程的各个阶段的具体工作等。
4. 设计调查表。小组根据调查目的设计出物流仓储业问卷调查表，内容包括企业性质、业务功能、仓库设施设备、信息系统建立、客户分布和满意度、仓储服务收费

等问题。

5. 市场调研实施。每组成员合理分工，协同合作，采取现场访谈、电话询问等方式对区域内仓储企业进行调查。

6. 完成控理表和分析表。小组成员对问卷进行回收、整理、分析，形成糙理表和分析表。

7. 以小组形式撰写调研报告。各组上交的调研报告必须有附录，附录内容包括调研实施计划、调研问卷、调研原始资料、调研 18 理资料等，都作为附件附在调研报告之后，并在调研报告中列出附录清单。

8. 在各组推荐的基础上，选定若干名学生在全班进行交流。谈谈对调研工作的心得和体会，对这次调研工作的评价（包括成功经验和不足之处）。

注：完成时间为两周。

（二）检查标准（见表 1－13）

表 1－13　地区仓储业现状调研检查标准表

检查标准	考评标准	分值	实际得分
地区仓储业现状调研	调研方案目的、对象、方法明确	20	
	调查问卷表设计符合调研目的	20	
地区仓储业现状调研	整理表和分析表反映调查对象特征	20	
	调查报告资料全面、分析透彻	30	
	提交的网址（2~3 个）和参考文献（5 篇）适用性强	10	
合计		100	

任务2　配送企业平面布局方案设计

一、任务目标

能够根据库区场地条件、仓库的业务性质和规模、商品储存要求以及技术设备的性能和使用特点等因素，对储存空间、作业区域、站台及通道布置进行合理安排和配置。

二、案例引入

本地某基于城市配送的仓储公司随着市场需求的扩大与经营管理水下的提升，企业飞速发展，服务的对象不断增加。为了满足企业经营需要，节省物流成本，企业决定对仓库布局进行重新规划，特委托某专业物流咨询公司，请他们对配送中心布局及仓库设备配备给予评价，并提出修改方案。请以该咨询公司名义完成此项任务。

三、任务完成

（一）完成步骤

1. 教师带领学生参观该仓库，了解该仓库的相关信息。

（1）交通地址：仓库所在地址环境的优缺点。

（2）前方设施：①停车场位置、设施；②出入口设计。

（3）仓库设施：①内部各作业环节的分区与布局；②通道设计；⑧储存用设施；④搬运设施。

（4）辅助设施；①员工福利设施；②办公室。

2. 将学生进行分组，每组5—6人，画出该仓库的平面布局图。

3. 小组讨论研究，评价该仓库的布局是否合理，若有不妥之处，提出修改方案。

4. 教师给予适当指导。

（1）思路引导：完成此项任务需要根据作业流程来设计仓库总平面布置，并根据库存物品的性质来选择配置设备设施。

（2）提出设计方案内容要求。

①封面内容要求。题目、组别（学号）、组员（姓名）、交送日期。

②正文内容要求．调查背景与目的（说明仓库布局规划的重要性）；调查方法与对象（如该仓库的背景简介）；调查结果分析（陈述调查的结果、数据、平面图等）；提出建议（针对调查中所发现的问题，对布局的不合理方面，提出改进的意见）。

5. 在各组推荐的基础上，选定若干名学生在全班进行交流。

（二）检查标准（见表1－14）

表1－14　仓储企业平面布局方案设计检查标准表（一）

检查标准	考评标准	分值	实际得分
仓储企业平面	参观的企业仓库平面布局图准碗	30	
布局方案设计	提交的网址（2~3个）和参考文献（5篇）适用性强	10	
	提交的仓库平面布局修改方案科学、合理	50	
合计		100	

任务3　配送企业组织结构和岗位设置

为了使学生在未来职业生涯中岗位定位准确，具有岗位必备的知识和技能，需要学生具有评价仓储企业组织结构的能力和熟悉主要操作岗位的职责。为此，本任务中设计了两个分任务。

分任务1 仓储企业组织结构方案设计

一、任务目标

使学生能运用组织结构和岗位设置原则来解决实际问题。

二、案例引入

本地某仓储公司随着市场需求不断增加，企业增加服务项目，取得较好的经济效益。但是最近半年来，由于人手不足，经常发生不能即时送货或货损严重现象。公司特委托某专业物流咨询公司对本公司组织结构和岗位设置进行咨询，请他们进行组织结构和岗位设置评价和提出修改方案。请以该咨询公司名义完成此项任务。

三、任务完成

（一）完成步骤

1. 教师带领学生参观该仓库。由该企业相关负责人介绍企业组织结构和岗位设置。
2. 将学生分为5~6组，每组7~8人。
3. 参观完毕后，以小组形式撰写评价和修改报告。
4. 在各组推荐的基础上，选定若干名学生在全班进行交流。

（二）检查标准（见表1-15）

表1-15 仓储企业平面布局方案设计检查标准表（二）

检查标准	考评标准	分值	实际得分
仓储企业平面布局方案设计	提交的网址（2~3个）和参考文献（5篇）适用性强	40	
	组织结构和岗位设置修改方案科学、合理	60	
合计		100	

分任务2 配送企业岗位人员招聘

一、任务目标

通过模拟招聘会，使学生了解仓储企业岗位任职条件和职责范围。

二、案例引入

本地某仓储企业由于规模不断扩大，服务的对象不断增加，急需要3名操作岗位人员：

业务员、仓管员和送货员。总经理委托人事处组织招聘会完成这项紧急任务。现要求以该仓储企业人事处名义，完成布置招聘会、公布招聘流程和招聘岗位要求信息发布等工作。

三、任务完成

（一）完成步骤

1. 将学生每9人分为一组，每组再分成两个小组，分别扮演招聘方（3人）和应聘方（6人）。

2. 招聘方讨论，完成公司简介、招聘流程和招聘岗位要求的设计。

3. 招聘方布置招聘会现场，准备展板。在展板上公布招聘信息。

4. 招聘方准备笔试和面试考题及评分表。

5. 应聘者做好面试前的准备。准备好应付考官可能提出面试和笔试的考题。

6. 招聘会开始。根据招聘流程进行招聘方宣讲、应聘方笔试、招聘方讨论、面试、录用等工作。

7. 招聘方对应聘者笔试、面试进行打分，选出最合适岗位要求的应聘者，并公布面试结果。

8. 教师对小组招聘活动各环节和招聘方、应聘方表现进行点评。

（二）检查标准（见表止16）

表1－6　岗位人员招聘检查标准表

检查标准	考评标准	分值	实际得分
仓储企业岗位人员招聘	公司简介，招聘流程和招聘岗位要求设计方案合理、符合现实要求	30	
	招聘笔试和面试考题及评分表设计适合岗位能力要求	30	
	招聘现场活动真实，招聘方，应聘方表现良好	40	
合计		100	

实训二　配送项目投标书和合同书的撰写

为了提高学生仓储项目招投标能力和合同管理能力，需要学生熟知招投标和合同签订的方式及程序，具有投标书和仓储合同的撰写技能以及处理合同纠纷的能力．为此，本模块中围绕预备知识中的两个单元对应设计了两个任务。

任务1　仓储项目投标书撰写

一、任务目标

1. 了解配送项目招投标的过程。
2. 掌握配送项目招投标的撰写方法。

二、案例引入

本地IX物流有限公司，成立于2005年3月，公司注册资金为500万元，流动资金为3000万元。该物流有限公司主要从事仓储管理和墟市配送业务，拥有分布在长三角地区的仓库总面积超过30万平方米，公司仓储服务能力每年达500万吨以上，产品仓储与运输残损率控制在0.15%以下；仓储最高利用宰保证在75%以上；提供24h全方位服务。

现有一家电制造企业LH公司为其在本地区的家电产品仓储配送项目进行公开竞争性招标，JX物流有限公司总经理获知此消息，要求商务部门人员撰写投标书，争取获得这项业务．请以该商务部门名义完成此项任务．

三、任务完成

（一）完成步骤

1. 将学生分成5~6组，每组7~8人．
2. 指导老师为每组提供1份LH公司的仓储项目招标书和1份投标报名表．
3. 各组讨论，分组填写投标报名表，上交给指导老师．
4. 资格预审通过后，各组撰写仓储项目投标书．
5. 每组派1名代表上台介绍小组报告，小组其余同学补充或接受别组同学提问．

（二）检查标准（见表 2-3）

表 2-3 配送项目投标书撰写检查标准表

检查标准	考评标准	分值	实际得分
仓储项目投标书撰写	提交的网址（2~3 个）和参考文献（5 篇）适用性强	40	
	投标书规范，合理	60	
合计		100	

任务 2　配送合同签订

为了提高学生的仓储合同管理能力，提高仓储合同的签约率、防止合同纠纷，需要学生熟知仓储合同的订立程序、主要条款、生效条件、当事人义务及合同变更解除等方面内容，同时具有运用合同管理的知识，结合合同法的规定进行处理合同纠纷的能力。为此，本任务中设计了两个分任务。

分任务 1　配送项目合同书撰写

一、任务目标

1. 了解配送合同签订时的注意事项，掌握合同签订的过程。
2. 掌握配送合同条款的主要内容，能够正确、熟练草拟仓储合同。

二、案例引入

2009 年 1 月 3 日，本地 LH 家用电器集团向本市 JX 储运公司发出一份 E-mail 文件称："由 JX 储运公司为 LH 公司储存保管家用电器，保管期限自 2009 年 2 月 10 日至 2010 年 2 月 10 日，仓库租金是全国统一价每平方米 12 元/月，任何一方违约，均需支付违约金 2 万元，如无异意，2 周后正式签订合同。"JX 储运公司对 LH 公司提出的"要约"表示完全同意。总经理委托商务部门人员代理签订仓储合同。请以该商务部门名义起草和签订仓储合同。

三、任务完成

（一）完成步骤

1. 将学生分成 344 组，每组 10—12 人。
2. 将每组再分为两组，分别扮演仓储项目的需方和供方。
3. 各组讨论自己的权利和义务。

4. 合同双方模拟谈判。

5. 仓储合同的书写与签订。.

6. 请各组代表上台总结各方在签订仓储合同时的注意事项。

（二）检查标准（见表2-4）

表2-4　配送项目合同书撰写检查标准表

检查标准	考评标准	分值	实际得分
仓储项目合同书撰写	提交的网址（2~3个）和参考文献（5篇）适用性强	40	
	提供一份合同书规范、合理	60	
合计		100	

分任务2　配送合同纠纷处理

一、任务目标

1. 能依据合同法的规定判断仓储合同的有效性。

2. 能依据合同法的规定核算存货人支付的储存费。

3. 能依据合同法的规定处理仓储合同的纠纷。

二、案例引入

案例1

某五金公司与某贸易货栈有着多年的业务往来，两个公司的经理也是"铁哥们"，私交很深。某勾：5月，五金公司经理王某找到贸易货栈经理张某称："我公司购回走私彩电500台，有关部门正在追查，因此，想请张经理帮帮忙，将这批货暂时在贸易货栈存放一段时间，待避过风头之后，我公司立即想办法处理。"但货栈经理张某说："咱们都是经营单位，货栈目前效益也不是很好，并且寄存你这批货还要承担很大风险，因此，适当收点仓储费。另外，一旦有关部门得到信息，将该批货查封、扣押或者没收，我单位不承担任何责任。"五金公司王经理表态："费用按标准支付，签个仓储合同。"双方随即签订了一份仓储保管合同。合同约定，贸易货栈为五金公司储存彩电500台，期限6个月，每月仓储费1000元。10月，该批货在贸易货栈存放期间，被有关部门查获，并依法予以没收。后来双方当事人为仓储费问题发生争执，经多次磋商未果，贸易货栈诉至法院，要求五金公司依约支付仓储费并赔偿损失。

问题：

1. 五金公司与贸易货栈之间所签订的仓储保管合同是否有效？

2. 五金公司是否应支付仓储费？为什么？

案例 2

甲公司与乙储存公司签订了一份仓储合同，合同规定，乙公司为甲公司储存货物50件，储存期限为6个月，仓储费用为每件每月100元，储存期间内，甲公司陆续提货，6个月期满，捉消全部货物。

合同生效后，甲公司开始根据销售陆续提走货物，但合同期满，仍有10件货物未提走。合同期满的第3个月，乙公司催告甲公司领取货物，甲乙公司就仓储费用产生纠纷。

问题：

1. 甲公司领取的40件货物，都是提前领取的，是否可以要求乙公司返还部分仓储存费？

2. 合同期满后，乙公司是否负有催告义务，催告甲公司领取货物？

3. 对合同期满后，又储存了3个月的10件货物，甲公司是否应支付仓储费用？如何支付？

案例 3

某汽车装配厂从国外进口一批汽车零件，准备在国内组装后销售。2004年7月15日，与本地一家仓储公司签订了一份仓储合同。该合同约定，仓储公司提供仓库保管汽车配件，期限共为］2个月，从2004年8月25日起到2005年8月25日止，保管仓储费为10万元。双方对储存物品的数量、种类、验收方式、入库、出库的时间和具体方式、手续等作了约定。同时约定若任何一方有违约行为，要承担违约责任，违约金为总金额的20%。

合同签词·后，仓储公司开始为履行合同做准备，清理了合同约定的仓库，并且从此拒绝了其他人的仓储要求。2004年8月7日，仓储公司通知装配厂已经清理好仓库，可开始送货入库。但配装厂表示已找到更便宜的仓库，如果仓储公司能降低仓储费，就送货仓储。仓储公司不同意，配装厂明确表示不需要对方的仓库。8月12日仓储公司再次要求配装厂履行合同，配装厂再次拒绝。

8月15日，仓储公司向法院起诉，要求汽车配装厂承担违约责任，支付违约金.并且支付仓储费。汽车装配厂答辩合同未履行，因而不存在违约的问题.

问题：

1. 该仓储合同是否生效？

2. 仓储公司的要求是否合理？

3. 能否在8月15日起诉？法院能否受理？可能会有怎样的判决？

三、任务完成

（一）完成步骤

1. 将学生分组，每组5－6人.

2. 教师指导学生阅读书中关于仓储合同生效、存货人支付仓储费义务和仓储合同违约责任等章节内容。

3. 各组讨论 3 个案例的问题，进行分析，得出处理仓储合同纠纷的具体思路和结论．

4. 请 3 组代表分别上台讲解 3 个案例的处理办法。

5. 教师点评，加以总结。

（1）案例 1 解答：五金公司储存走私货物，被有关部门查获，依法予以没收，仓储合同无效．贸易货栈作为保管人，非但不能取得仓储费，而且还将因其违法行为受到处罚．

（2）案例 2 解答：甲公司不可以要求减收仓储费；合同期满乙公司没有催告的义务；甲公司逾期提取的货物，应加付仓储费．按每件每月 100 元计，10 件货物 3 个月应支付仓储费 3000 元．

（3）案例 3 解答：仓储合同自 2004 年 7 月 15 日生效；仓储公司的要求合理：不能在 8 月 15 日起诉，法院将在 8 月 25 日后受理，可能会要求汽车装配厂支付仓储公司合同违约金为 10 万元总金额的 20%，即 2 万元的损失。

（二）检查标准（见表 2 – 5）

表 2 – 5　仓储合同纠纷处理检查标准表

检查标准	考评标准	分值	实际得分
仓储合同纠纷处理	案例 1 答案准确，说理充分	20	
	案例 2 答案准确，说理充分	40	
	案例 3 答案准确，说理充分	40	
合计		100	

实训三　在库保管业务

为了使学生具有独立或与他人合作完成入库作业的能力，需要学生进行入库过程中的卸货、查点、验收、办理入库手续、搬运等环节的操作练习。为此，本模块中围绕预备知识中的两个单元对应设计了两个任务。

任务1　商品入库操作

一、任务目标

1. 熟悉商品入库作业的流程及各个流程中作业项目的内容。
2. 能操作各个岗位的作业内容。

二、案例引入

本地A商贸有限公司委托B货运有限公司运送一批商品到C仓储有限公司储存，该批

货物详细情况见表3-9，请以C公司名义，做好这批商品的接运与验收工作。

表3-9　货物详细情况表

品名	规格	单位	数量	包装
红灯色拉油	1.8L	桶	180桶	10桶/箱
立白洗衣粉	500g	袋	240袋	24袋/箱
中华牙膏	180g	支	400支	100支/箱

三、任务完成

（一）工具准备

1. 空纸箱32只，其中18只标注为红灯色拉油，10只标注为立白洗衣粉，4只标注为中华牙膏。1.8L/桶金龙鱼色拉油180桶，500g/袋立白洗衣粉240袋，180g/支中华牙膏400支。

2. 入库通知单、送货单、验收单、产品合格证、入库货物异常报告。

（二）完成步骤

1. 进行分组，并设定角色。5人为一小组，其中2人充当送货人员，3人充当仓库

收货人员。

2. 小组成员制作送货单、仓储保管合同副本、入库通知单、产品合格证、入库验收单等凭证。

3. 开始入库。

（1）送货人员向仓库收货人员出示送货单。

（2）仓库收货人员核对送货单、仓储保管合同副本、入库通知单、产品合格证等凭证。

（3）仓库收货人员进行数量、质量和包装验收。

（4）验收结果处理：货物验收完毕后，仓库收货人员填写入库验收单，并由送货人员在验收单上签字。

（5）如上述程序中没有发现问题，收货人员在送货回单上盖章或在送货回单上签字表示货物收讫。如发现有异常情况，必须在送货回单上详细注明，并请送货人员签字。如问题严重，要填写货物异常报告。

（三）检查标准（见表3-10）

表3-10　商品入库操作检查标准表

检查标准	考评标准	分值	实际得分
商品入库操作	接收和验收操作程序正确	20	
	凭证审核认真，全面，没有遗漏	20	
商品入库操作	验收仔细、全面、处坝得当	40	
	单证填写规范正确	20	
合计		100	

任务2　物品的装卸搬运操作

为了使学生熟练操作装卸搬运设备，一方面需要学院投资资金建设仓储实训中心或第三方物流实训室，为学生创设实训环境；另一方面需要学生了解装卸搬运基本设备的功能和操作要求，进行实际操练。实训室内需要学习操练的装卸搬运设备主要有两类：其一是手动液压托盘搬运车；其二是叉车（电动或柴油），为此，本任务中设计了两个分任务。

分任务1　手动液压托盘搬运车操作

一、任务目标

1. 熟练掌握手动液压托盘搬运车的操作方法。

2. 熟练使用手动液压托盘搬运车进行搬运和准确定位。

二、案例引入

在学院仓储实训中心内，将一个托盘的货品从进货暂时区搬到货品保管区。仓储实训中心平面图如图 3-4 所示。

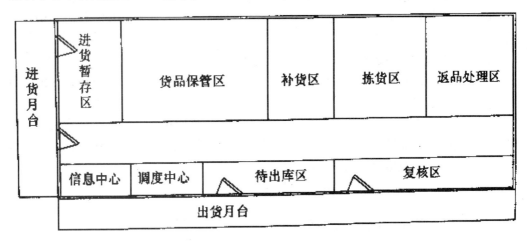

图 3-4　仓储实训中心平面图

三、任务完成

（一）工具准备

手动液压托盘搬运车 3 台、托盘若干、纸箱若干。

（二）完成步骤

1. 指导老师介绍手动液压托盘搬运车的工作原理。手动液压托盘车是搬运作业工具中最简便，最有效、最常见的人力装卸搬运工具。

2. 指导老师示范操作一遍。

（1）检查舵柄。

舵柄的作用是控制液压系统的启动。开启舵柄后，液压系统可以产生压力；释放舵柄后，液压系统的压力也随之消失。检查舵柄是否已经放下。

（2）检查完毕后，提起舵柄，使货叉下降，便于叉取托盘。提起舵柄的方法如图 3-5 所示。

（3）将货叉推入托盘槽内。

货叉推入托盘槽内时，手柄应与地面或货叉保持垂直。同时，手臂伸直，两手同时抓住手柄的两端。如图 3-6 所示。

图3-5 提起舵柄,使货叉下降,便于叉取托盘

图3-6 将液压托盘车货叉推入托盘槽内

(4)启动液压设备。

货叉插入托盘槽后,上下摇动手柄,启动液压系统,使货叉上升,上升到离地面无摩擦的距离后即可移动。如图3-7所示。

图3-7 上下摇动手柄,使货叉上升

(5)移动货物。

移动货物的时候,为了使用方便和视线不被货物挡住,应用手拉着叉车,而不是推。

运送到位后,提起舵柄,使货叉下降。如图3-8所示。

图 3-8　将托盘放到指定位置后，提起舵柄，使货叉下降

（6）将货物放到目标位置。

将货物搬运到进货暂存区的目标位置，等待验收。

3. 学生分组开始训练，教师作点评。

（三）检查标准（见表 3-11）

表 3-11　搬运车操作检查标准表

检查标准	考评标准	分值	实际得分
手动液压托扭搬运车操作	操作程序正确	40	
	搬运操作时间符合要求	30	
	搬运操作完成质量好	30	
合计		100	

分任务 2　叉车操作

一、任务目标

使学生掌握叉车的基本操作技能，以便熟练地进行叉车装卸作业。

二、案例引入

进入学院练习区（20m×20m 的操场或空地一块），独立进行叉车起步、直线行驶能力、"8"字桩能力及"工"字桩能力操作。叉车练习区平面图如图 3-9 所示。

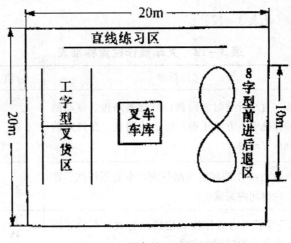

图 3-9　叉车练习区平面图

三、任务完成

（一）工具准备

1.51 柴油叉车或电动叉车 1 辆、柴油、空纸箱若干、托盘若干。

（二）完成步骤

1. 指导老师介绍叉车的工作原理、驾驶员基本要求、安全行车规范和叉车维护保养。

并示范操作一遍：检查车辆、起步、行驶、装卸。

2. 学生实际操作，在教师"一对一"的指导下，学生按照叉车操作规范进行叉车操作训练。

（1）在操场的一侧用黄漆画一条 15m 长的直线；在操场的中间用黄漆画一个车库桩位（代表叉车车库），在距离车库桩位 5m 远处画一条长 10m 的"8"字路线；在操场的另一侧用黄漆画一个上横为 l0m、中间一竖为 7m、下面一横为 l0m 的"工"字路线叉货桩位。

（2）在操场一侧用黄漆画的直线处练习叉车起步，再练习直线行驶，熟练后将起步和直线行走连贯起来，在 3min 内一次性完成 15m 的行驶里程。

（3）在操场中间用黄漆画的车库桩位练习出入车库，然后练习前进"8"字和后退"8"字，熟练后，从车库桩位处出发，在 5min 内完成"8"字进退，然后回到车库桩位处。

（4）在操场另一侧用黄漆画的"工"字路线叉货桩位处分别练习叉货、搬货过桩，待熟练后，在 5min 内完成叉货、搬货过桩两个动作。

（三）检查标准（见表3－12）

表3－12　叉车操作检查标准表

检查标准	考评标准	分值	实际得分
叉车操作	起步、直线行驶时方向盘、离合器踏板、制动踏板操作熟练，方法正确，行走线路直，在规定的时间内完成	20	
	"8"字桩操作按规定线路行驶，车胎不压线，在规定的时间内完成	35	
	"工"字桩能力操作按规定线路行驶，车胎不压线，在规定的时间内完成	45	
合计		100	

实训四　在库保管业务

为了提高学生在库保管能力，需要培养学生分区分类、货物编码、合理堆码、苫垫、盘点和库存控制的能力。为此，本模块中围绕预备知识中的 5 个单元对应设计了 5 个任务。

任务 1　商品货位选择

为了使学生能顺利做好储位管理工作，需要学生了解货位和商品编码的方法和适用条件，并且具有用这些方法进行实际编码的技能。为此，本任务中设计了两个分任务。

分任务 1　仓储货位编号操作

一、任务目标

培养学生进行货位编号的基本操作技能。

二、案例引入

本地仓储中心，拥有平房仓库 2 大间，露天货场 2 个，简易货棚 2 个，4 层楼房仓库 1 栋，每层 10 个仓间，主要提供装潢建筑材料和日用百货的存储服务。试结合该公司储存商品的特点为该公司的储存场所编制货位号，并画出草图。仓储中心平面图如图 4 - 19 所示。

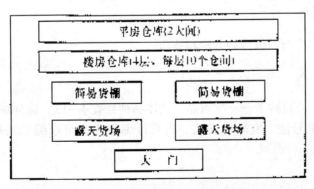

图 4 - 19　仓储中心平面图

三、任务完成

（1）完成步骤

1. 将学生分成5—6组，每组7~8人。

2. 各组进行讨论，按照编码规则对仓储企业平面图中的仓库进行编号。

（1）为货场、货棚、库房编号，在平面图—上画出标号。

（2）为货场、库房货位编号。

带学生到学院的空教室，将空教室模拟为仓库储存环境，进行分区分类划分保管区域，利用粉笔画出仓库保管区域，并进行相应编号，要求编号的标志；悬挂明显、消楚。

（3）为货架货位编号。

带学生到学院仓储实训中心，根据储存商品的特点及储存作业等要求，选择适当的方法，为各种货架的货位进行编号，然后画出草图。

（二）检查标准（见表4－14）

表4－14 仓储货位编号操作检查标准表

检查标准	考评标准	分值	实际得分
仓储货位编号操作	货场，货棚、库房编号正确	30	
	货场、库房货位编号正砌	20	
	货架货位编号方法选择合理、恰当	10	
	仓储贷位编号草图简洁，合理	40	
合计		100	

分任务2 商品编号操作

一、任务目标

培养、提高学生商品编号的方法和技巧。

二、案例引入

本地某物流中心订购了——批商品，具体品种见表4—15。请分别用流水号法、数字分段法、分组编号法、实际意义法、后数位编号法和暗示编号法对该批商品进行编号。

表4-15　某物流中心订购商品一览表

序号	商品名称	规格	包装
1	统一葱爆牛肉面	150g/碗	10碗1箱
2	康师傅红烧牛肉面	150g/碗	10碗1箱
3	康师傅红烧牛肉干拌面	150g/碗	10碗1箱
4	福满多浓香牛肉面	150g/碗	10碗1箱
5	农心泡椒牛肉面	150g/碗	10碗1箱
6	农心香菇牛肉面	150g/碗	10碗1箱
7	狮王牙膏	100g/支	100支1箱
8	高露洁牙膏（酸性）	150g/支	80支1箱
9	高露洁牙膏（碱性）	150g/支	80支1箱
10	佳洁士牙膏	120g/支	90支1箱
11	中华牙膏	120g/支	110支1箱
12	黑人牙膏	70g/支	110支1箱
13	黑妹牙膏	90g/支	100支1箱
14	安利牙膏	100g/支	100支1箱
15	洁银牙膏（水果香型）	80g/支	120支1箱
16	洁银牙膏（留兰香型）	80g/支	120支1箱
17	可口可乐	1.5L/瓶	8瓶1箱
18	百事可乐	1.5L/瓶	8瓶1箱
19	七喜饮料	1.5L/瓶	8瓶1箱

三、任务完成

（一）完成步骤

1. 指导老师讲解6种编号方法的操作要领。

2. 将学生分成5—6组，每组7~8人。

3. 学生对上述商品进行编号。

4. 列出编号表。

（二）检查标准（见表4－16）

表4－16　商品编号操作检查标准表

检查标准	考评标准	分值	实际得分
商品编号操作	流水号法编号正确	15	
	数字分段法编号正确	15	
	分组编号法编号正确	15	
	实际意义法编号正确	15	
	后数位编号法编号正确	15	
	暗示编号法编号正确	15	
	编号图挫洁、明了	10	
	合计	100	

任务2　物品堆码操作

为了使学生熟练进行商品堆码操作，需要学生了解堆码的种类、特征和优缺点，具有根据商品的包装外形、重量、数量、性能和特点，结合地坪负荷、储存时间，将商品分别堆成各种垛形的作业能力。物品堆码主要有两种形式：其一是入库货物堆垛，其二是托盘装盘码垛。为此，本任务中设计了两个分任务。

分任务1　入库货物堆垛操作

一、任务目标

使学生能用重叠式法、纵横交错式法、仰伏相间式法、压缝式法、通风式法和栽柱式法等6种常用方式进行入库货物堆垛，提高堆垛操作的技能。

二、案例引入

某配送中心订购了一批商品，商品的品名、规格、数量、重量、包装情况见表4－17，2009年5月10日到货。任务：请分别用重叠式、纵横交错式、仰伏相间式、压缝式、通风式、栽柱式完成上述商品的堆垛作业。

表4－17　进货商品情况一览表

序号	品名	规格	数量	包装	重量（kg）
1	力士香皂	200g/块	5000块	50块/箱	11.5kg/箱
2	洁银牙膏	120g/支	6000支	100支/箱	13.3kg/箱
3	雕牌洗衣粉	500g/袋	1 000 袋	10袋/箱	6.5kg/箱

三、任务完成

（一）工具准备

1. 空纸箱 260 只，其中 100 只用笔标注为力士香皂，60 只标注为洁银牙膏，100 只标注为雕牌洗衣粉。

2. 可移动式木头楔块 4 只。

3. 手推车 1 辆。

（二）完成步骤

1. 教师讲解重叠式、纵横交错式、仰伏相间式、压缝式、通风式和栽柱式等 6 种堆垛的堆垛方法，并分析其优缺点。6 种方法优缺点如下：

（1）重叠式堆垛法。

重叠堆垛法，又称直推法，逐件逐层向上重叠堆码，一件压一件的堆码方式。该方式较方便作业、计数，但稳定性差。适用于袋装货物、箱装货物以及平板、片式货物。

（2）纵横交错式法。

每层货物都改变方向向上堆放。该方法较为稳定，但操作不便。适用于管材、捆装、长箱等货物。

（3）仰伏相间式法。

对户下面有大小判别凹凸的货物，如槽钢、钢轨、箩筐等，将货物仰放一层，再反一面伏放一层，仰伏相间相扣。该垛极为稳定，但操作不便。

（4）压缝式法。

将底层并排摆放，一上层放在下层的两件货物之间，上下层件数的关系分为"2 顶 1'、"3 顶 2"、"4 顶 3"、"5 顶 4"等。

（5）通风式法。

货物在堆码时，每件相邻的货物之间都留有空隙，以便通风。该方法适用于需要通风量较大的货物堆垛。

（6）栽柱式法。

码放货物前在货垛两侧栽上木桩或钢棒，然后将货物平码在桩与桩之间，几层后用铁丝将相对两边的柱栓连，再往上摆放货物。该方法适用于棒材、管材等长条状货物。

2. 教师先让 3 位学生进行 6 种堆垛方法的操作，教师作点评。

3. 教师边点评边给学生作码放方式的示范，强调各种堆垛方法的特点。

4. 将学生每 6 人分为一组，选一位负责人。

5. 学生根据指导老师讲解的操作要领和示范，分组分别用 6 种堆垛方式进行操作训练。

（三）检查标准（见表4-18）

表4-18　入库货物堆垛检查标准表

检查标准	考评标准	分值	实际得分
入库货物堆垛	码垛作业操作程序正确	40	
	每种垛形形状规范、整齐、牢固	30	
	码垛操作熟练	20	
	场地5S管理	10	
合计		100	

分任务2　托盘装盘码垛操作

一、任务目标

使学生能用重叠式、纵横交错式、旋转交错式、正反交错式码垛等4种常用方式进行装盘码垛，提高托盘码垛的技能。

二、案例引入

现有一批货物，需要装在托盘上运送到某仓储公司储存保管，货物的规格为200mm×250mm×300mm，每箱货物重5kg。任务：请分别用重叠式、纵横交错式、旋转交错式、正反交错式码垛等4种常用方式，将这批货物装在1000mm×1200mm的平托盘上。

三、任务完成

（一）工具准备

平托扳、空纸箱、帆布、绳索、辅料。

（二）完成步骤

1，实训指导老师分别讲解4种托盘装盘码垛方式的操作要领，每讲解一种码垛方式时，就出示该打式的码垛示意图（码垛示意图可通过过多媒体演示）。

2，指导老师讲完操作要领后，当场进行现场装盘示范，每示范完一种码垛方式后，结合该垛形，给学生分析一下，该码垛方式的优缺点。4种托盘装盘码垛方式的操作要领如下。

（1）重叠式码垛法。

将纸箱直上直下垂直堆装，横排放4只，竖排放5只，共装4层，各层重叠后，纸箱4角和边重叠垂直，这样的码垛方式，即为重叠式码垛。该方法操作速度快，承载力大。但各层之间缺少咬合作用，稳定性差，容易发生塌垛。

（2）正反交错式码垛法。

同一层中不同列的纸箱以90°角垂直码放,相邻两层的纸箱码放形式是另一层旋转180°。这种码放方式类似于房屋砌砖的砌筑方式。该方法不同层之间咬合强度较高,码放后稳定性很高。但操作比较麻烦,下面的货物容易被压坏。

（3）纵横交错式码垛法。

将上层的纸箱以横向压在下层纵向纸箱的接缝处,每层件数、长宽一致,每两层交替堆放。这种方法装盘比较简单,有一定的稳定性。但各层之间的咬合强度不高。

（4）旋转式码垛法。

第一层相邻的两只纸箱互为90°角,两层间的码放又相差180°角,以此类推。这种方法相邻两层之间相互咬合交叉,稳定性较好。但码放难度较大,且中间形成空穴,会降低托盘载运能力。

3. 将学生每4人分为一组,选一位负责人。

4. 学生根据指导老师讲解的操作要领和示范,分组分别用4种码垛方式进行操作训练。

（三）检查标准（见表4－19）

表4－19　托盘装盘码垛检查标准表

检查标准	考评标准	分值	实际得分
托盘装盘码垛	垛型、垛宽、垛长、垛高正确确定	20	
	堆垛速度	30	
	稳定性与安全性	20	
	整齐与规范性	20	
	场地5S管理	10	
合计		100	

任务3　商品的保管养护

为了提高学生商品保管养护能力,需要学生了解不同特性物品的适宜的储存条件和安全管理要求,具有提出科学、有效的保管方案的能力,同时会熟练操作仓库里的消防设施设备。为此,本任务中设训了两个分任务

分任务1　商品的保管方案制定

一、任务目标

能制定商品保管方案。

二、案例引入

本地某仓储企业与海尔公司签订为期 2 年的家电仓储配送合同。首先设定的相关条件见表 4 - 20。

表 4 - 20　家电仓储配送相关条件

相关条件	可供选择
家电种类	电冰箱、电视机、洗衣机、微波炉
家电情况	外观尺寸、堆码层数要求、地坪承载能力
仓库自然状况	平仓、楼仓、立仓
堆码方式	地面直接堆码、货架
装卸搬运方式	托盘、单件
装卸搬运设备	手工、叉车、堆高机

要求：根据上述给定条件及家电保管要求，学生自己选择相关条件，选择其中一种家电产品为海尔公司设计储存保管方案。

三、任务完成

（一）完成步骤

1. 将学生分成 5 ~ 6 组，每组 7—8 人。

2. 各组讨论，上网查资料，分组撰写商品的保管方案。

3. 派 1 名代表上台介绍小组报告，小组其余同学补充或接受别组同学提问。

（二）检查标准（见表 4 - 21）

表 4 - 21　商品的保管方案制定检查标准表

检查标准	考评标准	分值	实际得分
商品的保管方案制定	提交的网址（2 ~ 3 个）和参考文献（5 篇）适用性强	40	
	商品的保管方案全面、合理	60	
合计		100	

分任务 2　灭火器材使用操作

一、任务目标

1. 会制定消防管理制度。

2. 能使用消防器材。

二、案例引入

某手机制造企业在苏州设有产品仓库，面积 1 000 m^2，单层钢筋混凝土结构。要求模拟该仓库职员为该企业工厂设计合理消防管理制度，对灭火器材进行模拟操作。

三、任务完成

（一）完成步骤

1. 将学生分成 5 ~ 6 组，每组 5 ~ 6 人。
2. 各组讨论，上网查资料，分组制定消防管理制度。
3. 每组派 1 名代表上台介绍小组报告，小组其余同学补充或接受别组同学提问。
4. 教师带学生到学院仓储实训基地，示范演示灭火器操作。
5. 学生每组进行实际演练。

（二）检查标准（见表 4 – 22）

表 4 – 22   消防器材使用检查标准表

检查标准	考评标准	分值	实际得分
消防器材使用	提交的网址（2—3 个）和参考文献（5 篇）适用性强	10	
	消防管理制度全面、合理	40	
	消防器材操作的熟练程度	50	
合计		100	

任务 4   库内盘点操作

一、任务目标

掌握库存盘点的操作，会对盘点盈亏进行及时处理。

二、案例引入

前往学院物流实训中心或学院超市，让学生担任盘点员进行扳点操作。

三、任务完成

（一）工具准备

1. 实训室或超市的所有物品。
2. 盘点单、盘点记录表、盘点盈亏表、存货盘点与账面调节记录表、红色和蓝色笔。

（二）完成步骤

1. 盘点前准备工作。教师对盘点方法、程序、盘点资料准备等工作进行介绍

2. 将学生分成 10～12 组，每组 3 人，选出小组负责人。

3. 小组负责人分配任务，安排初盘人、复盘人、监盘人。

4. 各小组制作盘点单、盘点表、盘点盈亏表。

5. 进行现场盘点。各小组分别到实训室进行实物盘点。将盘点结果记录盘点单上

6. 将盘点单进行汇总，填写盘点表。与系统数据对比，得出盈亏表。

7. 将盘点中存在的问题分析原因，形成处理报告。

（三）检查标准（见表 4-23）

表 4-23 库内盘点操作检查标准表

检查标准	考评标准	分值	实际得分
库内盘点操作	盘点完成时间符合要求	30	
	盘点完成质量好	40	
	盈亏处理报告科学、合理	30	
合计		100	

任务 5　库存控制

为了培养学生合理进行库存控制的能力，需要学生了解库存控制的方法和适用条件，并能针对实际案例进行分析，制定出科学的库存管理方案。库存控制方法通常有三种：其一是 ABC 管理法；其二是定量管理法；其三是定期管理法。为此，本任务中设计了 3 个分任务。

分任务 1　ABC 库存管理策略制定

一、任务目标

1. 让学生会明确划分重点和非重点的标准。

2. 会对不同种类物品采取不同的库存手段。

二、案例引入

本地某连锁企业对库存的 10 种商品进行了盘点，各库存品种占用的资金及相应的库存数量见表 4-24。

表 4 – 24　库存货物资料

序号	货物单价（元）	数量	库存金额（万元）
1	10000 以上	10	12
2	5001 ~ 10000	17	13
3	4001 ~ 5001	15	6.5
4	3001 ~ 4000	22	7
5	2001 ~ 3000	27	6.5
6	1 001 ~ 2000	45	5
7	0 ~ 1000	64	2
合计	——	200	52

实训任务：为节省管理精力，试用 ABC 库存分类法进行管理。

三、任务完成

（一）完成步骤

1. 全班分为若干组，每 3 人为一组，互相进行讨论。
2. 收集和处理数据。
3. 制作 ABC 分析表和画出 ABC 分析图。
4. 提出对不同类别物品的处理方法与意见。

（二）检查标准（见表 4 – 25）

表 4 – 25　ABC 库存控制管理检查标准表

检查标准	考评标准	分值	实际得分
ABC 库存 控制管理	计算准确性	40	
	分析图规范性	30	
	管理控制意见	30	
合计		100	

分任务 2　定量订货法库存控制策略制定

一、任务目标

使学生能分析定量订货法的应用情形，懂得定量订货法相关参数的计算。

二、案例引入

本地某公司为了降低库存成本，采用订购点法控制某种商品的库存。该商品的年需求量为 1000 单位，准备或订购成本为每次 10 美元，每年每单位商品的持有成本为 0.5 美元。试计算该公司每次订购的最佳数量为多少？该商品在过去的 3 个月中的实际需求量分别为：一月份 90 单位，二月份 86 单位，三月份 88 单位。最大订货提前期为 2 个月，缺货概率根据经验统计为 4%，求该商品的订货点。

三、任务完成

（一）工具准备

准备计算的相关资料和计算器等。

（二）完成步骤

1. 教师指导学生定量订货法的确定最优批量的方法。指出最优批量计算公式为：

$$Q^* = EOQ = \sqrt{\frac{2DS}{C}}$$

2. 教师指导学生掌握定量订货法的确定最佳订购点的方法。指出最佳订购点计算公式为：订货点：（每天需求量 × 最大订货提前期）/安全库存。

3. 让学生独立核算，计算出最优批量、订货点。

（三）检查标准（见表 4 - 26）

表 4 - 26　定量订货法库存控制策略检查标准表

检查标准	考评标准	分值	实际得分
定量订货法库存控制策略	完成速度	20	
	具体计算过程	40	
	计算准确性	40	
合计		100	

分任务3　定期订货法库存控制策略制定

一、任务目标

使学生能分析定期订货法的应用情形，懂得定期订货法相关参数的计算。

二、案例引入

本地某公司如果某产品的需求量为每年 20000 个单位，价格为每年 100 美元，每次订货的订货成本为 500 美元，年持有成本率为 20%，则各次订货之间的最优检查间隔期为多长时间？在实施定期订货法策略后，第 1 次订货检查时，发现现有库存量为 1 400 单位（吨），已订未到物资 500 单位，已经售出但尚未提货的物资 300 单位，平均订货提前期为 3 天，平均库存需求量为每天 140 单位，安全库存为 400 单位，问第一次订货时应该订多少？

三、任务完成

（一）工具准备

表 4 – 26a

检查标准	考评标准	分值	实际得分
定期订货法库存控制策略	完成速度	20	
	具体计算过程	40	
	计算准确性	40	
	合计	100	

准备计算的相关资料和计算器等。

（二）完成步骤

1. 教师指导学生掌握定期订货法的确定定货周期的方法。指出订货周期计算公式为：

$$T^* = \sqrt{\frac{2S}{CD}}$$

2. 教师指导学生掌握定期订货法的确定每次订货量的方法。指出每次订货量计算公式为：每次订货量：允许的最大库存量—（现有库存量＋在途量—已经销售但未出库的量）。

3. 让学生独立核算，计算出最优周期、第一次订货量。

（三）检查标准（见表 4 – 27）

表 4 – 27　定期订货法库存控制策略检查标准表

检查标准	考评标准	分值	实际得分
定期订货法库存控制策略	完成速度	20	
	具体计算过程	40	
	计算准确性	40	
	合计	100	

实训五　出库业务

为了使学生掌握出库业务的一般程序和要求，需要学生进行出库过程中的订单处理、分拣配货、补货、流通加工、包装、交接、装载和线路选择等环节的操作练习，以提高储作业的效率。为此，本模块中围绕预备知识中的8个单元对应设计了8个任务。

任务1　订单处理操作流程图绘制

一、任务目标

使学生能够叙述订单处理的流程，会对订单进行确认。

二、案例引入

本地某连锁企业发来一份订单，请为该订单绘制一份订单处理作业流程图。

三、任务完成

（一）完成步骤

1. 指导老师向学生讲解订单处理员的主要工作职责。
2. 根据订单处理员的工作职责，指导老师向学生讲解订单处理员岗位工作流程。
3. 学生根据老师上述的讲解，绘制订单处理员岗位操作流程图。

（二）检查标准（见表5-12）

表5-12　订单处理操作流程图绘制检查标准表

检查标准	考评标准	分值	实际得分
订单处理员岗位操作流程图绘制	绘制的流程图内容全面、正确	40	
	工作流程的先后顺序正确	40	
	流程图布局合理、图面简洁	20	
合计		100	

任务2　分拣配货操作

为了使学生掌握分拣作业的基本操作技能，提高分拣作业的灵活性，需要学生了解分拣配货的方法和特征并能应用这些方法进行分拣作业操练。分拣作业一般采取两种方式来操作：其一是摘取式；其二是播种式。为此，本任务中设计了两个分任务。

分任务1　人工摘取式拣货

一、任务目标

熟练掌握人工摘取式拣货作业的操作步骤和作业方法。

二、案例引入

本地A连锁企业某个门店发给B物流中心一份订单，订单信息员已经在仓储管理系；中产生一份拣货单。试拿着拣货单到拣货区储位上（学院物流实训基地或学院超市内）进：人工拣取操作。

三、任务完成

（一）工具准备

拣货单、周转箱、手动液压托盘搬运车、笔、若干货物。

（二）完成步骤

1. 教师介绍拣货流程、要求和注意事项。

2. 将学生每3人分为一组，分别担任：1个信息人员、1个拣货员、1个复核员。

3. 拣货准备：信息人员生成或编制一份拣货表：拣货员领取拣货表，并签名确认。

4. 拣货员开始拣货：

（1）拣货人员根据拣货表上储位、货品的信息找到储位。

（2）拿取货品，确认拿取的货品是拣货表上显示要拣的货品。

（3）确认无误后，每完成一种货品的拣取，就及时在拣货表相应货品右侧打钩。

（4）将拣出的货品放置在周转箱里面。

5. 签名确认。

（1）当1张拣货表的拣货任务完成后，拣货员在其右下角的"拣货人"后面签名。

（2）将货品放到暂存区等待复核。

（3）复核员复核给出评价。

6. 教师进行现场指导，纠正学生在操作过程中的失误。

（三）检查标准（见表5-13）

表5-13　人工摘取式拣货检查标准表

检查标准	考评标准	分值	实际得分
人工摘取式拣货	自行设计的摘取式拣货单信息全面	25	
	拣货操作时间符合要求	25	

续表

检查标准	考评标准	分值	实际得分
人工摘取式拣货	拣货操作质量好	25	
	拣货操作程序正确	25	
合计		100	

分任务2　人工播种式拣货

一、任务目标

熟练掌握人工播种式拣货作业的操作步骤和作业方法。

二、案例引入

本地 A 连锁企业2个门店发给 B 物流中心3份订单，订单信息员已经在仓储管理系统中产生一份拣货总表，请拿着拣货总表到拣货区储位上（学院仓储实训中心或学院超市内）对每个品项拣取总量，然后对应每个客户所需货品的数量将货品分配给各个客户。

三、任务完成

（一）工具准备

拣货单、周转箱、手动液压托批搬运车、若干种货品。

（二）完成步骤

1. 教师介绍拣货流程、要求和注意事项。

2. 将学生每5人分为一组，分别担任：1个信息人员、1个拣货员、2个分货人员、1名复核员。

3. 拣货准备：信息人员生成或编制拣货总表；拣货员领取拣货汇总表，并签名确认。

4. 拣货人员拣取总量。

（1）拣货人员根据拣货表信息找到储位。

（2）取货品，确认拿取的货品是拣货表上显示要拣的货晶。

（3）确认无误后，在拣货表数字右侧打钩。

（4）拣出的货品放置在周转箱里面，靠边放置在通道上。

5. 分货。

（1）负责搬运的分货人员将货品搬运到暂存区。

（2）储存区的分货人员先划分出3个区域代表3个客户区，然后将货品逐一分配到对应门店。

6. 签字确认。

（1）1张拣货表的拣货任务完成后，拣货员在其右下角的"拣货人"后面签名，并将货品放到暂存区等待复核。

（2）复核员复核给出评价。

7. 教师进行现场指导，纠正学生在操作过程中的失误。

（三）检查标准（见表5-14）

表5-14 人工播种式拣货检查标准表

检查标准	考评标准	分值	实际得分
人工播种式拣货	自行设计的播种式拣货单信息全面	20	
	拣货操作程序正确	20	
	拣货操作时间符合要求	20	
	拣货操作完成质量好	40	
合计		100	

任务3 补货作业操作

一、任务目标

1. 熟练掌握补货作业的操作步骤。

2. 掌握补货作业的作业方法。

二、案例引入

在本地某物流中心拣货区内，某种货品拣货完后，发现拣货区所剩余的存货量过低，需要及时补货。要求根据信息人员仓储管理系统中产生的补货单，将所需货品从保管区移到动管拣货区（在学院仓储实训中心内）。

三、任务完成

（一）工具准备

补货表、平板车、笔、周转箱。

（二）完成步骤

1. 教师介绍补货作业流程、要求和注意事项。

2. 将学生每2人分为一组，分别担任：1个信息人员、1个搬运人员。

3. 产生补货表。

（1）信息人员生成或编制补货单。

（2）信息人员发放补货表给作业人员。

4. 补货。

（1）搬运人员根据补货信息将储位上货品取下。

（2）搬运人员将下架的货品拆箱拆零放到周转箱。

（3）用平板车将周转箱运至动管拣货区。

（4）将货物补到指定货位。

（5）补货完成后，搬运人员在补货表相应位置签名确认，并将补货表送给相应的信息人员。

5. 教师进行现场指导，纠正学生在操作过程中的失误。

（三）检查标准（见表5－15）

表5－15　补货作业操作检查标准表

检查标准	考评标准	分值	实际得分
补货作业操作	自行设计的补货单信息全面	20	
	补货操作程序正确	20	
	补货操作时间符合要求	20	
	拣货操作完成质量好	奶	
合计		100	

任务4　流通加工操作

一、任务目标

1. 使学生加深对流通加工作业的工作流程和工作职责的认识。

2. 了解模拟物料在流水线上的装配流程。

二、案例引入

某连锁超市从国外进口整箱高档酒存入配送中心。超市订单要求以单瓶小包装形式配送到门店。现要求模拟配送中心进行流通加工，将大包装箱改装成小包装盒，并贴上标签（在学院仓储实训中心流通加工区内）。

三、任务完成

（一）工具准备

半自动流水线、若干箱大包装箱子、20个高档酒（可用啤酒瓶替代）、酒瓶标签。

（二）完成步骤

1. 教师介绍拣货流程、要求和注意事项。

2. 将学生每6人分成1组，分别设置拆箱、贴标签、装盒、再装箱、封箱、做标志等工作岗位。

3. 开动流水线，在自动设置下，进行模拟物料的分包装操作。

4. 操作流程如下。

（1）将整箱的货铺在流通加工的工作台上，然后将箱子打开，取出酒瓶，将酒瓶平铺在桌面上。

（2）贴标签人员准确无误地将标签贴在酒瓶的正中央。

（3）将酒瓶装盒。

（4）将装盒后的酒装箱。

（5）酒瓶装满箱后，用专门的封箱条进行封箱。

（6）将其整齐地叠至托盘上。

（7）在箱子上作标志。

（8）将加工好的货物放到暂存区。

5. 教师评价每组学生完成情况。

（三）检查标准（见表5-16）

表5-16　流通加工操作检查标准表

检查标准	考评标准	分值	实际得分
流通加工操作	加工操作程序正确	30	
	加工操作时间符合要求	30	
	加工操作完成质量好	40	
合计		100	

任务5　包装作业操作

一、任务目标

使学生掌握打包机的保养、维修及使用方法。

二、案例引入

国内某著名造纸企业在本地设有加工厂，它的成品仓库外包给本地一家物流公司。要求物流公司为工厂出库纸张做好运输包装工作，以便提高运输效率。现要求模拟物流公司职员对纸张外包装箱打包过程进行模拟操作。

三、任务完成

（一）工具准备

封口机、包装设备、胶带纸、记号笔、纸箱。

（二）完成步骤

1. 教师先介绍打包机的保养维护方法、捆扎带质量鉴别方法、打包机常见故障排除方法。

2. 教师进行操作演示，以手动打包机为例，操作步骤如下。

（1）检查整套工具。手动塑胶带打包设备包括打包机、钳子、钢扣和塑胶包装带，使用前必须检查各项货物是否备齐，钢扣数量是否足够，打包机和钳子工作是否正常。

（2）包装带长度的确定。按照计划包装货物捆扎处的周长长度再加5cm左右的溢余确定包装带长度，然后将包装带套入打包机固定端的筒状剪刀处，向上扳动剪刀扳手将包装带剪断。剪切时严禁将身体任何部分伸入筒状剪门。

（3）一端包装带的固定。在固定端向下按动定位扳手，将包装带通过固定块，向内伸出5cm左右的长度后，放开定位扳手，固定包装带；然后将打包机按计划捆扎方向放置在包装货物上面，将包装带的另一端从计划包装货物的下方通过，绕上打包机的活动端。

（4）另一端包装带的固定。在活动端向下按动定位扳手，将包装带通过固定块，向内伸出，抽紧后放开定位扳手，固定包装带，使之可以与原先固定端伸出的5cm包装带形成搭接。

（5）钢扣的安装。从包装带搭接开口处套入钢扣，使之同时包含固定端以及活动端伸来的包装带，此时要求固定端包装带在下，活动端包装带在上。

（6）包装带的抽紧。上下摇动打包机摇柄，每摇动一次，摇柄下的三角定位块就向内行走一定距离并卡住轨道上的齿，从而不断收紧包装带，直到包装带勒入纸箱、纸箱出现轻微变形时为止，收回摇柄。但要注意不要碰到摇柄下的三角定位块，否则会使活动端松动，纸箱的弹性会使已经抽紧的包装带松动。

（7）打钢扣。打开钳子手柄，让咬口完全含住钢扣，然后用力向内扳动手柄到左右手柄内的两个定位块接触为止。最后检查钢扣口交合情况。

3. 将学生每5人分为1组，进行操练。

4. 教师进行现场指导，纠正学生在操作过程中的失误。

（三）检查标准（见表5-17）

表5-17 打包作业操作检查标准表

检查标准	考评标准	分值	实际得分
打包作业操作	打包操作程序正确	30	
	打包操作时间符合要求	30	
	打包操作完成质量好	40	
合计		100	

任务6 出库交接业务操作

一、任务目标

使学生熟练掌握出库程序，培养学生出库作业的实际动手能力。

二、案例引入

某物流中心接到客户 A 的出库请求，要从该中心提取存储的 40 台计算机，具体品名及数量见表5—18。这些计算机分别要送往 5 个外地客户，客户的需求情况见表5—19，出库方式为送货上门，试完成该订单的货品出库作业。

表5–18 出库商品信息表

序号	商品	规格	数量	包装
1	Acer	2420 – 200512C	12	纸箱装
2	宏基商务机	4520 – 401G12C1	15	纸箱装
3	东芝	PSLA0 – 01Q004	18	纸箱装
4	IBM	R61	16	纸箱装

表5–19 客户计算机需要情况一览表

客户名称	需求品种及数量			
	Acer	宏基商务机	东芝	IBM
甲	3	2	3	1
乙	2	3	3	3
丙	1	4	4	5
丁	3	3	4	4
戊	3	3	4	3

三、任务完成

（一）工具准备

1. 纸箱61只，分别标明 Acer、宏基商务机、东芝、IBM。

2. 标准托盘2个、小推车]辆。

3. 提货单、出库单、发货清单、货物资料卡、货物异常报告。

（二）完成步骤

1. 学生分成若干小组，每组5人，1人充当出库业务受理员、1人充当保管员、1

人充当复核员、1人充当理货员、1人充当司机。

2. 出库业务员做好出库前的各项准备工作：检查包装、准备相关作业用品、调配好作业人员。

3. 正式开始出库模拟操作。

（1）备货。保管员对出库凭证复核无误后，按其所列项目内容和凭证上的批注，与编号的货位对货，核实后进行配货。备完货后要先销卡然后才能付货。

（2）理货。理货员再进行核对，然后制唛，在计算机外包装箱的两头印有收货单位名称的标签。

（3）复核。复核员"以单对卡，以卡对货"，进行"单、卡、货"现场三核对。确认无误后签字，将所有的单证退交保管员。

保管员在复核后的发货单诸联上加盖"发货专用章"，将发货单第二联（出门证）、发货清单第二联（随货清单）交送货人作为出库凭证。发货单第一联（出门证）、发货清单第一联（随货清单）及档案转业务受理员存档。

业务受理员对保管员和收费员返回的发货第一联和发货清单第一联（假定已交费结算）审核无误后，发货单第一联归档留存：根据实发数量填写仓单分割单，发货清单第一联经签字、盖章后返给送货人交存货人。

（4）清点交接和装车。出库计算机经复核及包装后，理货员要向送货人当面点交，点交完之后，保管员要在出库凭证上签名和批注结存数。之后可以装车发运。

4. 教师进行现场指导，纠正学生在操作过程中的失误。

（三）检查标准（见表5-20）

表5-20 出库作业操作检查标准表

检查标准	考评标准	分值	实际得分
出库作业操作	出库前准备工作充分	20	
	认爽审核出库单证	20	
	包装制唛正确	20	
	交接清楚	20	
	作业流程正确	20	
合计		100	

任务7 车辆积载方案制定

一、任务目标

能够制定出不同客户的不同产品合理装上车辆，保证物品配送质量。

二、案例引入

某物流中心接到客户 A 的出库请求，要从该中心提取存储的 3 种货品。具体数量、尺寸见表 5-21，这些物品现已经完成出库作业，准备装车发运。要求以 20ft 集装箱为例，模拟装车人员设计装车方法，计算最大装箱量，并进行装车实战。

表 5-21 箱装货物资料

品种	尺寸（cm）	箱重（kg）	数量（箱）
A	80×40×50	80	20
B	40×30×30	30	20
C	50×40×30	40	20

三、任务完成

（一）工具准备

集装箱 1 个（或模拟木制集装箱）、不同尺寸物品 20 箱。

（二）完成步骤

1. 指导教师讲解车辆积载的原则和方法。
2. 将学生每 7 人分成一组，每组选组长 1 人。
3. 讨论以 20 英尺集装箱为例计算最佳装配方案。
4. 以 20 英尺集装箱为例模拟进行装箱实战。
5. 教师进行现场指导，纠正学生在操作过程中的失误。

（三）检查标准（见表 5-22）

表 5-22 配载作业操作检查标准表

检查标准	考评标准	分值	实际得分
配载作业操作	装配方案科学	30	
	装箱操作程序正确	30	
	装箱操作完成质量	40	
合计		100	

任务8 车辆配送线路方案制定

一、任务目标

1. 能够进行直线式、分送式配送线路选择，保证配送质量。

2. 能够利用节约法进行配送线路选择。

二、案例引入

1. 求图 5-19 中从 v_1 到 V_7 的最短路线和里程。

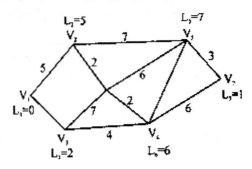

图 5-19　物流网络示意图

2. 本地某配送中心 P_0 向 12 个客户 p_j（$j=1$，2，…，12）配送货物。各个客户的需求量为 d_{ij}，从配送中心到客户的距离为 d_{0j}（$j=1$，2，…，12），各个客户之间的距离为 d_{ij}，具体数值见表 5-23、表 5—24，配送中心有 4t、5t 和 6t 三种车辆可供调配，试制定最优配送方案。

表 5-23　配送中心 Po 与 12 个客户关系参数表

P_j	1	2	3	4	5	6	7	8	9	10	11	12
q_j	1.2	1，7	1.5	1.4	1.7	1.4	1.2	1.9	1.8	1.6	1.7	1.1
d_{0j}	9	14	21	23	22	25	32	36	38	42	50	52

表 5-24　12 个客户之间距离表

P_1											
5	P_2										
12	7	P_3									
22	17	10	P_4								
21	16	21	19	P_5							
24	23	30	28	9	P_6						
31	26	27	25	10	7	P_7					
35	30	37	33	16	11	10	P_8				
37	36	43	41	22	13	16	6	P_9			
41	36	31	29	20	17	10	6	12	P_{10}		
49	44	37	31	28	25	18	14	12	8	P_{11}	
51	46	39	29	30	27	20	16	20	10	10	P_{12}

三、任务完成

（一）完成步骤

1. 教师指导学生掌握直送式、分送式配送线路选择的方法。
2. 教师指导学生掌握节约法进行配送线路选择的方法。
3. 学生计算出结果，要求写出计算过程。

（二）检查标准（见表 5 – 25）

表 5 – 25　配送线路方案制定检查标准表

检查标准	考评标准	分值	实际得分
车辆配送线路方案制定	完成速度	20	
	具体计算过程	40	
	计算准确性	40	
合计		100	

实训六　配送成本预算方案制定

任务1　配送成本预算方案制定

一、任务目标

使学生能进行仓储成本的分析和计算，提出控制成本的措施。

二、案例引入

本地某制造企业规模日益扩大，对仓储需求越来越迫切，打算建立一个专业仓库以满足自身的仓储需求。现总经理要求仓储部门以本企业为背景对新建仓库仓储成本作预算计划，以供管理者决策。请以仓储部门名义完成此项任务。

三、任务完成

（一）完成步骤

1. 教师介绍仓储成本分析的内容和注意要点。
2. 将学生每5~6人分为一组，进行讨论和上网查资料。
3. 学生以小组形式制定仓储成本预算表和完成预算方案。
4. 在各组推荐的基础上，选定若干名学生在全班进行交流。

（二）检查标准（见表7-10）

表7-10　预算方案制定检查标准表

检查标准	考评标准	分值	实际得分
仓储成本预算方案制定	提交的网址（2-3个）和参考文献（5篇）适用性强	20	
	预算表指标设计正确、合理	30	
	预算方案数据确定正确、合理	50	
合计		100	

任务2　仓储企业绩效考核表制定

一、任务目标

使学生能进行仓储绩效考核指标的设计和方案制定。

二、案例引入

2008 年末，本地某企业要对仓储部门进行考核，通过考核来检验该年的业绩情况。通过考核可以了解部门是否实现当年的目标？企业还存在哪些问题？从而可以改进企业存在的问题。现总经理委托人事主管和仓储主管对仓储部门进行考核，要求设计考核指标和标准，制定考核表。考核内容要全面、科学，不仅要对仓储部门的绩效进行全面考核，而且要对仓储部门的相关人员进行考核。请以人事主管或仓储主管的名义完成此项任务．

三、任务完成

（一）完成步骤

1. 教师介绍仓储公司的作业内容和绩效考核的标准。

2. 将学生每 5~6 人分为一组，进行讨论和上网查资料。

3. 学生以小组形式制定仓储绩效考核表，包括仓储部门的绩效考核表和仓储部门的员工绩效考核表。

4. 在各组推荐的基础上，选定若干名学生在全班进行交流。

（二）检查标准（见表 7-11）

表 7-11　仓储企业绩效考核表制定检查标准表

检查标准	考评标准	分值	实际得分
仓储企业绩效考核表制定	提交的网址（2~3 个）和参考文献（5 篇）适用性强	30	
	岗位作业绩效考核表设计正确、数据确定合理	70	
合计		100	

实训七　配送管理信息系统操作

任务1　配送管理信息系统操作

一、任务目标

1. 能熟练进行仓储与配送管理信息系统软件操作。
2. 能与硬件结合进行业务流程操作。

二、案例引入

本地某物流公司建成配送中心后上线了 LOGIS 仓储管理信息系统，对配送中心的资源、客户、库房、货品及业务流程实施信息化管理。公司总经理要求职员都要参加本系统的培训，以便能提高员工的信息技术操作技能，进而降低企业物流成本。假设你是企业一名员工，也参加了本次培训，要求学会各子系统的操作和整个业务流程的操作，而且还要与硬件结合起来进行业务流程操作。

三、任务完成

（一）工具准备

计算机局域网（无线局域网）、配送管理信息系统软件。

（二）完成步骤

1. 教师组织学生到学院软件实训室，一人一台计算机。

2. 教师介绍某子系统（模块）的功能和在业务流程中的地位和作用、采用的相关技术（如

软、硬件技术）、使用的设备（如手持终端、数据采集器、AP）和涉及的知识。

3. 组织学生进行软件系统操作练习。

（1）基础资料设置模块：机构、人员、库房管理、客户管理等。

（2）基本作业操作模块：商品入库、出库、移库、盘点等。

（3）其他作业模块：财务管理、系统配置。

4. 组织学生进入系统进行软件操作考试。

（1）进入系统。

（2）完成题目（7选5）。

（3）提交答案。

5. 教师组织学生进入学院的仓储实训中心，每 4 人分为 1 组，进行软硬件结合操作。

（1）设置并打印物流条形码（见任务 2）。

（2）应用便携式数据终端进行入库出库作业。

（3）应用计算机辅助拣货系统进行电子拣货。

（4）教师进行现场指导，纠正学生在操作过程中的失误。

（三）检查标准（见表 6-1）

表 6-1 信息系统操作检查标准表

检查标准	考评标准	分值	实际得分
仓储与配送管理信系统操作	软件考试	40	
	软硬件结合操作流程正确	30	
	软硬件结合操作完成质皿好	30	
合计		100	

任务 2 条形码打印软件、设备使用

一、任务目标

1. 能辨别出一维、二维条形码。
2. 条形码打印软件、设备使用。

二、案例引入

某客户的一批货物要进入本地某物流中心储存，现已经完成交接工作，准备将货物按照物流中心编码规则进行编码上架，现要求完成此种物品的条形码编制任务。

三、任务完成

（一）工具准备

条形码打印软件、条形码打印机。

（二）完成步骤

1. 教师介绍条形码类型、结构、安装、维护。

2. 介绍条形码软件的使用。

3. 组织学生进行动手操作（拆分、安装设备、软件、设置软件、更换耗材、打印条形码）。

4. 教师进行现场指导，纠正学生在操作过程中的失误。

5. 教师对学生制作的条形码进行检验、识读；并与正式条形码做比较，然后评定成绩。

（三）检查标准（见表6.2）

表6-2 条形码打印软件、设备使用拉查标准表

检查标准	考评标准	分值	实际得分
条形码打印软件、设备使用	条形码制作打印操作程序正确	30	
	条形码制作打印操作完成质量好	30	
	制作的条形码正确	40	
合计		100	

实训八　配送项目投标书和合同书的撰写

为了提高学生仓储项目招投标能力和合同管理能力，需要学生熟知招投标和合同签订的方式及程序，具有投标书和仓储合同的撰写技能以及处理合同纠纷的能力．为此，本模块中围绕预备知识中的两个单元对应设计了两个任务。

任务1　仓储项目投标书撰写

一、任务目标

1. 了解配送项目招投标的过程。
2. 掌握配送项目招投标的撰写方法。

二、案例引入

本地 IX 物流有限公司，成立于 2005 年 3 月，公司注册资金为 500 万元，流动资金为 3000 万元。该物流有限公司主要从事仓储管理和墟市配送业务，拥有分布在长三角地区的仓库总面积超过 30 万平方米，公司仓储服务能力每年达 500 万吨以上，产品仓储与运输残损率控制在 0.15% 以下；仓储最高利用率保证在 75% 以上；提供 24h 全方位服务。

现有一家电制造企业 LH 公司为其在本地区的家电产品仓储配送项目进行公开竞争性招标，JX 物流有限公司总经理获知此消息，要求商务部门人员撰写投标书，争取获得这项业务．请以该商务部门名义完成此项任务．

三、任务完成

（一）完成步骤

1. 将学生分成 5～6 组，每组 7～8 人．
2. 指导老师为每组提供 1 份 LH 公司的仓储项目招标书和 1 份投标报名表．
3. 各组讨论，分组填写投标报名表，上交给指导老师．
4。资格预审通过后，各组撰写仓储项目投标书．
5. 每组派 1 名代表上台介绍小组报告，小组其余同学补充或接受别组同学提问．

（二）检查标准（见表2-3）

表2-3 配送项目投标书撰写检查标准表

检查标准	考评标准	分值	实际得分
仓储项日投标书撰写	提交的网址（2~3个）和参考文献（5篇）适用性强	40	
	投标书规范，合理	60	
合计		100	

任务2　配送合同签订

为了提高学生的仓储合同管理能力，提高仓储合同的签约率、防止合同纠纷，需要学生熟知仓储合同的订立程序、主要条款、生效条件、当事人义务及合同变更解除等方面内容，同时具有运用合同管理的知识，结合合同法的规定进行处理合同纠纷的能力。为此，本任务中设计了两个分任务。

分任务1　配送项目合同书撰写

一、任务目标

1. 了解配送合同签订时的注意事项，掌握合同签订的过程。
2. 掌握配送合同条款的主要内容，能够正确、熟练草拟仓储合同。

二、案例引入

2009年1月3日，本地LH家用电器集团向本市JX储运公司发出一份E-mail文件称："由JX储运公司为LH公司储存保管家用电器，保管期限自2009年2月10日至2010年2月10日，仓库租金是全国统一价每平方米12元/月，任何一方违约，均需支付违约金2万元，如无异意，2周后正式签订合同。"JX储运公司对LH公司提出的"要约"表示完全同意。总经理委托商务部门人员代理签订仓储合同。请以该商务部门名义起草和签订仓储合同。

三、任务完成

（一）完成步骤

1. 将学生分成344组，每组10—12人。
2. 将每组再分为两组，分别扮演仓储项目的需方和供方。
3. 各组讨论自己的权利和义务。

4. 合同双方模拟谈判。

5. 仓储合同的书写与签订。.

6. 请各组代表上台总结各方在签订仓储合同时的注意事项。

（二）检查标准（见表2-4）

表2-4　配送项目合同书撰写检查标准表

检查标准	考评标准	分值	实际得分
仓储项目 合同书撰写	提交的网址（2~3个）和参考文献（5篇）适用性强	40	
	提供一份合同书规范、合理	60	
合计		100	

分任务2　配送合同纠纷处理

一、任务目标

1. 能依据合同法的规定判断仓储合同的有效性。

2. 能依据合同法的规定核算存货人支付的储存费。

3. 能依据合同法的规定处理仓储合同的纠纷。

二、案例引入

案例1

某五金公司与某贸易货栈有着多年的业务往来，两个公司的经理也是"铁哥们"，私交很深。某勾：5月，五金公司经理王某找到贸易货栈经理张某称："我公司购回走私彩电500台，有关部门正在追查，因此，想请张经理帮帮忙，将这批货暂时在贸易货栈存放一段时间，待避过风头之后，我公司立即想办法处理。"但货栈经理张某说："咱们都是经营单位，货栈目前效益也不是很好，并且寄存你这批货还要承担很大风险，因此，适当收点仓储费。另外，一旦有关部门得到信息，将该批货查封、扣押或者没收，我单位不承担任何责任。"五金公司王经理表态："费用按标准支付，签个仓储合同。"双方随即签订了一份仓储保管合同。合同约定，贸易货栈为五金公司储存彩电500台，期限6个月，每月仓储费1000元。10月，该批货在贸易货栈存放期间，被有关部门查获，并依法予以没收。后来双方当事人为仓储费问题发生争执，经多次磋商未果，贸易货栈诉至法院，要求五金公司依约支付仓储费并赔偿损失。

问题：

1. 五金公司与贸易货栈之间所签订的仓储保管合同是否有效？

2. 五金公司是否应支付仓储费？为什么？

案例2

甲公司与乙储存公司签订了一份仓储合同，合同规定，乙公司为甲公司储存货物

50 件，储存期限为 6 个月，仓储费用为每件每月 100 元，储存期间内，甲公司陆续提货，6 个月期满，捉消全部货物。

合同生效后，甲公司开始根据销售陆续提走货物，但合同期满，仍有 10 件货物未提走。合同期满的第 3 个月，乙公司催告甲公司领取货物，甲乙公司就仓储费用产生纠纷。

问题：

1. 甲公司领取的 40 件货物，都是提前领取的，是否可以要求乙公司返还部分仓储存费？

2. 合同期满后，乙公司是否负有催告义务，催告甲公司领取货物？

3. 对合同期满后，又储存了 3 个月的 10 件货物，甲公司是否应支付仓储费用？如何支付？

案例 3

某汽车装配厂从国外进口一批汽车零件，准备在国内组装后销售。2004 年 7 月 15 日，与本地一家仓储公司签订了一份仓储合同。该合同约定，仓储公司提供仓库保管汽车配件，期限共为 12 个月，从 2004 年 8 月 25 日起到 2005 年 8 月 25 日止，保管仓储费为 10 万元。双方对储存物品的数量、种类、验收方式、入库、出库的时间和具体方式、手续等作了约定。同时约定若任何一方有违约行为，要承担违约责任，违约金为总金额的 20%。

合同签订后，仓储公司开始为履行合同做准备，清理了合同约定的仓库，并且从此拒绝了其他人的仓储要求。2004 年 8 月 7 日，仓储公司通知装配厂已经清理好仓库，可开始送货入库。但配装厂表示已找到更便宜的仓库，如果仓储公司能降低仓储费，就送货仓储。仓储公司不同意，配装厂明确表示不需要对方的仓库。8 月 12 日仓储公司再次要求配装厂履行合同，配装厂再次拒绝。

8 月 15 日，仓储公司向法院起诉，要求汽车配装厂承担违约责任，支付违约金，并且支付仓储费。汽车装配厂答辩合同未履行，因而不存在违约的问题。

问题：

1. 该仓储合同是否生效？

2. 仓储公司的要求是否合理？

3. 能否在 8 月 15 日起诉？法院能否受理？可能会有怎样的判决？

三、任务完成

（一）完成步骤

1. 将学生分组，每组 5—6 人。

2. 教师指导学生阅读书中关于仓储合同生效、存货人支付仓储费义务和仓储合同违约责任等章节内容。

3. 各组讨论 3 个案例的问题，进行分析，得出处理仓储合同纠纷的具体思路和结论。

4. 请 3 组代表分别上台讲解 3 个案例的处理办法。

5. 教师点评，加以总结。

（1）案例 1 解答：五金公司储存走私货物，被有关部门查获，依法予以没收，仓储合同无效．贸易货栈作为保管人，非但不能取得仓储费，而且还将因其违法行为受到处罚．

（2）案例 2 解答：甲公司不可以要求减收仓储费；合同期满乙公司没有催告的义务；甲公司逾期提取的货物，应加付仓储费．按每件每月 100 元计，10 件货物 3 个月应支付仓储费 3000 元．

（3）案例 3 解答：仓储合同自 2004 年 7 月 15 日生效：仓储公司的要求合理：不能在 8 月 15 日起诉，法院将在 8 月 25 日后受理，可能会要求汽车装配厂支付仓储公司合同违约金为 10 万元总金额的 20%，即 2 万元的损失。

（二）检查标准（见表 2-5）

表 2-5　仓储合同纠纷处理检查标准表

检查标准	考评标准	分值	实际得分
仓储合同纠纷处理	案例 1 答案准确，说理充分	20	
	案例 2 答案准确，说理充分	40	
	案例 3 答案准确，说理充分	40	
合计		100	

主要参考文献

1. 郭署光，《仓储与配送管理实务》，北京大学出版社，2005 年
2. 朱华，《配送中心管理与运作》，高等教育出版社 2008 年
3. 殷延海，《配送中心规划与管理》，高等教育出版社，2008 年
4. 朱文涛，《仓储与配送管理》，冶金工业出版社，2009 年
5. 马俊生，王晓阔《配送管理》，机械工业出版社，2008 年
6. 石佐生，《配送管理》，冶金工业出版社，2009 年
7. 孙健，《配送中心运作管理》，广东高等教育出版社，2008 年
8. 杨国荣《配送管理实务》北京理工大学出版社 2010 年